教育部哲学社会科学系列发展报告
MOE Serial Reports on Developments in Humanities and Social Sciences

中国经济增长报告2014

深化经济改革与适度经济增长

China Economic Growth Report 2014
Deepening Economic Reform and Maintaining Proper Growth

北京大学中国国民经济核算与经济增长研究中心
主　编　刘　伟
副主编　许宪春　蔡志洲

北京大学出版社
PEKING UNIVERSITY PRESS

图书在版编目(CIP)数据

中国经济增长报告2014:深化经济改革与适度经济增长/刘伟主编.
—北京:北京大学出版社,2014.6
(教育部哲学社会科学系列发展报告)
ISBN 978-7-301-24355-8

Ⅰ.①中… Ⅱ.①刘… Ⅲ.①中国经济-经济增长-研究报告-2014
②中国经济-经济改革-研究报告-2014　Ⅳ.①F124.1

中国版本图书馆CIP数据核字(2014)第124757号

书　　　名:	中国经济增长报告2014——深化经济改革与适度经济增长
著作责任者:	刘　伟　主编　许宪春　蔡志洲　副主编
责任编辑:	赵学秀
标准书号:	ISBN 978-7-301-24355-8/F·3958
出版发行:	北京大学出版社
地　　　址:	北京市海淀区成府路205号　100871
网　　　址:	http://www.pup.cn
电子信箱:	em@pup.cn　　QQ:552063295
新浪微博:	@北京大学出版社　@北京大学出版社经管图书
电　　　话:	邮购部62752015　发行部62750672　编辑部62752926　出版部62754962
印　刷　者:	北京宏伟双华印刷有限公司
经　销　者:	新华书店
	730毫米×980毫米　16开本　22.5印张　418千字
	2014年6月第1版　2014年6月第1次印刷
定　　　价:	59.00元

未经许可,不得以任何方式复制或抄袭本书之部分或全部内容。
版权所有,侵权必究
举报电话:010-62752024　电子信箱:fd@pup.pku.edu.cn

目 录

第一章 绪论 …………………………………………………………… 1
  第一节 当前经济失衡的新特征与深化改革 ………………………… 1
  第二节 总量扩张与结构演进 ………………………………………… 6

第二章 国民经济核算与重点统计领域的改革 ……………………… 11
  第一节 关于中国国民经济核算体系的修订 ………………………… 11
  第二节 关于GDP核算的改革 ………………………………………… 17
  第三节 固定资产投资统计制度方法改革 …………………………… 21
  第四节 城乡住户调查一体化改革 …………………………………… 24
  第五节 服务业统计制度方法改革 …………………………………… 28
  第六节 正确运用固定资产投资指标分析宏观经济 ………………… 30

第三章 现阶段我国经济增长 ………………………………………… 49
  第一节 我国经济增长及失衡的新变化和新特征 …………………… 49
  第二节 产业结构演进中的经济增长和就业 ………………………… 60
  第三节 从最终需求看经济增长 ……………………………………… 86

第四章 国际收支与经济增长 ………………………………………… 114
  第一节 国内生产总值与国民生产总值 ……………………………… 114
  第二节 现阶段中国国际收支发展变化的特征 ……………………… 119
  第三节 外向型经济格局的变化与国际收支变化 …………………… 130
  第四节 资本管制、货币政策与汇率稳定 …………………………… 144

第五章　体制改革与经济增长 ……………………………………… 166
第一节　现代化、GDP 与体制改革 …………………………… 166
第二节　中国经济体制改革与经济增长的三个历史阶段 …… 169
第三节　适度经济增长、提高增长质量与深化经济改革 …… 215

第六章　中国的城镇化进程研究 ………………………………… 224
第一节　自然城镇化与实际城镇化 …………………………… 224
第二节　农业转移人口市民化的总体思路和战略路径 ……… 235
第三节　京津冀城市群一体化进程研究 ……………………… 248

第七章　财税体制的改革与财政政策 …………………………… 265
第一节　财税体制的改革与经济增长 ………………………… 266
第二节　对地方政府融资平台举债的理论讨论 ……………… 282

第八章　环境规制与经济增长 …………………………………… 298
第一节　环境规制理论基础及中国发展现状 ………………… 299
第二节　环境规制效率的宏观影响机制：环境效率的测算 … 311
第三节　环境规制效率的微观影响机制：企业绩效的测算 … 339

参考文献 …………………………………………………………… 351

第一章 绪 论

为什么中国改革开放35年之后的今天,十八届三中全会要特别提出在新的历史起点上全面深入地推进改革?35年来,中国的经济成长取得了举世瞩目的成就,而2010年则是一个值得纪念的标志性年份。在那一年,中国的GDP总量第一次超过日本,仅次于美国位列世界第二;人均GDP第一次超越了按照世界银行划分的标准,达到了上中等收入的水平。从下中等收入阶段进入了上中等收入阶段,标志着中国不仅是世界上第二大经济体,同时从人均发展水平上来说,通过30多年来的奋斗,克服了贫困,解决了温饱,进入到了当代的上中等收入社会。这些成就毫无疑问令人瞩目。但中国到了这个阶段,在经济增长和经济发展方面出现的问题,也确确实实值得让人深刻地反思。

第一节 当前经济失衡的新特征与深化改革

我们首先看到一个现象,这就是中国经济在仍然保持较高增长率的同时,经济失衡反映了新的特征,用一句话概括叫做既有通货膨胀的压力又有经济下行的威胁。简单来说,如果抛开意识形态的考虑,类似于20世纪70年代西方发达国家出现的所谓滞胀,一方面经济增长乏力甚至停滞,另外一方面通货膨胀压力严重。这是在中国的经济发展历史上从来没有过的现象。这种失衡的发生,既有经济发展阶段上的原因,也有宏观经济政策上的原因。

改革开放30多年来,中国经济增长中的失衡可以分为两个大的阶段。从1978年到1998年上半年,将近20年,中国经济增长的失衡主要是短缺经济基础上的需求膨胀,通货膨胀压力大,我们长时期里采取的都是适度紧缩的宏观政策。而从1998年下半年以后一直到2010年10月的这十多年中,除了个别年份之外,对中国经济增长均衡的最大威胁主要是内需疲软,特别是消费不足。外需也在影响中国经济,1997年的亚洲金融危机,从1998年下半年开始影响中国,而2008年的全球金融危机则对中国产生了更大冲击力。这就导致了在这段时间里,中国经济增长的主要失衡或主要的威胁是经济增长乏力。相应地,我们的宏观经济政策就以扩大内需为重点,采取了扩张性的政策。而我们现在出现的问题,是过去分阶段出现的,也就是说通货膨胀和经济增长乏力这样两个不同时期分别出现的问题,如今在时间上、空间上同时聚集到了中国经济当中来。这种聚集同时发生,使我们的宏观政策非常难以选择:宏观政策是扩张还是紧缩?这使我们处于两难的境地。

(一)如何看待当前的通货膨胀

如果我们严格地从统计数据来看,通货膨胀似乎并不明显。从2012年5月开始到现在,以CPI反映的各个月度的通货膨胀率始终在3%以下,2012年的9月和10月的通货膨胀率甚至在2%以下。而在通常情况下,一个国家通货膨胀率如果低于2%,主要问题就是要防止通缩而不是防止通胀了。2013年的通胀也就是在3%左右的水平,2014年预期不会超过3.5%。如果2014年的经济增长率在7.5%以上,通胀率至多也就是3.5%。2011年我国的通货膨胀率高一些,达到5.4%,但2011年经济增长率是9.2%。也就是说,9.2%的经济增长率对应5.4%的通货膨胀率,2012年经济增长率7.7%对应2.6%的通货膨胀率,2013年仍然是7.7%的经济增长率达到对应2.6%的通货膨胀率,这样的经济增长率和通货膨胀率,应该是符合经济增长均衡的内在逻辑的。按说中国应当没有严重的通货膨胀,为什么我们对通货膨胀的压力感到这么大,整个社会从政府到居民对这个通货膨胀的预期值的担心程度为什么这么高呢?因为通货膨胀表现出来的数据不高。有人置疑中国的统计数据,可能统计指数的编制存在问题。这个置疑或许有一点道理,但是根据并不充分。我国统计部门对CPI的统计应当说是比较完善和严格的,消费品的样本包含了八大类、261个子项,基本涵盖了我国居民家庭的生活,当然其代表性还可能不够充分,抽样汇总过程中也可能不完全准确,但是一组数据、一群代表性样本的抽样组合,如果是稳定的、连续的,即使得到的分析数据有不足之处,它仍然是有统计意义的,是能说明问题的。所以不能从数据统计来解释这个现象。真正的问题是其背后实实在在存在的经济内在关系。虽然这次通胀从数据显示上看压力不大,但是原因非常复杂。它主要有以下几个方面的影响因素:

一是扩张性的宏观经济政策。我们前一段时期实施反危机的积极的财政政策和扩张性的货币政策,投放了大量的货币。到2012年年末,广义货币供应量M2余额为97.4万亿元①,而2012年,中国的GDP总量为51.9万亿元,从广义货币供应量存量和GDP之比来看,我们可以说是严重地超出了合理的水平。而到了2013年9月末,我国广义货币供应量M2余额已经为107.7万亿元②,已经超过100万亿元,同比增长14%以上,至少高于名义GDP增长率4个百分点。超额的货币投放是需要付出代价的,只是货币投放出去之后,冲击到物价有一个时间差。

---

① 中国人民银行:《2012年第四季度中国货币政策执行报告》。
② 中国人民银行:《2013年第三季度中国货币政策执行报告》。

越是经济危机这个时间差可能来得越长,因为人们拿到钱之后不一定马上花,所以从货币投放出去到影响物价的时间会拉长,但最终总会产生冲击。从2008年第三季度开始到现在,随着时间的推移,我们越来越感到这个影响的节点快到了。从影响程度看,现在这100多万亿元的货币供应量,对于中国通胀的拉动作用应该在50%以上。

二是经济增长中的成本。由于我们进入了上中等收入阶段,一系列的生产要素(劳动力、土地、环境、资源、能源、动力、原材料等)的成本都在上升,如果效率提高得慢,这些成本就会进入价格。根据我们的测算,目前物价上涨的压力大约接近50%来自成本的推动,这也就是说,中国现在进入了一个典型的需求拉上和成本推动共同作用的通货膨胀时期。中国在治理需求拉上的通胀方面是有经验的,在制度上也有优势,商业银行的行长都是中央任命的,因此中央要求商业银行回笼货币,既可以通过中央银行的货币政策,也可以通过中央政府的行政手段。1994年中国的通货膨胀率达到24.1%,第二年压到了12%,第三年压到了8%,第四年压到了3%。1997年中国的经济增长率是8.7%,而通货膨胀率是3%,实现了高增长和低通胀。所以我们当时对全世界宣布中国经济实现以高增长、低通胀为特征的软着陆,是建立在对需求拉上的通货膨胀的调控的基础上的。但是治理成本推动的通胀就困难得多,收紧银根时,利率会上升。利率上升导致企业融资成本的提高,企业融资成本的提高导致企业财务费用上升,财务费用上升将反映为企业生产成本的提升,最终反映为企业产品价格的上升。在这种情况下,收紧银根的举措不仅在抑制通胀上收效不大,而且推波助澜地加剧了通胀。

三是外向型经济的发展。目前,中国已经成为世界上最大的商品出口国,进口规模虽然小于美国,但也已经在世界上名列前茅,2013年的商品进出口总额超过了美国成为全球第一①。这使中国的进口对国际市场产生了重大的影响,中国主要进口什么,什么就涨价。作为世界上制造业规模最大的国家,中国对国外原材料的依赖程度是相当大的②,石油依赖度超过了55%,铁矿石进口超过了国际贸易量的60%,这样就使国际输入性通胀对我国的影响非常大。再加上国际收支失衡使我们的外汇储备迅速增加,现在已经超过了3.6万亿美元。在我国现行的外汇结汇制度下,这又造成了大量的外汇占款。外汇占款已经成为我国货币发行

---

① 按照世界贸易组织的数据,2012年中国的商品出口(f.o.b.)为2.05万亿美元,商品进口(c.i.f.)为1.82万亿美元,商品进出口总额为3.87万亿美元;而美国的出口、进口和进出口总额分别为1.55万亿、2.34万亿和3.89万亿美元。参见世贸组织官网:http://stat.wto.org/CountryProfile/WSDBCountryPFView.aspx? Language=E&Country=CN%2cUS。

② 2010年,美国的制造业增加值为1.75万亿美元,而中国当年的制造业增加值(按当年平均汇率计算)已经达到1.93万亿美元。

存量迅速增加的首要原因。

这些因素都是结构性的和深层次的,短期内靠宏观政策是解决不了的,也就是说,靠总量调整是控制不住的。所以人不怕有病,就怕有了病之后缺乏治疗手段。通货膨胀报出来的数字大并不令人担心,我们担心它背后潜在的这些复杂因素。如果它们开始严重影响宏观经济,我们又缺乏有效的治理措施,那就是通货膨胀。

(二)如何看待当前的经济下行

经济下行看起来也是一个伪命题。这几年金融危机这么厉害,中国经济增速保持7%以上,2011年达到了9.2%的水平,2012年和2013年是7.7%,这么高的增长速度怎么能说是经济衰退和经济萧条?虽然从统计数据上似乎看不到经济增长下行,但我们对经济增长的可持续性实际上是担心的,担心我们不能从根本上克服内需不足的问题。

1. 投资需求

中国的投资需求的数据很好看。2008—2012年,连续五年的固定资产投资增长率都在20%以上。增长率很高,但主要是中央和地方各级政府推动的。以政府为投资主体,第一没有市场效率,第二不可持续。中央政府的财政赤字,占GDP的比重现在已经达到2%,高的时候达到了2.8%。地方政府融资平台和地方债务的风险越来越大,已经引起中央的高度关注,还有多少财力继续投呢?这就有可能导致投资需求不可持续,关键是企业的力量不够,大企业特别是国有企业创新力不够,有钱也找不到新的投资机会。在原有产品结构不升级的情况下,投就是重复建设,重复建设就是泡沫。小企业是需要投资的,但没有正常的融资渠道,2013年上半年民间借贷综合贷款利率超过了15%。大企业有钱投不出去,小企业想投没有钱,所以必须依靠政府来投资。投资需求把政府高度套牢,所以从2010年10月政府择机退出之后,从2011年第一季度开始,到2012年第三季度连着七个季度,中国经济增长速度直线下降,比2008年那次还长,从2008年第一季度到2009年第二季度,当时是连续五个季度,15个月增长速度下降,这次是七个季度,政府退出之后,企业市场力量没有跟进,那就必然引起投资增长的回落。

2. 消费需求

消费需求疲软的原因,可以从宏观和微观上分析。

从宏观上看,中国社会消费品零售总额增速不低的,扣除价格因素,金融危机后平均每年是14%左右,2013年比上年有所回落,扣除价格因素后实际增长只有11.5%。原因是中央推出的八项规定,使公款吃喝消费受到了遏制,但在另外一方面也反映居民消费不足。政府退出了,居民部门没有跟上。但总的来说,从统计数据看增长率并不低,但是我们为什么担心?主要是中国国民收入分配的扭曲,导致了居民购买力的增长有可能受到限制。在国民收入的宏观分配上看,如果以财政收入、资本盈余和居民收入来看政府、企业、居民这三个部门的收入增长,增速最快的是财政收入,34年增长率是18.8%,增速最慢的是居民收入,比GDP慢三分之一。这几年来,居民收入在国民收入当中占的比重几乎每年都要下降一个百分点。这三者谁的钱是用于消费呢? 主要是居民,居民收入增长的速度慢,比重逐渐低。政府的最终消费也属于消费,是为社会提供公共服务的消费,但在各级政府的选择上,更愿意把收入的增量中更多的部分用于投资。这样当然导致最终消费增长乏力。城乡之间、地区之间、产业之间的发展失衡,导致了国民收入结构的失衡。从产业结构看,2012年第一产业就业比重是36%,而产值比重只有9.8%。虽然第一产业产值比重下降反映了我国工业化进程中产业结构的提升,但在另外一方面,大量农业劳动力的存在实际上反映出产业和城乡间的发展失衡。在初次分配当中,36%的人在分配9.8%的产值,这就不难解释为什么中国城乡居民收入差距达三倍多,产业结构所决定的初次分配结构的失衡,制约了我国购买力的增长。这个矛盾也不是短期内能解决的。

从微观上看,在城镇居民内部、农村居民内部,近些年来收入分配的差距越来越大,国家统计局公布了近十年来中国的基尼系数,都在国际警戒线水平0.4以上,虽然2008年以后有所降低,但仍在警戒线水平之上。

技术创新力不够,制度创新力不够,投资需求上不去;国民收入分配和再分配在宏观和微观层次上的扭曲,消费需求难以保持持续旺盛的增长。虽然我们看到的统计数据反映出来增长率并不低,但是我们确实有理由担心它不可持续。这就是问题所在。所以无论是通货膨胀,还是经济增长下行,从数据上看好像是伪命题,似乎都不存在,但是仔细分析后面的原因,都存在严重的深刻的结构性问题。

(三) 如何认识结构调整与深化改革的关系

结构问题完全靠宏观政策是解决不了的,只能是顾此失彼。如果宏观政策能解决滞胀问题,那么当年西方的经济学界就不会再去讨论和批判凯恩斯理论。长期发展问题,通常发生在供给领域,而供给领域中出现的长期矛盾和问题靠短期需求管理通常是难以解决的,要靠结构升级。结构升级是一个结果,它的推动力是制度创新,这就是为什么十八届三中全会要提出来在新的历史起点上全面深化体制改革,改革是中国目前最根本的制度创新。

制度创新是系统性的。我们提出的改革总目标,在完善社会主义经济制度的同时,努力推动我们国家治理体系和治理能力的现代化。国家治理包括国家的各个方面,政治、经济、文化、生态以及中国特有的执政党的建设和完善,这些方面方面的体制制度的安排,构成了国家治理体系。这些方面的体制制度安排的最要紧的原则就是权利、责任和利益要对等。改革是权利的再分配,更是利益的再调整,权利转移和利益再分配时要注意防止的一个漏洞,就是权利、责任、利益三者转移的时候不同步,如果不同步,给了一部分人权利(包括政治、经济、文化、社会和其他方面)的同时,在制度安排上没有建立起相应的责任去约束他们,使这些人只有权利而无责任;与此同时,那些承担了责任的人没有得到利益,属于只有责任而无利益的人。如果这个社会治理结构在政治、经济、文化、社会各个方面,权、责、利不协调,一部分人有权利而无责任约束,另一部分人只有责任而无利益。这样的制度下无论效率还是秩序都会出现问题,必然会影响经济发展和社会进步。

所以我们讲中国改革总目标,讲国家的治理体系和治理能力,就是要在政治、经济、文化方方面面,在制度建设上,让制度和责任、责任和利益协调起来。而经济体制改革是最具牵引力的,是各项改革的中心。强调了市场的决定性作用,实际上就是两条,一个就是在资源配置上,效率原则第一,市场就是效率;第二是法权,强调机会均等和公平竞争,所有的人没有身份上的差别,没有特权。市场就是这两条。追求效率为首要的目标,以公平竞争、机会均等为出发点。一个起点和一个终点,起点公平竞争,终点是效率,这就是所谓的决定性作用。还应该强调的是,这里讲的市场经济的决定性作用,是讲在资源配置上的决定作用,资源配置是微观问题,宏观问题和其他社会领域不是市场起决定作用,那是政府义不容辞的责任。在这个方面,政府的职能转变和机制改革,在非资源配置的领域、在宏观领域应该要起到决定性的作用。在这两个车轮有效充分的竞争、有效的政策调控驱动下,中国结构转型才能稳定地开展,中国真正的均衡和可持续的增长才能有保障。

第二节 总量扩张与结构演进

近两年来,我国的经济增长率呈现出放缓的趋势。这种经济增长率的放缓,既有外部因素变化的影响(全球金融危机和经济衰退),也有经济周期的原因(2007年中国的经济增长率高达14.2%,客观上经济增长有回调的要求),但从根本上说,还是中国经济发展到一定水平时,由可持续增长和发展提出的客观要求,随着中国进入到工业化中后期和上中等收入阶段,客观上要求经济增长更加重视质的提高而不是量的扩张。因此,在2010年政府刺激政策"择机退出"后,由市场主导的经济增长比前期出现回落,有其历史必然性。随着工业化进程的推进(开始形成现代化国家的产业结构和就业结构)并成为上中等收入水平国家,我国应该更加重视经济增长的质量提升而不是数量的扩张,而从社会发展、能源和环境的可持续发展以及国际环境等方面的要求看,经过长达30多年的10%左右的高速经济增长,客观上也有适度放缓经济增长的要求。

党的十八大提出了在2020年全面建成小康社会的宏伟目标,而在全面小康的整体框架下的经济增长目标,是GDP在2010年的基础上再翻一番,也就是说,实现7.2%的年均GDP增长率,但是在2011年、2012年和2013年,我国的经济增长率分别为9.3%、7.7%和7.7%,均高于预期的年均经济增长,所以在未来的7年里,如果要实现10年再翻一番的目标,只要达到年均6.73%的GDP增长就已经足够。和世界各国相比,这仍然属于高增长。就是和近些年来实现了加速增长的新兴发展中国家(如印度)相比,这一增长率也不低。因此,在未来的几年里,即使我们各年的经济增长率比过去30多年的年均增长率(10%左右)降低3个百分点甚至更多一点,每年的经济增长率在6.5%和7.5%之间(前期可以适当略高,后期则可以随着基数的提高适度降低),实现十八大提出的经济增长的总量目标仍然是有把握的。

  长期以来,由政府推动的高增长一直是我国经济发展中的首要目标,这在客观上积极地推动了我国的现代化进程,使中国真正成为世界上有经济影响力的举足轻重的大国。但是在另外一方面,过快的以规模扩张为目标的经济增长也造成了结构失衡、产能闲置甚至浪费、无效生产、能源和环境的发展不可持续等一系列问题,如果各级政府现在还不能认识到这些问题的严重性,当结构失衡发展到一定地步,总量扩张就会出现问题。所以就现阶段中国经济增长而言,主要矛盾不是问题而是结构。我们没有必要再像过去那样,总是"超额完成"经济增长目标,而是应该在我国现阶段经济要求的经济增长目标的框架下,不断改善和解决经济发展中的各种矛盾。现在的问题是,中国在过去10多年中(尤其是2003—2011年),一直保持着10%左右的高速经济增长,如果速度回落得太快,在高增长时期迅速发展起来的行业和企业就有可能因为产业链和资金链的断裂方面的问题出现经营困难,但如果仍然要保持原先的那种增长率,又可能因为经济发展中不断加剧的各种失衡加剧整个国民经济的风险。因此,经济增长率的放缓必须通过一个渐进的过程来逐步实现。为此,国家才提出要发挥市场经济的决定性作用,通过深化改革来实现经济发展方式的转变,这有利于实现经济平稳转型,是当前我国经济发展中的正确选择。

  在发达市场经济国家,经济增长的主要任务是改善就业,这也是凯恩斯当年撰写《就业、利息和货币通论》时讨论的主要是如何刺激经济增长但却以就业为题的主要原因。对改革开放初期的中国来说,经济增长除了满足就业的需求之外,还有摆脱贫困、赶超世界水平的意义,但随着经济发展水平的不断提高,尤其是随着我国进入工业化进程的中后期,由上中等收入水平向高收入水平发展,经济增长和就业的关系就越来越密切。中国现阶段的改善就业不仅推动着城镇化进程,同时也改善着收入分配和人民生活,并反过来促进经济增长。在这种情况下,经济增长不能太低,过低了就会影响充分就业,但经济增长也不能太高,过高就会影响我们实现经济结构调整(主要是需求结构优化和产业结构的升级)和实现经济发展方式的转变。因此把长期的年均经济增长率适度下调,安排在7%左右,既能够保证我国按期实现全面建成小康社会,向高收入国家迈进,又能够通过经济结构的调整改善经济增长的效率,是符合我国长期发展的利益最大化的要求的。

一、产业结构

改革开放以来,第二产业始终是我国经济增长中的主导行业,在2003年以后的加速工业化进程中,这种现象表现得更为突出,不仅增长率高,带动了其他产业的发展,而且为改善就业尤其是农业剩余劳动力向非农产业的转移做出了重要贡献。这一期间是我国非农业就业增加最快的时期,而在非农业就业中,第二产业的贡献大于第三产业。随着我国的工业化进程进入中后期并成为上中等收入国家(2010年),经济增长中的主导产业在发生改变。2013年,我国的第三产业增加值在GDP中的占比首次超过第二产业,形成第三产业最大、第二产业次之、第一产业最小的现代经济产业结构。从发展趋势看,在2015年前后,随着第二产业就业超过第一产业,在就业结构上也会呈现这样的格局。中国正处于一个产业结构的升级和转换时期。这种转换可能使我国经济增长中的主导产业由第二产业转变为第三产业,并对我国经济增长和就业发生一系列深刻影响。

2010年前后,我国的制造业和第二产业的规模已经超过美国居世界第一,但仍然保持着较快的增长和对新增劳动力较大的需求。应该看到,由于需求、规模、能源环境及生产要素等方面条件的制约,同时也由于经济发展水平的提高对于产业结构提升的要求,制造业和第二产业的增速放缓体现着历史的必然,近年来我国的第三产业增加值的增速开始高于第二产业,就是这种必然性的一种体现。因此在观察和分析我国的经济增长时,要改变传统的思维方式,不能总把目光盯在工业增加值、制造业的发展、出口的增长上,要承认或是注重第三产业在经济增长中的地位变化,鼓励它的发展以及对于非农就业的贡献,从而在新的起点上推动我国的经济增长和产业结构升级。

二、需求结构

从需求结构上看,21世纪以来我国的经济增长主要是由出口和投资拉动的(2007年以前是出口和投资,而在全球金融危机后则更多地依靠投资拉动)。目前我国的国内总需求中,投资(固定资本形成)所占的比重已经达到50%左右,而在大多数发达市场经济国家,这一比重都在30%以下。而新兴工业化国家在高速增长阶段时,达到40%以上的也很少。日本在高增长阶段,这一比重最高时曾达到39.5%(1970年);现在则已经回到30%以下。这种高积累对我国一定时期的高增长是具有积极作用的,但同时也带来了投资效率降低、产能过剩以及经济增长不可持续等一系列问题。而从经济发展阶段上看,伴随着生产结构的变化,需求结构也必然要发生变化,第三产业的地位提升需要在最终需求方面得到居民和政府消费的配合。因此,在需求领域,由资本拉动转化为消费拉动也是我国由上中等收入国家向高收入国家发展过程中的必然选择。

调整最终需求结构比调整产业结构更加复杂,因为最终需求的形成需要有各个收入部门(政府、企业、居民、国外等)有支付能力的需求来支持,而这种有支付能力的需求,实际上就是国民收入的分配和再分配格局,最后形成了国民收入的最终使用。现在我们用基尼系数和居民收入组反映的收入分配差距扩大,只是国民收入分配和再分配中的一个组成部分即居民部门内部的收入分配中的问题。但是在实际上,如果从整个国民收入的分配和再分配也就是宏观分配的角度上看,形势同样是严峻的。问题在于各级政府为了实现经济总量的扩张,在国民收入分配和再分配上,政策取向是鼓励投资,从而导致收入向政府和企业资本倾斜,由此导致居民部门的收入不足,消费增长乏力,而由投资形成的过剩的生产能力尤其是消费品的生产能力不能被充分消化,事实上形成了无效生产,降低了资源的配置效率。因此,对于投资活动,不仅要看到它对经济增长的拉动作用(对固定资产投资造成了最终需求的增加,在生产领域增加了产能),还要看到过度的投资事实上是在浪费经济增长的成果。但是对于各级地方政府而言,它们更关心的是增加投资,由投资带动增长,再用增长的成果来改善民生,如果没有投资带动的增长,那么改善民生也是问题。但是如果所有的地方政府都是这种政策取向,在国民经济层面就不可避免地要出现投资和消费的失衡,而且这种失衡是逐渐形成并不断扩大的,短期调控解决不了问题,反而可能因为动作太急造成现存的产业链和资金链断裂,对经济增长产生更大的冲击。所以在调节国民经济的需求结构中,主要是要依靠中央政府对收入分配和再分配的调节,由此影响到国民收入的支出结构和需求结构。同时,各级政府自身的支出结构的调整同样也可能影响到最终需求,因为在最终消费中,不仅包含居民的最终消费,还包括政府以公共服务方式提供给社会的政府消费,如有关社会保障方面的支出,就属于这种消费。我国现代化进程的阶段性目标,是在2020年全面建成小康社会;而从我国人均收入水平的发展趋势来看,在2020年前后,中国将进入高收入国家的行列。无论是小康社会还是高收入国家,它的基本特征都是人民生活的消费水平在整体上达到一定的标准①。因此对中国而言,在现阶段根据中国的实际情况逐步地放缓投资的增长,将更多的国民收入增量转为消费,不仅是提高增长质量的要求,同样也是经济和社会发展提出的要求。

本报告是北京大学中国国民经济核算与经济增长中心成立以后发布的第11

---

① 在这一方面,国际上有一系列测度标准,如恩格尔系数、基尼系数、人类发展指数等。

部年度报告。以往的报告分别为:

《中国经济增长报告2004——进入新一轮经济增长周期的中国经济》、《中国经济增长报告2005——宏观调控下的经济增长》、《中国经济增长报告2006——对外开放中的经济增长》、《中国经济增长报告2007——和谐社会与可持续发展》、《中国经济增长报告2008——经济结构和可持续发展》、《中国经济增长报告2009——全球衰退下的中国经济可持续增长》、《中国经济增长报告2010——从需求管理到供给管理》、《中国经济增长报告2011——克服中等收入陷阱的关键在于经济发展方式转变》、《中国经济增长报告2012——宏观调控与体制创新》、《中国经济增长报告2013——实现新的历史性跨越》。

本期报告的主编为刘伟(北京大学教授、副校长、中国国民经济核算与经济增长研究中心常务副主任),副主编为许宪春(北京大学教授、国家统计局副局长、中国国民经济核算与经济增长研究中心常务副主任)和蔡志洲(北京大学中国国民经济核算与经济增长研究中心研究员、副主任),课题组主要成员包括:黄桂田(北京大学教授、校长助理)、金三林(中心研究员、国务院发展研究中心研究员)、施发启(中心研究员、国家统计局国民经济核算司处长)、王大树(北京大学经济学院教授)、李连发(北京大学经济学院教授)、林卫斌(北京师范大学副教授、能源与战略资源研究中心副主任)、苏剑(北京大学经济学院教授)、张辉(北京大学经济学院副教授、副院长)、肖治合(北京大学经济学院副院长)。本课题受到国家社会科学基金重点项目"我国中长期经济增长与结构变动趋势研究"(项目编号:09AZD013)和"教育部哲学社会科学发展报告资助项目"(10JBG002)的资助。

第二章 国民经济核算与重点统计领域的改革

改革开放以来,特别是20世纪90年代以来,为适应社会主义市场经济的发展和国际统计标准的变化,中国政府对统计制度方法不断进行改革。本章对当前开展的一些重点统计领域的制度方法尤其是国民经济核算的改革进行研究和阐述。这些改革将对 GDP、国民可支配收入等经济总量以及消费率、投资率、第三产业占比、居民可支配收入占比等重要经济比例关系产生一定程度的影响。

第一节 关于中国国民经济核算体系的修订

联合国等国际组织颁布了国民经济核算新的国际标准《国民账户体系(2008)》[①]以来,部分国家和地区已经开始实施或制定了实施计划。例如,美国、加拿大和澳大利亚都已经实施了 2008 年 SNA,欧盟和日本制定了实施 2008 年 SNA 的计划。我国现行国民经济核算体系是否需要修订,以过渡到新的国际标准呢?

新中国成立以来,中国国民经济核算体系经历了三个发展阶段:第一阶段是 1952—1984 年,这一时期我国实行的是高度集中的计划经济体制。为适应这种经济体制下经济管理的需求,我国国民经济核算采用的是产生于苏联的物质产品平衡表体系(简称 MPS),这一体系的核心指标是农业、工业、建筑业、运输业和商业这五大物质生产部门创造的净产值,即国民收入[②]。第二阶段是 1985—1992 年,这一时期是我国从高度集中的计划经济体制向社会主义市场经济体制的过渡时期。为适应这种过渡时期经济管理的需要,我国国民经济核算实行了从 MPS 体系向市场经济国家普遍采用的 SNA 体系转变的混合型体系,这个体系的核心指标既包括 MPS 体系的国民收入,也包括 SNA 体系的国内生产总值。这一体系已经突破了物质生产的界限,反映了非物质服务活动创造的增加值。这一体系的标志性

---

① 国民经济核算国际标准包括 1953 年版本、1968 年版本、1993 年版本和 2008 年版本,分别简称为 1953 年 SNA、1968 年 SNA、1993 年 SNA 和 2008 年 SNA,SNA 是国民账户体系(System of National Accounts)的英文缩写,1953 年 SNA 和 1968 年 SNA 是联合国制定的,1993 年 SNA 和 2008 年 SNA 是由联合国、欧盟委员会、经济合作与发展组织、国际货币基金组织和世界银行共同制定的。

② 国家统计局国民经济平衡统计司:《国民收入统计资料汇编(1949—1985)》,1987,第 10 页。

文件是《中国国民经济核算体系(试行方案)》，它是依据 MPS 和 1968 年 SNA 制定的，体现了混合型特点。第三阶段是 1993 年至现在，这一时期我国实行了社会主义市场经济体制。为适应这种经济体制下经济管理的需要，我国采用了 SNA 体系，国内生产总值成为我国国民经济核算的核心指标。实行这一体系的标志性文件是《中国国民经济核算体系(2002)》，它是依据 1993 年 SNA 制定的。这个体系表明我国国民经济核算已经完成了向市场经济国家普遍采用的国际标准的过渡。

从建立和发展的过程可以看出，我国国民经济核算体系主要是随着经济体制和经济管理需求的变化以及国民经济核算国际标准的变化而变化的。随着经济体制的变化，随着宏观管理需求的变化，随着国际标准的变化，我国国民经济核算体系也要修订，使之适应新的体制、新的需求，也使核算原则、核算方法、核算指标、核算数据具有国际可比性。

2003 年以来，随着社会主义市场经济的发展，我国经济社会出现许多新情况，经济管理产生新的需求，国际组织又颁布了新的标准，所以需要对我国现行的核算体系进行新的修订。

这次我国国民经济核算体系的修订，在基本框架和基本原则方面将不做根本性的调整，但将涉及一系列基本概念、基本分类、基本指标和基本计算方法的修订。本节仅阐述其中一些比较重要的修订内容。

一、引入知识产权产品概念，将研发支出计入 GDP

当今世界，研究与开发、计算机软件、原创性文学艺术作品等在经济社会发展中发挥越来越重要的作用，并且越来越多地具有固定资产的属性。因此 2008 年 SNA 引入了知识产权产品概念，把它作为固定资产的组成部分，把关于这种产品的支出作为固定资本形成计入 GDP，用以描述和反映这些产品及其作用。2008 年 SNA 把知识产权产品分为五种类型：研究与开发，矿藏勘探与评估，计算机软件与大型数据库，娱乐、文学和艺术品原件，其他知识产权产品。其中，矿藏勘探与评估，计算机软件与大型数据库，娱乐、文学和艺术品原件在 1993 年 SNA 中已经被归入固定资产，2008 年 SNA 将研究与开发纳入固定资产，把研究与开发支出由原来作为中间投入，修订为固定资本形成计入 GDP。

我国现行国民经济核算已经按照 1993 年 SNA 的建议，把矿藏勘探与评估支出、计算机软件与大型数据库支出作为固定资本形成计入 GDP，但是还没有把其他几种类型知识产权产品支出作为固定资本形成计入 GDP。

改革开放以来，我国经济社会迅速发展，经济实力不断增强，但是经济社会发展也积累了一些突出矛盾和问题，例如，资源环境对经济增长的约束不断强化，人口年龄结构变化导致劳动供给增速放缓，"人口红利"逐步消失等。在这种情况下，科技创新逐步成为我国经济增长的重要驱动因素。近年来，我国不断加大对研发的投入,全社会研究与开发(简称 R&D)经费支出由 2002 年的 1 287.6 亿元增加到 2012 年的 10 298.4 亿元,十年间增加了约 9 000 亿元;R&D 经费支出占 GDP 的比重也从 2002 年的 1.07% 增加到 2012 年的 1.98%。随着 R&D 经费支出的逐步增加,研究与开发活动在我国经济社会发展中发挥了越来越重要的作用。

关于研究与开发支出核算,我国也拥有了比较丰富的基础数据,例如,我国分别于 2000 年和 2009 年进行了两次 R&D 资源清查,常规年度也开展了政府、科研机构、企业等研发活动的调查,掌握了 R&D 经费支出及构成等数据。同时,发达国家,如美国、加拿大、澳大利亚,在开展研究与开发核算方面积累了比较丰富的经验可供借鉴。因此,按照 2008 年 SNA 的建议,引入知识产权产品概念,将研究与开发支出作为固定资本形成计入 GDP 不仅存在必要性,而且具备了可能性。在广泛搜集研究与开发支出统计资料的基础上,国家统计局按照 2008 年 SNA 的建议,分别从生产和需求两个方面开展了将研究与开发支出计入 GDP 的核算方法研究,得出了初步测算结果,目前正在论证阶段。

关于计算机软件与大型数据库,娱乐、文学和艺术品原件,其他知识产权产品,我国还缺乏统计资料,需要在以后条件成熟时逐步作为固定资本形成计入 GDP。

二、引入经济所有权概念,将土地承包经营权流转收入计入农民财产收入

2008 年 SNA 引入了经济所有权概念,它是相对于法定所有权而言的。法定所有权指的是在法律上拥有货物和服务、自然资源、金融资产和负债,并能够持续获得相应经济利益的权利;经济所有权指的是承担了货物和服务、自然资源、金融资产和负债有关经济风险,享有相应经济利益的权利[1]。通常情况下,经济所有权与法定所有权归属于同一所有者。当经济所有权与法定所有权分离时,2008 年 SNA 建议按经济所有权进行核算。这样,可以使有关核算结果更加合理和符合实际情况。

随着社会主义市场经济的发展,为了推动土地集约化经营,我国 2002 年颁布的《农村土地承包法》明确规定,土地承包经营权可以依法进行流转。近年来,我国土地承包经营权流转现象越来越普遍。据有关部门初步统计,截至 2012 年年底,全国家庭承包经营耕地流转面积达到 2.7 亿亩,占家庭承包耕地(合同)总面积的 21.5%[2],土地承包经营权流转收入成为农民收入的重要组成部分。那么,在国民经济核算中应当如何处理这些收入呢?

我国宪法规定,农村的土地,除法律规定属于国家所有的以外,属于集体所

---

[1] 见 2008 年 SNA,第 3 章,第 21 和 26 段。
[2] 农业部农村经济体制与经营管理司:《解读中央 1 号文件》,《农民日报》,2013 年 2 月 3 日。

有,所以拥有土地承包经营权的农民对相应的土地并不拥有法定所有权。如果按照法定所有权的原则,土地承包经营权流转收入不能作为拥有土地承包经营权的农民的财产收入处理。但是,拥有土地承包经营权的农民对相应的土地承担经济风险,享受经济收益,所以拥有相应土地的经济所有权。按照经济所有权的原则,拥有土地承包经营权的农民成为土地的经济所有者,把土地承包经营权流转给其他个人或单位使用所获得的收入就形成了 SNA 定义的地租,从而构成农民财产收入的一部分。因此,我国国民经济核算引入 2008 年 SNA 的经济所有权概念之后,作为我国农民收入重要组成部分的土地承包经营权流转收入就有了合理的处理方法。

三、引入雇员股票期权概念,将其计入劳动者报酬

雇员股票期权指的是公司授予其部分员工在未来一个约定的日期或一段时间内,按照预先确定的价格和条件购买一定数量的公司股票的权利。被授权的员工大多是公司董事、高级管理人员以及核心技术人员等,他们一般需要满足一定的条件才可以被授权,这些条件往往同公司业绩及个人业绩挂钩。如果被授权者经营管理有方,公司业绩优良,他们就可以在约定的时间,以原约定的较低的价格购买一定数量的股票。雇员股票期权是作为对员工的酬劳或激励而给予他们的,与员工在企业的表现和业绩有关,因而具有劳动者报酬的属性。近年来,许多国家特别是发达国家越来越多的企业将雇员股票期权作为激励员工的重要方式。因此,2008 年 SNA 引入了雇员股票期权概念,建议对雇员股票期权价值进行估值,将其计入劳动者报酬。

随着改革的逐步深入,我国有越来越多的企业将雇员股票期权作为激励员工的一种方式。2006 年,《上市公司股权激励管理办法(试行)》正式实施以后,我国上市公司的股权激励制度得到了快速发展。据证监会统计[1],截至 2013 年 4 月 30 日,共有 464 家上市公司提交了股权激励计划,约占上市公司总数的 18.6%。其中 308 家上市公司的 357 个股权激励计划处于实施阶段。从股权激励的方式看,大部分的股权激励计划采取授予期权的方式。因此,雇员股票期权制度正被我国越来越多的企业所接受和实施,所以我国国民经济核算有必要按照 2008 年 SNA 的建议,引入雇员股票期权概念,进行正确估值,计入劳动者报酬。

四、引入调整后已生索赔和调整后追加保费概念,修订非寿险服务产出的计算方法

在 1993 年 SNA 中,非寿险服务产出等于实收保费,加上追加保费,减去实际赔付。在正常年度,用这种方法计算非寿险服务产出是没有问题的。但是在发生巨大灾难,产生巨额保险赔付的年度,用这种方法计算的非寿险服务产出会出现

---

[1] 中国证券监督管理委员会:《2012 年上市公司执行会计准则监管报告》,2013 年 8 月 16 日。

大幅度下降,甚至出现负值。因此 2008 年 SNA 对非寿险服务产出的计算方法做了改进,用调整后已生索赔代替实际赔付①,其中调整后已生索赔可以利用统计技术对历史数据进行平滑后得到。2008 年 SNA 还指出,从理论上讲也应该对追加保费做类似调整,但由于追加保费的波动要小于赔付,实践中这样的调整可能并不需要。但是,追加保费来自保险公司的投资收入,在资本市场剧烈动荡的年度,投资收入的波动性会很大,因此也有进行调整的必要。许多国民经济核算专家已经认识到这一点,联合国和欧洲中央银行在即将共同出版的《SNA 中的金融生产、流量与存量手册》中,将对此做出明确规定:在非寿险服务产出计算中,追加保费也像赔付那样根据历史数据做平滑调整。

我国现行国民经济核算关于非寿险服务产出的计算采用的是 1993 年 SNA 的方法。国际组织关于非寿险服务产出计算方法的改进是合理的,我国国民经济核算也应引入调整后已生索赔和调整后追加保费概念,修订非寿险服务产出的计算方法。

五、引入实物社会转移概念,开展实际最终消费核算

在 2008 年 SNA 中,有一类重要的转移,称为实物社会转移,指的是政府和为住户服务的非营利机构免费或以没有显著经济意义的价格提供给住户的消费性货物和服务②。这类货物和服务的支出由政府和为住户服务的非营利机构承担,被住户所消费。

2008 年 SNA 设置了两类最终消费指标,一类是最终消费支出,包括住户部门、政府部门和为住户服务的非营利机构部门的最终消费支出;一类是实际最终消费,包括住户部门、政府部门和为住户服务的非营利机构部门的实际最终消费。这两类指标之间具有以下关系:

住户部门实际最终消费 = 住户部门最终消费支出 + 住户部门从政府部门和为住户服务的非营利机构部门获得的实物社会转移 (2.1)

政府部门实际最终消费 = 政府部门最终消费支出 − 政府部门对住户部门的实物社会转移 (2.2)

为住户服务的非营利机构部门实际最终消费 = 为住户服务的非营利机构部门最终消费支出 − 为住户服务的非营利机构部门对住户部门的实物社会转移 (2.3)

由上述可知,住户部门实际最终消费反映了居民获得的所有消费性货物和服务的价值,它不仅包括了住户部门自身承担支出所获得的消费性货物和服务的价

---

① 见 2008 年 SNA,第 6 章,第 185 段。
② 见 2008 年 SNA,第 8 章,第 141 段。

值,还包括住户部门以实物社会转移的形式从政府部门和为住户服务的非营利机构部门获得的消费性货物和服务的价值,例如政府部门为住户部门提供的教育、文化、医疗等服务的价值,体现了居民的实际消费水平。而政府部门和为住户服务的非营利机构部门以实物社会转移的形式向住户部门提供的个人消费性货物和服务提高了居民的实际消费水平,体现了政府部门和为住户服务的非营利机构部门在改善居民生活方面所发挥的作用。

近年来,我国政府在推动经济发展的同时,更加注重改善民生,政府用于教育、文化、医疗卫生等民生方面的支出不断增加。例如在教育方面,政府财政不断加大投入力度,教育事业不断发展,教育水平逐步提高;在医疗卫生方面,政府财政不断加大投入力度,医疗卫生事业不断发展,医疗卫生服务水平逐步提高。

我国现行国民经济核算只设置了一类最终消费指标,即最终消费支出,包括居民消费支出和政府消费支出[①];没有设置实际最终消费指标,包括居民实际消费和政府实际消费。为了更全面地反映我国居民的实际消费水平和政府在改善民生方面所发挥的重要作用,我国国民经济核算需要引入实物社会转移概念,设置实际最终消费指标。目前,国家统计局正在开展居民实际消费和政府实际消费核算的方法研究和数据测算工作,核算方法和测算数据通过论证后,将正式开展实际最终消费,包括居民实际消费和政府实际消费的核算工作。

六、引入市场租金法,修订城镇居民自有住房服务价值

这里说的居民自有住房指的是居民自己拥有自己居住的住房,不包括居民自己拥有出租给其他用户的住房。在国民经济核算中,居民自有住房需要计算住房服务价值。从使用核算的角度,居民自有住房服务价值属于居民消费支出的构成部分;从生产核算的角度,剔除维护修理费、物业管理费等中间投入费用之后属于房地产业增加值的构成部分。由于居民自有住房并没有发生市场租赁行为,所以自有住房服务价值只能采取虚拟计算的办法。虚拟计算方法包括市场租金法和成本法。目前,我国采用的是成本法,其中的固定资产折旧是利用住房建造成本与折旧率计算的。近年来,随着我国经济的快速发展和居民收入水平的不断提高,随着城镇化进程的加快和城镇住房市场化改革的不断深化,我国城镇住房需求增长较快,房地产市场快速发展,房价迅速上涨。在这种情况下,采用现行的成本法就会低估居民自有住房服务价值,因为住房建造成本上涨的幅度远低于房价上涨的幅度,从而会低估居民消费支出和房地产业增加值,进而影响到居民消费率和第三产业增加值比重。

---

① 我国国民经济核算没有单独划分为住户服务的非营利机构部门,所以最终消费支出中不包括为住户服务的非营利机构部门的消费支出。

近年来,随着房地产市场快速发展和房价迅速上涨,住房租金也不断上涨。同时,我国住房租赁市场已经逐步成熟,房租的代表性逐步增强。因此,有必要对现行的核算方法进行改革,引进国际上广泛使用的市场租金法测算城镇居民自有住房服务价值,从而有利于客观地反映居民消费支出和房地产业增加值,进而有利于客观地反映居民消费率和第三产业增加值比重。国家统计局已经利用住户调查取得的住房租金、住房面积等数据以及人口统计数据,试算了近年来城镇居民自有住房服务价值,经过充分论证之后,新的计算方法和数据结果将被正式采用。

第二节 关于 GDP 核算的改革

关于国民经济核算尤其是 GDP 核算的改革,目前正在新的国民经济核算体系的框架下,进行以下几项重点改革,一是居民自有住房服务核算方法改革,二是引入居民实际消费核算,三是研发支出核算方法改革。

一、居民自有住房服务核算方法改革

(一) 为什么要对居民自有住房服务价值进行虚拟计算

居民自有住房并没有发生市场租赁行为,自有住房服务价值只能采取虚拟计算的办法。那么,为什么要对居民自有住房服务价值进行虚拟计算呢? 这主要是因为居民自有住房与租赁住房的比率,在不同的国家之间,同一国家不同时期之间都是不同的,不对居民自有住房服务价值进行虚拟计算,住房服务的生产和消费的国际比较和历史比较就会失去意义。

(二) 居民自有住房服务价值的虚拟计算方法

如上一节所述,居民自有住房服务价值的虚拟计算有两种基本方法,一是市场租金法,即按市场上相同类型、相同大小和相同质量的住房租金来估算。这种方法适用于存在规范的住房租赁市场的国家。二是成本法,即按居民自有住房服务的成本来估算。其中的成本一般包括居民自有住房的维护修理费、物业管理费和固定资产折旧等。这种方法适用于住房租赁市场不大规范的国家。

(三) 居民自有住房服务价值虚拟计算的影响

首先,居民自有住房服务价值的虚拟计算影响房地产业增加值。居民自有住房服务价值对应的是居民自有住房服务的总产出,所以,居民自有住房服务价值扣除中间消耗之后就是居民自有住房服务的增加值。居民自有住房是房地产业的重要组成部分,其服务价值的虚拟计算影响到居民自有住房服务增加值,从而影响到房地产业增加值。

其次,居民自有住房服务价值的虚拟计算影响居民可支配收入。如前所述,居民自有住房服务价值扣除中间消耗之后得到居民自有住房服务增加值。从产

业部门生产核算的角度计入房地产业增加值,从机构部门生产核算的角度计入住户部门增加值。这种增加值一般不包括劳动者报酬,也不包括生产税净额,只包括固定资产折旧和营业盈余①,后两部分包括在居民可支配收入②中。所以自有住房服务价值的虚拟计算影响到居民可支配收入。

再次,居民自有住房服务价值的虚拟计算影响居民消费支出。如上所述,从生产核算的角度,居民自有住房服务价值本身并不是直接计入房地产业增加值,而是以其价值构成部分,即居民自有住房服务增加值计入房地产业增加值,从而居民自有住房服务价值的虚拟计算是以一种间接的方式影响房地产业增加值。从收入分配核算的角度,居民自有住房服务价值本身也并不是直接计入居民可支配收入,而是以其价值构成部分,即固定资产折旧和营业盈余计入居民可支配收入,从而居民自有住房服务价值的虚拟计算也是以一种间接的方式影响居民可支配收入。从使用核算的角度,居民自有住房服务价值直接计入居民消费支出,所以自有住房服务价值的虚拟计算直接影响到居民消费支出。因此,居民自有住房服务价值的虚拟计算对居民消费支出的影响方式与其对房地产业增加值和居民可支配收入的影响方式有所不同。

最后,居民自有住房服务价值的虚拟计算影响到国民经济中的一些重要比例关系。一是影响到第三产业增加值占 GDP 的比重。房地产业是第三产业的重要组成部分,自有住房服务价值的虚拟计算影响到房地产业增加值,必然影响到第三产业增加值,从而影响到第三产业增加值占 GDP 的比重。二是影响到居民可支配收入占国民可支配收入的比重。如上所述,自有住房服务价值的虚拟计算影响到居民可支配收入,从而必然影响到居民可支配收入占国民可支配收入的比重。三是影响到居民消费支出占支出法 GDP 的比重。如上所述,自有住房服务价值的虚拟计算影响到居民消费支出,从而必然影响到居民消费支出占支出法 GDP 的比重。

显然,第三产业增加值占 GDP 的比重、居民可支配收入占国民可支配收入的比重和居民消费支出占支出法 GDP 的比重是国民经济中的重要比例关系。

(四)我国现行居民自有住房服务价值的虚拟计算方法及其存在的问题

目前,我国居民自有住房服务价值的虚拟计算采用的是成本法,即

$$
\text{居民自有住房服务价值} = \text{维护修理费} + \text{物业管理费} + \text{固定资产折旧} \tag{2.4}
$$

---

① 当居民自有住房服务价值的虚拟计算采用成本法时,营业盈余为零。

② 居民可支配收入包括居民可支配总收入和居民可支配净收入,前者包括固定资产折旧,后者不包括固定资产折旧。

其中，居民自有住房的固定资产折旧采用住房造价乘以折旧率计算，城镇居民自有住房折旧率采用的是2%，农村居民自有住房折旧率采用的是3%，隐含的假定是，城镇居民自有住房具有50年的使用寿命，农村居民自有住房具有30多年的使用寿命。物业管理费只适用于城镇居民自有住房服务价值的计算。

我国现行居民自有住房服务价值的虚拟计算方法是在第一次经济普查时，通过对不同方法进行试算、比较和评估后确定的。当时曾经尝试采用租金法计算居民自有住房服务价值，但利用住房租金计算的结果比利用现行的成本法计算的结果还小，因此成本法被认为是当时我国计算居民自有住房服务价值的一种最为可行的方法。但是，随着我国房地产市场的快速发展以及房价的迅速上升，城镇房屋造价与市场价值的差距越来越大，使得利用房屋造价计算的城镇居民自有住房存量价值被低估，从而导致城镇居民自有住房服务价值的低估，进而导致房地产业增加值、居民可支配收入和居民消费支出的低估，因此导致第三产业增加值占GDP的比重、居民可支配收入占国民可支配收入的比重和居民消费支出占支出法GDP的比重这些国民经济中的重要比例的低估。所以，对城镇居民自有住房服务价值虚拟计算方法进行改革具有十分的必要性和紧迫性。

（五）城镇居民自有住房服务价值虚拟计算方法的改革设想及其产生的影响

目前，关于城镇居民自有住房服务价值虚拟计算方法的改革处于正在研究试算过程之中。有两种改革思路，一种是继续采用成本法，但计算城镇居民自有住房固定资产折旧所依据的自有住房价值由住房造价改为住房市场价值；另一种是采用市场租金法。无论采用哪种方法，自有住房服务价值都会有所增加，从而房地产业增加值、居民可支配收入和居民消费支出相应地都会有所增加，进而第三产业增加值占GDP的比重、居民可支配收入占国民可支配收入的比重和居民消费支出占支出法GDP的比重也会有所提高。

二、引入居民实际消费核算

1993年SNA和2008年SNA都给出了两个居民消费指标，一个是居民消费支出，一个是居民实际消费。居民消费支出只包括居民在个人消费性货物和服务方面的支出，居民实际消费除了包括居民在个人消费性货物和服务方面的支出外，还包括政府部门和为住户服务的非营利机构以实物社会转移的形式向居民提供的个人消费性货物和服务所承担的支出。因此，居民实际消费反映了居民所获得和享受的所有个人消费性货物和服务的价值，体现了居民的实际消费水平；而政府部门和为住户服务的非营利机构以实物社会转移的形式向居民提供的个人消费性货物和服务提高了居民的实际消费水平，体现了政府部门和为住户服务的非营利机构在改善居民生活方面所发挥的作用。

相应地，1993年SNA和2008年SNA也都给出了两个政府消费指标，一个是政府消费支出,一个是政府实际消费。政府实际消费等于政府消费支出减去政府部门以实物社会转移的形式向居民提供的个人消费性货物和服务所承担的支出,它反映的是政府部门所提供的公共服务的价值。

目前,我国只核算了居民消费支出和政府消费支出,没有核算居民实际消费和政府实际消费。为了反映我国居民的实际消费水平和政府在改善民生方面所发挥的重要作用,国家统计局正在开展居民实际消费和政府实际消费核算方法研究并测算相应数据,核算方法研究成功和数据测算工作完成并通过论证后,将把居民实际消费和政府实际消费核算正式纳入GDP核算。

三、研发支出核算方法改革

(一) 国民经济核算国际标准对研发支出处理方法的修订

在1993年SNA以前的国民经济核算国际标准中,研究和开发支出是作为中间消耗处理的。在1993年SNA的研究制定过程中,研发支出是继续作为中间消耗还是调整为固定资本形成,曾经进行过讨论,由于国际专家们没有形成一致意见,1993年SNA还是把研发支出继续作为中间消耗处理了。1993年以来,世界各国尤其是发达国家,在研发方面的支出不断增加,研发已经成为推动经济增长的重要动力,研发作为固定资产的属性更加明显,促使国际专家们达成了一致意见,因此2008年SNA明确把研发支出作为固定资本形成处理。

将研发支出作为固定资本形成处理,并不是将所有的研发支出都作为固定资本形成处理,2008年给出的基本原则是,给其所有者带来经济利益的研发支出作为固定资本形成处理,不给其所有者带来经济利益的研发支出仍然作为中间消耗处理。

(二) 研发支出处理方法的修订所产生的影响

将研发支出由中间消耗调整为固定资本形成之后,一方面导致有研发支出的各行业中间消耗的减少和增加值的增加,并导致生产法和收入法GDP的增加;另一方面导致固定资本形成总额的增加,进而导致资本形成总额和支出法GDP的增加,以及资本形成总额占支出法GDP比重,即投资率的增加。另外,将研发作为固定资产之后,还要计算相应的固定资产折旧,对于市场生产者来说,增加值总量不会发生变化,但固定资产折旧会增加一块,营业盈余会相应地减少一块,所以收入法增加值的结构会发生变化;对于非市场生产者来说,固定资产折旧的增加会直接影响增加值总量,从而增加值总量和收入法增加值结构都会发生一些变化,因此,生产法和收入法GDP总量以及收入法GDP结构也会发生一些微小的变化。

(三) 发达国家实施情况和数据修订结果

2008年SNA明确把研发支出作为固定资本形成处理之后,统计工作比较先进、数据基础比较完善的发达国家,已经开始实施或者计划实施新的国际标准。

例如,澳大利亚从2009年开始将研发支出作为固定资本形成处理,结果使澳大利亚2008年GDP增加了约1.45%。加拿大2012年公布了将研发支出作为固定资本形成处理的结果,其2007—2011年GDP年均增加了约1.3%。美国最近公布了它对GDP历史数据的第十四次修订结果,其中比较重大的方法修订就是将研发支出作为固定资本形成处理,这一修订使美国2012年GDP增加了3 697亿美元,相当于其调整前GDP的2.5%。欧盟统计局要求欧盟国家从2014年开始将研发支出作为固定资本形成处理。日本计划从2016年开始将研发支出作为固定资本形成处理。

(四) 我国关于研发支出处理方法的研究

根据2008年SNA的要求,借鉴发达国家的实施经验,国家统计局正在开展将研发支出作为固定资本形成处理的研究和试算工作,试算方法和试算结果经过论证之后将正式实施。正式实施之后,中国GDP也将会有所增加,研发支出较多的行业增加值比重将会有所提高,资本形成总额占支出法GDP的比重,即投资率也将有所提高。

第三节 固定资产投资统计制度方法改革

目前,我国政府统计部门正在开展固定资产投资统计制度方法改革试点,试点取得成功之后,将正式实施新的统计制度方法。

一、为什么要对固定资产投资统计制度方法进行改革

我国现行的固定资产投资统计制度方法是在传统的计划经济体制下建立起来的,改革开放以来,虽经历了一系列改革,但没有发生本质性的变化。这种统计制度方法具有两个明显特点,一是调查对象以投资项目为主,二是计算方法以形象进度法为主。

我国全口径的固定资产投资称为全社会固定资产投资,包括固定资产投资(不含农户)和农户固定资产投资,其中固定资产投资(不含农户)包括500万元及以上建设项目投资①和房地产开发投资。其中,农户固定资产投资以农户为调查对象,房地产开发投资以房地产开发企业为调查对象,而500万元及以上建设项目投资则以项目为调查对象。农户固定资产投资和房地产开发投资占全社会固定资产投资的22%左右,500万元及以上建设项目投资占全社会固定资产投资的

---

① 2011年以前,固定资产投资统计的建设项目起点标准是50万元,随着建设项目规模的不断扩大,为了减轻基层统计部门的工作负担和提高数据质量,从2011年起建设项目起点标准确定在500万元。

78%左右①。所以,我国固定资产投资的调查对象以投资项目为主。

所谓形象进度法是针对建筑工程投资和安装工程投资设计的计算方法。这种计算方法是根据已经完成的实物工作量乘以预算单价计算的。这种计算方法有两种具体方法,一种是单价法,另一种是部位进度法。其中单价法是基本方法。单价法是根据已经完成的分部分项工程工作量乘以各自相应的预算定额单价汇总出建筑安装工程的全部直接费,再乘以间接费率和利税率,即得出该工程的投资完成额。将所有分部分项工程投资完成额相加,得出建筑安装工程的全部投资完成额。部位进度法是将单位工程分成几个部位,先求得每个部位预算价格占单位工程的建筑安装工程预算造价(包括间接费、利润和税金)的比重,然后根据实际完成的各部位的进度求得各部位建筑安装工程进度,将各部位建筑安装工程完成进度相加,得到单位工程的完成进度,再乘以单位工程预算造价,即得出单位工程的建筑安装工程的投资完成额。②

调查对象以投资项目为主、计算方法以形象进度法为主的固定资产投资统计制度方法遇到了巨大的挑战。

在传统的计划经济体制下,投资项目少,投资的计划性强;同时,投资主体主要是国有单位和集体单位,政府统计部门开展固定资产投资调查容易取得它们的配合,从而投资项目比较容易跟踪查找。所以,在传统的计划经济体制下,以投资项目为调查对象是可行的。但是,改革开放以后,特别是20世纪90年代以后,随着社会主义市场经济的迅速发展,投资主体越来越多元化,投资项目增长迅速,政府统计部门取得投资主体配合和跟踪查找投资项目的难度越来越大。所以,调查对象以投资项目为主遇到的挑战越来越大。

从前面的阐述可知,形象进度法比较复杂,它要求基层单位的固定资产投资填报人员对报告期完成的实物工作量有准确的把握,对工程预算造价有准确的了解,这对基层单位填报人员的要求太高了。在传统的计划经济体制下,基层单位特别是国有单位往往配备专职统计人员,这些统计人员稳定性比较强。但在社会主义市场经济体制下,许多类型企业特别是私营企业、港澳台商投资企业、外商投资企业,一般都没有配备专职统计人员,各类统计报表往往是由财会人员代填,有些类型企业即使配备专职统计人员,流动性也强,很难保证这些基层单位填报人员具有足够的业务素质和能力按照国家统计制度方法的要求计算出固定资产投资,从而很难保证固定资产投资的源头数据质量。同时,由于这种方法依赖于实

---

① 2010、2011和2012年,农户固定资产投资占全社会固定资产投资的比重分别为3.1%、2.9%和2.6%,房地产开发投资占全社会固定资产投资的比重分别为19.2%、19.8%和19.2%,两者合计占全社会固定资产投资的比重分别为22.3%、22.7%和21.8%。

② 国家统计局:《中国主要统计指标诠释》,第194—195页。

物工作量和工程预算造价,从而难以进行具体的核查,只能假定基层单位填报人员能够按照国家统计制度的要求计算和填报,只能依赖基层单位填报人员计算和填报的结果。

许多地方政府都把固定资产投资作为推动本地经济发展的重要抓手,一些地方还建立了固定资产投资层层考核机制。这种方式在促进地方经济发展的同时,也导致一部分地方领导干预固定资产投资统计数据的现象。由于形象进度法关于投资的实物工作量具有一定的判断成分,而且很难核查,这给干预固定资产投资数据提供了机会。

所以,对现行固定资产投资统计制度方法进行改革不仅十分必要,而且十分迫切。

二、固定资产投资统计制度方法的改革思路

针对现行固定资产投资统计制度方法存在的突出问题,初步打算将改革的目标确定为实现三个转变。

(一)实现固定资产投资调查对象从投资项目向法人单位转变

如前所述,目前我国全社会固定资产投资中的农户投资以农户为调查对象,房地产开发投资以房地产开发企业为调查对象,而500万元及以上建设项目投资则以项目为调查对象。与投资项目相比,法人单位相对稳定,比较容易查找,不容易遗漏,不容易重复,所以,固定资产投资统计制度方法改革对于500万元及以上建设项目投资将不再以项目为调查对象,而是以法人单位为调查对象,这有利于提高这部分固定资产投资统计数据质量。同时这部分固定资产投资统计的标准也将取消500万元的统计起点限制,改为法人单位会计制度规定的标准。这样,全社会固定资产投资的范围也将扩大。

(二)实现固定资产投资计算方法从形象进度法向财务收支法转变

这种转变包括以下几层内容:一是固定资产投资基层调查表不再直接调查固定资产投资指标,而是调查计算固定资产投资所需要的财务收支指标;二是固定资产投资不再按照形象进度法计算,即不再按照已经完成的实物工作量乘以预算单价的方法计算,而是根据调查的有关财务收支指标计算;三是固定资产投资不再由基层单位工作人员计算,而是由政府统计部门的专业人员计算。

这种转变具有以下两个方面的好处:一是减轻了基层单位填报人员的工作负担,因为固定资产投资基层调查表只填基层单位现成的财务收支资料,不需要加工计算。二是有利于提高固定资产投资统计数据质量,因为固定资产投资基层调查表中的财务收支资料便于填报,便于核查;固定资产投资的加工计算工作由政府部门的专业人员来计算,出错的可能性也会显著减少。

（三）实现固定资产投资数据收集方式从全面调查向联网直报、抽样调查和部门行政记录方式转变

一是凡是联网直报范围内的企业，包括规模以上工业企业、具有资质等级的建筑业企业、限额以上批发和零售业企业、限额以上住宿和餐饮业企业、房地产开发经营企业、重点服务业企业，固定资产投资通过企业一套表联网直报方式收集数据；二是已经建立和即将建立抽样调查的各类小微企业，包括规模以下工业企业、资质外建筑业企业、限额以下批发和零售业企业、限额以下住宿和餐饮业企业等，固定资产投资通过小微企业抽样调查方式收集数据；三是联网直报企业和纳入抽样调查范围的小微企业以外的法人单位，固定资产投资通过行政记录的方式收集数据。

这种转变具有以下两个方面好处：一是减轻了投资主体的调查工作负担，因为对一部分投资主体的固定资产投资调查是与法人单位的生产经营活动调查一起进行的，不再仅针对固定资产投资单独开展调查，工作量减轻了；对一部分投资主体甚至不开展调查。二是有利于提高固定资产投资统计数据质量，因为对一部分投资主体采取联网直报的方式，对一部分投资主体采取抽样调查的方式，对一部分投资主体采取行政记录的方式，能够有效地防止中间环节对固定资产投资数据的人为干扰。

第四节 城乡住户调查一体化改革

一、为什么要进行城乡住户调查一体化改革

城乡住户调查是中国政府统计调查的重要组成部分，主要调查城乡居民的收入和支出情况。我国农村住户调查和城镇住户调查是各自独立建立起来的，农村住户调查始于1954年，城镇住户调查始于1955年[①]。随着社会主义市场经济的发展、宏观管理和社会需求的不断增长以及用户要求的不断提高，农村住户调查和城镇住户调查都得到了迅速发展，调查方法、调查指标不断改进。但是，受城乡二元结构的制约，农村住户调查和城镇住户调查一直各自独立开展，两者在调查指标的定义、口径范围、基本分类和计算方法等方面没有实现完全统一，因而不具有可比性和可加性。例如，农村住户调查中的核心指标农村居民人均纯收入与城镇住户调查中的核心指标城镇居民人均可支配收入[②]在口径范围上就存在差异，

[①] 国家统计局住户调查办公室：《中国住户调查年鉴（2012）》，第419页。

[②] 对于现行住户调查来说，核心指标是农村居民人均纯收入和城镇居民人均可支配收入，而不是农村居民纯收入和城镇居民可支配收入，因为住户调查重点在于获得这些居民收入的人均水平而不是居民收入总量，居民收入总量通过国民经济核算中的居民可支配收入反映。见许宪春：《准确理解中国的收入、消费和投资》，《中国社会科学》，2013年第2期。

因而两者之间存在一定程度的不可比性,也不能通过两者直接构造出全国居民的人均可支配收入。城乡住户调查一体化改革要解决这些不一致性问题及相关问题。

二、城乡住户调查一体化改革要解决的主要问题

(一) 解决城乡住户调查指标问题

解决城乡住户调查指标问题包括解决城乡住户调查指标之间的统一性问题和住户调查指标与国民经济核算相应指标之间的一致性问题。

1. 解决城乡住户调查指标之间的统一性问题

解决城乡住户调查指标之间的统一性问题,重点是解决以下两个方面的问题:

一是城乡住户调查中的居民收入指标的统一性问题。在现行的调查制度中,农村住户调查中的农村居民纯收入与城镇住户调查中的城镇居民可支配收入指标在口径范围上存在区别,例如,除了税收项目外,农村居民纯收入与城镇居民可支配收入关于转移性支出的扣除是不一致的,前者扣除的是农村内部亲友赠送,后者扣除的是个人交纳的社会保障支出[①]。这种不一致性影响到农村居民纯收入和城镇居民可支配收入之间的可比性。又如,在现行的住户调查中,农村居民纯收入是利用农村住户收支调查资料计算出来的,既包括现金收入,也包括实物收入,例如农村住户自己生产自己消费的农林牧渔业产品收入;城镇居民可支配收入是利用城镇住户现金收支调查资料计算出来的,只包括现金收入,不包括实物收入,例如城镇住户以实物报酬和实物转移的形式获得的收入以及自己生产自己消费的农副产品收入。这种不一致性也影响到农村居民纯收入和城镇居民可支配收入之间的可比性。

二是城乡住户调查中的居民消费支出指标的统一性问题。在现行的调查制度中,农村住户调查中的居民消费支出与城镇住户调查中的居民消费支出在口径范围上存在区别,例如,农村住户调查中的居民消费支出包括的居住支出包含农村居民购房支出和建房支出,城镇住户调查中的居民消费支出包括的居住支出不包含这部分支出。

解决了城乡住户调查中的居民收入指标的统一性问题之后,农村居民纯收入将调整为农村居民可支配收入,住户调查中的农村居民人均可支配收入与城镇居民人均可支配收入之间实现了可比性,同时可以构造出住户调查基础上的全国居

---

① 国家统计局住户调查办公室:《中国住户调查年鉴(2012)》,第 420—430 页。城镇居民个人交纳的社会保障支出包括个人缴纳的住房公积金,它不属于转移性支出,而是居民资产的一部分,在计算城镇居民可支配收入时不应扣除。

民人均可支配收入①。因此,利用住户调查资料不仅可以分别观测农村和城镇居民的平均收入水平,还可以观测全国居民的平均收入水平,可以更加准确地观测城乡居民平均收入水平之间的差距。解决了城乡住户调查中的居民消费支出指标的统一性问题,就实现了住户调查中的农村居民人均消费支出与城镇居民人均消费支出之间的可比性,同时可以构造出住户调查基础上的全国居民的人均消费支出。因此,利用住户调查资料不仅可以分别观测农村和城镇居民的平均消费水平,还可以观测全国居民的平均消费水平,可以更加准确地观测城乡居民平均消费水平之间的差距。

2. 解决住户调查指标与国民经济核算相应指标的一致性问题

解决住户调查指标与国民经济核算相应指标的一致性问题,重点是解决以下两个方面的问题:

一是住户调查中的居民收入②指标与国民经济核算中的居民收入指标的一致性问题。在现行的统计制度中,住户调查中的居民收入与国民经济核算中的居民收入在口径范围上存在区别。例如,住户调查中的居民收入包括的财产性收入与国民经济核算中的居民收入包括的财产收入是相互对应的指标,但住户调查中的财产性收入包括居民出租房屋的租金净收入,即房屋租金收入扣除维护修理费、物业管理费、税金等成本后的净收入,而国民经济核算中的财产收入不包括居民出租房屋的租金净收入。在国民经济核算中,居民出租房屋属于经营性租赁,房屋租金收入属于服务收入,扣除维护修理费、物业管理费、税金等成本后的净收入属于营业盈余。财产收入和营业盈余虽然都是可支配收入的来源,但性质不同。营业盈余作为收入法增加值的构成部分,它的大小直接影响增加值的大小,而财产收入是对既定增加值的分配,它的大小对增加值的大小没有影响。如果把增加值比作蛋糕的话,营业盈余是增大蛋糕的,而财产收入是对既定蛋糕的一种分配方式。又如,无论是农村住户调查中的农村居民纯收入还是城镇住户调查中的城镇居民可支配收入都没有剔除财产性支出,例如居民生活贷款利息支出,而国民经济核算中的居民可支配收入则剔出了财产支出。③

二是住户调查中的居民消费支出指标与国民经济核算中的居民消费支出指标的一致性问题。在现行的统计制度中,住户调查中的居民消费支出与国民经济

---

① 这里之所以说构造出住户调查基础上的全国居民人均可支配收入,是因为在国民经济核算基础上也可以构造出全国居民人均可支配收入。

② 住户调查中的居民收入指标指的是农村住户调查中的农村居民纯收入和城镇住户调查中的城镇居民可支配收入,在住户调查指标与国民经济核算相应指标比较分析中,忽略农村居民纯收入与城镇居民可支配收入之间的区别。

③ 许宪春:《准确理解中国的收入、消费和投资》,《中国社会科学》,2013年第2期,第4—24页。

核算中的居民消费支出在口径范围上存在区别,例如,农村住户调查中的居民消费支出包括的居住支出包含农村居民购房支出和建房支出,这不仅影响到农村住户调查中的居民消费支出与城镇住户调查中的居民消费支出之间的统一性,也影响到住户调查中的居民消费支出与国民经济核算中的居民消费支出之间的一致性,与城镇住户调查一样,国民经济核算中的居民消费支出包括的居住支出不包含居民购房支出和建房支出。

解决了住户调查指标与国民经济核算相应指标的一致性问题,就会提高住户调查与国民经济核算的对应指标,特别是居民人均可支配收入和居民人均消费支出之间的可比性。当然,住户调查与国民经济核算的某些原则是不同的,例如,住户调查中的居民收入包括的工资性收入与国民经济核算中的居民收入包括的劳动者报酬是相互对应的指标,但是,国民经济核算采取的是权责发生制原则,所以它的劳动者报酬包括单位交纳的社会保险缴款,单位交纳的住房公积金和行政事业单位职工的离退休金及其所享受的公费医疗和医药费,住户调查采取的是收付实现制原则,它的工资性收入不包括上述项目。

(二)解决住户调查中长期在城镇工作和生活的农民工的城乡分类问题

关于在城镇工作和生活半年以上的农民工的城乡分类,住户调查是按其与所属家庭是否存在经济联系来确定的,人口统计是按半年以上的时间原则确定的,所以住户调查将这部分农民工基本上划分为农村人口,人口统计把这部分农民工划分为城镇人口。这部分农民工长期在城镇工作,在城镇消费,划分为城镇人口更加合理。同时,把这部分农民工划分为农村人口,在农村住户收支调查中只能取得他们的部分收入资料,并不能取得完整的收支资料,从而存在收支统计遗漏的问题。城乡住户调查一体化改革将把这部分农民工从农村人口调整为城镇人口,一是使这部分农民工的城乡分类本身更加合理,并且实现了住户调查与人口统计城乡分类的一致性;二是有利于解决这部分农民工收支统计遗漏的问题。

(三)解决住户调查样本对于长期在城镇工作和生活的农民工的代表性问题

由于现行住户调查没有将在城镇工作和生活半年以上的农民工作为城镇人口,所以并没有把这部分农民工作为独立的调查对象看待,因此住户调查对于这部分群体缺少独立的调查样本。城乡住户调查一体化改革将这部分农民工作为城镇人口的一部分,依据全国统一的住户抽样框选取样本,从而新的调查样本对这部分群体具有了代表性,因而住户调查能够反映这部分群体的收支情况,能够反映出农民工与输出地、输入地居民之间的收入差距。

(四)解决抽样方法和调查方式的统一性问题

现行的农村住户调查和城镇住户调查是各自独立开展的,所以两者的抽样方法和调查方式并不是完全统一的。城乡住户调查一体化改革将依据人口普查资料提供的全国统一的住户抽样框,按照统一的方法对所有居民进行分层抽样,选取调查户,实现对所有地域和人群的不交叉,全覆盖。同时,对所有调查户采用统一的记账格式和问卷。从而解决了抽样方法和调查方式的统一性问题,因此一体化改革之后的住户调查能够更加客观地反映居民收支的实际情况,能够更加客观地反映城乡之间、地区之间、高低收入群组之间的收入差距。

第五节 服务业统计制度方法改革

服务业统计一直是我国政府统计中的薄弱环节。我国曾经于20世纪90年代初开展过第一次第三产业普查,普查年度为1991和1992年。这次普查使1991年和1992年第三产业增加值分别增加了1 430亿元和2 275亿元,GDP因此分别提高了7.1%和9.3%。

21世纪以来,针对这一薄弱环节,我国政府统计部门对服务业统计进行了一系列改革和建设,一是建立了定期经济普查制度,把服务业作为普查的重点领域。分别于2004年和2008年开展了两次经济普查,第一次经济普查使2004年GDP增加了23 002亿元,其中第三产业增加值增加了21 298亿元,占GDP增加量的92.6%;第二次经济普查使2008年GDP增加了13 375亿元,其中第三产业增加值增加了10 853亿元,占GDP增加量的81.1%。二是建立了限额以上批发和零售业企业[1]、限额以上住宿和餐饮业企业[2]以及房地产开发经营企业常规年度全面报表制度。三是建立了部分服务业行业抽样调查制度[3]。四是建立了涉及26个主管部门的部门服务业财务状况报表制度[4]。但是常规年度服务业统计始终存在缺口,并且规范化和统一性不够。2013年年初以来,政府统计部门加大了服务业统计改革力度,一是在上年建立了规模以上工业企业、具有资质等级的建筑业企业、限额以上批发和零售业企业、限额以上住宿和餐饮业企业、房地产业开发经营企业一套表联网直报制度的基础上,建立了重点服务业企业[5]联网直报制度;二是扩

---

[1] 限额以上批发和零售业企业,即年主营业务收入2 000万元及以上的批发业企业,年主营业务收入500万元及以上的零售业企业。

[2] 限额以上住宿和餐饮业企业,即年主营业务收入200万元及以上住宿和餐饮企业。

[3] 为了满足常规年度服务业增加值核算的需要,我国政府统计部门于2006年建立了11个服务行业大类的抽样调查制度,后来于2010年又增加了房地产业中的两个中类行业,即物业管理业和房地产中介服务业。这11个服务行业大类为:装卸搬运和其他运输服务业,仓储业,软件和信息技术服务业,租赁业,商务服务业,科技推广和应用服务业,居民服务业,机动车、电子产品和日用产品修理业,其他服务业,体育和娱乐业。见国家统计局:《国家统计调查制度(2012)》,第483—498页。

[4] 国家统计局:《国家统计调查制度(2012)》,第499—513页。

[5] 重点服务业企业即年营业收入1 000万元及以上或年末从业人员50人及以上的服务业企业。

大了小微服务业企业抽样调查范围;三是扩大了部门服务业统计范围,规范了部门财务状况统计类型。这三个方面的改革使得我国常规年度服务业统计形成了相对规范的三种数据收集方式,即联网直报方式、抽样调查方式和部门统计方式。

一、联网直报方式

目前,我国对以下类型的服务业企业建立了一套表联网直报统计制度:

一是限额以上批发和零售业企业,目前共有近14万家;二是限额以上住宿和餐饮业企业,目前共有4万家;三是全部房地产开发经营企业,目前共有近9万家;四是重点服务业企业,目前共有近10万家。重点服务业企业包括现行国民经济行业分类①中的9个服务业行业门类及其所属的30个行业大类,此外还包括房地产业门类中的物业管理业和房地产中介服务业两个中类②。上述四类纳入一套表联网直报统计制度的企业共有近37万家,涉及12个门类、35个行业大类。这12个门类包括:批发和零售业,交通运输、仓储和邮政业,住宿和餐饮业,信息传输、软件和信息技术服务业,房地产业,租赁和商务服务业,科学研究和技术服务业,水利、环境和公共设施管理业,居民服务、修理和其他服务业,教育,卫生和社会工作,文化、体育和娱乐业。

按照我国现行国民经济行业分类标准,服务业包括14个服务业行业门类③。目前有两个服务业行业门类没有纳入一套表联网直报统计制度,一个是金融业,另一个是公共管理、社会保障和社会组织。金融业由于具有比较健全的部门统计制度,一直是采用相应的部门统计资料。公共管理、社会保障和社会组织,一般是采用行政记录,所以没有纳入一套表联网直报统计制度。

二、抽样调查方式

从2013年起,作为与重点服务业企业联网直报统计制度的建立相配套的改革措施,服务业抽样调查的范围从11个服务业行业大类和房地产业中的两个行业中类调整为小微服务业企业。这里的小微服务业企业指的是不满足重点服务业企业标准的企业,即年营业收入1000万元以下且年末从业人员50人以下的服务业企业。这些企业的行业类别与重点服务业企业一致,即包括现行国民经济行业分类中的9个服务业行业门类及其所属的30个行业大类,此外,还包括房地产

---

① 即中华人民共和国国家质量监督检验检疫总局、中华人民共和国国家标准化管理委员会2011年4月29日发布的《国民经济行业分类》(GB/他 4754-2011)。

② 国家统计局:《国家统计调查制度(2013)》,第941—972页。在我国现行的国民经济行业分类标准中,房地产业门类和大类一致,包括房地产开发经营、物业管理、房地产中介服务、自有房地产经营活动和其他房地产业5个中类。

③ 在《国民经济行业分类》(GB/他 4754-2011)中,服务业包括15个行业门类,其中的国际组织不包括在我国的经济总体范围内,所以不在我国的统计调查范围之内。

业门类中的物业管理业和房地产中介服务业两个中类①。这9个门类是,交通运输、仓储和邮政业,信息传输、软件和信息技术服务业,租赁和商务服务业,科学研究和技术服务业,水利、环境和公共设施管理业,居民服务、修理和其他服务业,教育,卫生和社会工作,文化、体育和娱乐业。

三、部门统计方式

从2013年开始,部门服务业统计涉及的行政管理部门由原来的26个扩大到40个;涉及的行业范围包括12个服务业行业门类,38个服务业行业大类。这次部门服务业统计改革统一规范了部门财务统计报表的调查表式和调查指标,除金融业单独设置了专业化统计报表外,其他行业的调查表式按企业、行政事业单位、民间非营利组织三类财务统计报表统一设置,对调查指标进行了规范统一,所以改革后的部门服务业财务统计报表包括部门服务业企业财务状况统计报表、部门服务业行政事业单位财务状况统计报表、部门服务业民间非营利组织财务状况统计报表、金融企业财务状况统计报表四种类型②。

第六节 正确运用固定资产投资指标分析宏观经济

一、两个固定资产投资统计指标及其比较

在中国政府统计中,反映固定资产投资发展变化情况的统计指标有两个,一个是投资统计中的全社会固定资产投资,一个是支出法GDP中的固定资本形成总额。这两个统计指标在定义、口径范围、资料来源、计算方法、数据表现等方面都存在差异,基本用途也是不一样的。在使用时需要加以区分。

(一)投资统计中的全社会固定资产投资

投资统计中的全社会固定资产投资主要是从建设项目管理需求角度设置的统计指标,它是以货币形式表现的在一定时期内全社会建造和购买的固定资产的工作量和与此有关的费用的总称(国家统计局,2010)。全社会固定资产投资包括500万元③及以上建设项目投资④、房地产开发投资和农村住户固定资产投资三部分。500万元及以上建设项目的固定资产投资采取全面调查,即对500万元及以上的所有建设项目逐一进行调查。房地产开发投资也采取全面调查,即对所有从事房地产开发和经营活动的企业和单位所完成的房地产开发投资都进行调查。农村住户的固定资产投资采取抽样调查,即对抽中的农户固定资产投资进行

---

① 国家统计局:《国家统计调查制度(2013)》,第1033—1048页。
② 同上书,第973—1032页。
③ 2011年以前,固定资产投资统计的建设项目起点标准是50万元,随着建设项目规模的不断扩大,为了减轻基层统计部门的工作负担和提高数据质量,从2011年起建设项目起点标准确定在500万元。
④ 同上。

调查。

全社会固定资产投资分为建筑工程、安装工程、设备工器具购置和其他费用。建筑工程指的是各种房屋、其他建筑物的建造工程;安装工程指的是各种设备、装置的安装工程,其中不包括被安装设备本身的价值;设备工器具购置指的是购买或自制的达到固定资产标准的设备、工具、器具的价值,其中包括购置的旧设备价值;其他费用指的是固定资产建造和购买过程中发生的除上述构成部分以外的应分摊计入全社会固定资产投资的费用,其中包括土地购置费和旧建筑物购置费。(国家统计局,2012)

(二) 支出法 GDP 中的固定资本形成总额

支出法 GDP 中的固定资本形成总额指的是常住单位在一定时期内获得的固定资产减去处置的固定资产的价值总额。固定资产是生产活动生产出来的资产,不包括土地等自然资源。固定资本形成总额包括有形固定资本形成总额和无形固定资本形成总额。有形固定资本形成总额指一定时期内建造的住宅和非住宅建筑物价值,机器设备的购置减处置价值,土地改良价值,新增役、种、奶、毛、娱乐用牲畜价值和新增经济林木价值;无形固定资本形成总额包括矿藏勘探、计算机软件获得减处置价值。(国家统计局,2003;国家统计局核算司,2011)

国际上通用的全面反映最终需求的指标是支出法 GDP:

$$\begin{aligned}\text{支出法 GDP} &= \text{最终消费} + \text{资本形成总额} + \text{货物和服务净出口} \\ &= (\text{居民消费} + \text{政府消费}) \\ &\quad + (\text{固定资本形成总额} + \text{存货增加}) \\ &\quad + (\text{货物和服务出口} - \text{货物和服务进口})\end{aligned} \quad (2.5)$$

因此,反映消费需求的指标就是支出法 GDP 中的最终消费,包括居民消费和政府消费;反映投资需求的指标就是支出法 GDP 中的资本形成总额,包括固定资本形成总额和存货增加;反映净出口需求的指标就是支出法 GDP 中的货物和服务净出口,等于货物和服务出口减去货物和服务进口。因而,反映固定资本投资需求的指标就是支出法 GDP 中的固定资本形成总额。

(三) 固定资本形成总额与全社会固定资产投资的主要区别

固定资本形成总额与全社会固定资产投资在口径范围、资料来源、计算方法、基本用途和数据表现上都存在区别。口径范围上的区别主要包括以下几个方面:一是全社会固定资产投资包括土地购置费、旧建筑物和旧设备购置费,而固定资本形成总额不包括这些费用;二是全社会固定资产投资不包括 500 万元以下建设项目的固定资产投资,而固定资本形成总额包括这部分投资;三是全社会固定资产投资不包括商品房销售增值,即商品房销售价值与商品房投资成本之间的差额,而固定资本形成总额包括这部分价值;四是全社会固定资产投资不包括矿藏勘探、计算机软件等无形固定资产支出,而固定资本形成总额包括这方面支出。

固定资本形成总额与全社会固定资产投资在资料来源和计算方法上的区别主要表现在:全社会固定资产投资是直接利用500万元及以上建设项目的固定资产投资和房地产开发投资的全面调查资料和农村住户固定资产投资的抽样调查资料计算出来的,而固定资本形成总额是对全社会固定资产投资进行调整计算出来的,包括口径范围方面的调整和数据高估方面的调整。口径范围的调整主要是针对上述口径范围方面的区别进行的调整,数据高估方面的调整主要是针对某些地方因制定不切实际的计划目标并进行政绩考核,从而导致全社会固定资产投资数据存在一定程度的高估而采取的数据调整措施。①

固定资本形成总额与全社会固定资产投资在基本用途上的区别主要表现在以下方面:全社会固定资产投资的基本用途:一是服务于建设项目管理的需要,二是反映全社会固定资产投资规模及其详细结构,三是为固定资本形成总额核算提供基础资料;固定资本形成总额的基本用途:一是反映最终需求中的固定资本投资需求总量,二是用于计算最终需求结构中的固定资本投资需求比重,三是用于计算固定资本投资需求对经济增长的贡献率。

固定资本形成总额与全社会固定资产投资在口径范围、资料来源和计算方法等方面的不同,必然导致两者数据表现上的不同。从表2.1可以看出,2009—2011年,固定资本形成总额不到全社会固定资产投资的70%。

表2.1 固定资本形成总额与全社会固定资产投资总量比较

年度	固定资本形成总额 (亿元) (1)	全社会固定资产投资 (亿元) (2)	固定资本形成总额与全社会 固定资产投资比较(%) (1)/(2)
2009	156 680	224 599	69.8
2010	183 615	278 122	66.0
2011	213 043	311 485	68.4

注:固定资本形成总额数据取自《中国统计年鉴(2012)》第62页;全社会固定资产投资数据取自《中国统计年鉴(2012)》第158页。

图2.1展示了1981—2011年固定资本形成总额与全社会固定资产投资总量数据。从图中可以看出,2003年以前,两者之间的差距是不大的;2003年以后,两者间的差距不断拉大。事实上,1981—2002年的22年中,除了1988年外,其余21个年度固定资本形成总额均大于全社会固定资产投资;从2003年起,固定资本形

---

① 口径范围方面的调整和数据高估方面的调整的具体调整原因和方法见许宪春:《准确理解中国的收入、消费和投资》,《中国社会科学》,2013年第2期,第4—21页。

成总额均小于全社会固定资产投资,且差距不断拉大。2003 年,固定资本形成总额相当于全社会固定资产投资的 96.3%,2011 年,只相当于 68.4%。

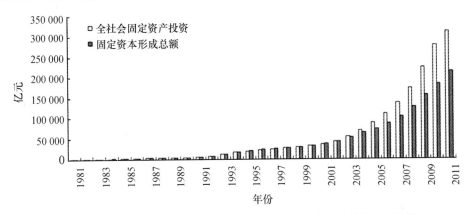

图 2.1　1981—2011 年固定资本形成总额与全社会固定资产投资总量比较

图 2.2 展示了 1981—2011 年固定资本形成总额和全社会固定资产投资名义增速。从图中可以看出,大部分年度固定资本形成总额名义增速低于全社会固定资产投资增速。事实上,31 个年度中有 24 个年度固定资本形成总额名义增速低于全社会固定资产投资名义增速,尤其是 2001 年以后,固定资本形成总额名义增速均低于全社会固定资产投资名义增速,2003—2007 年低 5 个百分点以上,2009—2011 年低 6 个百分点以上。两者差距呈拉大的趋势。

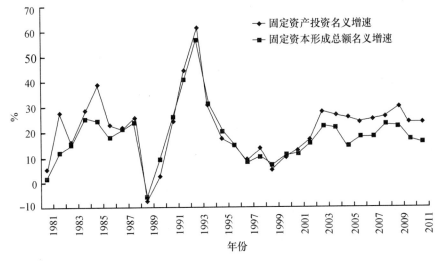

图 2.2　1981—2011 年固定资本形成总额与全社会固定资产投资名义增速比较

图2.3展示了1981—2011年固定资本形成总额和全社会固定资产投资实际增速。从图中可以看出,大部分年度固定资本形成总额实际增速低于全社会固定资产投资实际增速。事实上,31个年度中有23个年度固定资本形成总额实际增速低于全社会固定资产投资实际增速,尤其是2001年以后,固定资本形成总额实际增速均低于全社会固定资产投资实际增速,2003—2008年低5个百分点以上,2009—2011年低7个百分点以上。两者差距总体上呈明显拉大的趋势。

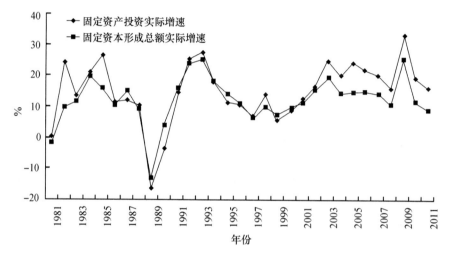

图2.3 1981—2011年固定资本形成总额与全社会固定资产投资实际增速比较

从上面的讨论中可知,固定资本形成总额是支出法GDP的构成部分,而全社会固定资产投资不是GDP的构成部分。同时,从图2.1可以看出,2003年以后,固定资本形成总额与全社会固定资产投资总量之间的差距逐步明显拉大。因此在分析最终需求结构中的固定资本投资需求占比和固定资本投资需求对经济增长的贡献率时,不能用全社会固定资产投资代替固定资本形成总额。从图2.2和图2.3可以看出,2001年以后,尽管固定资本形成总额名义增速与全社会固定资产投资名义增速之间的差距总体上是拉大的,但两者的变化趋势大体上是相同的;尽管固定资本形成总额实际增速与全社会固定资产投资实际增速之间的差距总体上拉大得更明显些,但两者的变化趋势也大体上是相同的。所以在进行固定资本投资需求增速变化分析时,可以用全社会固定资产投资增速近似替代固定资本形成总额增速。因此,本节在进行固定资本投资需求增速分析时,主要采用全社会固定资产投资增速指标,而在进行固定资本投资需求占比分析和贡献率分析时则利用固定资本形成总额指标。

二、改革开放以来中国的投资增长表现

(一) 全社会固定资产投资增长表现

改革开放以来,我国全社会固定资产投资总体上保持了快速增长的态势,1981—2011 年年均名义增长 21.1%①,由 1980 年的 911 亿元增长到 2011 年的 311 485 亿元,增长了 341 倍。经过大规模的投资建设,我国的基础设施整体水平大幅度提高,经济竞争力显著增强,城乡居民住房条件明显改善。全社会固定资产投资的长期快速增长为国民经济发展和人民生活改善做出了巨大贡献。

纵观改革开放 30 多年的发展历程,如果把增速从低—高—低所经历的一个增长循环作为一轮周期,那么 1981—2011 年的全社会固定资产投资名义增长比较明显地表现为三轮周期,分别为 1981—1989 年、1990—1999 年、2000—2011 年。这三轮周期的全社会固定资产投资增速变化所呈现出的不同特点,既体现了我国从计划经济向市场经济转轨过程中经济环境的变化,也反映了国家宏观调控政策手段的变化和调控水平的不断提高(国家统计局投资司,2009)。

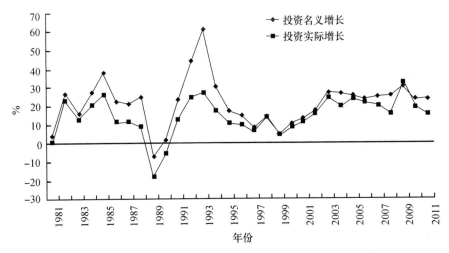

图 2.4　1981—2011 年全社会固定资产投资名义增速和实际增速

1. 第一轮周期(1981—1989 年)

这一时期是我国固定资产投资发展的起步阶段。改革开放初始,我国经济、社会百废待兴,众多领域都需要加大固定资产投资的投入力度,以解决历史的欠账问题。这轮周期全社会固定资产投资年均名义增长 19.2%,从 1980 年的 911 亿元增加到 1989 年的 4 410 亿元,增长了 3.8 倍;名义增速从 1981 年的 5.5% 提高到 1985 年的 38.8%,又回落到 1989 年的 -7.2%,经历了一个比较完整的增长

---

① 本节年均增速均采用几何平均法计算。

周期。由于改革开放初期发展经济的经验不足,政策调控力度往往过大,使得这一时期的投资增长呈现出频繁波动的态势。1981年全社会固定资产投资增长5.5%,1982年提高到28%,1983年回落到16.2%,1985年又提高到38.8%,1986年又大幅度回落到22.7%,1987年和1988年相对稳定,但1989年大幅度下降到-7.2%。这一时期全社会固定资产投资最高增速与最低增速相差46个百分点,而且出现了改革开放以来唯一的一次负增长。

扣除价格因素,这轮周期全社会固定资产投资年均实际增长10.7%,由于各年固定资产投资价格全部为上涨,因此各年实际增速均低于名义增速,但实际增长趋势与名义增长趋势大体一致。

2. 第二轮周期(1990—1999年)

这一时期的固定资产投资以沿海地区和开发区为重点。这轮周期全社会固定资产投资年均名义增长21.1%,比第一轮周期提高1.9个百分点,从1989年的4 410亿元增加到1999年的29 855亿元,增长了5.8倍。这轮周期全社会固定资产投资增速先升后降,呈典型的倒"V"形曲线。

1990年全社会固定资产投资增长2.4%,1991年提高到23.9%,1992年和1993年全社会固定资产投资增速大幅度提高,分别增长44.4%和61.8%,其中1993年增速为改革开放以来最高增速。为给过热的经济降温,国家采取了一系列宏观调控措施,全社会固定资产投资增速逐步回落,1994—1996年分别为30.4%、17.5%、14.8%。1997年受亚洲金融危机的影响,全社会固定资产投资增速降至8.8%。从1998年开始,国家连续发行长期建设国债加强基础设施投资,1998年全社会固定资产投资增速提高到13.9%,但因为危机影响较大,民间投资并未有效启动,1999年又回落到本轮周期的最低点5.1%。

这轮周期的运行曲线显示出全社会固定资产投资从快速升温到快速降温的全过程,这也反映经济转轨时期投资增长的不稳定。

扣除价格因素,这轮周期全社会固定资产投资年均实际增长12.3%,比上轮周期提高1.6个百分点。从趋势上看,实际增长速度变化曲线也呈倒V字形,但由于1992年和1993年固定资产投资价格分别上涨15.3%和26.6%,因此实际增长曲线要平缓得多。这轮周期的最后两年,投资价格是下降的,因此投资实际增速高于名义增速。

3. 第三轮周期(2000—2011年)

这一时期是我国固定资产投资平稳快速增长的时期,并实现了由东部地区为主的快速增长向以中、西部地区为主的快速增长的转变。这轮周期,全社会固定资产投资年均名义增长22.6%,分别高于前两轮周期3.4和1.5个百分点,2011年达到311 485亿元,比1999年增长了9.4倍。

2000年固定资产投资开始走出低迷,进入新一轮增长。2000—2002年全社会固定资产投资分别增长10.3%、13.1%、16.9%,呈逐步回升态势,并于2003年达到27.7%,从此进入一个平稳快速增长轨道,2004—2008年投资分别增长26.8%、26%、23.9%、24.8%和25.9%,各年间增速波动幅度相对较小。为应对国际金融危机冲击,国家出台了四万亿投资计划,使2009年全社会固定资产投资增速达到本轮周期的最高点30%。由于四万亿投资计划效应递减和政策调整,加上国际经济环境没有明显改善,2010年和2011年全社会固定资产投资增速均降至23.8%,比2009年明显回落。

与前两轮周期相比,这轮投资增长周期最显著的特点是:增长速度高,持续时间长,增速波动小。但是经过30多年的高速增长,固定资产投资的潜在增长能力在下降,制约投资高速增长的因素在增多,今后投资增速仍将缓慢回落,本轮周期的投资增速尚未达到低点。

扣除价格因素,本轮周期全社会固定资产投资年均实际增长19.4%,比前两轮周期的年均实际增速高得多,除了因名义年均增速高于前两轮周期外,更主要的原因是这轮周期的投资价格相对稳定,平均涨幅比前两轮周期低得多。

(二) 固定资本形成总额增长表现

同全社会固定资产投资一样,改革开放以来,我国固定资本形成总额总体上保持了快速增长的态势,1981—2011年年均名义增长17.8%,由1980年的1 322亿元增长到2011年的213 043亿元,增长了160倍。

按照全社会固定资产投资增长同样的划分方式,1981—2011年的固定资本形成总额名义增长也比较明显地表现为三轮周期:第一轮周期为1981—1989年,第二轮周期为1990—1999年,第三轮周期为2000—2011年,与全社会固定资产投资名义增长周期完全一致。如图2.5所示。

在第一轮周期中,固定资本形成总额年均名义增长14.3%,增速从1981年的1.3%逐步提高,1984年达到本轮周期的最高点24.6%,之后回落,1989年达到本轮周期的最低点-6.0%。

在第二轮周期中,固定资本形成总额年均名义增长21.3%,增速从1990年的9.2%逐步提高,1993年达到本轮周期的最高点56.3%,之后迅速回落,1997年增速回落到8.0%,1998年小幅反弹到10%,1999年回落到本轮周期的最低点6.9%。

在第三轮周期中,固定资本形成总额年均名义增长17.6%,增速从2000年的10.9%逐步提高,2003年达到22.6%,2005年回落到14%,之后又逐步提高,2008年达到本轮周期最高点23.2%,2011年回落到16%。

扣除价格因素,固定资本形成总额实际增长趋势变化与名义增长基本一致,

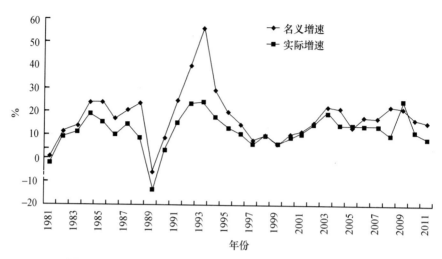

图 2.5 1981—2011 年固定资本形成总额名义增速和实际增速

但相对平稳。这三轮周期的固定资本形成总额年均实际增速分别为 8.1%、13.2% 和 14.1%,呈逐步提高态势。

(三)固定资本形成总额对经济增长的贡献

改革开放以来,随着我国工业化和城镇化进程的加快,以及中国逐步成为全球制造业中心,固定资本形成总额总体上呈现增长速度较快、在 GDP 中的比重上升、对 GDP 增长贡献较大的特征。

1. 固定资本形成总额增速快于 GDP 增速

(1)固定资本形成总额名义增速快于 GDP 名义增速。改革开放以来,我国固定资本形成总额名义增速总体上快于 GDP 名义增速。1981—2011 年,固定资本形成总额名义增速高于同期 GDP 名义增速的年份有 18 年,低于同期 GDP 名义增速的年份有 13 年;固定资本形成总额年均名义增长 17.8%,比同期 GDP 年均名义增速快 1.6 个百分点。分阶段看,1981—1990 年固定资本形成总额年均名义增长 13.8%,比同期 GDP 年均名义增速慢 1.4 个百分点;1991—2000 年固定资本形成总额年均名义增长 21.5%,比同期 GDP 年均名义增速快 3.3 个百分点;2001—2011 年固定资本形成总额年均名义增长 18.2%,比同期 GDP 年均名义增速快 2.9 个百分点。如表 2.2 所示。

表 2.2　固定资本形成总额名义增速与 GDP 名义增速比较　　　　　单位:%

	GDP 名义增速	固定资本形成总额名义增速	固定资本形成总额名义增速 - GDP 名义增速
1981—1990 年	15.2	13.8	-1.4
1991—2000 年	18.2	21.5	3.3
2001—2011 年	15.3	18.2	2.9
1981—2011 年	16.2	17.8	1.6

注:GDP 名义增速根据现价 GDP 计算,现价 GDP 数据取自《中国统计年鉴(2012)》第 44 页;固定资本形成总额名义增速根据现价固定资本形成数据计算,现价固定资本形成总额数据取自《中国统计年鉴(2012)》第 62 页。

(2)固定资本形成总额实际增速快于 GDP 实际增速。改革开放以来,固定资本形成总额实际增速总体上快于 GDP 实际增速。1981—2011 年,固定资本形成总额实际增速高于同期 GDP 实际增速的年份有 24 年,低于同期 GDP 实际增速的年份有 7 年;固定资本形成总额年均实际增长 12.0%,比同期 GDP 年均实际增速快 2.0 个百分点。分阶段看,1981—1990 年固定资本形成总额年均实际增长 7.6%,比同期 GDP 年均实际增速慢 1.7 个百分点;1991—2000 年固定资本形成总额年均实际增长 13.9%,比同期 GDP 年均实际增速快 3.5 个百分点;2001—2011 年固定资本形成总额年均实际增长 14.5%,比同期 GDP 实际增速快 4.1 个百分点。如表 2.3 所示。

表 2.3　固定资本形成总额实际增速与 GDP 实际增速比较　　　　　单位:%

	GDP 实际增速	固定资本形成总额实际增速	固定资本形成总额实际增速 - GDP 实际增速
1981—1990 年	9.3	7.6	-1.7
1991—2000 年	10.4	13.9	3.5
2001—2011 年	10.4	14.5	4.1
1981—2011 年	10.0	12.0	2.0

注:GDP 实际增速根据不变价 GDP 指数计算,GDP 指数数据取自《中国统计年鉴(2012)》第 48 页;固定资本形成总额实际增速根据不变价固定资本形成总额计算,不变价固定资本形成总额数据取自国家统计局不变价支出法 GDP 资料。

2. 固定资本形成总额占 GDP 的比重上升

固定资本形成总额是支出法 GDP 的重要构成项目。改革开放以来,固定资本形成总额占支出法 GDP 的比重总体呈上升态势。1981—2011 年固定资本形成总额占支出法 GDP 的年平均比重为 34%。1981 年固定资本形成总额占支出法 GDP 的比重为 26.7%,1991 年为 26.9%,2001 年为 34.6%,2011 年达到 45.7%。其中 2011 年分别比 1981、1991、2001 年提高 19、18.8 和 11.1 个百分点。分阶段看,

1981—1990年固定资本形成总额占支出法GDP的年平均比重为28.2%,1991—2000年为32.6%,2001—2011年为40.5%。如图2.6所示。

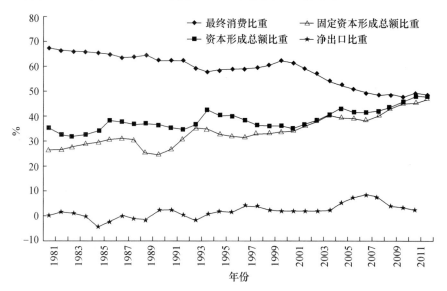

图2.6 1981—2011年支出法GDP结构(支出法GDP=100)

注:本图中的支出法GDP结构根据支出法GDP及其构成项目计算,支出法GDP及其构成项目数据取自《中国统计年鉴(2012)》第61和62页。

3. 固定资本形成总额对GDP增长的贡献率上升

固定资本形成总额对GDP增长的贡献率是指不变价固定资本形成总额增加额占不变价支出法GDP增加额的比重。改革开放以来,固定资本形成总额对GDP增长的贡献率波动较大,但总体呈上升态势。1981—2011年固定资本形成总额对GDP增长的年平均贡献率为34.1%,其中2009年最高,为93.7%;1989年最低,为-114.6%。分阶段看,1981—1990年固定资本形成总额对GDP增长的年平均贡献率为11.7%,1991—2000年为40.3%,2001—2011年为48.8%。如图2.7所示。

三、怎样看待财政政策对中国投资增长的影响

财政政策主要通过税收、补贴、赤字、国债、收入分配和转移支付等手段对经济运行进行调节。它与货币政策共同组成了国家宏观调控的重要手段,是熨平经济波峰和波谷、保持经济平稳较快增长的重要工具。

根据对经济运行影响方向的不同,财政政策可以分为扩张性财政政策、中性财政政策和紧缩性财政政策。财政政策一般在经济波动时进行反向调节,即经济过热时采取紧缩性财政政策,抑制总需求的增长,达到总供需的平衡;经济低迷时采取扩张性财政政策,刺激总需求,从而拉动经济增长。固定资产投资作为最终

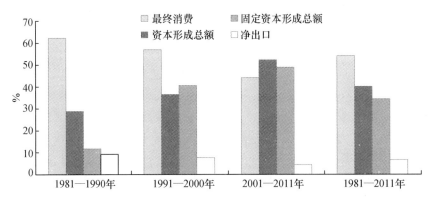

图 2.7 1981—2011 年最终需求年平均贡献率

需求的重要构成部分,是财政政策所要调节的重点领域。

(一) 财政政策对投资增长的影响方式

财政政策对固定资产投资的影响也往往是通过反向调节来实现的,投资增速过低时,采取扩张性财政政策拉动投资增长;投资过热时,采取紧缩性财政政策达到为投资降温的目的。

扩张性财政政策的运用主要是通过财政收入的减少和财政支出的增加来刺激固定资产投资增长。在财政收入方面,对投资的调节主要采取以下几种方式:一是通过对企业减税增加企业利润,增强其投资能力,扩大其投资需求,从而增加投资总量,提高投资增速。例如,各地区出台的各种招商引资的税收优惠政策对促进投资增长发挥了积极作用。二是通过土地优惠政策吸引企业投资。土地优惠政策作为一种扩张性财政政策,虽然不是由国家统一出台,但作为我国各地招商引资主要优惠政策之一,对我国多年的投资高速增长发挥了积极作用。在财政支出方面,对投资的影响首先表现为财政直接用于投资项目资金的增加,这些资金占全部投资资金来源比重的大小决定了对投资的直接影响程度。随着投资自主性不断增强,财政资金在全部投资资金来源中所占的比重越来越小,因此直接影响也越来越小。其次是财政投资的带动效应。通过财政投资带动银行贷款和社会资金的进入,从而引起全社会投资总量的扩大和增速的提高。相对财政投资的直接作用,其带动效应更为重要。扩张性财政政策对投资作用效果的好坏主要看是否能够有效带动社会资金进入。可见,扩张性财政政策对投资的影响过程如下:减税政策增强了企业的投资能力,土地优惠政策提高了企业的投资积极性;财政用于投资项目资金的增加,直接扩大投资规模,并带动社会投资增长,从而促进全社会固定资产投资增长。

紧缩性财政政策对固定资产投资的制约作用,主要是通过增加税收和收缩财政支出来实现。作用机理是相似的,税收增加会减少企业的利润,降低企业的投资能力,进而达到为投资降温的目的;收缩财政支出会减少用于固定资产投资的财政资金,政府投资的减少必然会影响政府投资项目的工期,也影响银行资金的到位,从而导致投资增速放缓。紧缩性财政政策虽然理论上能够实现对投资的降温作用,但实施过程中有许多局限:一是对企业增税的政策对经济影响太大,一般很少使用;二是减少财政投资往往只能影响政府投资项目,对非政府投资项目往往影响较小,因此为投资降温的效果要大打折扣;三是紧缩性财政政策要达到比较好的效果,一般要有货币政策及其他政策相配合,如配合以实施提高银行利率、存款准备金率和控制银行贷款规模的货币政策,抑或配合采取一些必要的行政手段。

（二）财政政策对中国投资增长影响的实践

改革开放以来,中国的经济体制发生了重大变革,中国的宏观调控方式也经历了由主要依靠计划,到注重计划与市场相结合,再到市场在资源配置中起基础性作用的转变。财政政策作为宏观调控的主要手段之一,在不同时期也表现出不同的特征。改革开放初期,财政政策作为实现国民经济计划的主要手段,财政投资作为影响社会总需求和总供给的重要因素,主要依靠行政计划管理,其政策工具的使用和功能发挥受到较多计划经济体制的束缚。由于政策力度把握得不好,政策实施后虽然达到了调控的目标,但往往导致投资增速大起大落,造成经济增长的较大波动。20世纪90年代以来,伴随着市场经济体制改革的不断推进,财政调控经济的方式从主要依靠行政计划手段逐步向主要依靠市场手段转变,注重综合运用各种政策工具,调控手段逐步完善,经济运行的平稳性逐步增强。如图2.8所示。

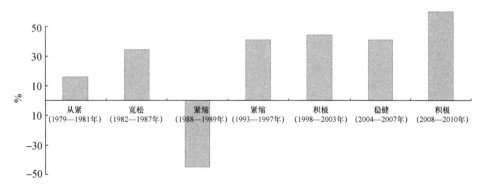

图2.8　不同时期财政政策对固定资本形成总额年均贡献率的影响

改革开放以来,针对宏观经济和投资的冷热程度,财政政策发生了多轮变化。

1979—1981年实行紧缩性财政政策(当时也称调整),1982—1987年实行扩张性财政政策(期间1985年政策有所收紧),1988—1989年实行紧缩性财政政策,1990—1992年政策有所放松,1993—1997年实行紧缩性财政政策,1998—2003年实行扩张性财政政策,2004—2007年实行中性(或称稳健)财政政策,2008—2010年实行扩张性财政政策。

其中,财政政策对投资增长带来明显影响的主要有五次,两次紧缩性财政政策(1988—1989年、1993—1997年),两次扩张性财政政策(1998—2003年、2008—2010年),一次中性财政政策(2004—2007年)。

1. 两次紧缩性财政政策的使用

第一次:1988—1989年实施的紧缩性财政政策。

从1984年下半年开始,国民经济过热的迹象逐步显现,投资和GDP均快速增长,价格总水平大幅攀升。1984—1988年,全社会固定资产投资增速分别达到28.2%、38.8%、22.7%、21.5%、25.4%,GDP增速分别为15.2%、13.5%、8.8%、11.6%、11.3%,居民消费价格涨幅分别达到2.7%、9.3%、6.5%、7.3%、18.8%,社会总供需矛盾非常突出。

为抑制固定资产投资过快增长,国家于1988年下半年采取了紧缩性财政政策,并配合以从紧的货币政策和必要的行政手段。财政政策具体措施包括:紧缩中央财政开支,削减财政投资支出;对经营不善、长期亏损的国有企业停止财政补贴,对落后的小企业进行整顿和关停并转;采取行政手段压缩固定资产投资规模,1988年9月底,国务院下发《关于清理固定资产投资在建项目、压缩投资规模、调整投资结构的通知》,部分固定资产投资项目被要求停建和缓建,限制预算外基建投资,限制"楼、堂、馆、所"及住宅等非生产性投资的规模;大力压缩行政管理费支出;进行税利分流试点和税制改革等。

紧缩性政策实施后,1988年和1989年国家财政用于投资项目的预算内资金分别比上年下降13%和15.3%,固定资产投资增速大幅度回落,经济过快增长势头得到控制,价格涨幅明显回落。1989年全社会固定资产投资增速降为-7.2%,1990年仅增长2.4%,比1988年增速分别回落32.6和23个百分点。1989年和1990年GDP分别增长4.1%和3.8%,比1988年分别回落7.2和7.5个百分点。1989年CPI上涨18.0%,1990年上涨3.1%,比1988年分别回落0.8和15.7个百分点。但政策力度过大,导致企业流动资金严重短缺,生产难以正常运转,经济效益明显下降,市场不同程度地出现了疲软。

第二次:1993—1997年实施的紧缩性财政政策。

1992年邓小平同志南方谈话和十四大召开以后,经济体制改革逐步深化,市场机制不断完善,企业活力明显增强,我国经济高速发展,但也出现了房地产和开发区投资过度扩张、生产资料价格迅速攀升、基础产业和基础设施的"瓶颈"制约加剧的情况。1992年和1993年,全社会固定资产投资分别增长44.4%和61.8%,其中房地产开发投资分别增长117.5%和165%;GDP增速分别为14.2%和14%;1992—1995年,居民消费价格涨幅分别达到6.4%、14.7%、24.1%、17.1%,经济形势十分严峻。

1993年,针对经济过热势头,国家开始实施紧缩性财政政策。财政政策具体措施包括:一是1993年出台加强调控的16条措施,1994年进行财税体制改革。二是实行从紧的预算政策,严格控制财政赤字。1994年,全国人大通过的《中华人民共和国预算法》规定,从1994年起,中央财政赤字主要通过发行国债的办法弥补,不再向中国人民银行透支或借款。三是清理压缩基本建设项目,控制固定资产投资过快增长,对固定资产投资实行项目资本金制度。《国务院关于继续加强固定资产投资宏观调控的通知》,提出要集中财力物力,保证重点建设,优先保证重点项目的收尾和投产;停建缓建不符合产业政策、资金来源不落实、市场前景不好的项目;新上大中型基本建设项目须经中央政府批准后才能开工。四是加强对房地产市场的管理,制定房地产增值税和有关税收政策,坚决制止房地产的投机行为,购置土地一年内投入的开发资金不足购置费25%的,要收回土地。(金人庆,2006)

实施上述一系列政策之后,用于投资项目的国家预算内资金增速明显放缓,1994—1996年分别增长9.5%、17.3%和0.8%,比1993年39.2%的增速大幅度回落,过快增长的需求得到了有效遏制,固定资产投资增速大幅度回落,GDP增速和价格涨幅明显回落。1994—1997年,全社会固定资产投资增速分别回落到30.4%、17.5%、14.8%和8.8%;GDP增速分别回落到13.1%、10.9%、10.0%和9.3%,逐步放缓。1997年CPI上涨2.8%,比1994年涨幅回落21.3个百分点。

1988—1989年和1993—1997年两次紧缩性财政政策实施之后,过热的经济形势明显降温。但从对固定资产投资的调控效果看,政策力度有些过大,造成了投资增速的大起大落。

2. 两次扩张性财政政策的使用

改革开放以来,我国经济经历了两次比较严重的国际金融危机冲击,为了应对冲击,国家都启动了以扩大财政支出为主的扩张性财政政策,对扭转经济增速大幅度下滑的走势发挥了积极作用。

第一次:1998—2003年实施的扩张性财政政策。

1997年7月爆发的亚洲金融危机对我国经济产生了严重的冲击,外贸出口下降,投资增速持续走低,经济增长速度明显下滑,物价水平出现负增长。全社会固定资产投资增速由1997年的8.8%下降到1999年的5.1%;GDP增速由1997年的9.3%下降到1999年的7.6%;CPI由1997年的上涨2.8%下降到1999年的-1.4%。

为防止经济增速进一步下滑,避免通缩形势加剧,国家从1998年起开始实施扩张性财政政策,努力扩大内需,促进经济增长。扩张性财政政策主要包括以下内容:一是连续发行长期建设国债,加大基础设施建设。1998—2000年①国家发行3 600亿元长期建设特别国债,主要投向农林水利、交通通信、城市设施、城乡电网改造、国家直属储备粮库建设等基础设施建设。这三年国债项目完成固定资产投资分别占当年全社会固定资产投资的9.7%、8.1%和8.8%,占当年全社会固定资产投资增量的79.9%、165.9%和94.6%(见表2.4)。二是1999年下半年起减半征收固定资产投资方向调节税(2000年开始暂停征收)。三是通过对技术改造项目进行贴息,促进产业升级和加快结构调整步伐。四是从1998年起,对国家鼓励发展的投资项目和外商投资项目进口的设备,在规定范围内免征关税和进口环节税。五是对符合国家产业政策的企业技术改造项目购置国产设备,准予按40%的比例抵免企业所得税。六是调整完善财政管理体制,加大对中西部地区转移支付力度,支持西部大开发和东北地区老工业基地振兴。

表2.4　1998—2000年国债资金对全社会固定资产投资的影响

年份	全社会固定资产投资(亿元)	增量(亿元)	增长(%)	国债项目固定资产投资(亿元)	占全社会固定资产投资比重(%)	占全社会固定资产投资增量比重(%)
1998	28 406	3 465	13.9	2 768	9.7	79.9
1999	29 855	1 449	5.1	2 403	8.1	165.9
2000	32 918	3 063	10.3	2 898	8.8	94.6

在扩张性财政政策作用下,投资增速、GDP增速和CPI涨幅开始企稳回升。2000—2003年,固定资产投资分别增长10.3%、13%、16.9%和27.7%,增速逐年持续回升;GDP增速分别为8.4%、8.3%、9.1%和10%,比1998和1999年明显回升;CPI分别上涨0.4%、0.7%、-0.8%和1.2%,比1999年的-1.4%有所回升。

第二次:2008—2010年实施的扩张性财政政策。

2008年9月,美国次贷危机演变为全球性金融危机,并且金融危机加速从虚拟经济向实体经济、从发达国家向新兴经济体和发展中国家蔓延,对我国经济的影响加速显现。2009年第一季度我国GDP仅增长6.6%,是21世纪以来季度最低增速;出口从2008年第三季度增长23.1%转为2009年第一季度下降19.8%;2009年第二季度CPI下降1.5%。针对严峻的经济形势,国家出台了以4万亿投

---

① 1998—2004年共发行9 100亿元。

资计划为主的扩张性财政政策。

这次扩张性财政政策主要包括以下内容：一是围绕落实新增4万亿投资计划，扩大政府公共投资。2009年中央政府安排公共投资9 243亿元，2010年安排10 710亿元，投资重点安排在"三农"建设、保障性安居工程、教育卫生、节能减排、环境保护等方向。二是全面实施增值税转型改革，允许企业抵扣购进的机器设备固定资产进项税额，以促进企业增加投资，推进技术改造和科技创新。三是增加对农村基础设施和公共服务的投入，加大扶贫开发支持力度。2009年和2010年中央公共财政对农民的粮食直补、农资综合补贴、良种补贴和农机购置补贴支出分别为1 196亿元和1 226亿元。四是优化财政支出结构，严格控制一般性支出，重点加大教育、医疗卫生、住房等民生领域投入。2010年全国各类保障性住房和棚户区改造住房开工590万套，基本建成370万套。五是完善鼓励引导民间投资的配套措施和实施细则，支持民间投资进入铁路、市政、金融、能源、电信、教育、医疗等领域。六是大力支持科技创新，促进产业结构优化升级，深入推进节能减排。七是经国务院批准，2009—2010年财政部每年代理发行2 000亿元地方政府债券，满足地方投资建设需要。（谢旭人，2011）

扩张性财政政策的实施，对稳定信心、遏制经济增速快速下滑、保持价格稳定发挥了重要的作用。2009年全社会固定资产投资增长30%，比2008年提高4.1个百分点；GDP增速从2009年第一季度的6.6%上升到2010年第一季度的12.1%；CPI涨幅由2009年第二季度下降1.5%，回升到2010年第一季度的2.2%。

1998—2003年和2008—2010年实施的两次扩张性财政政策，都是国家为应对国际金融危机，防止经济增速进一步下滑，启动了以增发长期建设国债（或增加政府投资）为主的扩大财政支出政策。这两次扩张性财政政策的实施通过加强与货币政策、产业政策等的协调配合，有效地带动了银行信贷资金的大量投入，集中力量建成了一批关系全局的重大基础设施项目，促进了固定资产投资的快速增长，扭转了经济增速快速下降的趋势，避免了通货紧缩的加剧，实现了经济增速的回升。

3. 一次中性财政政策的使用

2004—2007年实施了中性财政政策。

经过1998—2003年连续多年实施的扩张性财政政策，中国经济逐步进入新一轮增长周期的上升阶段，各项宏观经济指标表现良好。2003年全社会固定资产投资增长27.7%，GDP增长10%，CPI上涨1.2%。在国民经济总体情况较好的态势下，也出现了部分地区和部分行业投资增长过快，低水平重复建设倾向加剧，资源供需矛盾日益突出等问题。宏观经济进入供求总量大体平衡，结构问题日益突出的新阶段。有鉴于此,以扩张为导向的财政政策逐渐调整为总量上松紧适度、结构上有保有控的中性(或稳健)财政政策。

中性财政政策主要包括以下内容:一是适当调减财政赤字和长期建设国债规模,向社会传递政府合理控制投资的政策信号。2004—2006年财政赤字占GDP的比重分别为1.3%、1.2%和0.8%,逐年降低。2007年财政结余1540亿元。二是加大对"三农"的投入力度并创新惠农政策体系,大力支持新农村建设;从2004年起,中国财政开始调整粮食风险基金的使用方式,实行对种粮农民的直接补贴。三是加大对教育、科技、卫生、社会保障等社会事业发展的投入,促进经济社会协调发展。四是加大转移支付力度并优化转移支付结构,促进区域协调发展。五是不断加大对生态保护与环境建设支持力度,大力推进资源环境有偿使用制度改革,促进人与自然和谐发展。六是加大铁路建设资金的投入,支持高速铁路的发展。

中性财政政策的实施,将保持宏观经济稳定与促进结构优化相结合,有力地促进了宏观经济和投资稳定发展。2004—2007年,全社会固定资产投资分别增长26.8%、26.0%、23.9%和24.8%,增速比较平稳;GDP增速分别为10.1%、11.3%、12.7%和14.2%,逐年加快;CPI涨幅分别为3.9%、1.8%、1.5%和4.8%,回落后呈上涨之势。

(三) 正确认识财政政策对投资增长的影响

改革开放以来的实践表明,财政政策对稳定投资增长、熨平投资波动发挥了重要作用。但也要认识到财政政策的局限性,不断总结经验和教训,切实发挥好财政政策稳定投资增长的作用,减少负面影响。

1. 要注意财政政策与其他经济政策的配合使用,使政策效果达到最优

宏观调控手段既包括财政政策,也包括货币政策、产业政策等相关政策,有时还需要采取一定的行政手段。由于财政资金在全部投资资金来源中所占比重不断下降,财政资金的增减只会影响政府投资项目,如果要为投资降温,就需要配合以提高存款准备金率或银行利率的货币政策,以及差别化的产业政策,引导企业的投资资金流向。改革开放初期,为给投资热快速降温,在使用财政政策和货币政策的同时,也使用了限制项目开工等行政手段,虽然达到了政策目标,但也带来较大的负面影响。随着市场经济体制的不断完善,应更多地综合运用各种经济手段,减少行政手段对经济的直接干预。

2. 财政政策的实施要掌握好政策的力度和时机,避免投资增速出现大起大落

财政政策要达到比较好的效果,不只方向正确,而且要掌握好政策的力度和时机。不能等到经济或投资已经明显过热(或过冷)时再出台过激的紧缩性(或扩张性)政策,这样容易导致经济和投资的剧烈波动,对经济发展带来负面影响。

从而应审时度势,在经济有过热(或过冷)的苗头时就开始采取温和的财政政策进行相机调节,既达到为经济缓慢降温(或升温)的目的,又减小负面作用。

3. 扩张性财政政策要能够有效带动而不是挤出社会资金投入

因为财政资金投入在全社会资金投入中不可能占据主导地位,如果扩张性财政政策不能有效带动社会资金投入,那么财政政策的效果就会大打折扣。因此扩张性财政政策应多使用财政贴息、财政担保等手段,充分发挥杠杆作用,用较少的资金投入带动全社会固定资产投资的增长。

4. 财政政策的调节要更加注重产业结构的调整和升级

经过30多年的高速增长,固定资产投资总规模已经很大,大部分产业的产能已经饱和或过剩,固定资产投资高速增长的空间已经很小,结构失衡已经成为经济领域的主要矛盾。因此财政政策的使用应以优化产业结构,提高经济增长质量和效益为目的:一是财政投资资金要重点向社会保障、教育、文化等领域倾斜,逐步减少竞争性领域的投入,打破行政垄断,把竞争性投资空间更多地留给民间投资。二是限制财政资金进入高耗能及产能过剩行业。三是通过结构性减税来减轻企业负担,引导企业的资金流向。

第三章 现阶段我国经济增长

第一节 我国经济增长及失衡的新变化和新特征

一、经济增长趋稳,但滞胀压力增大

(一)经济增长趋稳包含这样几方面含义

第一,中国经济增长进入新的历史阶段,受新阶段经济制约条件变化的影响,自然经济增长率较此前将出现新的长期回落趋势。新时期35年(1978—2013年)来,中国年均GDP增长率保持在9.8%左右,其中进入21世纪直到2008年金融危机之前,更是年均增长率达到10%以上,到2013年年末GDP总量已经达到56.88万亿元(现行价格),按当年汇率计算已达到9万亿美元左右,占全球GDP的比重从1978年的1.8%(列当时世界第10位)上升到11%以上(自2010年起我国的GDP总量超过日本),继续巩固世界第二位的位置。人均GDP水平年均增长8.7%左右,按汇率换算成美元,按照世界银行的划分标准,自1998年实现了从低收入国向下中等收入国的转变,自2010年实现了由下中等收入国向上中等收入国的穿越。预计到2020年,用10年时间,人均GDP水平将实现由上中等收入向高收入水平的跨越(按照世界银行最新调整的70个高收入国家的收入起点12 475美元计算,2010年价格)。2030年之前GDP总量有望超过美国,成为世界第一大经济体(考虑到人民币升值的可能,这一超越的时间可能还会来得更早些,有估计为2023年)。

第二,新阶段的经济约束条件发生了多方面的变化。突出的在于,一方面供给方面发生了深刻的变化,多种生产要素的价格进入快速上升期,突出表现在土地、劳动、生态环境、能源、矿产资源等方面。因而,继续主要依靠要素投入量扩大拉动的经济高速增长已不现实;继续过多依靠低成本竞争优势扩大国际市场份额,以出口拉动(20%以上年均出口增长率)经济10%以上的增长已不再可能;继续依靠扩大投资规模(年均增速在23%以上,甚至有年份超过30%)作为经济增长的首要动力已不可持续,要求增长方式必须根本转变。另一方面,需求发生了根本性逆转。消费需求由于国民收入分配在宏观上(政府、企业、居民三者之间)、结构上(农产业与非农产业、城市与乡村、不同区域之间)、居民内部(城市居民和农村居民各自内部)均存在严重扭曲,在宏观上导致消费需求增长与国民经济均衡增长要求不相适应,消费率长期偏低;微观上促使消费倾向下降。投资需求由

于产业结构升级迟缓,产能过剩日益严重(比如以产能闲置率超过20%为标准),不仅普通工业消费品产能多方面过剩,而且投资品领域出现严重过剩(如钢铁、水泥、电解铝、平板玻璃、船舶制造、化工、化纤、造纸等),甚至一些新兴产业(如风能发电设备、光伏制造等),也开始出现过剩。有些不仅是相对过剩,因国际国内市场需求不足过剩,而且是绝对过剩。因此,在结构升级缺乏动力的条件下,投资需求不可能继续快速扩大。出口需求由于世界金融危机冲击,以及国际经济周期性和贸易保护等原因,难以继续维持两位数以上的平均增长率,净出口需求对经济增长的贡献显然不会长期为负值(2012年净出口对经济增长的贡献率为-2.2%),但也不可能回到年拉动2—3个百分点的时代(如2002—2007年)。

第三,GDP年均自然增长率,在2020年之前,估计在6%—8%,实际增长率若能稳定在7%以上应属正常状态,跌破7%的可能性在很大程度上存在。中短期看,若无重大结构升级,则实际固定资产投资增长率会稳定在15%左右(甚至可能降至10%略强的水平),社会消费品零售总额年均实际增长会在10%—15%。因而投资率和消费率预计会稳定在目前各50%的状态,预计2014年,也会大体保持在这一水平上。全年增长在7%以上是有内容支持的,关键尚需视净出口变化情况。

(二)所谓"滞胀"压力增大包含这样几方面意义

第一,通货膨胀绝对水平虽然不高(除2011年为5.4%外,近年来大都在3%左右),预计2014年也不会超过4%。特别是相对于2008—2013年这六年平均8%以上的经济增长率,这种通胀水平是很温和的。问题在于,一是成本推动的特点显著(有测算认为目前通胀压力有近50%来自成本推动),治理难度增大。二是需求拉上滞后期日益临近,2008年以来反危机的扩张性的刺激政策,使流通中货币量大增(2013年M2增速13%以上)。目前,流通中的M2已超过110万亿元,远远超出通常所说的与GDP的合适比例。尽管还未体现为具体的CPI上升,但随着这种货币—价格作用时间上的滞后期的延伸,面临的冲击力越来越紧迫。目前流通当中出现的流动性不足问题,主要原因不是货币供应量不足,而是货币流通速度低。一旦经济复苏加快,货币流通速度加速,百万亿的货币存量必然会对CPI产生严重影响。三是国际输入特点突出,到2013年中国在继续保持为世界第一大出口国的同时,其进出口总额也成为世界第一。在能源、主要矿产品和个别农产品(如大豆)对进口依赖度均超过55%的条件下,这些进口品的价格必然进入国民经济成本推动通胀。加之美国、日本、欧盟等主要经济体宽松的货币政策形成的国际市场上流动性增多,会进一步推动国际市场价格上升。四是国际收支长期严重失衡形成的外汇储备规模巨大而且不断增长,由此形成的"外汇占款"已成为目前流通中M2过百万亿元的首要因素,国际收支失衡与国内经济均衡间关系的处理是面临的新问题。

第二，经济增长绝对水平较高且较稳定（7%—8%），但就投资需求而言，市场（企业）的投资力量不足。各级政府在其中起着重要作用，中央政府的财政赤字压力（近年财政赤字占GDP的比重常在2%左右，甚至有时候接近3%这一马约警戒线标准）和地方政府各类融资平台形成的地方债务风险（已达20.7万亿元），使政府拉动投资的可持续性受到约束，并且政府投资的市场竞争性效率更是令人疑虑的问题。自2010年10月政府从全面扩张政策"择机推出"之后，自2011年第一季度至2012年第三季度，我国经济增长率持续七个季度（21个月）下降便是政府退出而市场并未跟进的直接体现。就消费需求而言，宏观分配机制不改革，特别是政府职能不转变，财税体系不调整，消费率难以提升。产业效率不提高，特别是农产业的劳动生产率不提高，产业间分配差异就难以缩小。目前我国农产品的附加值中95%以上是劳动报酬部分，税收和资本盈余在其中所占的比例很少，不提高劳动生产率，使劳动力占比与现产值占比逐渐协调，仅靠在农业内部进行产值分配结构调整，对劳动者的收入提高已无空间。在目前农业的就业占比为36%、产值占比为9.8%的格局下，产业间分配差异必然很大。城乡个人收入分配体制和政策在调整，居民收入基尼系数难以下降。据国家统计局测算，2003—2012年十年间我国基尼系数从2003年的0.47提升到2008年的0.491，虽然2008年后有所降低，但到2012年仍为0.474，始终高于通常所说的警戒水平。而且有非官方学者研究，所得的结论还高于这一数字（李实等，0.52/2012年；西南财大，0.61/2010年）。

第三，从近年变动趋势看，通胀水平是逐渐提高的。虽然绝对水平仍不高，但通胀上升的速度可能会加快（2012年和2013年均为2.6%，2004年有可能达到或超过3%），表明潜在的通胀压力在逐渐释放；与此同时，经济增长速度在放缓（2012年和2013年都是7.7%，是进入21世纪以来的最低增速），预计2014年经济增长速度还会略低于2013年。所以，从动态速度上看，通胀在加速的同时经济增长在放缓，这种态势若延续下来，整个国民经济会面临"滞胀"的风险。

二、结构性失衡趋缓，但升级动力不足

（一）结构性失衡趋缓包含这样几方面含义

第一，积累与消费结构性严重失衡已开始发生趋缓变化。以绝对水平看，我国现阶段总投资在GDP中的比重达到50%（投资率），相当长的时间里，我国投资保持着很高的增长率。进入21世纪以来（2000—2013年）全社会固定资产投资年均增长率为22.22%（现行价格计算），经济增长率中投资拉动作用长期明显高于消费需求增长贡献率。这不仅在当代各国经济发展中罕见，而且自然会排斥消费的均衡增长。从增长速度上看，据测算，我国改革开放以来平均固定资产投资增长率为23.5%左右，取一个标准差为正常波动（可承受范围）为正负9个百分点，即正常区间为(14.5%,32.5%)。若其他条件不变,固定资产投资增长率,超过23.5%之后,再每增加一个百分点,相应消费需求增速将放缓0.56个百分点,若在达到32.5%之后仍然扩张,则投资增长率上升一个百分点,相应的消费需求增速会转为负值,即消费出现负增长。因此,我国总消费占GDP比重从2000年的62%持续下降到2010年的47%。我国经济增长的一系列失衡和不可持续性均与这种投资与消费结构严重扭曲相关。但近年来,这种结构失衡的严重程度开始减缓,统计数据显示,2011年消费占比(消费率)下跌趋势被遏制并开始回升,2012年提高至近50%,2013年也预计能保持这个水平。

第二,国民收入分配结构扭曲严重性发生了趋缓变化。宏观上看,居民收入占国民收入的比重有所回升,2003—2012年的10年里,居民收入占国民收入的比重年均下降一个百分点左右,重要原因在于劳动者报酬在国民收入中占比下降,而政府收入和企业收入在上升。以金融危机前的2007年与1997年数据比较,第二产业中劳动者报酬占比下降了10%左右,相应的企业盈余占比上升了10%左右。第三产业劳动者报酬占比下降近20%,相应企业营业盈余占比上升20%,政府生产税净额的占比虽然上升不到一个百分点,但政府税收并不只是初次分配中的生产税净额,在分配中劳动者报酬和企业营业盈余还需付税。事实上,改革开放35年来,政府收入以年均18%以上的速度(按当年价格计算)增长,超过企业营业盈余和劳动者报酬增速。但近年来这种状况出现了新变化,特别是"十二五规划"明确提出居民收入增速高于GDP增速以来,居民收入占比下降的趋势开始被遏制。同样,其中重要的原因是劳动报酬(工资)增长加速,劳动力市场上刘易斯拐点的临近、社会保障和福利标准的提升、民工工资水平的提高,使得初次分配在一定程度上挤压了企业营业盈余增长空间,在一定程度上缓解了企业资本所得增速大大高于劳动者报酬增速的局面,再加上财税体制和政策的调整,一系列结构性减税举措和"营改增"(营业税改增值税)的逐渐推行等,税收增长速度已经开始显著下降,居民收入增速相对慢的状况有所改变,在GDP中占比下降的趋势开始被遏制。从微观上看,尽管城乡居民基尼系数始终处在通常所说的警戒水平(0.4)之上,但是自2008年以来呈现逐渐降低的态势,究其原因重要的在于一方面低收入阶层收入提升速度加快,另一方面城乡收入差距缩小速度加快。事实上,导致我国居民收入分配基尼系数高的原因是多方面的,其中最具解释力的原因是城乡之间的差距,城镇化的加速无疑会从发展上为缩小差距创造条件。

第三,要素价格结构体系扭曲逐渐被竞争性的市场机制纠正,因而产业结构向优化状态调整速度加快。最优的要素禀赋结构决定要素价格结构的最优状态,某种要素越富余,其相对的价格就越低;反之则越高。充分竞争性的市场机制能够使要素价格结构客观地反映要素禀赋结构,如果技术结构不变,即要素禀赋结构不变,要素价格体系越是客观地反映要素禀赋结构,越能推动产业结构在既定要素禀赋下达到优化。如果由于市场竞争不充分,不公平,或由于政府过多的干预进而对市场竞争产生严重抑制,则要素价格体系不能真实反映要素禀赋结构,即价格扭曲,由此会引发实际产业结构脱离优化状态。这时改变价格体系使之真实化并由此推动产业结构优化,这便是产业结构调整(如果通过技术创新使要素禀赋结构变化,在此基础上形成新的要素价格体系带动产业结构变化,即为产业结构升级)。尽管我国目前的产业结构升级动力不足,但通过市场力量推动结构调整力度在逐渐扩大。以往长期有悖市场规律,压低能源、矿产资源等原材料、环境生态、劳动(特别是民工)等要素价格,进而形成高能耗、高污染、高物耗的产业结构,远远偏离要素真实禀赋结构。随着市场化的深入,近年来这些要素价格扭曲的状况正开始得到纠正。从经济结构上看,低水平重复建设形成的产能过剩矛盾,在存量克服上虽然迟缓,但从增量上已经得到有效抑制;从企业竞争力上看,在经济增长放缓至7%—8%,工业增加值增速放缓至10%左右的条件下,企业亏损状况仍有所改善,亏损额占主营收入比自2012年5月以来维持在0.8%左右,不仅低于1997年以来的均值1.4%,而且还低于2003年以来快速增长期间(年均增长10%以上)的0.9%的水平①,表明竞争性的市场价格对企业行为约束力度增强,企业对市场竞争、对增速放缓的适应性提高。

第四,国际收支结构失衡严重,特别是经常项目盈余巨大,但失衡的严重程度开始相对降低。尽管庞大的经常项目盈余及相应的"外汇占款"对国内经济失衡产生了深刻的作用,但严重程度的加剧已经开始被遏制,经常账户盈余占GDP的比重已经从2007年的10.8%,降至2011年的2.8%,又降至2012年的2.6%。未来经常项目顺差仍然存在一定程度反弹的风险,但相信外部账户再平衡的部分过程已经完成②。

(二)结构升级动力不足包括这样几方面含义

第一,结构性升级不同于结构调整之处在于一国要素禀赋是否改变,这就需要持续的技术创新和制度创新。我国目前作为技术创新主体的企业,特别是国有大型和特大型企业技术创新能力不足。尤其是在现在垄断的市场结构下创新力进一步被抑制,按市场竞争原则有效率的投资机会缺乏,即使融资渠道通畅,也难以形成有效的投资增长。而这又取决于企业自主研发和创新能力的高低,这种能力的高低长期看与全社会人力资本的积累相关联,短期内难以持续上升;同时,国有企业作为企业在制度上多大程度上受市场硬约束,多大程度上受行政约束,仍

---

① 刘世锦:《争取较快转入经济增长新常态》,《中国改革》,2014年第1期。
② 黄益平:《市场化:最大的如果》,《中国改革》,2014年第1期。

然是有待解决的问题。所谓"政企不分"、产权界定不清、责任不明等制度缺陷,这需要国企深化改革,也非短时期能够做到。

第二,我国在产业结构上存在着严重的"反效率"配置,虽开始有所扭转,但资源仍未能有效地从效率低的产业及时流向效率高的产业,产业间的效率落差未能被充分正向利用。1992年以来,直到金融危机前的2007年,包括第一、第二产业在内的实体产业的资本边际报酬递减并不断加速,并且第二产业资本边际报酬在加速递减的同时,其资本投入占总资本投入的比重却仍上升最快。第三产业边际报酬处在上升中,但其资本投入占比却处于下降中,这就在产业结构上进一步降低着要素配置效率。表明若无结构升级,若无技术进步加快,继续扩大投资势必进一步加速资本边际报酬递减[1],从总量上投资需求增长会放慢,从结构上产能过剩会加剧。

第三,产业劳动生产率和劳动报酬上升结构性扭曲。据测算,1992—2010年,我国就业人员年均劳动报酬增长14.5%(按现行价格),虽然低于财政收入增长(18%以上),也低于同期20%左右的企业营业盈余的增长,但与同期产业劳动生产率上升相比却明显超出。我国现阶段工业化水平与当代世界完成工业化国家经济相比,已达到60%以上,接近70%(国家统计局测算)。但我国农业劳动生产率只相当于当代实现工业化目标时的国家农业劳动生产率的14.7%。第二产业劳动生产率只达到其的46.2%。劳动报酬进入工业化后期的较快上升期,而劳动生产率远未达到与工业化进展水平相符合的水准,表明短期中的通胀压力会增大,长期看产业结构升级缺乏劳动生产率相应的支持。工业化水平存在脱离劳动生产率真实水平的"虚高度",会严重阻碍产业结构高度的真实演进,并且有可能被强行匡正回来,以挤出结构升级中的泡沫。从结构上看,目前我国非农产业第三产业中劳动生产率水平总体上低于第二产业,第二产业劳动边际报酬水平显著地高于第三产业,第三产业劳动生产率上升速度低于第二产业。但第三产业增长的就业弹性远高于第二产业,是其2倍左右(0.079∶0.042),也就是说,劳动被不断地从劳动生产率水平和增速较高的第二产业(和第一产业)挤入相对较低的第三产业,则必然会形成劳动生产率上升的结构性损失。结合前面所提到的,在资本的边际报酬上,资本被更多地挤入边际报酬下降速度相对较快的第二产业,在劳动生产率上,劳动被更多地挤入边际报酬水平和增速相对较低的第三产业,这就使结构高度缺乏资本效率和劳动效率支撑[2]。提高要素效率和全要素效率,是提升产业内部资源竞争性效率和产业间资源配置性效率的关键,这必须依靠创

---

[1] 刘伟、张辉:《我国经济增长中的产业结构问题》,《中国高校社会科学》,2013年第1期。
[2] 同上。

新、依靠效率提升基础上的结构升级。

三、承受失衡能力上升,但宏观政策的局限性日渐突出

(一)承受失衡能力上升包含这样几方面含义

第一,从总量上看,社会对失业率上升的承受力有所提高。全国就业岗位需求略大于供给,据有关方面测算,需求人数与求职人数之比略大于1,短期内只需要 GDP 增速不低于 6.5%,就业的总量压力不会显著上升①。从结构上看,在产业结构方面,第三产业规模扩张较快,而第三产业就业弹性在三大产业中最高,大量农业剩余劳动力和传统工业制造业劳动力转入第三产业。虽然第二产业劳动生产率高于第三产业,向第三产业转移劳动力会相对降低劳动生产率的产业结构配置效率,但相应地会提高国民经济吸纳就业的能力。在所有制结构上,据第二次普查资料显示,城镇就业中国有和国有控股企业占 20%,集体企业占 4.17%,私营企业占 41.8%,外资企业占 14.29%,混合股份企业占 27.2%。全国非农产业中非国有经济吸纳的就业人员已占 80%(含集体、私营、外资法人控股股份公司),其中私营经济(含私营及控股、外商等)占 70% 以上②。这种所有制结构的多元化,不仅提高了国民经济吸纳就业能力、创造众多的就业机会,而且分散了失业的社会风险,使失业风险集中于政府转变为分散于多方面的市场主体。同时,失业保障等制度的进一步完善,更进一步提高了社会对失业的承受力。我国近两年来经济增长速度回落到 7%—8%,东部发达地区已降至 7% 左右,但并未出现严重的失业压力,城镇登记失业率保持在 4% 略强,即使考虑登记失业率与调查失业率之差(约 2 个百分点),城镇真实失业率只在 6% 左右,低于通常所说的警戒水平(7%)。

第二,政府财政收入增长目标对经济增速放缓的承受力在提高。我国宏观税负(税收和社会保障占 GDP 的比重)低于发达国家,属发展中国家的中等水平(发达国家平均为 43.3%,发展中国家平均为 35.6%),约为 30%。与发达国家不同,发达国家的宏观税负通常是稳定的,而我国现阶段则处在不断地变化和增长中,特别是进入 21 世纪以来,这种上升速度明显加快,不仅高于居民收入的增速,而且高于现行价格计算的国民收入的增速,政府在国民收入中所占的比重不断提高,对市场产生的挤出效应迅速上升。这既与体制有关,也与经济高速增长相关。因而伴随着我国经济增长速度的回落,政府收入的增长速度就必然会逐渐放缓。从近两年的实践看,政府已逐渐适应了宏观税负增长速度下降的态势,并且从税负增速控制的意义实行结构性减税。这种从增速上而不是以绝对水平上的结构

---

① 刘世锦:《争取较快转入经济增长新常态》,《中国改革》,2014 年第 1 期。
② 陈永杰:《我国多重所有制经济的份额与比重》,《经济研究参考》,2012 年第 55 期。

性"减税"措施,一方面适应新阶段经济均衡增长的要求,推动政府、企业、居民三者收入均衡增长;另一方面可以为企业营造更为宽松的竞争环境,有利于调动生产者的积极性,从而达到"减税"最终实现"增税"的目的。更为重要的在于调整税负结构,提高其公平性。我国税种中流转税较多,这些流转税(增值税、营业税、城建税、消费税、车辆购置税、房产契税、烟酒税等)就其属性是消费课税,消费课税占我国总税收收入的65%左右(经合组织为31%),并且在消费课税中针对普通居民的一般消费课税比重高,占总消费课税的97%(经合组织国家为65%),针对高收入阶层的特定消费品(奢侈品等)征税比重小,占消费课税的3%(经合组织国家为35%),这实际上使低收入的广大消费者成为纳税的主要承担者。与此同时,我国个人所得税低,占税收总收入的6%左右(经合组织国家为25%),表明税收负担没有针对个人,也就难以发挥税收对收入分配的公平调节的作用①。因此,我们有理由加快税收结构改革,这方面的空间广阔。同时,要推动中央与地方事权与财权匹配制度建设,推动"公共财政"即财政切实只提供"公共品",财政在公开民主的公共选择和民主监督下进行。与经济增长速度放缓相适应,财政税负增速放缓并且伴随经济发展水平的提高和制度改革,税负增速逐渐稳定,其占国民收入的比重也会日益趋于稳定,不仅有利于财政规范,并且也有利于政府、企业、居民预期的稳定。

第三,企业对经济增长速度回落适应性在逐渐提高。经济增速下降,但企业亏损面不仅没有扩大反而缩小。据有关学者测算,以往我国工业增加值增速若在10%或以下时,企业会出现较严重亏损,亏损额占主营收入达2%以上(1997—2000年)。而2012年以来,经济增长7%略强,工业增加值增速10%左右,但企业亏损占主营收入比反而降至0.8%左右②,这里有技术进步与管理等方面的因素,但更重要的是与企业制度创新和所有制结构变化相关。据第二次经济普查资料显示,我国企业法人数民营经济占90%,企业营业资本民间资本占60%,企业资产总额民营经济占60%,固定资产投资民营经济占60%,企业销售收入民营经济占75%,企业税收贡献民营经济占65%,企业利润创造民营经济占70%,对经济增长的贡献民营经济占66%③。这种变化在一定程度上改变了传统国有企业占统治地位时普遍存在的"软预算约束",提高了市场对企业行为的硬约束力度,使企业适应经济增长速度回落能力上升,并从微观上有利于经济增长质量的提高。

(二)宏观经济政策局限性日渐突出包含这样几方面含义

第一,在存在"滞胀"风险下,作为总需求管理的宏观经济政策在目标和方向

---

① 刘伟:《我国现阶段财政支出与财政收入政策间的结构特征》,《财贸经济》,2012年第10期。
② 陈永杰:《我国多重所有制经济的份额与比重》,《经济研究参考》,2012年第55期。
③ 刘世锦:《争取较快转入经济增长新常态》,《中国改革》,2014年第1期。

的选择上都将面临严重的困难。当经济增长速度放缓(下行)和通货膨胀在不同时期分别出现时,宏观经济政策或者扩张以保增长,或者紧缩以反通胀,是容易判断的。但若双重风险同时发生,则难以选择。因为双重风险的治理所要求的宏观政策方向恰恰相反,我国现在就面临这种困难。

第二,继续采取稳中求进的方针,使财政与货币政策通过宏观经济政策工具采取"松紧搭配"的反方向组合,即继续采取积极的财政政策和稳健的货币政策,一方面政策效果之间可能产生严重的抵触,另一方面,事实上在一定时期总要求宏观经济政策体现系统性的重点。尽管我国自1998年5月至2007年都在采取"积极的财政政策,稳健的货币政策",但1998—2002年相对前一时期"适度紧缩"而言是扩张性的,2003—2007年则更多地体现对投资需求膨胀的限制。自2010年10月宏观刺激政策"择机退出"以来,初期更多地强调反通胀,因而对宏观政策的从紧力度更为重视。自2012年第三季度起,由于连续七个季度(21个月)的增速下降,实际上又有所放松。也就是说,同样是财政与货币政策"松紧搭配"反方向组合方式,但具体实施中有不同的侧重,这就使得政策运用具有很大的不确定性。由此,既会损害政策的可预期性,也会降低其有效性。

第三,财政政策本身的结构失衡影响其有效性。这种结构性失衡主要表现在三方面:一是财政收入政策与财政支出政策的反方向组合会在一定程度上抵消积极的财政政策效应。近些年来财政支出政策在总量和增速上无疑均是扩张性的,但财政收入政策就其增速及所占国民收入比重不断上升而言是从紧的,这就不仅相互间有抵触,而且对市场力量形成挤出效应。二是中央与地方政府在财政收支上的结构性主体失衡影响财政政策有效发挥作用,财政收入中央政府的占比高于地方,差距大时中央与地方收入之比为55∶45,相差近10个百分点。在财政支出中地方支出占比则从2000年的65.3%上升至2013年的85%左右,中央在财政支出中占比则持续下降,目前仅为15%左右。地方财政支出对中央依赖度过高,中央财政对地方转移支付程度过大,加剧地方性债务风险的同时,提高了中央政府对经济干预的垂直性和集中度。三是结构性调整税种税制面临一系列困难,包括房产税试点的障碍,房地产税立法如何推进?在我国作为财产税,房产和地产所属主体不同,如何征收?地方债对地方融资平台的替代所需的一系列条件怎样创造?营改增能否如期完成?营改增后地方税体系中的主体税如何选择?都会给财政政策的有效性带来影响。

第四,我国现阶段货币政策的特殊性使之对宏观经济失衡的作用受到限制。一是经济失衡特点的演变使我国货币政策的选择有特殊性。在2008年金融危机发生时,欧美国家的货币市场失衡是货币供给不足,需求量大,因为金融体系首先发生了危机,要求的货币政策倾向是注入货币,增大货币供给;我国则相反,在当时货币市场上,实体经济对货币的需求不旺盛,因为产能过剩已由来已久,而银行体系是健康的,拥有充分的货币供给能力,失衡的特点是对货币的需求相对不足,要求的货币政策倾向是增大经济对货币的需求而不是简单地扩大供给,而实际上培育对货币的需求困难,增大货币供给容易,由此导致流通中 M2 大量沉淀增大通胀压力,而又难以刺激经济活跃。二是在存在"滞胀"风险的条件下,在我国货币政策目标双锁定的体制下,利率政策的有效性不足。货币政策工具包括价格和数量工具,央行对货币数量和货币价格这两个中间目标,盯住一个,另一目标也就相应内生地形成了,即货币数量和利率之间有内在联系,而实现这种联系需要金融市场化水平的提高和资本货币市场的完善。我国采取同时盯住两个目标的方式,冲淡了两个中间目标之间的内在联系,利率政策的有效性便受到了严重影响,当流通中货币存量大,通胀压力大,而实体经济又对货币需求不足时,央行不能简单地上调基准利率,因为由此会提升企业融资成本,进一步抑制企业对货币的有效需求,增大滞胀压力,这就迫使我们往往更多地依靠货币数量工具,而由此又会与扩张性的财政政策直接发生抵触。在我国银行行为具有财政化倾向的条件下,对信贷额度的直接限制与扩张性的财政支出政策会产生严重冲突。

四、政策调控适度,但调控方式转变艰难

(一)政策调控适度包含这样几方面含义

第一,财政与货币政策采取松紧搭配反方向组合,尽管在政策效应上会产生相互抵消的作用,但这种组合有利之处在于,当经济存在滞胀风险,而双重风险孰为首要或难以判断或不断变化时,相比较"双松"或"双紧",这种政策组合可以最大限度地降低宏观政策调控本身的风险,从而降低由宏观政策调控引发的经济波动幅度。

第二,在反方向组合的框架内,根据经济失衡而变化的新特点,适时调整松紧搭配中的松或紧的不同力度,特别是在经济下行和通货膨胀两个上下限目标之间不断地调整松紧各自的力度,即围绕着既定经济增长7%以上的目标和3%左右的通胀控制目标,调整财政政策的扩张力度和货币政策的从紧力度,只要在这一上下限范围之内,宏观经济政策便只做松紧程度上的微调,不做方向上的逆转,既提升了宏观经济政策的稳定性,也提高了社会对宏观经济政策预期的稳定性。

第三,从经济运行实现的全年指标及相互之间的协调性来看,宏观调控的力度和各方面政策的系统性(包括财政收支政策、货币信贷和利率政策、国际收支及汇率政策、国民收入分配即居民收入调节政策等)达到了预期的目标。实现了 GDP 增长7.7%、CPI 增长2.6%、进出口增长7.6%、财政收入增长9.6%、城镇居民收入实际增长7.0%和农村居民人均纯收入实际增长9.3%。更为重要的在于,一方面这些所实现的目标与预期目标基本吻合,体现了宏观政策对于经济增长和运行的可控性;另一方面,各目标间的相对关系,体现了经济增长的内在逻辑的要求,表明国民经济增长目标诸方面的结构关系朝着再均衡方向的进展。财政收入增长长期显著地高于GDP增长的状态有所改变,9.6%的财政收入增长考虑到价格因素(按当年价格统计)与7.7%的GDP增长率(按不变价格统计),实际上还基本持平,同步增长。8%左右的居民收入实际增长(农村和城镇居民收入平均)可以说已实现略高于GDP增长率的目标要求。7.6%进出口增长,同时经常项目盈余占GDP比重持续下降,稳定在2%—3%(2007年为10%以上),这些都表明我国经济增长中的严重比例失衡,包括内部经济结构和外部账户的再均衡。在新的一年里,只要国际国内社会经济不发生重大变化,继续稳定实施这种宏观政策,预计经济稳定增长且结构发生良性变化的目标能够如期实现。假定其他条件不变,国民经济投资率和消费率相互间的比例均稳定在50%的水平上,固定资产投资增长率稳定在2013年(实际增长19%左右)的水平,社会消费品零售总额增长率与2013年持平(实际增长11%左右),货币供应量M2增长率控制在13%—14%,出口增长率继续保持在2013年的幅度(其中出口增长或有可能略高于2013年,出口增长率达到9%左右的水平或略高),则可能有7.5%以上的经济增长、3%左右的通胀、4%略强的城镇登记失业率,如果国际经济复苏步伐能够进一步加快,或许可能有更高些的GDP增长率。

(二)所谓宏观调控方式转变艰难包含这样几方面含义

第一,财政与货币政策组合方式转换存在困难,使松紧搭配的宏观政策具有一定的刚性,难以充分地适应经济失衡周期的变化,一般而言,在危机发生时,扩张性的财政政策对于经济短期增长有明显的作用,而同时扩张性的货币政策对缓解通缩有积极作用,对增长并无显著作用。在危机过后的复苏阶段,扩张性的财政政策对长期增长并无明显作用,但同时对通胀会有显著的推动作用,扩张性的货币政策则对稳定长期增长具有较显著作用,对通胀的作用则趋于稳定。换句话说,如果经济遇到危机冲击,若衰退不是极为严重需要采取货币和财政政策双松式的全面扩张,或即使需要全面的扩张,但同时存在较高的通胀(滞胀)风险的条件下,应首先主要依靠扩张性的财政政策刺激经济增长,货币政策的扩张作用居次要地位,可采取扩张的财政政策及相对宽松的或适度从紧的货币政策;在进入复苏阶段,则应更多地依靠扩张性的货币政策及相对从紧的或收敛的财政政策。显然,我国在2008年世界金融危机冲击之后,采取更加积极的财政政策是明智的,但因采取扩张性的货币政策(虽然表述为适度宽松,实际上十分强烈,2009年M2增速高达27%以上)。不仅对当时的增长并无明显作用,而且不能不为后来的经济带来巨大的通胀压力。现阶段如果继续采取扩张性的财政政策则会激发滞后性的通胀压力加快释放,对经济增长并无显著作用,而采取扩张性的货币政策更为有效①。这需要改变松紧搭配的组合方式,由积极的财政与稳健的货币政策重组为积极的货币和稳健的财政政策。但这种转变难度很大,一是在流通中 M2 达到 110 多万亿的条件下,通胀压力极大,采取扩张性的货币政策,宏观条件不具备;二是在政府职能未转变的条件下,财政赤字压力极大,采取紧缩性的财政政策面临困难。

第二,宏观调控方式调整存在困难,突出的一点在于当作为总需求管理的宏观经济政策面临严重局限性时,需要引入总供给管理。供给管理政策作用对象是生产者和劳动者,需求管理则针对购买者和消费者。同样性质(或扩张或紧缩)的政策,需求管理政策使价格水平同方向变动(刺激增长同时刺激通胀,或抑制增长同时形成通缩),供给管理政策则是价格水平反方向波动(刺激增长同时使物价水平降低);需求管理政策主要调节市场有效购买力,供给管理则主要改善厂商的生产环境,为其降低成本(或税)提高生产积极性创造条件。显然,在存在"滞胀"风险时,引入供给管理是必要的,也是有效的。但引入供给管理,有两个基本体制条件,一是必须在资源配置上使市场起决定性作用,并且有较为完善公平的竞争秩序,特别是要素市场化的深入和完善,从而保障厂商有充分的市场自由、自主的竞争权利,否则,供给管理政策由于直接影响厂商,很可能导致政府过多的直接干预否定市场自由竞争;二是改变政府职能和调控行为方式。供给管理政策,直接作用于企业,但不应直接干预企业生产经营行为,而是间接地对企业生产经营环境和条件加以改善,逐渐改变对企业的经济约束条件,使其能降低成本,更具积极性,供给管理政策,不应"一企一制",而是对企业,采取普遍一致的政策,包括财税、信贷、利率政策,以及社会保障和社会福利标准等,供给管理政策作用于企业,但应为促进企业公平竞争创造条件,而不是由此形成歧视或各种不公平竞争环境。这就要求政府宏观管理必须法制化,宏观决策必须民主化②。显然,这在我国现阶段都还不完全具备。因此,实现我国经济均衡可持续发展的根本,在于经济结构转变和升级,而实现结构演变必须依靠发展方式的转变,发展方式的转变须依靠技术创新和体制创新,而创新须依靠全面深化改革。作为经济政策的关键在于处理政府与市场的关系,宏观调控方式的转变作为发展方式转变的有机组成部分,真正的困难也恰在于此。

第二节 产业结构演进中的经济增长和就业

一、21 世纪以来我国经济增长和就业

近两年来,我国的经济增长率呈现放缓的趋势。经济增长率由 2008 年金融

---

① 马勇、陈雨露:《货币与财政政策后续效应评估:40 次银行危机样本》,《改革》,2012 年第 9 期。
② 刘伟、苏剑:《供给管理与我国市场化改革进程》,《北京大学学报》,2007 年第 5 期。

危机后至2011年的年均9.64%(9.6%、9.2%、10.4%和9.3%)放缓至2012年和2013年的年均7.7%(7.7%和7.7%),国家的宏观调控增长目标也在降低。这种经济增长率的放缓,既有外部因素变化的影响(全球金融危机和经济衰退),也有经济周期的原因(2007年中国的经济增长率高达14.2%,客观上经济增长有回调的要求),但从根本上说,还是中国经济发展到一定水平时,由可持续增长和发展提出的客观要求。随着中国进入到工业化中后期和上中等扩张收入阶段,客观上要求经济增长更加重视质的提高而不是量的扩张,因此,在减少政府刺激背景下实际经济增长率的回落,事实上是自然经济增长率放缓的表现,有其历史必然性。

进入21世纪以后,尤其是2003年以来,我国进入了新一轮加速经济增长周期,2000—2010年的年均经济增长率达到10.5%,为改革开放以来增长率最高而经济增长又最为平稳的阶段。这一时期我国经济增长的产业结构特征,是第二产业的迅速增长(年均11.4%)带动其他产业的增长,第一产业保持了常态增长(年均4.2%),而第三产业则在第二产业的带动下,也获得了强劲增长(年均11.2%)。虽然由于价格变动原因,第二产业比重的上升幅度(从2000年的45.5%上升到2010年的46.7%)不如第三产业(从39.0%上升到43.2%),但仍然是占比最大的产业部门。再来看就业:在这一时期,我国的经济活动人口[①]和就业人数都没有显著增长,经济活动人口由2000年的7.4亿人增长到2010年的7.8亿人(见表3.1),增加了4000万人,而就业人数由7.2亿人增加到7.6亿人,也增长了4000万人,平均每年增加400万人。这也就是说,在高速的经济增长中,新增的经济活动人口被新增就业全部消化了。但是中国的就业主要不是总量问题而是结构问题,这就是第一产业容纳的大量就业人口(2000年为3.6亿人)实际上是过剩的,人均增加值和收入显著地低于非农产业,向非农产业转移的要求非常强烈,一旦条件具备,这种转移就会迅速发生。2010年,第一产业的就业人口已经减少到2.8亿人,比10年前减少8000万人,为同期净增经济活动人口或就业人口的2倍,这说明了中国现阶段就业问题的特殊性:着重要解决的不是新增劳动力的就业问题,也不是失业人员的再就业问题,而是如何解决大量农业剩余劳动力在工业化、城镇化进程中向非农产业、向城市转移,进而产生就业需求的问题。而在大多数发达市场经济国家,由于产业结构和就业结构已经趋于稳定,就业人数总量也比较稳定甚至可能有所减少,所要解决的只是如何在发展中改善失业的问题。一般地看,只要有2%以上的年均经济增长率,就能基本实现就业目标(失业率7%以下)。而中国与它们的差别在于:首先是经济活动人口从改革开放以来是一直增加的,而发达国家大多进入了稳定状态甚至有所减少;二是产业结

---

① 指在16岁以上,有劳动能力,参加或要求参加社会经济活动的人口,包括从业人员和失业人员。

构和就业结构在迅速变化,而发达市场经济国家或地区则已经趋于稳定。在这种情况下,2%的经济增长率当然就无法满足改善就业的需求。20世纪90年代以后,由于市场化改革(劳动力市场的形成和发展)和企业制度的变化(非国有经济迅速发展),我国的就业结构进入一个迅速变化时期,虽然就业结构的升级仍然滞后于产业结构的提升,但变化仍然是巨大的。由于实现了高达10%的高速经济增长,我们不但较好地解决了新增就业和20世纪末国企改制产生的大量下岗职工再就业的问题(城市登记失业率一直保持在较低水平),而且在非农产业吸纳了大量农业剩余劳动力。这也就是说,如果把经济增长对改善就业的贡献划分为解决新增就业和改善就业结构这两个方面,那么在10%左右的年均经济增长中,解决新增就业的部分达到2%左右(即贡献率在20%左右),而用于提升就业结构的部分达到8%左右(即贡献率在80%左右)。

表 3.1　1978—2012 年中国经济活动人口和就业人员　　　　单位:万人

年份	经济活动人口	就业人员			
		全部	第一产业	第二产业	第三产业
1978	40 682	40 152	28 318	6 945	4 890
1980	42 903	42 361	29 122	7 707	5 532
1985	50 112	49 873	31 130	10 384	8 359
1990	65 323	64 749	38 914	13 856	11 979
1991	66 091	65 491	39 098	14 015	12 378
1992	66 782	66 152	38 699	14 355	13 098
1993	67 468	66 808	37 680	14 965	14 163
1994	68 135	67 455	36 628	15 312	15 515
1995	68 855	68 065	35 530	15 655	16 880
1996	69 765	68 950	34 820	16 203	17 927
1997	70 800	69 820	34 840	16 547	18 432
1998	72 087	70 637	35 177	16 600	18 860
1999	72 791	71 394	35 768	16 421	19 205
2000	73 992	72 085	36 043	16 219	19 823
2001	73 884	72 797	36 399	16 234	20 165
2002	74 492	73 280	36 640	15 682	20 958
2003	74 911	73 736	36 204	15 927	21 605
2004	75 290	74 264	34 830	16 709	22 725
2005	76 120	74 647	33 442	17 766	23 439
2006	76 315	74 978	31 941	18 894	24 143

(续表)

年份	经济活动人口	就业人员			
		全部	第一产业	第二产业	第三产业
2007	76 531	75 321	30 731	20 186	24 404
2008	77 046	75 564	29 923	20 553	25 087
2009	77 510	75 828	28 890	21 080	25 857
2010	78 388	76 105	27 931	21 842	26 332
2011	78 579	76 420	26 594	22 544	27 282
2012	78 894	76 704	25 773	23 241	27 690

资料来源：《中国统计年鉴(2013)》。

二、21世纪以来加速工业化进程对就业结构的影响

(一) 21世纪以来我国的加速工业化进程及其对就业结构的影响

进入21世纪以来，尤其是从2003年以来，我国进入了以加速工业化为特征的经济增长阶段。在全球金融危机前后，我国的制造业和第二产业的增加值的绝对规模，超过了美国成为世界第一。2010年，美国的GDP为14.96万亿美元，制造业所占的比重为11.7%，也就是说，制造业的增加值为1.75万亿美元。而2010年中国制造业的增加值为13.03万亿元，按当年平均汇率(6.7695)折算，为1.93万亿美元，已经超出美国10%以上。从第二产业的总规模看，中国2010年的水平(2.77万亿美元)和美国(2.78万亿美元)接近，而2011年由于增长因素和汇率的变化，已经超出美国20%以上，也是世界上规模最大的国家。如果中国的制造业和第二产业在规模上不再扩大，而在产业结构上达到一般发达市场经济国家的水平(第一产业为10%以下，第二产业为30%左右，第三产业为60%以上)，那么中国的GDP总量可能达到甚至超过美国的水平。相应地，这一阶段也是改革开放以来我国第二产业就业人数和比重增加得最多的时期，1978—2003年，第二产业就业人数占全部就业人数的比重由17.3%提高到21.6%，25年间仅提高4.3%；但2003—2010年，则从21.6%提高到28.7%，7年间提高了7.1%，每年增加一个百分点。就业人数则从2003年的1.59亿人提高到2010年的2.18亿人，增加了5 900万人，平均每年增加840万人以上。第二产业的这种对劳动力的需求仍然在持续增长，2012年就业比重已经达到30%以上。

在这一时期我国第三产业的发展也是非常迅速的，第三产业增加值的年均增长率略低于第二产业(2003—2010年的年均增长率为11.4%)。而从就业上看，2003—2010年，就业比重由29.3%提高到34.6%，提高了5.3%，年均提高0.75个百分点，低于第二产业。而在1978—2003年，第三产业的就业比重则从9.1%提高到29.3%，25年间提高了20.2%，每年提高0.8%，增加速度远高于第二产

业。这从另一个侧面反映我国21世纪以来尤其是2003年以来经济增长的加速工业化特征,即第二产业不仅在增长率上是最高的,而且在吸纳就业方面也是空前的,而第三产业就业在这一时期则仍然保持着常规的发展。但这种常规增长对改善我国非农就业的贡献也是显著的,2012年,我国第三产业就业占比已经提升至36.1%,就业人数达到2.77亿人,成为三大产业中最大的就业部门。

而与第二、三产业高速增长形成对照的,是第一产业的常规发展,这一期间的年均增长率为4.5%,未发生明显变化,但是从就业人数和就业比重上看变化却非常大,就业人口从2003年的3.62亿人下降到2010年的2.79亿人,减少了8 300万人,相当于德国的人口总数,每年减少1 000多万人,而比重则从49.1%下降到36.7%,2012年则进一步下降到33.6%。这种发展所导致的结果,是第一产业按就业人数计算的劳动生产率的改善程度高于其总量增长,从而缩小了和第二、第三产业之间的发展差距。

(二) 从就业结构的变化趋势看我国的现代化进程

图3.1列出的是1990—2012年我国三大产业就业人数的变化情况。从图中可以看到,从20多年的长期趋势看,第一产业的就业人数是下降的,而第二产业和第三产业的就业人数是上升的。但各个产业在各个阶段的表现有所不同,第一产业的就业人数在20世纪90年代初曾有过一个迅速下降阶段,但是在1995年以后又重新回升,这一方面是因为农村人口的自然增长,另外一方面是因为城市国有企业的改革造成的大量职工再就业的压力减少了城市第二产业对农业剩余劳动力的吸纳能力。到2003年以后又开始稳步下降;而第二产业就业人数的变化趋势和第一产业正好是相反的,当第一产业就业人数下降时,它是上升的;反之则下降。它们的变化既和我国的经济周期相联系,又和我国的经济发展阶段相联系。一般地说,经济增长的加速和放缓会明显地影响第二产业对就业人数的需求,并进而导致第一产业就业人数的变化。但在这一轮经济周期中,这两个产业就业人口的变化又有了新的特征,这就是到2012年为止,这两个产业就业人口相向而行的发展趋势还没有发生明显的变化。而第三产业就业人口的变化则始终是稳定的,受经济周期和其他因素的影响较小。

从长期趋势看,在2003年前后,我国的就业结构变化显示了鲜明的产业结构升级特征。第二产业和第三产业的就业人数开始稳步增加,第一产业的就业人数开始稳步下降。2011年,第三产业的就业人数超过了第一产业,而从发展趋势上看,2015年前后,第二产业的就业人数也有可能超过第一产业,从而形成第三产业的就业人数最多、第二产业次之、第三产业最少的现代经济就业结构。这是和我国的工业化和现代化进程密切联系的,2013年我国三次产业的比例关系为10.0∶43.9∶46.1,第三产业占比首次超过第二产业,形成现代经济的产业结构特征。

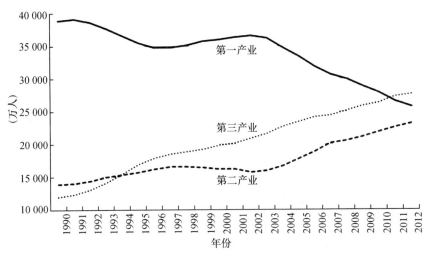

图 3.1　1990—2012 年三次产业就业人数变化情况

在此之后,中国的就业结构还会在结构升级的带动下进一步升级,逐渐发展成为以第三产业就业占主导地位(占比达到 50% 以上)的发达经济就业结构。

(三) 经济增长和就业增长间的差异

虽然 GDP 增长带动了就业(主要是第二产业和第三产业就业)的增长,但这两种增长的速率是不同的,图 3.2 列出的是 GDP(按以可比价格计算的定基指数反映,1990 年 =100)和非农产业就业人数(1990 年 =100)的对比,可以看出它们的明显不同,这就是 GDP 指数按近似于等比数列增长的(即各年保持相近的增长率,在几何平均数的附近波动,年均增长率为 10% 左右),但就业人数则是近似于

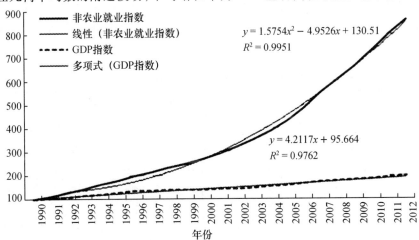

图 3.2　1990—2012 年我国经济增长和就业(1990 年 =100)

等差数列增长的(即各年保持相近的增长量,在算术平均数的附近波动,年均增加1 100万人左右)。第二产业和第三产业的增长和就业之间,也有类似的关系。在曲线形态上,增长曲线是一条单增的和下凸的类抛物线,每年的增长量是增加的,而增长率保持稳定;而就业曲线是一条近似的直线,每年的增长量是稳定的,但增长率是下降的。在这一期间,我国的GDP翻了三番(即2的三次方,8倍),而非农就业只翻了一番),说明我国经济增长中的主要影响因素还不是劳动,否则经济增长不可能这样大幅度地高出劳动的增长。资本投入的增加、技术进步等因素造成的劳动生产率的提升,对中国经济增长的贡献更大。不可否认,中国近些年的经济增长尤其是第二产业的增长确实借助了人口红利的作用,但不能单纯地用人口红利来解释中国经济增长。反过来,加速的经济增长也为改善新增和第一产业剩余劳动力就业做出了重大的贡献,它们之间是相互促进的。

三、产业结构的国际比较

配第(1691)—克拉克(1940)定理指出:随着经济发展水平的提高,第一产业的规模和劳动力所占的比例会逐渐下降;第二产业的规模和劳动力所占的比例会逐渐上升;而随着经济的进一步发展,第三产业的规模和劳动力所占的比例将上升,最后形成以第三产业占最大比例、第二产业次之、第一产业的比重为最小的产业结构[①]。我们可以看到,在这一定理中,产业结构是从价值结构和劳动力结构两个方面来反映的。一般地说,价值结构的提升会领先于劳动力结构的提升,而劳动力结构最后会收敛于价值结构,从而使各个产业都有相近的劳动生产率。

(一)美国

表3.2列出的是美国的增加值结构与就业结构之间的比较,可以看到,它的就业结构和增加值结构已经相当接近,而且近10年间变化很小。各个产业甚至国民经济行业之间劳动生产率之间的差距已经很小并且已经趋向稳定。世界上的主要发达国家,都有类似的情况。

表3.2 2000和2010年美国增加值结构和就业结构情况 单位:%

	2000		2010	
	增加值	就业	增加值	就业
全部	100	100	100	100
农林渔猎业	1.0	1.0	1.1	0.9
第一产业合计	1.0	1.0	1.1	0.9
矿业	1.1	0.4	1.6	0.5

---

① 刘伟:《工业化进程中的产业结构研究》,中国人民大学出版社,1995。

(续表)

	2000		2010	
	增加值	就业	增加值	就业
公用事业	1.7	0.4	1.8	0.4
建筑业	4.7	5.0	3.5	4.2
制造业	14.2	12.6	11.7	8.5
第二产业合计	21.7	18.4	18.6	13.6
批发业	6.2	4.2	5.5	4.0
零售业	6.9	11.2	6.1	10.8
运输和仓储业	3.0	3.2	2.8	3.1
信息产业	4.2	2.6	4.3	2.0
金融、保险、房地产和租赁业	20.1	5.7	20.7	5.7
专业和商业服务业	11.2	12.1	12.3	12.4
教育、健康和社会服务	6.8	11.2	8.8	14.5
艺术、娱乐和餐饮业	3.8	8.6	3.8	9.7
政府以外的其他服务	2.8	4.9	2.5	4.9
政府部门服务	12.2	16.8	13.6	18.3
第三产业合计	77.2	80.7	80.4	85.5

资料来源：根据美国经济分析局国民收入和生产账户（NIPA）数据整理。

(二) 日本

第二次世界大战后初期，日本的第一产业占比在50%左右，相当于我国世纪之交的水平，而1970年，也就是经过20年的时间，劳动力占比已经下降到19.3%，20年间下降了30%。但在这一期间，日本的第二产业就业比重只提高了12.2%，而第三产业的就业则提高了17%，而在此之后，第二就业比重开始回落，但第三产业的就业比重仍然在不断提高，现在已经达到70%以上。再看增加值构成，1955—1970年，是日本经济增长最快的时期，也是第二产业发展最快的时期，在这15年间，日本的第二产业占比提高了近10%（从33.7%提高到43.1%），而第三产业的占比仅仅提高了不到4个百分点（从47%提高到50.9%）。尽管如此，第三产业的就业增长还是快于第二产业。1965年前后，日本在增加值和劳动力结构上达到了第三产业比重最大、第二产业次之、第一产业最小的格局。而在1970年后，则开始呈现第二产业的增加值和劳动力占比同时下降，第三产业同时上升的趋势，在这一过程中，增加值结构的提升领先于就业结构的提升，但到了最后,就业结构还是会收敛于增加值结构,从而形成相近产业结构。

表3.3 1950—2010年日本增加值结构和就业结构的变化 单位:%

	就业人数构成			增加值构成		
	第一产业	第二产业	第三产业	第一产业	第二产业	第三产业
1950	48.5	21.8	29.6	—	—	—
1955	41.1	23.4	35.5	19.2	33.7	47.0
1960	32.7	29.1	38.2	12.8	40.8	46.4
1965	24.7	31.5	43.7	9.5	40.1	50.3
1970	19.3	34.0	46.6	5.9	43.1	50.9
1975	13.8	34.1	51.8	5.3	38.8	55.9
1980	10.9	33.6	55.4	3.5	36.2	60.3
1985	9.3	33.1	57.3	3.0	34.9	62.0
1990	7.1	33.3	59.0	2.4	35.4	62.2
1995	6.0	31.3	62.7	1.8	30.4	67.8
2000	5.2	29.5	65.3	1.7	28.5	69.8
2005	4.9	26.3	68.6	1.2	25.8	73.0
2010	4.2	25.2	70.6	1.2	25.2	73.6

资料来源:日本内阁统计局(Statistics Bureau, MIC; Cabinet Office)①。

(三)世界部分国家

1. 增加值结构

表3.4列出的是2010年世界部分国家和地区增加值结构的情况。从表中可以看到,由于世界经济的发展,全球的产业结构的一般水平比起过去已经有了比较明显的提升。高收入国家第一产业的比重降至2%以下,中等收入国家和中低收入国家在10%左右,中国现在的人均国民总收入(4 940美元)刚刚超过世界银行中等收入国家的标准(4 200美元),其第一产业的占比也在10%左右,这是合乎逻辑的。应该看到,中国除了大豆等个别产品之外,粮食和其他食品基本上是靠国内的生产来保障的,再加上农村依存着大量的第一产业劳动力,在这种背景下,中国的第一产业的占比可能还会在10%左右稳定一段时间。

---

① http://www.stat.go.jp/english/data/handbook/c03cont.htm.

表 3.4 2010 年世界部分国家和地区增加值构成　　　　　单位:%

	第一产业	第二产业	第三产业
高收入国家	1.5	25.1	73.4
经合组织高收入国家	1.5	24.9	73.6
非经合组织高收入国家	1.4	31.1	67.5
中等收入国家	9.7	34.3	55.9
中等偏上收入国家	7.8	35.3	57.0
中等偏下收入国家	15.5	31.3	52.8
中低收入国家	10.0	34.1	55.8
东亚和太平洋	10.7	44.0	44.9
欧洲和中亚	7.4	30.2	62.4
拉丁美洲和加勒比	6.4	29.8	63.8
中东和北非国家	11.6	40.6	47.9
南亚	17.0	27.9	55.2
撒哈拉以南非洲	13.1	29.6	57.3
低收入国家	25.7	24.4	49.9
最不发达地区:按联合国分类	25.3	27.1	47.6
重债穷国	27.0	25.9	47.1
英国	0.7	21.1	78.2
德国	0.8	26.5	72.7
美国	1.2	21.4	77.4
日本	1.5	28.0	70.5
荷兰	1.7	23.9	74.4
法国	1.8	19.0	79.2
意大利	1.8	25.1	73.1
捷克	2.3	37.2	60.5
澳大利亚	2.5	29.1	68.4
韩国	2.6	36.4	61.0
西班牙	2.6	26.1	71.3
南非	3.0	31.3	65.7
波兰	3.6	30.2	66.2
墨西哥	4.1	34.8	61.1
俄罗斯联邦	4.7	32.8	62.5
哈萨克斯坦	5.4	42.4	52.2
巴西	6.0	26.0	68.0
乌克兰	8.1	29.0	62.8

(续表)

	第一产业	第二产业	第三产业
阿根廷	9.4	30.2	60.4
中国	9.5	44.6	45.9
马来西亚	9.5	44.3	46.2
土耳其	9.8	28.0	62.2
伊朗	10.1	44.9	45.0
埃及	10.1	29.0	60.9
菲律宾	12.3	32.6	55.1
泰国	12.4	44.7	42.9
斯里兰卡	13.6	26.9	59.5
印度尼西亚	15.9	48.8	35.3
印度	16.2	28.4	55.4
蒙古	18.1	36.8	45.1
孟加拉国	18.8	28.5	52.6
越南	19.8	39.6	38.9
巴基斯坦	21.8	23.6	54.6
老挝	31.3	31.8	36.9
柬埔寨	35.3	22.6	42.0

资料来源:世界银行 WDI 数据库,转引自国家统计局《国际统计年鉴(2011)》。其中有部分国家的数据为 2009 年甚至是 2008 年的数据(参见《国际统计年鉴(2011)》中的相关注解,但由于产业结构的相对稳定性,这不影响各国之间产业结构的横向比较)。

再看第二产业比重,高收入国家为 25% 左右,中等收入国家为 34.3%,而中国则达到了 44.6%[①],在表 3.4 中,只有属于中低收入的东亚和太平洋国家的比重达到这么高的水平(其中重要的原因在于中国是东亚和太平洋地区最主要经济体)。这实际上也就是说,虽然中国的人均 GNI 已经超过了中等收入经济体的平均水平,但是从产业结构上看,仍然和世界银行公布的中低收入国家的结构类似。表中列出的具体国家和地区,属于世界上较大的经济体,我们可以看到,其中第二产业比重超过 40% 的国家有 6 个,即伊朗、印度尼西亚、泰国、哈萨克斯坦、马来西亚和中国。这些国家的共同特点,就是都属于发展中国家,而且经济增长富有活力。

表中列出的具体国家,都属于世界上较大的经济体(新加坡和中国香港等较小的经济体没有列入),按照第一产业增加值占 GDP 的比重所排序。可以看出,这一排序和具体国家经济发展水平的排序是相关的,也就是说,产业结构比较高

---

① 这一数据和《中国统计年鉴(2012)》中的 46% 略有差距,但在国际比较中,我们仍然使用国际组织公布的统一数据。

级(第一产业占比较小)的国家,其发展水平一般也就越高。以俄罗斯为例,苏联解体后,它的经济增长陷入了停滞,经济总量现在已经被中国超过。但应该看到,苏联早在20世纪30年代就开始推动工业化进程,因此在苏联解体时,它的经济发展水平已经到达了一定的高度,虽然它目前在经济发展中遇到了很多矛盾,但就人均收入水平和产业结构而言,它的发展是领先于中国的。第一产业的比重现在已经下降到5%以下,第二产业的比重在35%以下,而第三产业的比重超过了60%,属于工业化后期或完成了工业化进程后的产业结构。墨西哥的情况也是类似的。而中国的产业结构高度处于这些国家的中间位置,落后于苏联国家、拉美中等收入国家,但领先于亚非拉发展中国家。而就中国经济内部看,由于发展不均衡,不同地区之间的发展与结构存在着很大的差别,其中一些先进地区已经达到了世界上较高的水平,但还有很多地方还处于和亚非拉发展中国家相近的阶段。改进经济发展的不平稳,是中国在下一阶段经济发展中的重要任务。

2. 就业结构

表3.5按照就业比重排序列出了世界一部分国家的就业结构,和表3.4相比较可以看出,大多数国家的第一产业就业比重是低于它的增加值比重的,如前面所列举的俄罗斯和墨西哥,第一产业增加值占比已经降到5%以下,但就业人数占比仍然为9%和13.5%,这说明二元化经济结构在一些经济发展水平已经比较高的国家也是存在的。中国在表中的33个国家中排序第29位,属于产业结构高度较低的国家。从第三产业来观察结果也是类似的,如果按照第三产业的就业占比按降序排列,中国在这些国家中排最后一位。也就是说,尽管中国已经实现了多年的高速增长,经济总量已经达到世界先进水平,但就其第三产业的就业占比来看,产业结构高度仍然在世界上属于较低水平。这是我们必须面对的一个问题。

表3.5 2008年世界部分国家或地区就业结构

	第一产业	第二产业	第三产业
阿根廷	0.8	23.7	75.2
美国	1.4	20.6	78.0
英国	1.4	21.4	76.9
以色列	1.6	21.9	75.6
德国	2.2	29.7	68.0
加拿大	2.5	21.6	75.9
荷兰	2.7	18.2	73.1
法国	3.0	23.1	72.9

(续表)

	第一产业	第二产业	第三产业
捷克	3.3	40.5	56.1
澳大利亚	3.4	21.2	75.1
意大利	3.8	29.7	66.3
日本	4.2	27.9	66.7
西班牙	4.3	27.8	67.9
新西兰	7.2	21.9	70.5
韩国	7.4	25.9	66.6
委内瑞拉	8.7	23.3	67.7
南非	8.8	26.0	64.9
俄罗斯联邦	9.0	29.2	61.8
墨西哥	13.5	25.9	59.9
波兰	14.7	30.7	54.5
马来西亚	14.8	28.5	56.7
乌克兰	16.7	23.9	59.4
巴西	19.3	21.4	59.1
伊朗	22.8	32.0	45.1
土耳其	26.2	25.7	48.1
埃及	31.2	22.0	46.6
斯里兰卡	31.3	26.6	38.7
菲律宾	36.1	15.1	48.8
中国	38.1	27.8	34.1
蒙古	40.6	15.2	44.2
印度尼西亚	41.2	18.8	39.9
泰国	41.7	20.7	37.4
巴基斯坦	43.6	21.0	35.4

资料来源：世界银行数据库，部分国家为2006年和2007年数据，转引自《中国统计年鉴（2011）》。

钱纳里[①]曾利用101个国家1950—1970年的统计资料进行归纳分析，构造出一个著名的"世界发展模型"，由发展模型求出一个经济发展的"标准结构"，即经

---

① Chenery H. B., Syrquin M, *Patterns of Development: 1955—1975*, Oxford University Press, 1977.

济发展不同阶段所具有的经济结构的标准数值(见表3.6)。如果以我国的增加值结构和钱纳里标准结构相比,按第一产业所占比重衡量,我国已经超过了人均2 000美元(1970年美元),但按照劳动力比重衡量,为400—600美元。这种劳动力结构与GDP结构的差别,说明了中国经济增长中二元结构现象相当严重。这种二元化结构是中国经济发展不均衡的表现,但同时也是中国经济增长的特点。从发展路径上,我们首先是促进第一产业的发展,解决全体人民的温饱和生存问题,然后再通过城市的经济体制改造,使生产率较高的工业部门和整个第二产业部门先发展起来,带动服务业及整个第三产业的发展,由此在产值结构上首先实现产业结构的提升。而当经济发展到一定阶段,再转过头来通过社会主义新农村建设和由城市吸纳农村劳动力,改善中国的就业结构和农村的收入水平。

表3.6 钱纳里对不同发展水平GDP结构和就业结构的研究 单位:%

	人均收入水平(1970年美元)			
	400美元	600美元	1 000美元	2 000美元
第一产业占GDP比重	26.7	21.8	18.6	16.3
第二产业占GDP比重	25.5	29.0	31.4	33.2
第三产业占GDP比重	47.8	49.2	50.0	50.5
劳动力在第一产业中所占比重	43.6	34.8	28.6	23.7
劳动力在第二产业中所占比重	23.4	27.6	30.7	33.2
劳动力在第三产业中所占比重	23.0	37.6	40.7	43.1

(四)中国产业结构与世界其他国家的比较

从20世纪80年代初到现在,中国已经实现了30多年的高速经济增长,但应该看到这一增长的起点是很低的,远不如50年代初期的日本。虽然日本在第二次世界大战中受到了重创,但是到了20世纪50年代初,通过战后重建,经济已经恢复到了一定的水平。就产业结构高度而言,它的第三产业的增加值比重和就业比重,都已经超过第二产业。这既是它的经济发展水平的一种体现,同时也是市场经济自我调节的一种结果。而中国在改革开放初期,由于计划经济的影响,第三产业已经萎缩,增加值占比只有23%,劳动力占比只有12.2%,为三大产业中最低,而第一产业的增加值占比和劳动力占比则高达28.2%和70.5%,属于典型的不发达国家的产业结构。但到了2000年,三大产业的增加值结构改善到15.1∶45.9∶39.0,而就业结构则提升至50.0∶22.5∶27.5,增加值结构(从农业占比下降来看)已经达到了日本50年代末的水平,但就业结构几乎正好就是日本50年代初期的水平。这种劳动力结构的发展滞后于增加值结构的情况,反映了中国经济增长中的二元化特征,同时也说明了为什么中国的劳动密集型产业在21世纪的前10年里会在世界上具有那么大的竞争优势。但是在进入 21 世纪之后,这种情况发生了很大的变化,随着迅速的经济增长,中国的产业结构也在提升。2013 年,我国的三次产业增加值结构已经提升到 10.0∶43.9∶46.1,第三产业占比首次超过第二产业。从就业结构的发展上看,第三产业的就业占比已经超过了第一产业(见表 3.7),第二产业也会在 2015 年前后超过第一产业(见图 3.1 和图 3.6),这样,在 2015 年前后,我们就会达到配第—克拉克定理所说的以第三产业占最大比例、第二产业次之、第一产业的比重为最小的现代经济就业结构。这也就是说,从三次产业占比的排列顺序上看,我国目前所处的发展阶段和日本 1965 年前后高增长阶段的情况相类似,在这种结构形成之后,第二产业以及整个国民经济会保持五年左右较快的发展,就业占比可能还会有所提升。但在五至十年之后(日本是在 1970 年),第二产业

表 3.7 1978—2012 年中国就业和增加值产业结构

年份	就业构成(合计=100)			增加值构成(合计=100)		
	第一产业	第二产业	第三产业	第一产业	第二产业	第三产业
1978	70.5	17.3	12.2	28.2	47.9	23.9
1980	68.7	18.2	13.1	30.2	48.2	21.6
1985	62.4	20.8	16.8	28.4	42.9	28.7
1990	60.1	21.4	18.5	27.1	41.3	31.5
1995	52.2	23.0	24.8	20.0	47.2	32.9
2000	50.0	22.5	27.5	15.1	45.9	39.0
2001	50.0	22.3	27.7	14.4	45.2	40.5
2002	50.0	21.4	28.6	13.7	44.8	41.5
2003	49.1	21.6	29.3	12.8	46.0	41.2
2004	46.9	22.5	30.6	13.4	46.2	40.4
2005	44.8	23.8	31.4	12.1	47.4	40.5
2006	42.6	25.2	32.2	11.1	47.9	40.9
2007	40.8	26.8	32.4	10.8	47.3	41.9
2008	39.6	27.2	33.2	10.7	47.4	41.8
2009	38.1	27.8	34.1	10.3	46.2	43.4
2010	36.7	28.7	34.6	10.1	46.7	43.2
2011	34.8	29.5	35.7	10.0	46.6	43.4
2012	33.6	30.3	36.1	10.1	45.3	44.6

资料来源:《中国统计年鉴(2013)》。

的就业占比就会开始下降。在第二产业增加值占比方面,中国在2006年达到最高点(47.9%)之后,已经开始逐渐回落,这一趋势很有可能长期持续下去。从人均收入水平上看,如果没有特殊情况即中国从现在起能够保持7%以上的年均经济增长率,那么到2020年前后,按世界银行的标准,中国就会进入高收入国家的行列,经济总量有可能超过美国成为世界第一。这一时期将会是中国产业结构发展的一个转折期,即经济增长的主导产业将会由为第二产业向第三产业发展转变。而到了2020年以后,第三产业将会成为经济增长的主导产业。从那时起,中国的经济增长将有可能进一步放缓(年均经济增长率再下降1—2个百分点,到6%左右),进入中速增长阶段。第二产业的就业比重和增加值比重都会递减,而第三产业则会稳步提升。这种产业结构升级还会持续很多年,由此推动经济增长,直到中国的产业结构升级达到发达国家的水平,即达到和现在的美国、日本类似的就业结构和增加值结构,中国的经济增长才会转入低速增长阶段(或平稳增长阶段)。

四、对新时期经济增长和就业的分析

随着工业化进程的推进(开始形成现代化国家的产业结构和就业结构)并成为上中等收入水平国家,我国将更加重视经济增长的质量提升而不是数量的扩张,而从社会发展、能源和环境的可持续发展以及国际环境等方面的要求看,经过长达30多年的10%左右高速经济增长,客观上也有适度放缓经济增长的要求。

党的十八大上提出了在2020年全面建成小康社会的宏伟目标,而在全面小康的整体框架下的经济增长目标,是GDP在2010年的基础上再翻一番,也就是说,实现7.2%的年均GDP增长率,但是在2011年、2012年和2013年,我国的经济增长率分别为9.3%、7.7%和7.7%,均高于预期的年均经济增长,所以在未来的7年里,如果要实现10年再翻一番的目标,只要达到年均6.73%的GDP增长就已经足够。和世界各国相比,这仍然属于高增长。就是和近些年来实现了加速增长的新兴发展中国家(如印度)相比,这一增长率也不低。因此,在未来的几年里,即使我们各年的经济增长率比过去30多年的年均增长率(10%左右)降低3个百分点甚至更多一点,实现十八大提出的经济增长目标仍然是有把握的。

长期以来,由政府推动的高增长一直是我国经济发展中的首要目标,这在客观上积极地推动了我国的现代化进程,使中国真正成为世界上有经济影响力的举足轻重的大国。但是在另外一方面,过快的以规模扩张为目标的经济增长也造成了结构失衡、产能闲置甚至浪费、无效生产、能源和环境的发展不可持续等一系列问题,如果各级政府现在还不能认识到这些问题的严重性,仍然"以GDP论英雄",后果就可能非常严重。因此,我们没有必要再像过去那样,总是"超额完成"经济增长目标,而是在这一适合我国现阶段经济要求的经济增长目标的框架下,不断改善和解决经济发展中的各种矛盾。现在的问题是,中国在过去 10 多年中(尤其是 2003—2011 年中),一直保持着 10% 左右的高速经济增长,如果速度回落得太快,在高增长时期迅速发展起来的行业和企业就有可能因为产业链和资金链的断裂问题出现经营困难,但如果仍然要保持原先的那种增长率,又可能因为经济发展中不断加剧的各种失衡加剧整个国民经济的风险。因此,经济增长率的放缓必须通过一个渐进的过程来逐步实现。为此,国家才提出要发挥市场经济的决定性作用,通过深化改革来实现经济发展方式的转变,这有利于经济实现平稳转型,是当前我国经济发展中的正确选择。

在发达市场经济国家,经济增长的主要任务是改善就业,这也是凯恩斯当年撰写《就业、利息和货币通论》时讨论的主要是如何刺激经济增长但却以就业为题的主要原因[1]。对改革开放初期的中国来说,经济增长除了满足就业的需求之外,还有摆脱贫困、赶超世界水平的意义,但随着经济发展水平的不断提高,尤其是随着我国进入工业化进程的中后期,由上中等收入水平向高收入水平发展,经济增长和就业的关系就越来越密切。中国现阶段的改善就业不仅推动着城镇化进程,同时也改善着收入分配和人民生活,并反过来促进经济增长。在这种情况下,经济增长不能太低,过低了就会影响充分就业,但经济增长也不能太高,过高就会影响我们实现经济结构调整(主要是需求结构优化和产业结构的升级)和实现经济发展方式的转变。综合地看,在 2020 年以前 6—7% 的经济增长率是适宜的。

(一)总量需求和供给

首先是从总量上看,放缓的经济增长有可能导致对非农业劳动力的需求减少,但现阶段的劳动力总供给也在减少。按照 2003—2012 年我国在加速工业化进程中反映出来的经济增长和非农就业的关系,GDP 每增长 10 个百分点,非农业就业约增加 1 500 万人(包括城市净增和第一产业转移而来的劳动力),那么 GDP 每增长 1 个百分点,能够吸纳的非农业就业约在 150 万人。而按照 1990—2012 年长期发展中的关系看,GDP 每增长 1 个百分点能够吸纳的非农业就业约在 110 万人。而在未来的五年中,经济增长对就业的带动作用,应该在两者之间。因此,如果中国的年均增长率下调 2 个百分点即为 8% 时,在其他条件不变的情况下,每年的非农业就业的吸纳能力将会回落到 880 万—1 200 万人,均值大约在 1 000 万人。也就是说,GDP 每增长一个百分点,所增加的就业大约在 125 万人。

这种减少的就业需求,其实在一定程度上也反映了我国当前劳动力供给变化的要求。图 3.3 显示了我国自 20 世纪 90 年代以来经济活动人口及就业总人数的

---

[1] 约翰·梅纳德·凯恩斯:《就业、利息和货币通论》,高鸿业译,商务印书馆,1999。

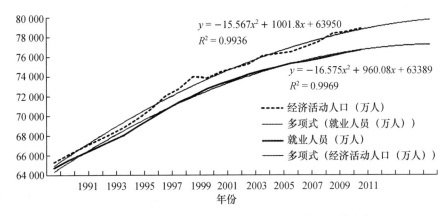

图 3.3　1990—2010 年经济活动人口和就业人数趋势变化

变化以及对就业人数长期趋势的外推,可以看到,对就业总人数所拟合的趋势线拟合优度很好(可决系数大于 0.99)。这条曲线的一阶导数大于 0,为单调递增的,二阶导数也大于 0,是上凸的,说明递增的幅度是递减的。从长期发展趋势上看,由于人口自然增长率降低、年龄结构的变化等原因,我国的劳动力总供给(全部就业)从 2010 年前后开始转入平缓。从外推的趋势看,大约在 2014 年我国的就业总人数达到 7.7 亿人之后,就会稳定下来,每年只会有很少的增长。而在 2012 年,我国的就业总人数已经达到了 7.67 亿人,至 2013 和 2014 年这两年每年能够增加的新增就业人数也就是 160 万人左右(包括了第一产业的新增就业)。到了 2014 年以后,每年能够提供的新增劳动力还会逐年递减,到了 2016 年以后每年新增的劳动力可能减少到 100 万人以下,2018 年以后甚至还有可能出现就业总人数绝对减少的现象。在这种情况下,如果每年增加的非农产业劳动力数量保持不变,那么第一产业转移劳动力在第二、三产业新增劳动力中的比重就会越来越大(2003—2010 年平均为 75% 左右)。虽然在我国的城市中也存在着进入劳动年龄的经济活动人口的就业问题,但随着人口老龄化的趋势,又有大批工作岗位空出来需要填补,所以城市就业的问题主要是行业和岗位之间如何安排的问题,在总量上已经不会明显增加。经济增长中的新增劳动力供给将主要依赖于第一产业劳动力的转化,大约在 2016 年前后,新增非农产业劳动力很有可能全部由农业(第一产业)转移而来的劳动力来供给。2012 年我国第一产业劳动力总数为 2.57 亿人,占当年我国就业人数的比重为 33.6%,而提供的增加值占比只有 10%,显然还有继续转移的空间。如果每年的新增非农业就业全部由第一产业转移而来,那么按照 1990—2012 年第一产业转移劳动力的长期供给趋势,这一部分数量的平均数大约为 825 万人(= 1 100 万 * 75%),也就是说,由于经济增长长期趋势发生了变化使非农产业的劳动力需求下降的同时，新增劳动力的供给主要是城市新增劳动力的供给也在降低，从而非农产业新增劳动力必须主要通过农村剩余劳动力的转移来实现。

因此，如果其他条件不变，经济增长率回落2%，我国劳动力的需求和供给在未来五年里应该是大致平衡的，年均供给（825万人）甚至还略小于年均需求（1 000万人）。如果由供给来确定需求，按GDP每增长一个百分点吸纳125万人的中长期关系推算，那么只要实现了6.6%的GDP增长，就业的供给和需求之间就能实现基本平衡。当然，各个年份的人数可能会有所波动，从趋势上看将会逐渐递减。所以其他条件不变，仅仅从劳动力供给来决定增长，那么经济增长率应该也是递减的。如果要保持8%左右的经济增长率，那就需要改变劳动投入和经济增长之间的关系，通过提高劳动生产率来解决劳动力的相对短缺矛盾。

从图3.3中还可以看到，1990—2012年，我国的经济活动人口和就业人口之间的差距是不断扩大的，也就是说，虽然劳动力的供给紧张，但整体的失业率呈逐渐上升趋势，从1990年的1%达到2012年的3%左右。表面上看起来这个数值好像不高，但是在实际上，由于农业部门或第一产业不便统计失业，经济活动人口和就业人口之间的差别就是非农产业的失业。那么，在就业人口和经济活动人口中分别扣除第一产业就业人数再进行对比，得到的就是非农产业的失业率了。按照这一口径，我国的整体失业率已经从1990年的2.2%上升到2012年的4.2%，接近翻了一番。虽然和国际公认的失业警戒水平（7%）还有较大的距离，仍属于正常的岗位和行业性失业，但逐渐提高的失业率还是值得我们重视。

（二）经济增长和就业的结构分析

在改革开放30多年来我国的高速增长中第二产业发挥着主导作用。2003年我国经济进入新一轮增长周期之后，这一特征更加明显。而在第二产业中，工业部门（主要是制造业和采掘业）的增长率最受重视，统计部门每个月都公布工业增加值的变化情况，作为我们对经济形势判断的重要依据。这种由第二产业尤其是工业部门带动的高速经济增长反映出我国改革开放后的发展，带有鲜明的工业化特征。在一个长时期里（尤其是由低收入国家向中等、上中等收入国家过渡时）优先发展制造业以及整个第二产业，即由工业化带动现代化，是我国经济发展进程中的正确选择。

一是因为我们的起点较低，可以借鉴世界各国的先进科技和成功经验，承接发达国家的产业转移，通过自己的比较优势优先发展制造业及整个第二产业，从而实现经济规模的迅速扩张。二是需求拉动强劲，无论是消费升级（从耐用消费品到住宅购买）还是基础设施建设和生产性投资或是出口需求，改革开放以来总体而言都是非常强劲的。而这些方面都需要第二产业（采掘业、制造业、建筑业、公用事业)来提供支持。三是从劳动生产率上看,第二产业最具有发展优势的。如果把增加值与就业人数相比计算劳动生产率,1990年第二产业的劳动生产率(5 570元)为第一产业的4.28倍,为第三产业的1.13倍;到了2003年,第二产业的劳动生产率(39 201)与第一产业及第三产业之比扩大到8.17和1.57倍,这种加大的差距势必导致更多的资金流向第二产业,推动第二产业的加速增长。但随着生产要素向这一部门集中度的进一步提高,它的超额利润有可能逐步减少,这样到了2012年,第二产业的劳动生产率(101 184元)已经回落到第一产业的4.97倍,第三产业的1.21倍,尽管已经明显低于2003年产业间的差距,但仍然高于1990年。20世纪末和21世纪初,是我国产品创新和制度创新最活跃的时期,很多企业通过引进资金和先进技术发展新产品(如发展高科技产品)或进入新的发展领域(如从事和房地产开发和基础设施建设相关的行业如钢铁、水泥等制造行业和建筑业),都获得了超额利润,并由此形成示范效应让更多的资本进入相关的行业。虽然这会导致超额利润的逐渐减少甚至消失,从而使某些行业的相对优势逐渐减弱,甚至形成过剩的产能。但产品升级又会带来新的热点和新的示范效应。四是地方政府的支持。和第三产业相比,第二产业具有分工更细和产业链更长的特点。第三产业是服务部门,必须贴近用户,无论是现代通信和交通甚至金融这样的高端第三产业,还是旅游、餐饮、批发零售这些传统的第三产业,如果没有用户需求,那就很难进一步扩张。但第二产业则不同,它的产品是可以跨行业、跨地区甚至是跨国家流动的,具有更大的发展空间。这就使得很多地方政府把招商引资和促进制造业的发展作为促进当地经济增长的最重要手段。实际上,第二产业的这种发展在带来地方发展机遇的同时,也在增加地方经济活动的风险和盲目性。因此每当出现经济调整时,第二产业总是受冲击最大的部门。但地方政府出于政绩的需要,往往更加注重眼前利益。这个客观上也推动了第二产业的发展。这一切都说明,第二产业的优先发展是具有现实基础的。但这种发展格局不可能永远保持下去,到了经济发展的一定阶段,产业发展不再具有原来的需求拉动(投资、出口和消费)和供给支持(资源、资本、劳动、技术等生产要素和其他产业的配合),这种情况就有可能发生改变。

(三)对三次产业的发展趋势的分析

图3.4反映的1990—2013年我国三大产业增加值占GDP的比重的发展趋势。从图中可以看出,尽管第二产业的增长率一直领先于其他产业,但是从比重上看,它却是相当稳定的,而近些年来(从2006年开始)则表现出稳步下降的趋势;第一产业的比重从长期看呈不断下降趋势,但近几年来已经开始稳定(从2009年到2013年都是略高于10%);而第三产业则表现出稳步上升的趋势。

为什么第二产业的增长长期领先于第三产业但它的份额却在下降呢?这是

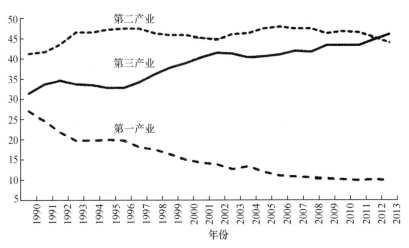

图 3.4　1990—2013 年中国三大产业增加值占比变动情况

因为结构关系的变化是按照现行价格而不是可比价格计算的,所以增加值结构的变化,除了受各产业增长率的影响外,还受价格因素的影响。而价格受供求关系的影响,一般地说,越是短缺的产品价格上涨的幅度也就越大,越是过剩的产品上涨的幅度也就越小甚至可能是下降的。而从价格上看,三次产业的一般价格水平的上涨和它们的实际增长相比,恰恰是相反的(见图 3.5)。第一产业上涨得最快,第三产业次之,而第二产业最慢。自 2009 年以来,第一产业的增长率都是略高于 4%,低于 GDP 年均增长率 5% 左右,但是它的比重却一直保持在 10% 以上,这其中的原因,就在于它的一般价格水平的上涨抵消了其较慢的增长率对其占比的影响。如果用各次产业的名义增长与实际增长之比反映各个产业的一般价格水平的变动(即隐含的增加值价格指数),2003—2013 年,整个国民经济(GDP)的年均价格上涨幅度为 4.52%,第一产业为 7.09%,第二产业为 3.46%,第三产业为 5.09%。第三产业与整个国民经济的平均水平最为接近。这种价格变动关系说明了现阶段我国各大产业供需情况,这就是第一产业的供需是相对紧缺的,第二产业的供需是相对过剩的,而第三产业的供需则是适中的。这也说明了为什么第三产业在增长率长期略低于第二产业的情况下,增加值占比的增加速度却明显高于第二产业。在劳动就业同样增长的情况下,第二产业与第三产业劳动生产率之间的差别就会不断缩小。

从产业结构提升的程度看,我国的工业化进程已经进入中后期。无论从各国经济增长中反映出来的一般规律来看,还是从中近期的供需关系来看,我国的第二产业都将进入一个放缓发展的阶段,实际的经济增长也反映了这种情况,近两年我国第二产业的实际增长率已经开始低于第三产业,2012 年分别为 7.9% 和

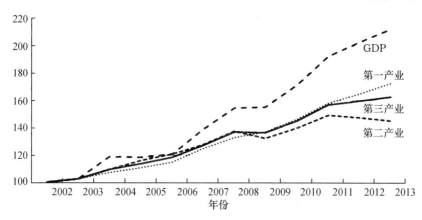

图 3.5 2002—2013 年中国三次产业价格上涨情况(2002=100)

8.1%,2013 年为 7.8% 和 8.3%。从未来的发展趋势看,这种格局将会继续保持而且差距会进一步扩大。

这种新格局的形成,受多重因素的影响。一是从发展阶段上看,为了实现和保持高速增长,在很长一段时间里,基础设施的建设是我国经济建设的重点,如机场、港口、公路、铁路以及城市建设,这些建设产生的需求必然促进制造业和建筑业也就是第二产业的大发展,而这些建设完成之后将长期地发挥作用,所创造的价值则更多的是属于第三产业;二是分工和专业化的发展,在经济发展初期,由于缺乏配套产业和行业,我们更多地倾向于建设相对封闭的现代企业来带动经济发展,很多生产活动都在一个地区甚至是一个企业中完成,而随着经济的发展,分工和专业化的水平不断提高,很多由企业进行的生产活动将会由提供专业服务的第三产业部门或企业进行。经济发展水平越高,专业化服务就会越发达,第三产业也会迅速发展起来。三是随着经济发展水平的提高,居民生活的社会化程度将会越来越高,带动第三产业的发展。四是在第三产业部门中,很多行业的增加值是以劳动报酬来计算的(如政府部门、教育、科学、文化、医疗等行业中的非营利机构等),这些行业的发展以及就业者收入水平的提高也会成为影响第三产业发展的重要因素。因此,应该认识到我国经济增长中的主导产业已经开始发生变化。在这种变化中,第二产业的增长率开始回落,并影响到经济增长的整个格局,使长期自然经济增长率放缓。因此,我国当前经济增长率的放缓,既是经济增长发展到一定阶段,经济发展水平到达一定高度的表现,也是产业结构发生深刻变化,从而对经济增长方式提出的新的要求。我们确定经济增长目标应该适应这种发展潮流。

通过以上分析可以得出的分析结论是,如果在未来的 5—10 年里中国经济的年均增长率放缓2—3个百分点即在7%—8%,那么各个产业的回落速度应该是不一样的,第一产业应该仍然能够保持改革开放以来的长期增长率,仍然是4%—5%;第二产业的年均增长率应该和GDP大致相仿,也在7%—8%,比2003—2010年年均11%左右的增长率回落3—4个百分点;第三产业的年均增长率应该略高于第二产业,在8%—9%,回落2—3个百分点。而在价格总水平的涨幅上,第二产业和第三产业之间的差距将会缩小,和整个国民经济(GDP)的一般价格水平的上涨相仿,而第一产业价格总水平的涨幅仍然会较大,大约高出整个国民经济平均水平的50%。在这样的情况下,第一产业增加值所占比重还会继续下降,但每年的下降幅度不会很大,2020年处于6%—8%的水平;而第二产业的比重每年将会下降1个百分点左右,2020年在35%—40%的水平,而第三产业对应地每年提高1个百分点,在50%—60%的水平。

如果不考虑其他因素(如技术进步因素),按照2003—2012年年均增长率和就业人数的关系看,第二产业每增长一个百分点所安排的就业大约是60万人,而第三产业每增长一个百分点所安排的就业为50万人,那么当第二产业和第三产业的增长率分别放缓至8%和9%时,每年所需要的就业大约是400万人和450万人,总数大约是950万人,和前面利用总量模型所得到的估计值1 000万人相差50万人,也在(880,1 200)的数量区间中。在供给方,由于农业部门向外转移劳动力的条件是类似的,所以得到的劳动力的需求可能略大于供给的结论同样是成立的。

(四) 产业结构变化对就业结构影响的进一步分析

在上面的分析中,我们利用了2003—2010年经济增长和就业之间的数量关系来推断未来的就业趋势,但在实际上由于我国的经济发展已经开始进入一个新的发展阶段(产业结构的现代化、人均收入水平由上中等收入向高收入阶段发展、经济增长方式的转变),第二产业技术密集程度和资本密集程度的提高必然带来劳动生产率的提高,从而在增长中所需要的劳动投入还会进一步递减。日本在高速经济增长过程中,第二产业劳动力占比最高曾达到34.1%,而我国目前的第二产业劳动力占比已经达到了30.3%(见表3.7),从发展趋势上看这一比重还在继续增加,有可能在2020年以前达到33%即三分之一左右,但再继续提高就没有什么空间了。之所以做出这种判断,首先是我国第二产业的增加值比重已经开始回落,其次是从各国的发展经验看,第一产业能达到三分之一以上是少见的,因为第二产业就其本身的性质来看就是用机器来代替劳动,科技和经济的发展水平越高,对劳动力的相对需求也就越小。中国在高速增长过程中,由于城乡二元化结构等原因,劳动的成本相对较低,带动了一部分劳动密集型产业尤其是出口导向的劳动密集型制造企业的发展,并确实替代了一部分资本的投入,但由于资本投入和技术进步所获得的产出从发展趋势上看是高于劳动投入的,这一部分劳动密集型生产大部分还是会被技术密集和资本密集型生产所替代。我国第二产业就业的增长将会随着产业增长率的放缓、在经济活动中所占的比重降低以及单位劳动投入在第二产业中的边际产出和平均产出的不断下降而放缓,而在2020年前后会开始转为下降。在由上中等收入向高收入国家的发展中,中国将实现由低生产要素成本的发展优势向科技、体制、创新优势的转化,也就是实现经济增长和发展方式的转变。因此,中国也会在产业结构的提升方面走世界各国的共同道路。

在这一发展下,如果我们仍然把第一产业的发展目标定为4%—5%;第二产业的年均增长率为8%左右,第三产业的年均增长率在9%左右,GDP年均增长率为8%。如果2020年第二产业的就业人数不再增加,再以2011—2012年的增量(700万人左右)为起点,每年减少79万人左右,而第三产业仍然保持每年450万人的发展,我们就可以得到表3.8中的预测数据。

表3.8 对2013—2020年三大产业就业趋势的预测　　　　单位:万人

	第一产业	第二产业	第三产业	合计
2013	24 949	23 794	28 140	76 883
2014	24 174	24 267	28 590	77 031
2015	23 444	24 662	29 040	77 146
2016	22 760	24 977	29 490	77 227
2017	22 122	25 214	29 940	77 276
2018	21 529	25 372	30 390	77 291
2019	20 982	25 451	30 840	77 273
2020	20 481	25 451	31 290	77 222
2020年就业人数占比(%)	26.5	33.0	40.5	100

注:就业总人数由图3.3中就业模型推测。

从表3.8中可以看到,如果中国的就业按照这一目标发展,那么到了2020年,我国的第一产业就业就可以下降到2亿人左右,第二产业就业大约在2.5亿人左右,第三产业的就业达到3亿人以上,就业结构为26.5∶33.0∶40.5。如果那时候的增加值结构大约在7∶40∶53,那么和表3.3相比就会发现,我们的产业结构高度已经达到了日本1970年前后的水平。而日本在1970年前后,已经属于世界上经济较为发达的国家。在此之后,日本又用了很长的时期,实现经济增长和结构升级,才达到今天的经济发展水平和产业结构高度。从这个意义上看,即使中国在2020年成为高收入国家,但至少从经济结构上看,和发达国家之间还存在着相当大的差距,还需要继续实现经济增长和结构升级。

和发达国家相比,26.5%的第一产业占比仍然很高(发达国家至少在10%以下),和前面提出的增加值结构目标(6%—8%)相比也高出了近20个百分点,但这是符合中国现阶段经济发展实际的。2012年,中国的第一产业劳动力为2.57亿人,如果下降到2亿人左右,每年平均要转移出700万人左右。这个数值要低于前面总量分析时所估计的供给值825万人。但是在总量分析时,我们还没有对农业本身对劳动力的需求进行讨论,实际上是假设农业劳动力的供给是无限的。而从现实的情况看,虽然中国现阶段农业劳动力的对外转移仍然进行得很快,但是随着非农产业对简单劳动所支付的报酬(因为受教育水平等方面的限制,农业转移而来的劳动力所能从事的非农产业活动是有限的)和农村一般收入之间的差距的减少,农业劳动力对外转移的意愿也在降低,从而降低农业对外转移劳动力的供给。而从现代经济对劳动力的需求而言,对于劳动力素质的要求也是在不断提高的。这又产生非农产业对农业劳动力对外转移的需求。分析表明,中国现在正在或已经进入"刘易斯第一拐点"[①]即农业可对外转移的劳动力已经由无限变为有限,对农业部门转移而来的劳动力的使用成本正在迅速上升,这就必然改变原有的供需关系,从而使农业转移劳动力的需求和供给都会逐步降低。因此,前面所提出的第二产业劳动力增长将逐渐放慢的目标,不仅反映了中国的实际情况,也是各国在工业化进程中所反映出的共同规律。还应该看到的是,工业化进程中第二产业对于劳动力需求依赖性的减少,是建立在劳动生产率提高尤其是技术进步的基础上的。如果没有技术进步,只是通过增加投资和增加劳动来扩大生产规模,那么在上述的劳动力供给情况下,中国就只能在经济增长率上做出牺牲。如果每年的劳动力供给只有700万人,而在经济增长和就业关系不变的情况下需要的劳动力是950万人,那么在劳动力不足的情况下,我们就只能实现6%左右的经济增长。这也进一步说明了在我国未来的经济增长中通过技术进步实现经济增长方式转变的必要性。从图3.6中各个曲线的斜率变化可以观察到,按照这种目标实现的劳动力增长,在2015年前后,第二产业的劳动力就会转入平缓,第一产业劳动力的转移速度会有所放慢,但仍然保持下降的态势,而第三产业则将仍然保持以往的发展趋势,从而趋向形成比较合理的劳动力结构。

[①] 刘伟主编《中国经济增长报告2013》第五章"对中国'刘易斯转折'阶段进程的判断及对劳动力成本上升效应的研究",北京大学出版社,2013。

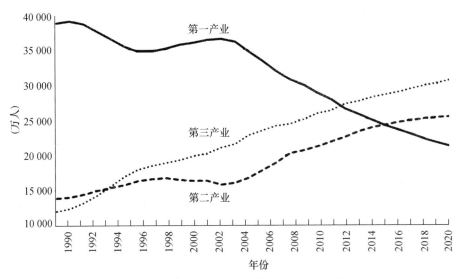

图 3.6　1990—2020 年三大产业就业人数发展长期趋势

五、结论

本节对改革开放以来,重点是进入 21 世纪以来,产业结构的演进对经济增长和就业的影响进行了定量的实证研究,得到了以下观察事实和分析结论:

(1) 改革开放以来,第二产业始终是我国经济增长中的主导行业,在 2003 年以后的加速工业化进程中,这种现象表现得更为突出,不仅增长率高,带动了其他产业的发展,而且为改善就业尤其是农业剩余劳动力向非农产业的转移做出了重要贡献。这一时期是我国非农业就业增加最快的时期,而在非农业就业中,第二产业的贡献大于第三产业。

(2) 随着我国的工业化进程进入中后期并成为上中等收入国家,经济增长中的主导产业在发生改变。2013 年,我国的第三产业增加值在 GDP 中的占比首次超过第二产业,形成第三产业最大、第二产业次之、第一产业最小的现代经济产业结构。从发展趋势看,在 2015 年前后,随着第二产业就业超过第一产业,在就业结构上也会呈现这样的格局。中国正处于一个产业结构的升级和转换时期。这种转换可能使我国经济增长中的主导产业由第二产业转变为第三产业,并对我国经济增长和就业发生一系列深刻影响。

(3) 2010 年前后,我国的制造业和第二产业的规模已经超过美国居世界第一,但仍然保持着较快的增长和对新增劳动力较大的需求,但从发展趋势上看,由于需求、规模、能源环境及生产要素等方面条件的制约,第二产业的发展正在放缓;与之相对应,我国的第三产业的发展仍然保持着持续的增长,具有更大的潜力,正在替代第二产业成为中国经济增长中的主导产业。

（4）通过国际比较可以看出，这种产业结构的演进和升级不仅是现阶段中国经济增长的要求，而且是市场经济下世界各国经济增长的共同特征和规律。通过和日本高速经济增长中增加值结构和就业结构的比较，我国目前的产业结构的演进大约和日本20世纪60年代后期的情况相似，正好是实现由上中等收入国家向高收入国家发展的阶段。随着经济发展水平的提高和产业结构的演进，中国的自然经济增长率会出现放缓，对我国的就业格局也会发生影响。

（5）由于人口自然增长率降低、人口年龄结构变化等原因，我国劳动力总供给的增长在2014年前后会明显减缓并有可能在此之后进一步发展为负增长。经济增长中的劳动力供需变化主要体现为就业结构的变化，即非农产业就业的增加和第一产业就业的减少。在长期经济增长率放缓的背景下，虽然非农产业对新增劳动力的需求在减少，但第一产业部门能够转移出来的劳动力供给减少得更多，由此形成劳动力供需在新的条件下的失衡。通过总量和结构分析，我们得出的结论是，在6%—7%的经济增长下，劳动力的供需之间可以达到均衡。

（6）本节根据2020年全面建成小康社会的整体增长目标（年均增长7%左右），对三大产业的增长目标、就业目标进行了定量研究。指出，随着我国的经济发展水平的提高和产业结构的演进，我国在经济增长中将会反映出新的结构特征。如果在未来的5—10年里中国经济的年均增长率放缓2—3个百分点即保持在7%—8%，那么各个产业的放缓程度应该是不一样的，第一产业应该仍然能够保持改革开放以来的长期增长率，仍然是4%—5%；第二产业的年均增长率应该和GDP大致相仿，也在7%—8%，比2003—2010年年均11%左右的增长率回落3—4个百分点；第三产业的年均增长率应该略高于第二产业，在8%—9%，回落2—3个百分点。在三大产业的就业中，第一产业就业将逐渐减少，2020年前后将减少到2亿人左右，占我国就业总人数的比重（7.7亿人左右）25%左右；第二产业的就业仍然将保持增长，但每年的增长量可能是递减的，2020年前后在占比达到33%即三分之一左右时即不再增长，以后还有可能出现递减；而第三产业则会保持稳定的增长，2020年达到40%以上。

第三节 从最终需求看经济增长

一、21世纪以来我国国民收入最终使用的增长及结构变化

生产领域的活动是为最终需求即国民收入的最终使用而服务的。在上一节中，我们研究了三大产业发展的趋势及规律，而这种趋势和规律是由在不同的经济发展水平上国内外对生产活动的需求所造成的。表3.9是根据《中国统计年鉴》中公布的投入产出基本流量表（最终使用部分）所整理的2002—2010年国民经济各个行业与最终需求之间的比较。在我国目前的政府统计实践中，每隔五年

编制一次投入产出表。由于投入产出表反映的是各个部门和各种产品之间相对稳定的经济技术关系,五年的间隔已经足以用于研究国民经济行业的中长期趋势。在这五年中间,还会根据 GDP 等数据的变化情况发布一个中间表,2010 年的投入产出表就是这样一个中间表,表 3.9(1)列出的是根据三次产业分类的 2010 年投入产出表。和普通的国民经济核算或 GDP 核算数据相比,投入产出表的数据更加细致,不但提供了各个行业的细分类,而且反映了由初次投入、中间投入到总产出的过程。在表 3.9(2)中,我们分别根据 2002 年和 2010 年的投入产出表列出了这两个年份国民经济行业所提供的最终需求。在表 3.9(2)中可以看到,国民经济部门(或行业)的分类被细化了,如第二产业中的采矿业、电力、热力及水的生产和供应业、制造业、建筑业被分开了,制造业本身还被具体细化成很多细部门。在指标部分,一共列出了四个大的指标,即最终使用(国民经济的最终需求,具体还可以分为最终消费、资本形成和出口)、进口、其他和总产出,在统计上把在一定时期内发生的经济活动的结果称为流量。这个表只是投入产出表的一个部分,国民经济活动中的中间消耗部分没有反映进来。如果把一个国民经济部门的产品用于中间消耗的部分计为"中间消耗",那么它和总产出之间的数量关系为:

$$中间消耗 + 最终使用 - 进口 + 其他 = 总产出$$

这里的"其他"项,是由于用不同的方法(生产法、支出法等)来核算各个经济总量和流量时所出现的统计误差,属于技术调整,没有经济意义,在总产出中一般只占很小的比例。我们要通过这些流量,分析各个国民经济部门的各种流量的变化趋势。

表 3.9(1)　2010 年按三次产业分类的投入产出表　　单位:亿元

	第一产业	第二产业	第三产业	中间使用合计	最终消费支出	资本形成总额	出口	进口	其他	总产出
第一产业	9 220	40 460	4 233	53 913	12 668	3 781	845	4 103	2 217	69 320
第二产业	15 087	550 507	72 024	637 618	62 994	174 737	93 840	90 069	-2 092	877 029
第三产业	4 479	91 652	61 335	157 465	121 025	15 086	17 226	7 343	2 838	306 296
中间投入合计	28 786	682 618	137 592	848 996	196 686	193 604	111 911	101 515	2 963	1 252 645
劳动者报酬	38 563	76 623	75 823	191 009						
生产税净额	78	39 592	20 241	59 911						
固定资产折旧	1 892	25 544	27 855	55 292						
营业盈余	0	52 652	44 786	97 437						
增加值合计	40 534	194 411	168 705	403 649						
总投入	69 320	877 029	306 296	1 252 645						

资料来源:根据《中国统计年鉴(2013)》中投入产出表资料整理。

表 3.9(2)　2002—2010 年中国投入产出最终需求流量变化分析

产出	最终使用				进口	其他	总产出
	最终消费支出	资本形成总额	出口	最终使用合计			
2010 年流量(亿元)							
	(1)	(2)	(3)	(4)	(5)	(6)	(7)
中间投入合计	196 686	193 604	111 911	502 201	101 515	2 963	1 252 645
农、林、牧、渔业	12 668	3 781	845	17 294	4 103	2 217	69 320
采矿业	137	1 019	534	1 690	17 581	-1 844	48 639
食品、饮料制造及烟草制品业	27 881	1 260	2 208	31 349	2 426	2 555	67 432
纺织、服装及皮革产品制造业	8 797	695	14 786	24 278	1 723	632	56 772
其他制造业	3 898	3 448	6 687	14 034	5 052	-195	49 495
电力、热力及水的生产和供应业	4 656	15	79	4 750	19	-1 585	47 731
炼焦、燃气及石油加工业	1 373	-39	817	2 151	2 084	-1 342	30 149
化学工业	3 346	1 165	9 442	13 953	11 882	-1 319	93 251
非金属矿物制品业	310	434	1 902	2 645	575	-1 355	40 064
金属产品制造业	486	1 647	7 110	9 244	5 845	-2 432	106 579
机械设备制造业	10 862	68 825	49 292	128 979	42 538	4 070	234 574
建筑业	1 248	96 268	981	98 498	343	725	102 343
运输邮电业	8 786	3 773	4 447	17 006	2 003	-1 334	66 134
批发零售贸易、住宿和餐饮业	16 473	2 896	7 444	26 814	755	1 460	64 694
房地产业、租赁和商务服务业	18 312	7 464	4 288	30 064	2 493	1 793	51 895
金融业	6 201	0	207	6 408	215	1 080	32 287
其他服务业	71 254	953	840	73 046	1 877	-162	91 286
2002 年流量(亿元)							
	(1)	(2)	(3)	(4)	(5)	(6)	(7)
中间投入合计	71 691	45 565	30 944	148 201	26 943	601	313 431
农、林、牧、渔业	10 628	1 105	474	12 207	681	714	28 579
采矿业	285	192	448	926	1 669	469	10 317
食品、饮料制造及烟草制品业	7 174	270	894	8 337	527	538	14 481
纺织、服装及皮革产品制造业	3 231	13	5 495	8 739	1 630	376	15 635
其他制造业	1 327	402	2 080	3 810	888	209	13 892
电力、热力及水的生产和供应业	1 274	0	51	1 326	11	-265	8 478
炼焦、燃气及石油加工业	292	-35	263	520	521	155	6 448
化学工业	1 448	243	2 176	3 868	3 588	259	21 573
非金属矿物制品业	560	-147	418	831	198	-76	5 805
金属产品制造业	393	318	1 527	2 238	2 267	287	21 365
机械设备制造业	2 952	13 326	10 445	26 723	12 982	132	44 432
建筑业	0	27 275	105	27 380	80	-1 009	28 133
运输邮电业	2 077	240	1 452	3 769	292	209	14 606
批发零售贸易、住宿和餐饮业	6 269	1 093	2 888	10 250	4	-87	24 291
房地产业、租赁和商务服务业	5 596	1 143	1 004	7 743	772	171	17 331
金融业	1 480	0	22	1 502	276	-220	7 314
其他服务业	26 705	126	1 203	28 033	558	-1 261	30 751

（续表）

产出	最终使用				进口	其他	总产出
	最终消费支出	资本形成总额	出口	最终使用合计			
	2002—2010年年均增长率(%)						
	(1)	(2)	(3)	(4)	(5)	(6)	(7)
中间投入合计	13.4	19.8	17.4	16.5	18.0	22.1	18.9
农、林、牧、渔业	2.2	16.6	7.5	4.5	25.2	15.2	11.7
采矿业	-8.8	23.2	2.2	7.8	34.2	—	21.4
食品、饮料制造及烟草制品业	18.5	21.2	12.0	18.0	21.0	21.5	21.2
纺织、服装及皮革产品制造业	13.3	64.4	13.2	13.6	0.7	6.7	17.5
其他制造业	14.4	30.8	15.7	17.7	24.3	—	17.2
电力、热力及水的生产和供应业	17.6	—	5.7	17.3	6.8	25.1	24.1
炼焦、燃气及石油加工业	21.4	1.4	15.2	19.4	18.9	—	21.3
化学工业	11.0	21.6	20.1	17.4	16.1	—	20.1
非金属矿物制品业	-7.1	—	20.9	15.6	14.3	43.3	27.3
金属产品制造业	2.7	22.8	21.2	19.4	12.6	—	22.2
机械设备制造业	17.7	22.8	21.4	21.7	16.0	53.5	23.1
建筑业	—	17.1	32.2	17.4	20.0	—	17.5
运输邮电业	19.8	41.1	15.0	20.7	27.2	—	20.8
批发零售贸易、住宿和餐饮业	12.8	13.0	12.6	12.8	92.5	—	13.0
房地产业、租赁和商务服务业	16.0	26.4	19.9	18.5	15.8	34.1	14.7
金融业	19.6	—	32.3	19.9	-3.1	—	20.4
其他服务业	13.1	28.8	-4.4	12.7	16.4	-22.6	14.6

资料来源：根据《中国统计年鉴(2007)》(2002年投入产出表)和《中国统计年鉴(2013)》(2010年投入产出表)中有关数据整理及分析。

表3.9中的中间投入合计，指的是国民经济各个行业的合计数。严格地说在这里应该称为最终需求合计数，但考虑到这个表和其他投入产出流量表之间的关系，"统计年鉴"中把它们称为"中间投入合计"。根据对表中数据的分析，首先可以得出以下结论：

第一，由于国民收入最终使用的各个组成部分的增长情况不同，导致国民经济的最终需求结构发生了显著的变化。2002年，在我国的国民收入最终使用中，消费、投资和出口所占的比重分别为48.37%、30.74%和20.88%，2010年它们的比重则分别为39.16%、38.55%和22.28%，最终消费（包括居民最终消费和政府最终消费）所占的比重明显下降（近10%），投资的比重明显上升（近8%），而出口的比重则是略有提高（2%左右）。这种结构变动上的差别受两方面因素的影响，即各项使用的实际增长率和价格变动两方面的影响。由于我们引用的这两个投入产出表（2002年和2010年）是按照现行价格编制的，所以已经包含了这两方面的因素。虽然到了2010年,就最终使用的各个部分所占的比重的排序而言,仍然是消费、投资和出口,但是这些比重的数值发生了明显的变化,资本形成总额和最终消费支出的占比之间的差额,原来高达18%,而现在只有0.6%。在表3.10中可以看到,在新增的所有国民收入最终使用中,各个部分增量所占的比重分别为35.3%、41.8%和22.9%。这也就是说,在国民经济新增的最终产品中,最大的部分是用于投资的,这就导致了投资和消费在最终使用中的差距不断缩小。至于出口,虽然在2002—2007年期间有较快的增长,但是全球金融危机以后,它的增长明显放慢,所以它在最终需求中的占比只有少量的增加。但尽管如此,它的比重也是提高的,只有消费所占的比重在明显降低,从原先的48.4%下降到39.2%,下降了9%以上。

表3.10 2002和2010年中国三大最终需求占最终使用比重的变化

	最终消费支出	资本形成总额	出口	最终使用合计
2010年最终需求合计(亿元)	196 686	193 604	111 911	502 201
2010年各项目占比(%)	39.2	38.6	22.3	100
2002年最终需求合计(亿元)	71 691	45 565	30 944	148 201
2002年各项目占比(%)	48.4	30.7	20.9	100
2010比2002年增加(亿元)	124 995	148 039	80 967	354 000
各项目增量占比(%)	35.3	41.8	22.9	100

第二,这一期间整个国民经济的最终需求保持了高速增长,但由于不同部门增长率不同,导致了最终需求结构上的变化。表3.11重新列出了表3.9第三部分第1行的内容,从中可以看出,在最终需求的三大组成部分中,投资的增长率为最高,出口次之,消费最低。

表3.11 2002—2010年国民收入最终使用增长情况(按现行价格) 单位:%

	最终消费	资本形成	出口	最终使用合计
2002—2010年年均增长率	13.4	19.8	17.4	16.5

资料来源:表3.9第三部分第1行。

可以看到,"最终使用合计"的年均增长率为16.5%,这一年均增长率和GDP的年均增长率是相近的(以现价GDP计算得出的年均名义增长率是16.25%,这种数量差别的原因在于在最终使用合计中没有扣除进口,关于这一问题我们在后面还要继续展开讨论)。具体地看,投资和出口的年均增长率都高出平均水平,而消费则低于平均水平。从国内总需求来看,这一阶段我国的投资需求的增长明显地快于消费需求。这反映了我国21世纪以来加速的工业化进程对投资的依赖性是增加的,即通过增加积累和投资,推进工业化进程,由此实现由投资和出口拉动的高速增长。相比较而言,这一阶段的消费需求(包括居民需求和政府需求)由于收入预期、社会保障、消费潮流等多方面因素的影响,增长是滞后的。这其中的重要原因是在国民收入的分配和再分配中,政府、企业所占的比重在增加,而居民部门的收入在减少,而在居民部门内部,收入分配差距在扩大化①。而政府、企业和高收入人群,更加倾向于在每年的新增收入中把更多的部分转为投资,来获得更多的发展或取得更多的收益。而低收入居民的消费倾向是高的,但收入增加却相对缓慢,由此导致了在总需求中,投资的增长远远地快于消费。这里的原因,当然是和我国经济发展中的GDP导向有关,如果不是这样的话,那么收入分配就不会这样长期地不断地倾斜,从而使投资的部分不断扩张。从表面上看,不断增加的投资似乎是有利于未来的经济增长的,从而有可能在未来为居民和政府带来更多的消费,但是在实际上,由于投资脱离了现实的需求,很多投资都有可能转为闲置甚至是浪费的产能,从而造成无效的生产。这种收入分配以及形成的投资和消费关系的扭曲,既不公平,也不可能是有效率的。

在表3.9第三部分和表3.11中所计算的增长率都是以人民币计算的名义增

---

① 关于收入分配问题,在历年的《中国经济增长报告》中,我们已经做了反复、深入和全面的讨论:在《中国经济增长报告(以下简称报告)2004》和《报告2005》中,我们讨论了城乡差距对于中国收入分配格局的总体影响。指出无论是城镇收入分配差距还是农村收入分配差距,都在可以接受的范围内,但是如果把城乡居民收入放在一起计算收入分配差距,问题就非常严重,这深刻地说明中国的城乡二元化结构对于收入分配整体格局的影响。在《报告2006》中,我们通过对城乡居民消费以及享受的社会福利的比较说明了收入分配差距的扩大存在于现金收入中;《报告2007》的主题是和谐社会与可持续发展,我们花了专门的章节从理论上研究收入分配的公平命题与改革的合理性,指出和谐的本质在于公平和效率的同一性,那种认为提高效率就要牺牲公平的观点是错误的。在《报告2008》和《报告2009》中,我们通过对资金流量表的分析,指出在我国的国民可支配收入中,政府部门和企业部门所占的比重在不断增加,而居民部门所占的比重在不断地减少,而这种变化的背后体现的是政府的发展观以及不同的机构部门(institutional sectors,包括政府、金融机构、非金融企业部门、居民和民间非营利机构)之间的博弈,而政府、金融机构、企业在这种博弈中处于有利地位,因而导致它们在国民收入分配中所占的份额的提升。这种收入结构的变化必然反映到支出结构上去,从而对固定资产投资的增长有严重的影响。在《报告2010》中,我们对居民家庭按收入水平分组的资料进行了比较,得出的结论是收入水平越高的组别,收入水平增长得越快;反之越慢,得出了应该提高低收入水平组居民家庭收入的结论。在《报告2012》中,我们利用国家统计部门公布的居民家庭收入资料,对我国居民的收入分布进行全面的研究,对城市、乡村、城乡等一系列居民收入分配进行了描述和分析,并计算了它们的数量特征和相互间的影响。对于收入分配的现状以及它们对于中国经济增长、经济发展和社会发展的影响,我们已经进行了很多研究,结论也非常清楚。不仅是我们,这个领域中的其他同行们,在这一方面的研究也是非常深入的,可以说,这是一个研究最深入而又取得共识最多的领域,但是在实际部门中,这也是一个进展最慢的领域。以公务员的工资调整为例,如果大幅度地提高工资可能会引起较大反应的话,那么当物价大幅度上涨时,使公务员的收入跟上物价的涨幅应该还是合理的,但是现在连这一点都很难做到。近些年来,各级政府已经在这些方面做了一些工作,在《报告2010》中,低收入组居民家庭的收入增长已经开始有所改善。

长率。我们再根据其他相关的数据资料,来估计一下这三个领域中实际增长的情况。表 3.12 列出了这些年居民消费价格指数和固定资产投资指数,得到的年平均的价格增长率分别是 2.7% 和 3.1%,如果按照"名义指数 = 实际指数 × 价格指数"的关系,那么最终消费的实际增长大约为 113.4%/102.7% - 1 = 10.4%,资本形成的实际增长约为 119.8%/103.1% - 1 = 16.2%。

表 3.12　2003—2010 年居民消费价格指数和固定资产投资价格指数

年份	居民消费价格指数	固定资产投资价格指数
2003	101.2	102.2
2004	103.9	105.6
2005	101.8	101.6
2006	101.5	101.5
2007	104.8	103.9
2008	105.9	108.9
2009	99.3	97.6
2010	103.3	103.6
2002—2010 年均指数	102.7	103.1

资料来源:《中国统计年鉴(2013)》。

出口的情况还要复杂一点,因为我国的进出口数据主要来自海关数据,而海关数据和国民经济核算数据有两点重要不同,首先是海关数据由美元而不是人民币计价的,而国民经济核算或 GDP 中的进出口是用人民币计价的;第二是海关数据主要反映的是货物的进出口,而国民经济核算数据中反映的是货物和服务的进出口[1]。我们假设出口产品的价格变化是和国内产品同步的,即在 2.7% 和 3.1% 之间,取 2.9%,那么实际增长大约为 117.4%/102.9% - 1 = 14.1%。而用美元计算,这一时期我国货物的出口年均增长率是 21.8%。这也就是说,由于汇率提升、价格因素以及统计口径对出口的影响,达到了 7.7%。

从三方面的推算得到的实际增长看,消费、投资和出口分别是 10.4%、16.2% 和 14.1%,如果是这样的增长率,那么按照表 3.9 反映的最终需求构成,最终需求实际年均增长至少也在 13% 以上[2],至少高于由生产法 GDP 所得到的同期实际增长(10.93%)2 个百分点,这说明我国需求方的价格指数可能存在一定程度的低估。我国公布的消费者价格指数与固定资产投资指数,如果要和国民经济核算或

---

[1]　参看下一章对国际收支平衡表的研究。
[2]　如果按拉氏公式即按基期构成加权,总最终需求的年均增长率为 113.57%,如果按派氏公式即按报告期构成加权,年均增长率为 112.95%,二者的算术平均数为 113.26%。

GDP 核算的数据之间实现衔接,至少还要提高 2 个百分点。也就是说,这一期间的这两个指数的年均增长可能不是在 3% 左右,而很有可能是在 4% 以上。在世界各国,3% 左右的价格增长属于正常的价格增长,而与之相适应的经济增长率通常不会太快,而中国在 2002—2010 年的增长属于高速经济增长,或者说是属于偏热的经济增长,在这种情况下通常很难保持 3% 左右的价格总水平的上涨,从生产方统计所反映的结果已经说明了这一点(GDP 价格平减指数年均上涨 4.8%),因此,如何使我们的价格指数编制与国民经济核算账户之间保持衔接,是我们在统计工作中应该加强研究的问题。如果最终消费价格指数上调到平均水平即 4.8%,那么这一期间最终消费的实际增长将为 113.4%/104.8% − 1 = 8.2%,和我国居民家庭收支调查所得的结果将更为接近。而通过类似的调整(假设这一时期资本形成总额的一般价格水平年均上涨 5.2%),资本形成总额的年均实际增长大约为 13.9%(119.8%/105.2% − 1),比最终消费的实际增长高 5.7%。这就解释了我们的国内总需求中,为什么固定资本形成总额所占的比重会不断地提高。

第三,外向型经济的发展对我国的经济增长具有重要意义。这一时期我国外向型经济发展所取得的成就是突出的,按人民币计算年均增长达到 17% 以上,按美元计算达到 20% 以上,而同期全球出口总额的年均增长率大约在 9% 左右[①],出口的迅速增长迅速提高了中国出口产品在世界贸易中的地位,2010 年中国的商品出口总额超过德国成为世界第一,而 2013 年商品进出口总额超过了美国居世界第一。我们充分利用了自己在发展过程中的比较优势,在规模扩张上首先取得重大突破。外部需求不是由国内所能控制的,而属于一种历史机遇和挑战。在我国经济刚刚起步的时候,外向型经济的规模很小,我们面对的几乎是一个无限的市场,关键在于我们有没有能力提供市场上需要的产品。但是随着中国经济发展到了一定的规模,情况就开始有所变化,问题已经不是我们有没有足够的生产能力满足市场需求,而是我们必须抓住国际市场的机遇,扩大我们外向型经济的规模和在国际市场上的份额,然后再逐步提高外向型经济的质量,从做大发展为做强。当国际市场有需求时,我们能否形成足够的生产能力来满足这种需求,实际上意味着我们是把握还是放弃了这种历史机遇。应该说,在 21 世纪到来之后的新的经济增长周期中,中国的企业抓住了外向型经济的发展机遇。国内经济虽然出现一些问题,但从长远的角度看,还是可以通过不断深化改革来逐渐解决的,但就国际发展而言,一旦失去了一个重大的历史机遇,那么将要花很多年的努力才能重

---

① 2000—2010 年世界出口总量年均增长 9.12%,参见 WTO, Statistics: International Trade Statistics 2011, Table I.8 Leading exporters and importers in world merchandise trade, 2010; International Trade Statistics 2001, Table I.5 Leading exporters and importers in world merchandise trade, 2000。

新达到发展目标。从这个意义上看,进入21世纪后,我们抓住有利时机大力发展外向型经济的决策是正确的。表3.9中有关数据的计算表明,2010年在我国制造业提供的最终产品中,用于最终消费的部分仅占26.6%,用于资本形成的部分占33.5%,而用于出口的比重高达39.9%。这说明中国的经济增长,尤其是第二产业及制造业的增长,对国际市场具有高度的依赖性,这也是全球金融危机及经济衰退之后,我国的经济增长会受到严重冲击的重要原因。这其实已经对中国外向型经济的可持续发展提出了挑战,一方面是我国的工业化和国际化进程促进了第二产业以及制造业的迅速发展;另一方面,随着中国成为上中等收入国家,生产要素方面的比较优势在减弱。这样,要保持外向型经济的发展持续地对我国经济增长做出贡献,就必须考虑这一领域中发展方式的转变,不仅需要出口数量的继续扩张(包括增加对发达国家和新兴国家的出口),更需要出口产品和生产过程的质量提高(包括产品使用性能的提高和单位产品所包含的增加值的提高)。

第四,我国在这一期间总产出的年均增长高于最终使用,说明在国民经济的生产过程中,中间消耗所占的比重在提升。从表3.13中可以看出,2002—2010

表3.13 2002—2010年国民经济行业最终需求和总产出年均增长率　　　单位:%

	最终消费支出	资本形成总额	出口	最终使用合计	总产出
中间投入合计	13.4	19.8	17.4	16.5	18.9
非金属矿物制品业	-7.1	—	20.9	15.6	27.3
电力、热力及水的生产和供应业	17.6	—	5.7	17.3	24.1
机械设备制造业	17.7	22.8	21.4	21.7	23.1
金属产品制造业	2.7	22.8	21.2	19.4	22.2
采矿业	-8.8	23.2	2.2	7.8	21.4
炼焦、燃气及石油加工业	21.4	1.4	15.2	19.4	21.3
食品、饮料制造及烟草制品业	18.5	21.2	12.0	18.0	21.2
运输邮电业	19.8	41.1	15.0	20.7	20.8
金融业	19.6	—	32.3	19.9	20.4
化学工业	11.0	21.6	20.1	17.4	20.1
纺织、服装及皮革产品制造业	13.3	64.4	13.2	13.6	17.5
建筑业	—	17.1	32.2	17.4	17.5
其他制造业	14.4	30.8	15.7	17.7	17.2
房地产业、租赁和商务服务业	16.0	26.4	19.9	18.5	14.7
其他服务业	13.1	28.8	-4.4	12.7	14.6
批发零售贸易、住宿和餐饮业	12.8	13.0	12.6	12.8	13.0
农、林、牧、渔业	2.2	16.6	7.5	4.5	11.7

年,整个国民经济的总产出年均增长率为18.9%,而最终使用的年均增长率为16.5%,这说明在整个国民经济中,中间消耗的增长要高于最终使用的增长。在这些部门中,有些部门由于其本身的生产性质,所提供的最终需求的比重较小,如采矿业的总产出虽然增长很快(从增速上高于整个国民经济平均水平2.5个百分点,说明了中国经济中总产出的增长对国内自然资源的依赖性较高,同时单位产品对矿产资源的消耗是增加的),但是其作为最终使用的产品的增长却相对较慢(只增长7.8%)。但一般而言,各个国民经济行业的总产出和最终需求之间应保持相应的速度,而从技术进步和转变经济发展方式的角度看,总产出的增长应该慢于最终需求的增长,这样才能在能源和自然资源对经济增长的约束不断增加的情况下,实现可持续的发展。

但是从表3.13中观察,只有两个行业(房地产业、租赁和商务服务业与炼焦、燃气及石油加工业)的最终需求的增长是高于总产出的增长的。其他行业都是总产出增长得更快。此外,从结构上看,对自然资源和能源依赖偏大的行业尤其是制造业较快发展,也是造成我国中间消耗增长较快的重要原因。从表中第5列可以看到,如果以总产品的年均增长率排序,在这一阶段增长最快的前5个行业分别为非金属矿物制品业(27.3%),电力、热力及水的生产和供应业(24.1%),机械设备制造业(23.1%),金属产品制造业(22.2%),采矿业(21.4%),炼焦、燃气及石油加工业(21.3%),都属于对能源和自然资源依赖较高的行业,其增长率都在21%以上。表3.14列出了各个国民经济部门的产品在最终使用中所占的份额,从表中可以看出,机械设备制造业在最终使用中所占的份额最大,达到25.7%,它在出口和资本形成总额中占的比重也相当大。从表3.13中可以看到,这一部分的总产品的年均增长率(23.1%)高于最终使用(21.7%),说明这个部门的单位产品中间消耗的比率是提高的,再加上它在国民经济中所占的比重在迅速提高,本身对能源和自然资源的依赖性也比较高,这就对整个国民经济的中间消耗比率产生了影响。从表3.14中可以看到,在最终需求中比重占第2位的是建筑业,其突出特点是它的产品在资本形成总额中所占的比重大,接近50%的资本形成都是由建筑业贡献的。这两个部门对我国资本形成总额的贡献,占比达到了85%以上。它反映了我国目前的固定资产投资的特征,对建设的投资大于对于设备采购的投资。

表 3.14　2010 年各国民经济行业占最终使用的比重　　　　　单位:%

	最终消费支出	资本形成总额	出口	最终使用合计
中间投入合计	100	100	100	100
机械设备制造业	5.5	35.5	44.0	25.7
建筑业	0.6	49.7	0.9	19.6
其他服务业	36.2	0.5	0.8	14.5
食品、饮料制造及烟草制品业	14.2	0.7	2.0	6.2
房地产业、租赁和商务服务业	9.3	3.9	3.8	6.0
批发零售贸易、住宿和餐饮业	8.4	1.5	6.7	5.3
纺织、服装及皮革产品制造业	4.5	0.4	13.2	4.8
农、林、牧、渔业	6.4	2.0	0.8	3.4
运输邮电业	4.5	1.9	4.0	3.4
其他制造业	2.0	1.8	6.0	2.8
化学工业	1.7	0.6	8.4	2.8
金属产品制造业	0.2	0.9	6.4	1.8
金融业	3.2	0.0	0.2	1.3
电力、热力及水的生产和供应业	2.4	0.0	0.1	0.9
非金属矿物制品业	0.2	0.2	1.7	0.5
炼焦、燃气及石油加工业	0.7	(0.0)	0.7	0.4
采矿业	0.1	0.5	0.5	0.3

资料来源:根据表 3.9 中数据整理。

二、如何看待出口对经济增长的贡献

(一)如何反映各种最终需求对经济增长的贡献

从结构上看,一个经济的最终需求包括三个部分,即货物和服务的出口、最终消费(居民消费和政府消费)和资本形成(固定资本投资和储备的增加)。其中出口为国外需求,消费和投资为国内需求。在目前的国民经济核算账户中,这三方面需求是在支出法国内生产总值(GDP)账户中反映的,但是在中国的支出法国内生产总值中,货物和服务的出口没有单独反映,而是列为货物和服务的净出口(《中国统计年鉴(2012)》表 2-17),进行这种扣除的原因在于进口的货物和服务并不是国内生产的,必须在总的最终需求中扣除这一部分,才能实现和生产法 GDP 账户总量上的对应。因此,在统计处理上,如果把"国外"视为一个部门,计算"货物和服务的净出口",就可以通过对最终消费、资本形成和货物和服务的净出口进行汇总,从理论上就可以得到和生产法 GDP 相同的数字结果(但在实际核算中,往往还会出现"统计误差")。

但应该注意的是,净出口反映的只是国际收支的概念,并不是真正的外需。首先,从供给和需求的关系看,进口属于经济活动中从外部获得供给,而出口产品则是外部对本国经济的最终需求。进口的产品可以用于生产过程中的中间消耗(如进口的能源、资源和其他原材料),也可以用于最终使用(进口机器设备用于生产、进口化妆品进行消费以及将进口产品用于再出口),如果要研究最终净需求对于经济增长的拉动,则应该分别在最终消费中扣除进口消费品、在固定资本形成中扣除进口的机器设备、在出口中扣除再出口的部分,再从这三个部门中扣除生产过程中用于中间消耗的进口产品。其次,从生产过程看,如果我们从生产或供给领域考察出口产业,把全部出口产业视为一个生产部门,它的生产过程应该是和其他产业部门(如第二产业部门)类似的,需要进行中间投入,生产产品并且对国际市场销售,并在这一过程中创造增加值(提取折旧、支付劳动报酬、上缴生产税和获得营业盈余),不会因为国际收支平衡发生变化而影响生产创造价值的属性。这个道理,在实际经济活动过程中大家是很明白的,所以我国的出口导向型经济或者说外向型经济才会有那么大的发展,因为无论在安排就业上,还是在为地方政府创造税收上,或是在为企业家创造利润上,出口企业对于经济的贡献和其他企业都是一样的。而且由于出口企业受到国家政策的更多支持以及出口产品受到国内特殊环境的约束相对较少(如国内的收入分配政策对消费品生产的制约),因此外向型经济在很多地区会受到更多的鼓励。

但是这样一个浅显的道理在统计核算上却经常不能够被人理解,一定要用净出口作为基本指标来考察外部需求对中国经济增长的贡献和拉动(《中国统计年鉴(2012)》表 2-20:三大需求对国内生产总值增长的贡献率和拉动)。如果这样计算,那么在外贸顺差不存在或出现逆差的情况下,即使是出口得到了很大的增长,出口产业创造了很多的增加值,外部需求或者说出口对经济增长的贡献和拉动仍然会是负的,这完全不符合实际。从供给和需求均衡的关系上看,总需求中包含了国内的最终需求和国外的需求,那么在总供给中,也要包含来自国内和国外的供给(国内生产和进口)。

表 3.15 中列出了我国公布 2000—2010 年的支出法国内生产总值,它主要包括三个部分,即最终消费支出、资本形成总额和货物和服务净出口。

表 3.15　中国 2000—2011 年支出法国内生产总值　　　　　　　　单位：亿元

年份	国内生产总值	最终消费支出	资本形成总额	货物和服务净出口
2000	98 749	61 516	34 843	2 390
2001	108 972	66 878	39 769	2 325
2002	120 350	71 691	45 565	3 094
2003	136 399	77 450	55 963	2 986
2004	160 280	87 033	69 168	4 079
2005	188 692	97 823	80 646	10 223
2006	221 651	110 595	94 402	16 654
2007	263 094	128 794	110 919	23 381
2008	306 860	149 113	133 612	24 135
2009	348 775	169 275	164 463	15 037
2010	402 817	194 115	193 604	15 098

资料来源：《中国统计年鉴（2012）》。

各个方面的贡献则可以通过各自的增量在全部最终需求增量中的比重而加以反映（见表 3.16）。

表 3.16　三大需求对国内生产总值增长的贡献率和拉动

年份	最终消费支出		资本形成总额		货物和服务净出口	
	贡献率（％）	拉动（百分点）	贡献率（％）	拉动（百分点）	贡献率（％）	拉动（百分点）
2000	65.1	5.5	22.4	1.9	12.5	1.0
2001	50.0	4.1	50.1	4.2	-0.1	
2002	43.6	4.0	48.8	4.4	7.6	0.7
2003	35.3	3.5	63.7	6.4	1.0	0.1
2004	38.7	3.9	55.3	5.6	6.0	0.6
2005	38.2	4.0	37.7	3.9	24.1	2.5
2006	38.7	4.5	42.0	4.9	19.3	2.2
2007	40.6	5.3	39.7	5.1	19.7	2.6
2008	45.7	4.1	45.1	4.1	9.2	0.8
2009	49.8	4.6	87.6	8.1	-37.4	-3.5
2010	43.1	4.5	52.9	5.5	4.0	0.4

资料来源：《中国统计年鉴（2012）》。

表中的贡献率指按可比价格计算的三大需求增量与支出法国内生产总值增量之比，拉动则是指国内生产总值增长速度与三大需求贡献率的乘积。但是这种常规的计算方法反映的只是净出口对经济增长的贡献而不是外向型经济的贡献。如在货物和服务净出口为零的情况下,可能是进口和出口都增加了,也可能是进口和出口都减少了。进口货物和服务是由国外部门提供的,并没有增加中国的经济总量。但是出口产品和服务却不同,它们是由中国提供了中间投入和生产要素投入来生产、满足国外需求的产品,它是创造 GDP 的。从支出法 GDP 看,出口产品与消费、投资并列为国内产品的最终使用,进口产品并不是全部用于再出口的。而会分别用于生产过程的中间投入、消费、投资和再出口,因此,从出口中扣除进口计算外向型经济对中国经济增长的贡献是不恰当的。表 3.16 进行的这种分析极易引起误解,不应该继续再在国家的统计年鉴上计算和发布。

表 3.17 列出的是经济合作与发展组织(OECD)公布的部分国家各项最终需

表 3.17 2011 年部分 OECD 国家最终需求各部分对经济增长的贡献　　　　单位:%

	居民消费	政府消费	固定资本形成	出口	进口	GDP
澳大利亚	1.77	0.45	1.91	-0.28	-2.20	1.65
奥地利	0.38	0.01	1.49	3.91	-3.62	2.17
比利时	0.11	0.19	0.83	4.39	-4.35	1.17
加拿大	1.40	0.17	1.46	1.35	-2.19	2.19
智利	5.12	0.47	3.78	1.76	-4.58	6.55
法国	0.18	0.04	0.68	1.34	-1.37	0.87
德国	0.97	0.19	1.08	3.67	-3.08	2.83
希腊	-5.67	-0.95	-3.46	0.07	2.31	-7.7
匈牙利	0.27	-0.06	-0.66	5.51	-3.99	1.07
意大利	0.07	-0.18	-0.36	1.60	-0.17	0.96
日本	0.08	0.39	0.15	-0.01	-0.88	-0.27
韩国	1.19	0.31	-0.32	4.98	-3.23	2.93
西班牙	-0.55	-0.11	-1.18	2.07	0.26	0.49
瑞士	0.71	0.22	0.80	1.96	-1.71	1.98
土耳其	5.56	0.64	3.49	1.37	-2.91	8.15
英国	-0.62	0.03	-0.20	1.35	-0.17	0.39
美国	1.79	-0.47	0.57	0.85	-0.78	1.96
欧元区	0.07	-0.03	0.27	2.59	-1.63	1.27
全部 OECD 国家	1.09	-0.08	0.61	1.62	-1.41	1.83

资料来源:OECD 数据库,http://www.oecd-ilibrary.org/economics/national-accounts-at-a-glance-2013/contribution-to-gdp-growth-by-final-demand-components_na_glance-2013-table27-en。

求对于支出法 GDP 的贡献(Contribution to GDP growth by final demand components),它反映的是经济增长中,最终需求的各个部分增长是多少。其中最终消费、固定资本形成和出口的增长记为正值,进口的增长记为负值。当然,也可以从国际收支的角度去推算净的货物和服务的出口的增长,但这应该在分别计算出口和进口的增长贡献后得出。而从经济增长的角度观察,情况就不一样了,进口的负贡献不仅仅是从出口中扣除的,最终需求的其他部分也应该分摊。这是一种合理的处理方法。在表中可以看到,智利和土耳其这两个国家的消费和固定资本投资,在这些国家中表现得是最好的,但是智利在增长中对进口的依赖,远远高于土耳其,或者说,智利更多地依赖了高进口来支持消费和投资的增长,而土耳其则是在国际贸易更加平稳的条件下获得了消费和投资的增长,情况有所不同,对未来经济增长可能产生的影响也不同。

(二)从生产方考察出口部门经济增长贡献

我们根据 2007 年的中国投入产出表,将出口作为一个专门的部门单列出来,得到表 3.18 的结果。在这个表中,出口部门的生产需要有第一产业、第二产业和第三产业部门的产品作为中间投入,需要一定的进口产品作为中间投入或再出口,并同时有生产领域的各种初次投入。这些初次投入就是外向型经济所创造的增加值。

表 3.18　2007 年投入产出表(出口部门单列)　　　　　　单位:亿元

来源	使用	中间使用					最终使用		总产出
		第一产业	第二产业	第三产业	出口部门	中间使用合计	国内最终需求	其他	
中间投入	第一产业	6 788	21 743	2 384	3 429	34 344	13 540	2 672	50 556
	第二产业	10 127	318 323	45 069	49 737	423 256	141 194	-2 956	561 494
	第三产业	3 057	46 587	36 207	9 365	95 215	87 930	2 145	185 290
	出口部门	0	0	0	0	0	95 541		95 541
	中间投入合计	19 971	386 653	83 661	62 531	552 815	338 205	1 860	892 879
增加值	劳动者报酬	26 829	40 136	34 467	8 615	110 047			
	生产税净额	47	23 570	10 714	4 188	38 519			
	固定资产折旧	1 411	15 849	16 512	3 483	37 256			
	营业盈余	0	37 810	34 487	7 924	80 222			
	增加值合计	28 286	117 365	96 180	24 211	266 044			
	进口	2 298	57 475	5 448	8 799	74 021			
	总投入	50 555	561 494	185 289	95 541	892 880			

表 3.19 是根据表 3.18 的数据计算的直接消耗系数矩阵及相关的系数的计算。通过这个分析表可以得出两个重要结论:

第一,从增加值系数看,第二产业部门的增加值系数最低,出口部门次之,第三产业部门较高,第一产业部门最高。由于一个部门增加值系数和直接消耗系数之间是互补的,即直接消耗系数的合计数+增加值系数+进口系数=1。在其他条件不变的情况下,增加值系数越低,中间消耗也就越高,可以看出,在2003—2007年中国的高速经济增长中,由于加工出口产品发展得非常快,而这一类产品的特征就是生产过程中的附加值较低(或者说中间消耗占比很高),这在投入产出表上得出了明显的反映。而改善外向型经济的增长方式,就是要提高生产过程投入产出比,在出口总量不变的情况下,应该提供更多的增加值,而在中间消耗量不变的情况下,应该提供更多的出口总量,这是今后中国发展外向型经济的一个重要方向,即在实现数量扩张的条件下,更加重视增长质量。

表 3.19 2007 年中国直接消耗系数矩阵及相关的系数

		直接消耗系数矩阵				
		第一产业	第二产业	第三产业	出口部门	中间使用合计
直接消耗系数矩阵	第一产业	0.134270	0.038723	0.012866	0.035890	0.038464
	第二产业	0.200316	0.566921	0.243236	0.520583	0.474035
	第三产业	0.060469	0.082970	0.195408	0.098021	0.106638
	出口部门	0.000000	0.000000	0.000000	0.000000	0.000000
	中间投入合计	0.395035	0.688615	0.451516	0.654494	0.619137
增加值系数		0.559509	0.209023	0.519081	0.253410	0.297962
进口系数		0.045455	0.102361	0.029403	0.092097	0.082901
总投入		1.000000	1.000000	1.000000	1.000000	1.000000
各部门增加值为GDP的系数		0.106321	0.441149	0.361519	0.091004	1.000000

第二,出口部门增加值占 GDP 的比重达到 9% 以上,接近 10%,那么,在其他条件配合的情况下(即产出的增加满足相应的投入产出关系,出口部门的总产品每变动 10%,将会拉动经济增长近 1%。这个分析是和我们以往的判断相符合的,过去几年间,中国的出口每年递增的幅度约在 20%,由此拉动的经济增长是 2% 左右,而在 2009 年全球金融危机发生的第二年,出口不但没有增加,反而减少了20%,这就使得中国经济比通常年份(即出口增长达到 20%)的增长率要下降 4 个百分点。由于这一部分增加值的减少所造成的增长率回落,在外部环境没有出现明显变化、中国的国际竞争力没有得到显著改善的条件下,必须通过内需来弥补。这就是我们当时为什么要强调扩大内需应对国际经济衰退的主要原因。在将来一个较长的时期内,内需可能而且应该对拉动中国经济增长做出更大的贡献。

这也就是说,即使在货物和服务的净出口的增长等于零或者是负数的情况下,从生产或供给领域看,出口部门的发展同样在对经济增长做出正的贡献。

2008—2012年,由于国际收支平衡在不断改善,我国的货物净出口无论是在绝对量上还是在占GDP的比重上都在降低(外货逆差从2 981亿美元下降到2 311亿美元),如果按照《中国统计年鉴》中"净出口"的处理方法而不是将出口和进口分别列出,那么外部需求对国内生产总值的年均贡献率和拉动都是负数,但实际情况并不是这样。进口的变化只体现了我国的生产和消费活动中对国外产品的购买,出口部门的生产活动中所创造的增加值并不会因为进口的规模的变化而变化,可能改变的只是进出口部门的国际收支平衡。2008—2012年,虽然受全球金融危机和欧美经济衰退的冲击,我国出口产业的外部环境发生了很大的变化,但是出口仍然是稳步增长的,由2008年的14 307亿美元增加2012年的20 489亿美元,年均名义增长率达到9.39%(见表3.20)。从表中可以看到,出口的增长与我国的经济增长是相互联系着的,2009年出口出现明显回落时,我们通过加大投资对冲了一部分出口减少对经济增长的负面影响,而2010年出口出现恢复性的增长,经济增长率也达到了10%以上,2011—2012年,由于出口的增长率回落,而投资和消费的增长没有明显提升,经济增长率也是逐渐回落的。

表3.20 2009—2012年中国货物出口名义增长率与经济增长率比较　　　单位:%

	2009	2010	2011	2012	年均增长率
货物出口名义增长率	-16.0	31.3	20.3	7.9	9.39
GDP增长率	9.2	10.4	9.3	7.8	9.17

资料来源:根据《中国统计年鉴(2012)》和国家统计局统计公报相关数据计算。

这说明在现阶段,我国的经济增长对出口还有相当大的依赖性(而和净出口之间没有这种依赖关系)。按照2007年投入产出关系反映出来的我国目前的经济和技术条件,如果能保持10%左右的年均出口增长,每年的经济增长就可以多出一个百分点。因此,中国仍然有必要保持出口产业的适度增长。而从长远发展看,由于中国现在已经是世界上最大的商品出口国,继续长期保持10%的出口增长率的难度将有所增加,要保持外向型经济对经济增长的贡献,就必须实现经济增长方式的转变。从投入产出表上表现的关系看,这就必须降低出口产品或出口产业的直接消耗系数;从直接影响因素看,它必须通过不断的技术创新和管理进步来实现;而从经济体制的角度看,它必须通过不断的体制创新为企业的竞争和发展创造更好的条件,通过一个长期的渐进过程来不断推进。

随着加速的工业化进程,中国的制造业得到了迅速的发展,而在制造业的全部最终产出中,用于出口的比重在40%左右,这就解释了为什么中国会成为世界上最大的制造业中心,也解释了中国的经济增长对世界市场的依赖。而随着出口的迅速增长,我们在生产过程中对于能源和自然资源的依赖性也大大提高了,在这种情况下,我们不仅在利用我们的生产能力满足全球的需求,还在利用国内的能源和自然资源在支持全球的经济发展,从长期发展看这是不可能持续的,因此,我们在通过国际市场促进我国的经济增长和经济发展的同时,也必须通过更多地利用国际上的资源来加强我们全球制造业中心的地位。这就向我们的对外开放提出了新的任务,进出口已经不再是我们引进技术、互通有无的一种手段,而是如何发挥中国的生产能力和比较优势,促进中国经济发展的基本途径。这样,在发展道路上,就不能局限于购买国外现成的产品来满足这个新的制造业中心对能源、资源及技术的需求,而要通过资本、技术的输出以及和国外紧密的经济合作,将我们的产业链向国外延伸,从而保证我们在全球化战略下的可持续经济增长。

（三）从需求方考察出口对经济增长的贡献

因此,如果要考察出口产业或产品对经济增长的贡献,应该像表3.17那样,分别考察三大需求对经济增长的影响后,再列出一项负数来扣除进口在经济增长中的份额。表3.21是以生产法GDP得出的年均实际增长作为标准,按2002—2010年各部分最终需求的增量占现价支出法GDP增量的比重,分别计算得出的三大需求对于最终需求的影响。这里没有考虑价格因素的影响,实际上是在各个最终需求的价格上涨幅度基本相同的假设下进行这种估计。由于我们缺乏各个年份的具体资料,只能使用关键年份投入产出表中的有关数据进行这种估计,但由于每年的误差可以相互抵消,估计的结果不会有太大的偏差。从分析的结果看,资本形成是拉动百分比最大的部分,消费次之,出口为第三,但是出口对增长的贡献非常明显,贡献率将近30%,这是我们用净出口反映外向型经济对经济增长贡献时所不能得到的结论。

表 3.21 　 2002—2010 年出口对年均经济增长率的贡献

	最终消费支出	资本形成总额	出口	进口	支出法GDP
2010 年最终需求（亿元）	196 686	193 604	111 911	-101 515	400 686
2002 年最终需求（亿元）	71 691	45 565	30 944	-26 943	121 257
2010 比 2002 年增加（亿元）	124 995	148 039	80 967	-74 572	279 429
各项目增量占比（%）	44.7	53.0	29.0	-26.7	100.0
各最终需求拉动（%）	4.88	5.77	3.16	-2.91	10.90

三、从需求看中国经济增长放缓的趋势

目前,我国进度统计所使用的三大需求指标分别为全社会固定资产投资、社会消费品零售总额和商品出口,和国民经济核算账户中用于反映投资、消费和出

口的指标不仅在口径上不同①,通过计算所得出的增长率也有很大的差别,但是在我国还不能及时准确地提供支出法 GDP 的进度数据时,只能依靠这些指标来近似地反映或了解各种最终需求对经济增长的拉动。从这些进度指标反映的趋势上看,消费仍然保持着稳步增长(全年社会消费品零售总额比上年名义增长 13.1%,扣除价格因素实际增长 11.5%),而投资[全年固定资产投资(不含农户)比上年名义增长 19.6%,扣除价格因素实际增长 19.2%,自 2003 年以来第一次回落到 20% 以下]和出口(海关统计的全年进出口总额 41 603 亿美元,比上年增长 7.6%,其中,出口 22 100 亿美元,增长 7.9%,进口 19 503 亿美元,增长 7.3%,已经由 2 位数增长回落到 1 位数增长)的增长率均有回落的趋势。这既是我国经济发展到一定阶段的结果,也反映了国内外经济增长环境的变化,同时也体现了新时期经济结构(这里主要说的是需求结构)升级的要求。那么,这些变化对支出法国内生产总值及国民收入最终需求会产生哪些影响呢?

(一) 最终消费

从总体上看,随着我国对改善民生的重视以及对收入分配的改善,居民消费和政府的民生支出将会继续改善,在国民收入支出项上的最终消费支出(包括居民最终消费支出和政府最终消费支出)的增长率可能会保持稳定。应该看到的是,居民家庭支出和投资不同,由于它牵涉到千家万户,无论是加速还是放缓都是渐进的。我国改革开放以来的居民消费增长,在相当程度上依赖的是消费升级,通过部分较高收入家庭在消费方面的示范效应带动整个消费升级,由此带动消费增长。但是从目前的情况看,大规模消费升级的浪潮现在已经开始减弱,无论是住房支出(反映为房租支出估算的自有居民住房支出的增加)还是汽车和其他耐用消费品的购买,增长率都在放缓,而一般性支出的增长率在增加,这实际上表明我国居民家庭的收入和生活改善的范围在扩大,更多的中低收入家庭提高了收入增加了一般性支出(如农村居民转向城市就业和生活),而不再是主要依靠部分高中等收入家庭的高端消费来拉动增长,政府在社会保障方面的一系列支出(如安居工程、教育、医疗、社会保障的发展等)也会拉动最终消费。这种放缓和增加的综合结果,会因为"面"的作用大于"点"的作用,从而在总体上促进消费增长。虽然从改革开放 30 多年的发展尤其是 2003 年后新一轮经济增长以来,我国的消费增长低于投资的增长,但是从其本身的增长率上(7% 左右)看,在世界各国中都属于高增长,十八大提出的居民收入增长目标实际上也是在 7% 左右。但是如果从

---

① 投资指标的差别参见第二章,社会消费品零售总额中包含很多不是最终消费而属于中间投入的产品,但居民家庭的很多服务支出没有包含在内,出口是以美元计价的商品出口,而国民经济核算中的出口是以人民币计算的包括服务在内的出口。

建设小康社会的要求来看,在2020年以前,最终消费的实际年均增长还应该再加快一些,达到8%左右,而且就中国目前的情况看,我们也有这个潜力(在7%的增长率的情况下,适度降低投资增长而加大改善民生的力度),如果我们在总量上实现了这一增长,而从结构上又解决了收入分配差距偏大和生活消费差距偏大的问题。那么到了2020年,在中低收入居民的生活得到了显著改善的情况下,我们就有可能实现全面小康。从现在的情况看,在最终消费领域的供需平衡上,我们现在面临的主要矛盾是有支付能力的需求不足,虽然在一些领域也存在着供给紧张,如食品供给、就医服务等,但总体而言需求大于供给。商品和服务的供给是充裕的,在很多领域甚至存在着严重的产能过剩,但居民家庭有支付能力的需求不足,也就是说,在这个领域中主要矛盾是"钱"不足而不是"物"不足,因此发展的关键是要改善居民收入以及政府相关的公共支出,从而达到拉动消费的目的。如果说在生产领域,中国经济增长中的一个重要转折是第三产业将逐步取代第二产业成为主导产业,那么在最终需求领域中的转折,就是消费会取代投资和消费,成为拉动经济增长的最主要力量。

目前,在我们对消费增长进行分析时,最广泛使用的指标仍然是社会消费品零售总额,这是一个我们在计划经济时期一直使用的一个商业统计指标,虽然对这个指标不断有一些调整,但是从20世纪50年代到现在,它所反映的基本内容是一致的,这就是批发、零售、住宿和餐饮业①的零售总额②。社会消费品零售总额是从"消费品"行业管理的角度定义的,和"最终消费"不完全是一个概念:第一,农村自产自用的消费品,不包含在这一指标中,但却属于"最终消费"。第二,生产企业从"消费品"经营企业所进行的采购,在国民经济核算中应该属于"中间消耗"而不是"最终消费",但从这个指标的定义看,是不能扣除的。第三,居民的消费并不仅仅是从商业部门的消费,对金融服务的消费、交通运输的消费、电信服务的消费、住房的消费等,都不包含在这一指标中。而一个国家的经济发展水平越高,服务业也就越发达,居民消费的服务也就越多。第四,在一个经济体的最终消费中,政府消费发挥着重要的作用,直接或间接地服务于居民消费,尤其是教育、医疗、社会保障等方面的服务,无论在规模上还是在比重上都可能增加,但也不可能在这一指标中得到反映。这就为我们的宏观经济分析带来一个问题,在GDP的生产

---

① 在MPS的国民经济部门分类中,这些行业都被归入"商业",而在实际工作中,这些活动则由商业部门管理,国家层面是商业部、省级是商业厅、市县级是商业局,现在这些政府机构虽然已经不存在了,但这个商业统计指标仍然被保留下来,成为我国最重要的"消费"指标。

② 统计部门对"社会消费品零售额"的解释:是指企业(单位、个体户)通过交易直接售给个人、社会集团非生产、非经营用的实物商品金额,以及提供餐饮服务所取得的收入金额。个人包括城乡居民和入境人员,社会集团包括机关、社会团体、部队、学校、企事业单位、居委会或村委会等。参见北京市统计局网站,http://www.bjstats.gov.cn/tjzn/mcjs/201103/t20110316_197895.htm。

方,这些消费和服务被反映出来了,但是在需求方,这些活动却只得到片面的反映,因而造成各种误解。在现阶段,我们进行宏观经济分析时就存在着这样的问题,GDP 增长率虽然有所回落,但速度仍然不低,但是"消费"增长却经常出现"乏力",这种"乏力"中多少是属于居民和政府的支付不足,多少是因为没有把钱用于购买"社会消费品零售总额"而用于旅游、交通、电信、住房、教育、医疗等方面的支出,统计部门还不能提供明确的数据。因此,要改变经济增长方式和发展方式,从国民经济核算的角度看,还是要继续推进我国统计制度改革,并由此提高我们的宏观经济分析和宏观决策水平。

在这个领域,我们不是没有取得进展。每年的统计年鉴中,我们都公布支出法 GDP 及其构成。但是从总体上看,对于"最终消费"的核算是滞后和不完整的。说它滞后,是因为我们的进度指标中,没有与按三次产业计算的生产法 GDP 相衔接的最终消费(居民最终消费和政府最终消费)指标,按年公布的支出法 GDP,至少要比生产法 GDP 慢上半年;说它不完整,是我们到现在为止,还不能同时分别提供按现价计算的支出法 GPD 和按可比价格计算的支出法 GDP 总指数和分类指数(最终消费指数、资本形成指数、出口指数和进口指数以及更细的分类指数)以及在此基础上计算的最终需求的价格指数。这是所谓"GDP 政绩观"在国民经济核算领域本身的反应,这就是我们核算的 GDP 主要是为了观察我们在经济总量方面的进展情况,而对它的结构尤其是最终需求结构关心得太少,以至于到现在为止,我们甚至不能从国民经济核算账户上,看出我们的消费、投资和进出口的实际增长以及它们的价格变化。而在市场经济国家的国民经济核算中,这都已经是早已解决的问题。

(二) 资本形成

1. 以资本形成总额反映的投资增长及国内总需求结构

在国民经济核算的支出法 GDP 账户中,反映投资的指标是资本形成总额(包括固定资本形成与存货变动,2012 年,在资本形成总额中,固定资产形成所占的比重为 95.6%,存货变动所占的比重为 4.4%)。在第二章中,我们曾经详细地分析了"资本形成总额"与"全社会固定资产投资总额"之间的差别。"全社会固定资产投资总额"也是一个计划经济时期遗留下来的指标,它和我们现在衡量经济增长时使用的 GDP 之间是相互脱节的,当然也不能反映客观发生的投资行为及规模和与 GDP 经济增长之间的关系。因此,在本节对我国投资活动进行分析以及对未来进行展望时,我们使用的是资本形成总额的概念。

按照前面的分析,2002—2010 年,我国支出法 GDP 中的最终消费的年均实际增长大约为 8.2%,资本形成总额的年均实际增长大约为 13.9%,显著地高于最终消费的实际增长。这是在我国的国内总需求中资本形成总额(其中主要部分为固定资本形成)所占的比重不断提高的主要原因。除此之外,价格因素也在发生作用,由于资本品与消费品相比相对短缺,其上涨程度也比消费品大,由此导致资本形成占比的进一步提高。从表3.22中可以看到,1978—2002年,我国资本形成总额的占比由38.1%上升到38.8%,仅上升0.7个百分点,而2002—2010年,则从38.8%上升到49.9%,提高了11.1个百分点。在此之后,资本形成占比开始稳定下来。这说明了这一时期,投资对经济增长的拉动显著地大于消费,这是我国经济增长在这一时期的一个突出特征。从表中还可以看到,20世纪80年代甚至在90年代,资本形成总额的占比是下降的,2000年甚至比1978年还要低2个百分点,但是中国经济在这一时期却仍然实现了高增长。所以没有理由说高速的经济增长必然以投资的更快增长为基本条件,相反,过高的投资增长所引起的产能过剩,有可能降低经济增长的效率。

表3.22　1978—2012年中国国内总需求构成

	最终消费支出（亿元）(1)	资本形成总额（亿元）(2)	国内总需求（亿元）(3)=(1)+(2)	最终消费支出占国内总需求的比重（%）(4)=(1)/(3)	资本形成总额占国内总需求的比重（%）(5)=(2)/(3)
1978	2 239.1	1 377.9	3 617.0	61.9	38.1
1980	3 007.9	1 599.7	4 607.6	65.3	34.7
1985	5 986.3	3 457.5	9 443.8	63.4	36.6
1990	12 090.5	6 747.0	18 837.5	64.2	35.8
1995	36 748.2	25 470.1	62 218.3	59.1	40.9
2000	61 516.0	34 842.8	96 358.8	63.8	36.2
2001	66 933.9	39 769.4	106 703.3	62.7	37.3
2002	71 816.5	45 565.0	117 381.5	61.2	38.8
2003	77 685.5	55 963.0	133 648.5	58.1	41.9
2004	87 552.6	69 168.4	156 721.0	55.9	44.1
2005	99 357.5	77 856.0	177 214.4	56.1	43.9
2006	113 103.8	92 954.1	206 057.9	54.9	45.1
2007	132 232.9	110 943.2	243 176.1	54.4	45.6
2008	153 422.5	138 325.3	291 747.8	52.6	47.4
2009	169 274.8	164 463.2	333 738.0	50.7	49.3
2010	194 115.0	193 603.9	387 718.9	50.1	49.9
2011	232 111.5	228 344.3	460 455.8	50.4	49.6
2012	261 832.8	252 773.2	514 606.1	50.9	49.1

资料来源:根据《中国统计年鉴(2013)》中有关数据计算。

就我国这一时期投资的高增长而言,有其客观的历史条件和发展背景。这就是从 20 世纪末以来,我国的三大方面的投资有了迅速增加,即基础设施投资、生产能力的投资(机器设备的投资以及相应的建安工程)以及居民住宅投资等,这使得我国已经很高的资本形成占比攀升得更高。

2. 国内总需求结构的国际比较

表 3.23 列出的是日本 20 世纪 50 年代中期到 20 世纪末期的最终消费占比和资本形成占比的时间序列。从这个表中可以看出,日本在高速经济增长过程中,其资本形成占比也是不断提高的,但是其提高的程度是相当缓慢的,1955—1970 年,用了 15 年时间才提高到最高水平(接近 39.5%,比中国 1978 年的水平仅高 1 个百分点),我们的起点和它的终点是接近的。从 1970 年开始,日本的资本形成就开始降低,现在已经稳定在 30% 左右。世界大多数发达市场经济国家(如美国和欧洲主要国家),资本形成占比大多都在这个水平。在世界各国的发展进程中,都存在着这样的共同规律,这就是在工业化进程及高增长过程中,积累率会逐渐提高,但到达一定水平后又会逐渐降低。从这一点看,中国在改善民生方面(或者说是居民消费和政府消费方面)其实还有比经济增长更大的发展空间,这就是我们可以适度地放缓投资增长,让过去 10 多年中形成的基础设施和产能更加充分地发挥作用,把更多的力量放在鼓励消费增长上。让投资增速放缓,并不是不要投资,事实上,由于现在中国经济的规模已经相当大,投资的规模也已经相当大,即使投资增长的速度慢一点,但增长的量仍然还是相当大的。当投资(资本形成)的增长慢于消费(居民消费和政府消费)时,最终消费的比重就会逐渐地提高,中国经济增长中的一系列矛盾(如民生问题、产能过剩矛盾等)都有可能获得缓解。即使在未来 5—10 年,中国的年均投资增长率(以资本形成总额而不是以全社会固定资产投资总额计算)回落一半,即逐渐回落到 7% 左右的投资增长率,略低于最终消费增长率。就整个国内总需求结构而言,仍然不可能明显地改善投资和消费比例不合理的局面。因为从整个国民经济的投入产出结构看,各个行业间的关联关系是通过一个长期的过程实现的,剧烈的投资加速或放缓,都会引起这种关联关系的破坏而造成宏观经济活动的动荡,因此,虽然在过去 10 多年中,在各级政府的推动下,中国投资有了爆发式的增长,但现在放缓投资增长,则应该更多地发挥市场经济调节经济的决定性作用。而各国市场经济的实践已经证明,在比较充分的市场经济的基础上和相对稳定的经济体制下,这么高的投资比或增长率事实上不可能长期保持的。

表 3.23　1955—1998 年日本国内总需求构成　　　　　　　　单位:%

年份	最终消费支出占国内总需求的比重	资本形成总额占国内总需求的比重
1955	76.2	23.8
1956	73.3	26.7
1957	69.8	30.2
1958	72.9	27.1
1959	71.0	29.0
1960	67.0	33.0
1961	63.7	36.3
1962	65.7	34.3
1963	66.5	33.5
1964	65.5	34.5
1965	67.7	32.3
1966	67.1	32.9
1967	64.6	35.4
1968	62.8	37.2
1969	61.8	38.2
1970	60.5	39.5
1971	63.2	36.8
1972	63.6	36.4
1973	61.9	38.1
1974	63.0	37.0
1975	67.2	32.8
1976	67.9	32.1
1977	68.6	31.4
1978	68.5	31.5
1979	67.8	32.2
1980	68.0	32.0
1985	70.9	29.1
1990	67.5	32.5
1995	71.0	29.0
1998	72.7	27.3

资料来源：日本内阁府经济社会综合研究所国民经济计算部：《国民经济计算报告(长期溯及主要系列)》,昭和 30 年至平成 10 年。

从国际比较的观点看,中国的经济发展水平提高的程度是相当快的。表 3.24

列出了世界银行从 1987 年以来按人均国民总收入（per capita GNI）[①]对经济体进

表 3.24　世界银行收入分组和变化及中国的收入变化　　　　单位：美元

年份	低收入	下中等收入	上中等收入	高收入	中国的 人均 GNI	中国所归入 的组别
1987	<= 480	481—1 940	1 941—6 000	>6 000	320	低收入
1988	<= 545	546—2 200	2 201—6 000	>6 000	330	低收入
1989	<= 580	581—2 335	2 336—6 000	>6 000	320	低收入
1990	<= 610	611—2 465	2 466—7 620	>7 620	330	低收入
1991	<= 635	636—2 555	2 556—7 910	>7 910	350	低收入
1992	<= 675	676—2 695	2 696—8 355	>8 355	390	低收入
1993	<= 695	696—2 785	2 786—8 625	>8 625	410	低收入
1994	<= 725	726—2 895	2 896—8 955	>8 955	460	低收入
1995	<= 765	766—3 035	3 036—9 385	>9 385	530	低收入
1996	<= 785	786—3 115	3 116—9 645	>9 645	650	低收入
1997	<= 785	786—3 125	3 126—9 655	>9 655	750	低收入
1998	<= 760	761—3 030	3 031—9 360	>9 360	790	下中等收入
1999	<= 755	756—2 995	2 996—9 265	>9 265	840	下中等收入
2000	<= 755	756—2 995	2 996—9 265	>9 265	930	下中等收入
2001	<= 745	746—2 975	2 976—9 205	>9 205	1 000	下中等收入
2002	<= 735	736—2 935	2 936—9 075	>9 075	1 100	下中等收入
2003	<= 765	766—3 035	3 036—9 385	>9 385	1 270	下中等收入
2004	<= 825	826—3 255	3 256—10 065	>10 065	1 500	下中等收入
2005	<= 875	876—3 465	3 466—10 725	>10 725	1 740	下中等收入
2006	<= 905	906—3 595	3 596—11 115	>11 115	2 040	下中等收入
2007	<= 935	936—3 705	3 706—11 455	>11 455	2 480	下中等收入
2008	<= 975	976—3 855	3 856—11 905	>11 905	3 040	下中等收入
2009	<= 995	996—3 945	3 946—12 195	>12 195	3 620	下中等收入
2010	<= 1 005	1 006—3 975	3 976—12 275	>12 275	4 240	上中等收入
2011	<= 1 025	1 026—4 035	4 036—12 475	>12 475	4 900	上中等收入
2012	<= 1 035	1 036—4 085	4 086—12 615	>12 615	5 720	上中等收入

资料来源：世界银行 Methodologies；http://data.worldbank.org/about/country-classifications/a-short-history；http://siteresources.worldbank.org/DATASTATISTICS/Resources/OGHIST.xls。

① GNI 与 GDP 之间在口径上相差了一项"来自国外的要素收入"（参见第四章），而人均水平在数量上是非常接近的。

行分类(低收入、下中等收入、上中等收入、高收入)的标准(汇率法),从表中可以看出,1987—2012年,世界各国的收入标准提高了一倍左右,低收入的标准从小于480美元上升到1035美元,高收入的标准从大于6000美元提高到12615美元,这种分类标准的变化,即包含世界各国平均经济发展水平的提高,也包含美元的通货膨胀因素。也就是说,一个国家如果所处的组别和排序没有明显变化,那么它的增长应该是和世界平均水平相似的(年均名义增长2.81%),人均GNI在这25年中也翻一番。但是中国的名义增长却远远高于世界平均水平,达到了17.88倍,年均增长12.22%,由低收入国家发展成为下中等收入国家(1998年)、上中等收入国家(2010年)。

在这三个发展的不同区间内,中国投资和消费的比重显现出不同的特征。在低收入阶段,我国改变了过去那种背离实际需要的高积累或高投资倾向,通过消费拉动经济增长,从而实现了由低收入向低中等收入的过渡。在这一期间,我国经济增长是很快的,而在国内总需求中,从长期趋势看,消费的比重反而是扩大的。因此,认为高增长必须由高投资来拉动的观点,从中国的实际情况来看并没有被证明。而在中国由下中等收入向上中等收入发展期间,中国经历了一个加速工业化和城镇化的发展阶段。在这一期间,从生产方看,我国的第二产业尤其是制造业得到了迅速的发展,而从最终需求方看,是投资的比重在迅速提高。也就是说,在内需方面,这一时期拉动经济增长的主要需求是投资。而在中国成为上中等收入国家后,或者说,进入了由上中等收入国家向高收入国家发展时期后,中国的生产结构和最终需求结构都开始发生新的变化。在生产方体现为第三产业代替第二产业,成为经济增长中的主导产业,而在需求方,则体现为投资增速在逐渐放缓,最终消费(包括政府和居民消费的商品和服务)则开始逐渐提升。从2010年成为上中等收入国家后,这一趋势已经开始显现,国内总需求中消费比例持续下降的现象已经不再持续,随后将可能逐渐上升。这说明不同的经济发展水平上,无论从生产结构上看,还是从最终需求结构上看,都会显现出不同的特征。这一点已经由世界各国的经济发展实践所证明,中国虽然有自身的发展特色,但从长期趋势看,和世界各国所走的道路也是一致的。

(三) 进出口

进出口指标也存在着一个要和GDP之间相衔接的问题。一是口径问题(GDP中的进口和出口包含了服务),二是计价问题(GDP中的进出口是用人民币计算的,要考虑汇率变动因素)。但由于货物的进出口是全部进出口的主要内容,指标相对也比较简单,国家目前每年都编制和公布国际收支平衡表。因此这一方面所存在的统计问题不像前两个领域那么大。

就我国的外向型经济发展而言,现在已经过了高增长的阶段,尤其是出口的年均增长率,近几年来已经由原来的两位数回落到一位数。从发展的角度看,未来中国的出口增长可能会长期保持这样的增长水平。但是这并不是说中国的外向型经济就不再有大的发展前景,相反,我们在这一方面还有很大的发展潜力。这是因为,在过去10多年来我国外向型经济的高增长中,加工出口占了相当大的比例,但是随着我国科技和生产水平的提高,一般出口的比重在不断提升,在一般出口中,单位产品的附加值(或增加值)也有很大的潜力。这就需要我们实现对外贸易和生产的发展方式的转变,提高我国外向型经济的层次,这样,就有可能使出口产业对于经济增长做出更大的贡献。

在出口和进口的协调方面,我们过去经常强调净出口的规模,通过出口创汇来弥补资本和金融账户增长的不足,但更多的情况是不断地推高中国的外汇储备。关于这个问题,我们在下一章会有更详细的讨论。从经济增长的角度看,我国在货物和服务的进出口上应该保持基本平衡,或者说,以净出口口径来计算的外向型经济对经济增长的贡献应该保持在零左右。外向型经济对经济增长的贡献因此主要体现在生产方(第二、第三产业增加值的增加)而不是在净出口上。出口在全部最终需求中所占的比重,保持目前的20%左右就可以,这也就意味着出口的年均实际增长率,也是在7%左右。

(四)结论

在本节中,我们利用投入产出表和 GDP 支出账户的有关数据,从需求领域对中国经济增长进行了分析,指出在自然增长率下调的情况下,应该通过深化经济改革尤其是收入分配的改革,促进最终消费仍然保持较高的增长(甚至比过去10多年的水平有所提高,8%以上),使中低收入居民的生活在2020年以前有明显的改善,为全面建成小康社会的目标服务。由资本形成总额所反映的投资的年均增长率可以适度回落,由目前的年均14%左右回落到6%左右,通过消费和投资增长关系的调整,改善我国的内需结构,提高经济增长效率。在对外贸易上则应该保持收支平衡,应该在生产领域而不是规模上扩大外向型经济对于经济增长的贡献。综合考虑各方面的发展(主要是消费的加速和投资的放缓),我国在这一阶段实现7%左右的年均经济增长率是有现实基础的(见表3.25的估算值)。

表3.25 对2020年以前中国最终需求年均增长的展望　　　　单位:%

	最终消费支出	资本形成总额	出口	进口	支出法GDP
2020年年均增长	8.0	6.0	7.0	-7.0	7.0
各项目对GDP的贡献	55.0	45.0	20.0	-20.0	100.0
各个最终需求拉动	4.3	2.7	1.4	-1.4	7.0

按照世界各国的一般标准,表 3.25 中的这种增长是不可能保持很长时间(5—10 年)的,因为投资的增长率太高,在对国民收入及其最终使用进行分配时,太多的最终产品被用于投资,可能会影响经济的正常循环。这已经被世界各国的经历所证明。但是对于中国而言,要把投资的增长率降至这一水平,却可能是比较困难的,因为过去十多年的高速经济增长中,我们一直保持着远远高于这一水平(6%)的投资增长(14% 左右),并由此在生产领域形成和这种投资的高增长相适应的投入产出关系。如果不把投资增长率降下来,我们可能会因为投资和消费的发展失衡而带来严重的问题,而且这方面的矛盾已经很突出。但是如果现在就把投资增长率降下来,又可能影响已经形成的投入产出关系,使一部分企业或行业在经营上遇到困难。所以,调整国民经济的比例关系,实际上也是对现有利益格局的调整,如果让市场经济在配置资源中发挥决定性作用,势必有一些不能适应市场的企业(尤其是一些国有或国有控股企业)的利益受到影响,但是如果仍然是在各级政府的刺激下继续通过高投资来拉动经济增长,那么就可能使国民经济的比例关系尤其是需求均衡关系受到破坏,形成大量的无效生产,降低我国经济增长的效率。从促进经济增长的角度看,拉动投资容易产生短期效果,但带来的后遗症也是明显的,全球金融危机后我国刺激投资后所带来的负效应,现在还在影响着中国的经济增长。拉动消费是困难的,因为它要通过初次分配领域的改革、再分配领域的改革、社会福利制度的改革等,把改革开放和经济增长的成果合理地分配到千家万户,再通过正确的消费引导逐渐拉动消费增长。但一旦取得成功,它的作用是长期的。从需求发展的长期趋势看,我国的经济增长也和生产领域类似,进入了一个转折时期,即由投资拉动转变为消费拉动,如果我们能够顺利地实现这一转折,我们成为高收入国家和全面建成小康社会时,人民群众就会有更多的福利,未来的经济增长也会有更好的基础。

第四章　国际收支与经济增长

第一节　国内生产总值与国民生产总值

一、GDP 核算的发展

国内生产总值(Gross Domestic Product,简称 GDP)和国民生产总值(Gross National Product,简称 GNP)都是反映一个国家或地区经济总量的指标。20 世纪 30 年代,西蒙·库兹涅茨领导的研究小组开始进行国民收入账户的有关研究,国民生产总值(当时在中国翻译为"国民生产毛额")逐渐形成并成为统计工作中可操作的国民收入指标,为了满足战时经济的要求,从 1942 年开始按年估算,并且逐渐在世界各国(市场经济国家)得到推广和应用①。巫宝三 1947 年首次出版的《中国国民所得(一九三三)》②,是中国在这一领域里开展的开创性研究。第二次世界大战以后,以国民生产总值为核心的国民收入统计在市场经济国家广泛推广,1953 年联合国在理查德·斯通的主导下,推出了"国民经济核算体系"(SNA,也称为旧 SNA,以区别于联合国 1968 年版以后的新 SNA),成为市场经济各国度量、分析经济增长和实施宏观经济政策的重要工具。改革开放后,以邓小平为代表的新一代党和国家领导人出访世界各国尤其是市场经济国家,带回来大量的外部信息。在经济总量的衡量上,当时各国普遍使用的都是国民生产总值,因此邓小平首先提出,在中国现代化的进程中,要实现国民生产总值翻两番,建成小康社会。在这种背景下,在 20 世纪 80 年代中期,国家统计局在中央领导的支持下,推进了国民收入统计由计划体制下物质产品平衡表体系(简称 MPS)向 SNA 的转变。但是在具体使用指标时,我们选用的却是国内生产总值而不是国民生产总值。这种选择反映了国际上在这一领域的最新进展。

虽然在 20 世纪 80 年代,很多国家的国民收入统计或国民经济核算仍然以国民生产总值为基本流量,如美国的 NIPA(National Income and Product Account,国民收入与生产账户)就是如此。但中国的国民收入核算采取的基本流量则是国内生产总值(GDP)。GDP 是指一个国家或地区所有常住单位在一定时期内生产活动的全部最终成果,它等于所有常住单位创造的增加值之和。它采取的核算原则

---

① J. Steven Landefeld, *GDP*: *One of the Great Inventions of the 20th Century*, December 7, 1999. http://www.bea.gov/scb/account_articles/general/0100od/maintext.htm.
② 参见商务印书馆 2011 年版。

是属地原则,即无论这个常住单位(如公司)来自哪个国家或地区,只要在"国内"常住,它创造的增加值都属于"国内生产总值"核算的范围。而国民生产总值(GNP)则不同,它是按"国民"原则来核算的,中国公司在美国所获得的要素(资本、劳动)收入,属于中国的GNP(但却是美国的GDP),而美国公司在中国获得的要素收入,则属于美国的GNP(但却是中国的GDP)。从两个指标的数量关系上看,二者之间相差了一个"来自国外的要素收入净额"。即:

$$GNP = GDP + 来自国外的要素收入净额$$

从这个意义上看,计算GDP或者是GNP都是可以的,因为二者之间是可以互相换算的。有了一个指标,就可以很方便地计算出另外一个指标。但是问题在于,GDP或者是GNP不仅仅是一个统计指标,而是由众多的相互联系的指标和分类形成的一个国民经济账户体系,而使用什么样的原则对各个账户和细分类进行核算,最终就会得出什么综合指标,这个综合指标我们就把它称为基本流量(basic flow)。例如,在把GDP作为基本流量时,在按国民经济部门分类(农业、采掘业、制造业、建筑业、服务业等)计算增加值时,各个部门的增加值就要按照属地或国土原则统计,而把GNP作为基本流量时,各个部门的增加值则是按国民原则统计的,虽然无论用哪一种原则,总量指标都是可以互相换算的,但细分类数据(如国民经济部门分类的增加值)的核算原则一旦确定,那么基础数据就要按照这个原则来搜集、整理和汇总,很难再调整为另一口径。在联合国1968年版的国民经济核算体系(也称为新SNA)中,所建议的国民经济核算的基本流量已经从原来的GNP调整为GDP,其中既有对核算原则合理性的考虑,也有对实际统计工作的考虑(如在统计工作中扣除掉外资企业的要素收入就有难度)。而中国可以说是在世界上较早使用这一基本流量的国家。除了采用的指标之外,中国的国民收入核算具有一个鲜明的特点,这就是它的国民经济部门分类采用了三次产业分类,而且一直沿用至今,这个方法的优点在于我们可以比较方便地将原来的工农业总产值统计转换成GDP统计(第一产业由农业总产值推算增加值;第二产业利用原来工业总产值统计,再加上建筑业增加值统计,得到整个第二产业增加值的数字;第三产业则是利用部分数据推算),同时部门分类比较简单清晰,便于分析;问题在于分类较粗,对产业结构及相关问题无法进行更加深入和细致的分析和研究,如无法及时地按年分析各个国民经济行业的增长和结构变化等。从总体上看,中国的国民经济核算与GDP核算建立得是非常及时的,满足了中国当时改革开放和现代化建设的需要,问题是发展太慢,在及时地提供相互联系各种细分类数据方面,和世界各国一般水平相比仍然存在着很大的差距。这也和中国的经济增长目标有关,因为在改革开放后的中国经济发展中,我们更加重视的是经济总量的增长而不是结构的协调,更加重视的是产出的数量而不是如何改善投入的效率,因此我们的国民收入核算也就是 GDP 核算,重要的是要把总量指标统计好(准确及时),而分类指标和指标体系则是逐步完善的。

20 世纪 80 年代中期之后,美国等国的国民经济核算也都先后进行了调整,将 GDP 作为国民经济核算的基本流量。现在,各国公布的经济增长数据,都是通过对 GDP 进行动态对比所得出的。国民经济核算中的生产账户,也是按照国土原则来处理的。而国民生产总值则主要作为反映一个国家总收入及其构成的指标和指标体系,在收入支出领域的分析中发挥作用。联合国在 1993 版《国民经济核算体系》中,为了更好地概括这一指标,已经将其名称改为国民总收入(Gross National Income,简称 GNI),但是在一些国家(如美国)原有的国民生产总值的名称仍然在继续使用。因此,从 GNP 到 GDP,实际上反映的是国民收入统计向更大范围国民经济核算发展这样一种历史潮流。而中国在改革开放后建立和发展的国民经济核算,从一开始就从 GDP 起步,这也反映了一个落后国家可以直接利用人类的先进文明的后发优势。

二、从 GDP 与 GNI 对比中看中国对外经济合作的发展

在新的条件下,国民总收入(GNI)虽然已经不是国民经济核算的基本流量,但仍然是重要的宏观收入指标。世界银行每年都发布各国的人均 GNI 指标,是进行国际收入对比和衡量各国经济发展水平的重要参考。从生产和收入的关系上看,GDP 更加侧重于生产总量,而 GNI 更加侧重于收入总量。这也是世界银行在把各个国家或地区划分为不同收入等级的组的时候,往往要使用人均 GNI 作为依据的原因。而对 GNI 的结构分析,则主要体现为对不同的机构部门(Institutional Sectors)①的收入或可支配收入数量和结构的分析。

通过对 GDP 与 GNI 之间数量的对比,可以考察一个国家对外经济合作中要素收入的变化情况。国外要素收入,指的是由于对外提供生产要素(主要是对外提供资本和劳动)而不是货物和服务所带来的收入,如对外直接投资收入、金融投资的红利和利息收入、对外提供劳务所得到的收入等。表 4.1 列出的 20 世纪 80 年代到 2012 年中国的 GNI 和 GDP 之间的对比,可以看到,从改革开放初期到 20 世纪末,中国的来自国外的要素收入净额是逐渐减少的,或者反过来说,付给国外的要素收入净额数量和占 GDP 的比重是不断增加的。这种要素净额的变化,和我国这一时期吸引外资的变化是相对应的,但略有滞后(因为外资从投入到形成生产能力并带来要素收入有一个过程),随着我国吸引外资的力度不断加大,我国

---

① 联合国的国民经济核算体系中,收入支出账户的机构部门分类包括五个大的类别,即非银行金融机构、金融机构、一般政府、居民部门和私人非营利机构。在我国的支出流量表中目前还没有私人非营利机构这一类别。

GDP 和 GNI 之间差额也在加大(GDP 大于 GNI,其中有一部分增加值是国外的要素收入)。但从 1998 年以后,这种情况有所变化,付给国外的要素收入净额开始稳定,然后再有所下降,到了 2007 年,要素收入净额由净付出变为净收入,此后的几年中,有正数也有负数,2009 年和 2010 年这两年为净付出,其他年份为净收入。从总体上看,我国近年来国外要素收入净额的规模或者比重是在减少的。一方面,随着我国的经济发展,我国对于外商直接投资的依赖性在降低,由此形成的对国外的要素支出的规模在相对减少;另外一方面,我国对外金融和直接投资的规模在不断扩大,同时其他生产要素的输出也在发展(如劳务输出),由此带来的要素收入的规模和比重在提高,二者共同作用的结果是对国外的要素收支逐渐平衡。这是我国新时期外向型经济发展的一个新特点。

表 4.1 1980—2012 年中国的国民总收入与国内生产总值比较

	国民总收入 GNI (亿元)	国内生产总值 GDP (亿元)	来自国外的要素收入净额 (亿元)	国外要素净收入占 GDP 的比重 (%)
1980	4 545.6	4 545.6	0.0	0.0
1985	9 040.7	9 016.0	24.7	0.3
1990	18 718.3	18 667.8	50.5	0.3
1995	59 810.5	60 793.7	-983.2	-1.6
2000	98 000.5	99 214.6	-1 214.1	-1.2
2005	183 617.4	184 937.4	-1 320.0	-0.7
2006	215 904.4	216 314.4	-410.0	-0.2
2007	266 422.0	265 810.3	611.7	0.2
2008	316 030.3	314 045.4	1 984.9	0.6
2009	340 320.0	340 902.8	-582.9	-0.2
2010	399 759.5	401 512.8	-1 753.3	-0.4
2011	468 562.4	473 104.0	4 541.7	1.0
2012	516 282.1	518 942.1	2 660.0	0.5

资料来源:根据《中国统计年鉴(2012)》中相关数据整理。

一般地说,一个国家来自国外净要素收入占 GDP 的比重,是和这个国家的经济发展水平相关的,经济较为发达的国家,通常可以通过输入资本和技术,由国外获得较多的要素收入,因此 GNI 往往大于 GDP,而且经济越发达,超出的幅度也越大。反之,在发展中国家,由于要利用国外的资本和技术,尤其是一些国家通过借高利率的外债来发展经济,就造成了较多的要素支出,因而 GNI 要小于 GDP。但是发达水平相近的国家,由于其经济结构及储蓄投资倾向上的不同仍然可能存在着差别。表4.2列出的是美国GNI与GDP之间的比较,可以看出,美国的来自国外要素收入净额的比重目前在1%以上,2008—2012年的发展趋势是不断提高,也就是说,美国由海外获得的要素收入无论从规模上看还是从占比上看,都在逐步增加。2012年的总规模已经达到了2 570亿美元,比金融危机爆发前后的2008年提高了1 000亿美元左右。我们知道,美国是世界上对外发行国债最多的国家,中国、日本都持有大量的美国国债,美国对中国、日本支付的国债利息,就是美国的要素支出(而对中国和日本来说就是它们的要素收入),这种支出的规模是相当大的。但在另外一方面,美国又通过对外投资、对外提供各种服务(如金融服务和技术服务),取得大量的要素收入,而且从整体上看,它的要素净收入还是正的。所以从要素收入的收支这个角度来看,美国仍然还是有能力承受它目前的债务规模的。

表4.2 2008—2012年美国的国民总收入与国内生产总值比较

	GDP	加上:来自国外的要素收入（十亿美元）	减去:付给国外的要素收入（十亿美元）	等于:GNI（十亿美元）	来自国外的要素收入净额（十亿美元）	国外要素净收入占GDP的比重（%）
2008	14 291.5	856.1	686.9	14 460.7	169.2	1.2
2009	13 939.0	639.8	487.5	14 091.2	152.2	1.1
2010	14 498.9	716.5	507.2	14 708.2	209.3	1.4
2011	15 075.7	783.7	531.8	15 327.5	251.9	1.7
2012	16 420.3	829.8	572.8	16 677.3	257.0	1.6

资料来源:美国经济分析局官方网站:http://www.bea.gov/。

GNI与GDP存在着明显差别的典型国家是日本,尤其是近些年来,在日本产品(如汽车、电器等)出口竞争力减弱的情况下,日本开始通过加大海外投资的方法,在国外生产日本品牌的产品,导致来自国外的要素收入迅速增加。从表4.3中可以看到,2001—2011年,日本按现行价格计算的GDP是减少的,减少了约30万亿日元,但是来自国外的要素收入却从8.3万亿日元提高到14.6亿日元,增加了6亿日元,这二者共同作用的结果是来自国外的要素收入净额占GDP的比重不断提高,从2006年的1.6%提升到2012年的3%。从日本的例子中又可以看出,不能简单地根据来自国外的要素收入净额或者是GNI和GDP之间的关系来判断一个国家的经济发展状况。对发达国家来说,过多的资金流到海外,导致国内产业空心化,失业率提高,是经济增长中的难题;而对于发展中国家来说,在发展过程中过度地依赖外资,形成大量的要素支出,创造的财富外流甚至形成严重的负担(如拉美国家当年出现的债务危机),也对经济增长有负面影响。各国应该根据自己的实际情况制定适合自己国情的资本输入和输出政策。

表 4.3　2001—2011 年日本的国民生产总值与国内生产总值比较

	GDP	加上:来自国外的要素收入（十亿日元）	减去:付给国外的要素收入（十亿日元）	等于:GNI（十亿日元）	来自国外的要素收入净额（十亿日元）	国外要素净收入占 GDP 的比重（%）
2001	505 543.2	13 826.7	5 437.5	513 932.5	8 389.2	1.6
2002	499 147.0	12 768.1	4 726.4	507 188.7	8 041.7	1.6
2003	498 854.8	12 420.2	4 158.1	507 116.9	8 262.1	1.6
2004	503 725.3	13 922.4	4 535.9	513 111.8	9 386.5	1.8
2005	503 903.0	17 530.3	5 780.9	515 652.4	11 749.4	2.3
2006	506 687.0	21 748.3	7 283.6	521 151.6	14 464.7	2.8
2007	512 975.2	26 412.5	9 074.6	530 313.1	17 337.9	3.3
2008	501 209.3	24 919.7	8 126.7	518 002.3	16 793.0	3.2
2009	471 138.7	18 890.7	5 813.0	484 216.4	13 077.7	2.7
2010	482 384.4	18 238.4	5 264.1	495 358.7	12 974.3	2.6
2011	470 623.2	20 391.5	5 707.0	485 307.8	14 684.5	3.0

资料来源:日本内阁官方网站;《2012 财政年度国民账户数据》,http://www.esri.cao.go.jp/en/sna/data/kakuhou/files/2011/25annual_report_e.html。

第二节　现阶段中国国际收支发展变化的特征

一、从国际收支平衡表看现阶段中国的国际收支

国际收支平衡表以会计账户形式反映的一个国家的国际收支情况。表 4.4 列出的是中国 2011 年的国际收支平衡表,这个表中的项目包括了四个大项,即(一)经常项目、(二)资本和金融项目、(三)储备资产、(四)净误差与遗漏。在这个表中,记录资金流量变化的有两个账户(或项目),一是经常项目,反映货物和服务的进出口、要素收支及经常性转移收支对国际收支的影响;另一个是金融和资本账户,反映的是与投资有关的金融和资本活动对国际收支的影响。这两项收支活动的结果则反映为储备资产的变化,即当期国际收支经济活动的流量最后会体现为这个国家的外汇资产存量的变化;而净误差与遗漏项目则反映的是核算过程中由于统计原因出来的误差。这个表中的贷方表明的是收入,借方反映的是支出,而差额为收入净额。

表 4.4　2011 年中国国际收支平衡表　　　　　　　　单位：亿美元

项　目	差额	贷方	借方
一、经常项目	2 017.1	22 868.4	20 851.2
A. 货物和服务	1 883.2	20 866.6	18 983.4
1. 货物	2 435.5	19 038.2	16 602.7
2. 服务	−552.3	1 828.4	2 380.7
运输	−448.7	355.7	804.4
旅游	−241.2	484.6	725.9
通信服务	5.4	17.3	11.9
建筑服务	110.0	147.2	37.3
保险服务	−167.2	30.2	197.4
金融服务	1.0	8.5	7.5
计算机和信息服务	83.4	121.8	38.4
专有权利使用费和特许费	−139.6	7.4	147.1
咨询	98.1	283.9	185.8
广告、宣传	12.4	40.2	27.7
电影、音像	−2.8	1.2	4.0
其他商业服务	140.1	322.8	182.6
别处未提及的政府服务	−3.1	7.5	10.6
B. 收益	−118.7	1 446.1	1 564.7
1. 职工报酬	149.5	165.7	16.2
2. 投资收益	−268.2	1280.4	1548.6
C. 经常转移	252.6	555.7	303.1
1. 各级政府	−25.9	0.2	26.0
2. 其他部门	278.5	555.5	277.1
二、资本和金融项目	2 210.6	13 982.4	11 771.9
A. 资本项目	54.5	56.2	1.7
B. 金融项目	2 156.1	13 926.2	11 770.1
1. 直接投资	1 704.5	2 716.6	1 012.1
我国在外直接投资	−496.9	174.1	671.0
外国在华直接投资	2 201.5	2 542.6	341.1
2. 证券投资	196.4	519.5	323.1
资产	62.5	254.9	192.5
股本证券	11.0	112.3	101.2
债务证券	51.4	142.6	91.2
（中）长期债券	49.9	137.4	87.5
货币市场工具	1.5	5.2	3.7

(续表)

项 目	差额	贷方	借方
负债	133.9	264.5	130.6
股本证券	53.1	152.0	98.9
债务证券	80.8	112.6	31.7
(中)长期债券	29.8	61.5	31.7
货币市场工具	51.1	51.1	0.0
3. 其他投资	255.2	10 690.1	10 434.9
资产	-1 668.2	1 087.7	2 755.9
贸易信贷	-709.6	0.0	709.6
长期	-14.2	0.0	14.2
短期	-695.4	0.0	695.4
贷款	-452.8	60.7	513.5
长期	-433.2	7.7	440.9
短期	-19.5	53.0	72.6
货币和存款	-987.4	501.2	1 488.6
其他资产	481.6	525.9	44.3
长期	0.0	0.0	0.0
短期	481.6	525.9	44.3
负债	1 923.4	9 602.4	7 679.0
贸易信贷	380.3	454.3	74.0
长期	6.5	7.8	1.3
短期	373.8	446.5	72.7
贷款	1 050.6	7 343.1	6 292.5
长期	130.2	538.5	408.3
短期	920.4	6 804.6	5 884.2
货币和存款	482.8	1 719.5	1 236.6
其他负债	9.7	85.5	75.9
长期	-14.8	24.3	39.1
短期	24.4	61.2	36.8
三、储备资产	-3 878.0	10.2	3 888.2
A. 货币黄金	0.0	0.0	0.0
B. 特别提款权	4.7	4.7	0.0
C. 在基金组织的储备头寸	-34.5	5.5	40.0
D. 外汇	-3 848.2	0.0	3 848.2
E. 其他债权	0.0	0.0	0.0
四、净误差与遗漏	-349.7	0.0	349.7

资料来源:《中国统计年鉴(2012)》。

（一）先看经常项目

经常项目中包括三个大项：一是货物和服务，即由进出口产生的收支；二是收益，即由于生产要素的使用产生的收支；三是经常转移，如政府间、部门间所发生和生产经营活动无关的收支，如政府间提供的无偿经济援助、灾害救助，居民部门中发生的国内外转移支付等。

"货物和服务"贷方为 20 866.6 亿美元，是中国通过出口货物和服务取得的收入，而借方 18 983.4 亿美元，是中国为进口货物和服务而产生的支出，收支相抵，在货物和服务的进出口上，中国的净收入是 1 883.2 亿美元。

"收益"的总收入是 1 446.1 亿美元，总支出为 1 564.7 亿美元，收支相抵，净支出为 118.7 亿美元，或者说，净收入为 –118.7 亿美元。这个数字和表 4.1 中来自国外的要素收入净额（–4541.7 亿元）是对应的，只不过计量单位有所不同。通过对"收益"项下具体的收支科目的观察，可以发现现阶段中国的要素收入的几个特征：首先是在劳动收入方面，中国的国民在国外获得的劳动报酬，远远高于中国对于外国国民所支付的劳动报酬，付出的只是收入的十分之一左右，这是因为中国的劳务输出的规模远远地大于劳务输入的规模，尽管一些外企的高管在中国取得的收入很高，但是人数有限，而中国向国外输出的劳务的个人平均收入虽然不属于高水平，但数量却比较大。其次是在投资收益方面，收入和支出已经基本上平衡，2011 年我国的投资净收益虽然是负数，但是在此之前（如 2007 年和 2008 年）则已经出现过正数（分别为 213.5 亿美元和 250.4 亿美元）。从现在的情况看，随着中国对外直接投资和金融投资的不断增加，这一方面的收入规模也会不断增加，国外向中国大规模取得投资净收益的时期已经过去，而可能出现的情况是再继续维持一段时间的投资收益基本平衡后，在 2020 年前后，也就是在中国全面建成小康社会并成为高收入国家之后，由于对外投资的不断增长，中国将可能成为长期的净投资收益国。

（二）再看资本和金融项目

这包括两项基本内容，一是资本项目；二是金融项目。资本项目主要记录资本转移（主要包括债务减免和移民的转移支付）和非生产、非金融性资产的购买和处置。这一项目从原来的金融项目①中分离出来后，金融项目反映的内容就更加明确了。从数量上看，资本项目的收支占整个资本和金融项目收支的比重都很低，2011 年的收入为 56.2 亿美元，支出为 1.7 亿美元，和整个资本和金融项目的

---

① 资本和金融项目原称为资本项目，原来我们所说的人民币在资本项目下还不能自由兑换，指的就是在资本和金融项目下还不能自由兑换，国际货币基金组织在第五版国际收支平衡表中，将原来的资本项目改为资本和金融项目，并将这两个项目的区别做了明确的界定。

收入(13 982.4亿美元)和支出(11 771.9亿美元)相比,是很小的数字。金融项目分为直接投资、证券投资和其他投资三个大项。

"直接投资"项下分为两项,分别为"我国在外直接投资"和"外国在华直接投资"。我国在外直接投资的贷方(收入)为174.1亿美元,借方(支出)为671.0亿美元,这表示我国对外的直接投资为671.0亿美元,而收回的对外直接投资为174.1亿美元,所发生的对外直接投资净额为496.9亿美元,表中净额中的负数表示这一项的净支出。外国在华直接投资的贷方(收入)为2 542.6亿美元,借方(支出)为341.1亿美元,这说明外国对我们的直接投资为2 542.6亿美元,收回的投资为341.1亿美元,对华直接投资净额为2 201.5亿美元,这是我国在金融项目上的收入。将对外投资的净支出和外国投资的净收入相比,2011年我国直接投资的收入净额为1 704.5亿美元[①]。

"证券投资"主要反映的是在国际证券市场购买资产及负债(融资)而产生的收入和支出。其中,购买资产(如购买股票或外国国债)形成支出,而卖掉持有的证券或到期收回国债本金为收入。发行股票或债券形成负债收入,而回购股票或债券到期归还本金形成负债支出。而证券投资期间所产生的收益不在这一个项目中反映而记录在经常项目的"收益"项目中。从表中可以看出,无论是在资产还是在负债方,2011年我国取得的净收入都是正的,这个项目的总的净收入也是正的,为196.4亿美元。

"其他投资"反映的主要是通过商业银行的借贷所产生的国际间收入和支出。其中,我国商业银行借出的资金为资产,资产增加时支出增加,收回资金即归还贷款时取得收入;而由国外商业银行取得的贷款为负债,当贷款增加时负债的收入增加,归还贷款时则反映为支出增加。概括地说,无论是收入还是支出,都是以资金的流动作为记录的依据的,资金的流出记为支出,资金的流入记为收入,而具体记录在哪个科目下,则要根据这些业务本身的性质进行归类。从"资产"项目下,可以看到2011年资金流出的净值是-1 688.2亿美元,而在"负债"项目下,由国外取得的"负债"净值是1 923.4亿美元,从总体上看,净负债要大于净资产,从而在"其他投资"项目下,我国的净收入也是正数,为255.2亿美元。

将直接投资、证券投资和其他投资三个项目的净收入相加(1 704.5 + 196.4 + 255.2),得到金融项目下我国的净收入总额,为2 156.1亿美元,其中直接投资所占的份额为最大,为79.1%,证券投资和其他投资所占的比重分别为9.1%和

---

① 按照商务部的统计,2011年我国外商直接投资(实际利用外资)为1 160.11亿美元(见《中国统计年鉴(2012)》表6-13),但经过反复核算的国际收支平衡表中的外商直接投资数值,由于改善了很多遗漏和忽略,能够更清楚地反映这一方面的真实情况。

11.8%。而如果从整个资本和金融项目来看,资本和金融项目的净收入为2 210.6亿美元,其中资本项目的净收入为54.5亿美元,所占的比重为2.5%,而直接投资、证券投资和其他投资所占的比重分别为77.1%、8.88%和11.5%。

（三）最后看"储备资产"项目

储备资产反映了经常项目、资本和金融项目中国际收支行为所产生的最终结果。表4.5是一个简化了的国际收支平衡表。从表中可以看出,我国经常项目与资本和金融项目上产生的净顺差,再加上统计误差,合计为3 878.0亿美元,在储备资产项目上列为负数,但实际意义上是储备资产的增加。具体内容包括外汇资产净增加了3 848.2亿美元,在基金组织的头寸净增加了34.5亿美元,特别提款权减少了4.7亿美元。

表4.5　简化的2011年中国国际收支平衡表　　　　单位:亿美元

项目	差额	贷方	借方
一、经常项目	2 017.1	22 868.4	20 851.2
二、资本和金融项目	2 210.6	13 982.4	11 771.9
四、净误差与遗漏	-349.7	0	349.7
以上三项小计：	3 878.0	36 850.8	32 972.8
三、储备资产	-3 878.0	10.2	3 888.2
货币黄金	0	0	0
特别提款权	4.7	4.7	0
在基金组织的储备头寸	-34.5	5.5	40.0
外汇	-3 848.2	0	3 848.2
其他债权	0	0	0

资料来源:根据表4.4整理。

二、现阶段我国国际收支发展变化的主要特点

2001年年底,中国成为世界贸易组织成员国。以"入世"为标志,中国的外向型经济进入了一个新的发展阶段。进入21世纪尤其是加入世界贸易组织这10年,随着外向型经济的发展,我国的国际收支格局发生了巨大的变化。这些发展和变化包括以下特点：

（一）在这一阶段中国的对外贸易取得了前所未有的发展,增长率大大高于世界平均水平,贸易总量已经达到世界领先水平

加入世贸组织以来,中国的对外贸易年均增长率达到两位数以上。根据中国国际收支平衡表的数据,2001年,我国货物和服务的出口所获得的收入为2 994.1亿美元,由进口所产生的支出为2 713.2亿美元(见表4.6),而到了2011年,出口收入达到20 866.6亿美元,进口支出达到18 983.4亿美元,均为当年的7倍左右,

年均增长率分别为21.43%和21.48%,比同期全球贸易的年均增长率(9%左右)高了12%以上,比中国这一时期按现行价格计算的GDP增长率(15.37%)高出7%以上①。这说明外向型经济的发展,首先是对外贸易的发展,对中国的经济增

表4.6　2001与2011年中国国际收支平衡表比较(亿美元)

项　目	2001年			2011年		
	差额	贷方	借方	差额	贷方	借方
一、经常项目	174.1	3 179.2	3 005.2	2 017.1	22 868.4	20 851.2
A. 货物和服务	280.9	2 994.1	2 713.2	1 883.2	20 866.6	18 983.4
1. 货物	340.2	2 660.8	2 320.6	2 435.5	19 038.2	16 602.7
2. 服务	-59.3	333.4	392.7	-552.3	1 828.4	2 380.7
B. 收益	-191.7	93.9	285.6	-118.7	1 446.1	1 564.7
1. 职工报酬	-5.5	3.0	8.5	149.5	165.7	16.2
2. 投资收益	-186.2	90.9	277.1	-268.2	1 280.4	1 548.6
C. 经常转移	84.9	91.2	6.3	252.6	555.7	303.1
1. 各级政府	-0.7	1.4	2.0	-25.9	0.2	26.0
2. 其他部门	85.6	89.9	4.3	278.5	555.5	277.1
二、资本和金融项目	347.8	995.3	647.6	2 210.6	13 982.4	11 771.9
A. 资本项目	-0.5	0	0.5	54.5	56.2	1.7
B. 金融项目	348.3	995.3	647.0	2 156.1	13 926.2	11 770.1
1. 直接投资	373.6	470.5	97.0	1 704.5	2 716.6	1 012.1
我国在外直接投资	-68.9	2.1	70.9	-496.9	174.1	671.0
外国在华直接投资	442.4	468.5	26.0	2 201.4	2 542.6	341.1
2. 证券投资	-194.1	24.0	218.1	196.4	519.5	323.1
资产	-206.5	0.7	207.2	62.5	254.9	192.5
负债	12.5	23.3	10.9	133.6	264.5	130.6
3. 其他投资	168.8	500.7	332.0	255.2	10 690.1	10 434.9
资产	208.1	336.7	128.5	-1 668.2	1 087.7	2 755.9
负债	-39.3	164.1	203.4	1 923.4	9 602.4	7 679.0
三、储备资产	-473.3	0	473.3	-3 878.0	10.2	3 888.2
A. 货币黄金	0	0	0	0	0	0
B. 特别提款权	-0.5	0	0.5	4.7	4.7	0
C. 在基金组织的储备头寸	-6.8	0	6.8	-34.5	5.5	40
D. 外汇	-465.9	0	465.9	-3 848.2	0	3 848.2
E. 其他债权	0	0	0	0	0	0
四、净误差与遗漏	-48.6	0	48.6	-349.7	0	349.7

资料来源:《中国统计年鉴(2002)》与《中国统计年鉴(2012)》。

---

①　因为国际收支平衡表中的数据是以现行价格计算的,为了保持口径的一致,必须和按现行价格计算的经济增长率相比,但是在这一比较中,还存在着一个美元和人民币之间的汇率问题。在这一期间,人民币是升值的,如果考虑这一因素,中国的进出口增长的年均增长率大约在20%以上,也比经济增长高出5%。这样发展的结果,是中国经济增长中的出口依存度、进口依存度和外贸依存度(分别用出口总额、进口总额和进出口总额与GDP总额对比所得到的结果)在提高。

长做出了积极的贡献。具体地看,货物的出口年均增长率为21.74%,而服务的出口年均增长率为18.6%,货物的出口增长率略高于服务的出口增长率。货物的进出口为顺差和服务的进出口为逆差的情况仍然没有改变。这也在一定程度上说明了我国仍处于工业化阶段,相对来说服务业的发展及出口较不发达。

从表4.7的比较中可以看到,2011年,中国在货物出口上获得的收入(19 038.2亿美元)已经超过了美国(14 958.5亿美元),但由于美国的服务出口的规模(6 169.7亿美元)显著地高于中国(1 828.4亿美元),使美国在货物和服务的出口总额超过了中国。由于中国的货物出口的年均增长率高于美国,中国货物和服务的进出口总量可能很快就会超过美国,但是服务占对外贸易的比重较低、货物贸易为顺差而服务贸易为逆差的现象在短期内还不会发生变化。而在美国,情况正好反了过来,货物进出口是逆差,而服务的进出口是顺差,可以通过服务的出口所获得的收入弥补一部分货物进口所需要的资金。

表4.7 2011年中美国际收支平衡表经常项目收支比较　　单位:亿美元

项目	中国			美国		
	差额	贷方	借方	差额	贷方	借方
一、经常项目	2 017.1	22 868.4	20 851.2	-3 241.9	28 736.5	31 978.4
A. 货物和服务	1 883.2	20 866.6	18 983.4	-5 568.4	21 128.3	26 696.6
1. 货物	2 435.5	19 038.2	16 602.7	-7 441.4	14 958.5	22 399.9
2. 服务	-552.3	1 828.4	2 380.7	1 873.0	6 169.7	4 296.7
B. 收益	-118.7	1 446.1	1 564.7	2 326.5	7 608.3	5 281.8
1. 职工报酬	149.5	165.7	16.2	-80.8	61.1	141.8
2. 投资收益	-268.2	1 280.4	1 548.6	2 407.3	7 547.2	5 140.0
C. 经常转移	252.6	555.7	303.1	-1 335.4	…	…
1. 各级政府	-25.9	0.2	26	-551.9	…	…
2. 其他部门	278.5	555.5	277.1	-783.5	…	…

资料来源:中国数据来自《中国统计年鉴(2012)》;美国数据来自美国经济分析局(BEA)网站,bea.gov/international/xls/table1.xls。

(二)要素收入净额的结构发生了很大的变化

2001年,在"收益"项下表现的我国要素收入净额为-191.7亿美元,2011年为-118.7亿美元,比2001年减少了73亿美元,收支逆差的情况有了改变,虽然绝对量上看变化幅度不是很大,但如果和GDP相比,它的占比明显缩小,使得我国GDP和GNP(即GNI)之间的相对差距明显缩小。从结构上看,这个项目包含两项内容:一是职工报酬。2001年,我国从国外获得的职工报酬是3亿美元,而付给国外的职工报酬是8.5亿美元,净付出为5.5亿美元;但是到了2011年,我国由国外获得的职工报酬上涨到165.7亿美元,为2001年的50倍以上,而付给国外的职工报酬只增加到了16.2亿美元,从国外获得的净劳动报酬明显增加,2011年达到了149.5亿美元。随着我国在国外的工程承包及相应的劳务输出的不断增加,这一项目的收入还会不断增加。二是投资收益。2001年,我国由国外获得的投资收益为90.9亿美元,付给国外的投资报酬为277.1亿美元,付给国外的报酬大约为由国外获得的报酬的3倍;但是到了2011年,我国由国外获得的投资收益已经达到了1 280.4亿美元,相当于2001年的10倍以上,付给国外的投资报酬也在增加,2011年达到了1 548.6亿美元,相当于2001年的5倍以上。从发展上看,我国由国外获得的投资收益的增长显著地高于付给国外的投资收益,数值上已经比较接近(有些具体年份净投资收益甚至已经是正数);而从规模上看,则是大大高于由国外获得的劳务收入;从发展趋势看,"收益"项下的净收入发展和保持为长期的正值,可能性是非常大的。

从美国的情况看(见表4.7),"收益"项中的收入是平衡表经常项目中由货物的进出口造成的逆差的重要内容。2011年,美国由国外获得的劳务收入净值是负数(−80.8亿美元),但获得的净投资收益达到了2 407.3亿美元(其中付给国外的收益为5 281.8亿美元,由国外获得的收益为7 608.3亿美元)。这一收益加上服务出口的净收益(1 873.0亿美元),总额达到了4 000亿美元以上,弥补了由货物进出口造成的7 000多亿美元的绝大部分。这是发达国家经济的一个重要特征,就是通过资本、技术(经常体现在服务中)等方面的输出,从国外换取大量的进口产品来保持国内的高收入和高生活水准。

(三) 对外直接投资有了很大的发展,但仍然为直接投资净吸收国

从表4.6中可以看到,2001年当年,我国在外投资净额为68.9亿美元,而外国在华投资净额为442.4亿美元,我国主要属于吸收外资国,对外投资的规模明显低于外国在华投资。吸收的直接投资净额为373.6亿美元。到了2011年,我国在外投资净额达到了496.9亿美元,而外国在华投资净额为2 201.4亿美元,吸收的直接投资净额为1 704.5亿美元,为2001年的4倍以上,我国仍然主要属于吸收外资国。但是从发展上看有两个变化:一是中国对外直接投资的规模上去了,全部在外直接投资已经达到671.0亿美元,净额也达到了496.9亿美元,都超过了2001年我国吸收外国在华直接投资的总额(468.5亿美元)。这也就是说,虽然从引进和输出的关系看,我们引进外资的数量还是大大高于输出资本的数量,但是就资本输出本身而言,已经达到了相当大的规模。二是从增长上看,对外投资的增长远远快于外国在华直接投资的增长。2011年我国在外直接投资净值(496.9亿美元)为2001年的7.2倍,年均增长率为21.8%,而2011年外国在华直接投资净值(2 201.4亿美元)为2001年的4.98倍,年均增长率为17.4%。从发展趋势

上看,中国吸引的外国直接投资现在已经是世界领先水平,正处于一个高峰,未来10的增长率必然是逐渐放缓的,但是对外直接投资的扩张才刚刚起步,还有很大的发展空间。从中外比较来看,2011年美国吸收的外国投资为2 302亿美元,而对外直接投资为4 090亿美元,吸收的直接投资净额为－1 788亿美元,为对外投资净输出国。这也是发达国家经济特征,这就是资本输出已经代替商品输出,成为提高经济发展效率的重要手段。

(四) 在证券和其他投资方面,形成了大进大出的格局,尤其是与商业银行相关的融资业务发展很快,证券投资和融资也发展了起来,我国在国际金融市场的投资和融资更加多元化

在证券投资方面,从表4.6中可以看到,2001年我国的收入为24.0亿美元,从国际证券市场上的融资功能仅仅是刚刚建立起来,规模很小,但是持有国外证券(包括股票和政府债券)已经达到了218.1亿美元;但到了2011年,从国外证券市场所获得的收入已经达到了519.5亿美元,为2001年的20倍以上,但是支出只增加到323.1亿美元,增长的幅度还不到50%。这说明我国通过国际证券市场所取得的融资是迅速扩大的,而通过这一市场进行金融投资则是稳健发展的,而且从收支对比来看,收入已经超过了支出。正如前文所指出的那样,其他投资反映的主要是商业银行以及类似的商业机构进行的双向的间接融资,既包括短期贷款也包括长期贷款,既包括和进出口业务有关的贷款也包括与投资、生活活动相关的贷款,既包括中国的商业银行及相应的金融机构对国外的贷款也包括国外商业银行和金融机构对国内的贷款。从规模上看,其他投资比证券投资的收支规模要大得多,2011年贷方和借方的规模都达到了1万亿美元以上,但是收支之间却是相互平衡的,和证券投资所获得的净收入规模相近。从动态发展上看,2011年贷方的数值(10 690.1亿美元)为2001年(500.7亿美元)的20倍,而借方的数值(10 434.9亿美元)则相当于2001年(332.0亿美元)的30倍,这种现象是和我国对外贸易在整个国际收支中的重要地位相关的,由于对外贸易尤其是货物贸易的规模大,相应的进出口信贷也得到了迅速的增长,对外贸易的发展带动了国际收支领域金融业务的快速增长。

(五) 经常项目与资本和金融项目的双顺差导致我国外汇储备不断扩大,增加了我国的金融资产,同时也对我们如何更加有效地利用这些资产提出了挑战

从表4.6中可以看到,在经常项目与资本与金融项目双顺差的情况下,我国的收支盈余主要体现为外汇储备的变化,特别提款权和在基金组织中的储备头寸变化的相对规模很小。2011年,我国增加的外汇储备为3 848.2亿美元,约为2001年总量(465.9亿美元)的8.3倍。按当年平均汇率1美元兑换6.4588元人民币计算,为24 854亿元,占当年GDP总量(472 881.6亿元)的5.26%,这是一个

相当大的数额。外汇储备是我国的金融资产,也就是没有用于购买资本品和消费品的外汇资金,表现为现金、银行存款及对外其他金融投资。而在国内金融机构的信贷资金平衡表中,则有一个相应的"人民币占款"资金应用项目。这样处理实际上是有问题的,如果说境外以外汇形式进入的外商直接投资,需要在中国本地进行使用,国家应该提供相应的人民币为这些外汇的使用提供便利,那么对于进出口顺差所产生的外汇盈余,就不应该再发行相应的人民币"外汇占款"用于国内市场的购买,因为和这些盈余相对应的"货物和服务"已经出口到国外去了,或者说国内可以使用的商品总量已经减少了,在这种情况下如果再把相应的"外汇占款"投入国内市场,那实际上是加大了货币发行,增加了国内通货膨胀的压力,国际贸易的顺差越大,相应增强的外汇储备及相应的人民币"外汇占款"越多,国内通货膨胀的压力也就越大。这些由于中国的货物和服务的净出口所产生的盈余,应该用于当前或未来对国外货物和服务的购买。从严格意义上说,无论在经常项目上,还是在资本和金融项目上,我国目前都没有实现人民币的自由兑换。在这种情况下,国际收支平衡就显得更为重要,大量的顺差和外汇储备的增加实际上意味着我国在生产着大量商品满足国外的需求,而发达国家则通过增加本国货币供给的方式获得这些商品的使用,而我国由此形成的金融资产则又可能因为它们增发货币带来的外汇贬值而增加风险或形成损失。这是我们必须面临的挑战。

从前面的分析中我们已经看到,2011年,美国在经常项目上的逆差为3 241.9亿美元,而在对外直接投资上的逆差为1 788亿美元,这两项的合计为5 029.9亿美元,约占美国GDP总额(15.08万亿美元)的3.3%,这些差额资金来源就是美国在资本和金融项目上(发行政府债券、企业债券和股票以及商业银行贷款等)向国外的净负债。如果也按这一口径计算,2011年中国在经常项目上的顺差为2 017亿美元,而外商直接投资的顺差为1 704.5亿美元,两项由实体经济活动所形成的顺差为3 721.5亿美元,约占按当年平均汇率换算的当年中国GDP总额(7.32万亿美元)的5.08%,相对应的,这些资金的使用就形成了中国的资本和金融项目上持有的净国外资产。由这里的分析我们可以看到,作为发达国家的美国是通过适度负债而弥补国际收支不足的,而作为发展中国家的中国则是通过适度持有资产而消化国际收支的盈余的,这是中国和美国之间的鲜明对照。但一个国家的负债程度除了与其经济发展水平相关外,还有很多影响因素。如欧洲发达国家普遍都负债较多,由此导致了全球金融危机后的主权债务危机。但拉美的很多中等收入国家也存在高负债问题,所以历史上多次发生过拉美债务危机,而作为发达国家的日本,则更偏向于国际收支略有盈余。国际收支中较多的盈余有可能降低债务风险,但也可能降低外汇资产的使用效率。因此,如何在保持经济稳定的同时,提高外汇资产的使用效率,是我们应该重点研究的一个问题。日本在经常项目尤其是贸易项下取得盈余的同时，随着经济的发展不断地加大对国外的直接投资，由此调节国际收支平衡以及提高外汇资金的使用效率，这是一个好的经验。对中国而言，现阶段适度地扩大对外直接投资，使经常项目和资本与金融项目之间的发展更加均衡，是我们改进国际收支和资金应用的努力方向。

第三节　外向型经济格局的变化与国际收支变化

一、外向型经济的演进和提升

从前面的分析中可以看出，影响我国国际收支的主要领域，从大的方面看，主要是对外贸易（货物与服务的进出口）、直接投资、国际间生产要素的提供以及报酬，还有为这些实体经济服务的金融服务。而从现实的实体经济看，主要可以归纳为包括三种形式，即对外贸易、资本往来（包括直接投资和金融往来）和国际经济合作（对外承包工程和输出劳务）。而这些实体经济的往来和扩张，带动了金融服务的发展。因此，经常账户和资本账户之间，是相辅相成的关系。

进入21世纪后，随着中国逐渐地由一个低收入发展中国家逐渐发展成一个上中等收入新兴工业化国家，中国在这三个领域取得的进展都是惊人的。首先是对外贸易又有了很大的发展。进入21世纪以来，尤其是2001年加入世界贸易组织（WTO）以来，中国迅速地推进着全球化发展战略，由外向型经济引导的对外贸易首先取得了巨大的发展，对中国经济增长做出了巨大的贡献。从出口方面看，早在2009年中国已经超过德国，成为世界上最大的出口国。而从进出口总额看，按照WTO公布的数据，2011年中国的商品进出口总额（3.64万亿美元）已经和世界第一的美国（3.75万亿美元）相当。2013年，中国的商品进出口总额超过了美国，成为在全球对外贸易总额中占比最大的国家。与此同时，资本往来的格局也在改变。中国逐渐开始由"引进来"发展为"走出去"，对外直接投资在迅速增长，并且带动了对外承包工程和劳务输出。尤其是中国在高速经济增长和现代化进程中，在大规模的基础设施建设中技术和装备水平迅速提升，并总结了大量的经验，为其他国家低成本、高效率地改善基础设施条件提供了建设能力。事实也证明，由中国公司承包的工程在成本和效率方面，在现阶段有其他国家（包括发达国家、新兴工业化国家和发展中国家）的队伍所不可替代的优势，而且这种优势还可能长期保持下去。这使得中国走到了世界经济舞台的中央。

这一时期中国外向型经济格局的演进和提升，有内部和外部两方面的原因。外部原因在于20世纪80年代前后，世界进入了以信息和通信技术引领的新一轮技术革命，并带动了新材料、新能源、生物技术等一系列领域的革命，与此同时，在发达市场经济国家的推动下，这一时期的全球经济一体化的进程发展得非常迅速，它一方面体现为发达国家的传统产业向新兴工业化国家和发展中国家的转移,另一方面则体现为各国之间的分工协作更加深入密切。客观上要求一些经济发展水平相对偏低的国家,承接较高国家的产业转移,从而形成新的国际分工格局。内部原因则在于我国的改革和对外开放,为我们加入经济全球化的行列创造了最好的内部条件。从历史发展上看,从英国产业革命以来,世界上先后经历过第二次产业革命(1880—1920年)、20世纪40—70年代的世界技术革命①,但中国则因为自身的内部原因,错过一次又一次发展良机,在洋务运动、第一次世界大战期间和20世纪50年代初期,中国的经济都出现过短期的、较好的发展,但最终都没有和世界经济的发展和增长衔接起来,从整体上看经济发展长期处于徘徊局面。但是在这一次新技术革命和经济全球化的浪潮中,我们通过改革和对外开放,通过体制创新激发了中国经济发展的潜力和主动性,抓住了新的历史机遇,把中国的发展和世界经济的潮流融合在一起,充分发挥自己的比较优势,取得了前所未有的历史发展。

因此,在改革开放前期和中期,由于中国的经济发展水平和技术水平都比较低,我们仍然处于国际经济合作的低端,这就决定了我们的经贸合作的主要对象,是较为发达的西方市场经济体(美国、日本和欧洲),通过向这些国家出口初级或低级产品获取外汇,进口先进设备和技术,由此提高中国的现代化水平。进入21世纪后,由于中国经济发展和技术水平的提高,在全球经济合作中的地位有比较明显的改变。从规模上看,已经发展为世界领先水平;从技术水平上看,已经较过去有很大提升,可以说已经达到了世界的平均或一般水平(这从我国制造业在全球的中心地位可以得到论证)。在新的历史条件下,我们除了继续保持和发达市场经济国家的往来之外,和新兴国家(包括新兴工业化国家和广大亚非拉发展中国家)的经贸合作也发展得非常迅速,如中非贸易、中国和拉丁美洲的贸易、中国和新兴经济体(印度、巴西、俄罗斯等)的贸易等,都在这一时期发展起来。这就形成了我国的对外经贸合作的新格局,一方面是我国和发达国家之间的经贸合作继续保持和发展,另一方面是我国和新兴国家的经贸合作在不断地扩大。中国在发达国家和发展中国家之间发挥着承上启下的作用,奠定了自身在整个国际经济合作中的中心地位。但具体地分析,中国和这两类国家进行经贸合作时,还是存在着差别的。在和发达国家之间的经贸合作时,中国和发达国家之间仍然保持着各自原有的优势,但差距在缩小。发达国家仍然在管理、资金、技术上具有优势,中国仍然要通过吸引或保持来自发达国家的直接投资来促进自身的经济发展,同时不断地扩大和发达国家之间的贸易关系。从国际收支的角度看,对发达国家而

---

① Šmihula, Daniel: Long waves of technological innovations, Studia politica Slovaca, 2/2011, Bratislava, ISSN-1337-8163, pp.50—69。

言,中国已经开始由单向的资本输入(以及相应的管理和技术的输入)和商品输出(扩大出口)发展为双向的经贸合作。而在与新兴国家之间发展经贸合作时,尤其是和亚非拉广大发展中国家之间发展经贸合作时,从国际收支的角度看,则无论是在经常项目上,还是在金融和资本项目上,中国都处于优势地位。经过 30 多年的发展,中国无论是在资金规模上还是在管理水平和技术水平上都有了巨大的改善,虽然在这些方面和发达国家之间仍然存在着差距,但如果和新兴国家相比则已经具备了优势。这就使得中国可以通过对外资本输出来带动中国和新兴国家之间的经贸合作,由于中国是一个新兴的发展中国家,在经济建设中的大量经验可以直接帮助合作方,以较低的成本开展基础设施建设和进行投资,而对于发达国家来说是很难进行这样的合作的。这也是为什么中国在经济增长过程中要大量地依赖自身的积累开展基础设施建设的原因,我们必须依靠自己的努力改善投资环境来吸引外部资金。而现在,我们可以把这些经验用于新兴国家的开发,既改善了当地的基础设施建设,增强了当地吸引外资(包括中国的资金)和把本国资源转变为现实的生产力的能力,又加强了吸收中国资本和商品的能力,是扩大中国和这些国家之间经贸合作的新的途径。中国的外向型经济正从"引进来"向"走出去"发展,但从合作方看是有区别的,和发达国家之间现在处于由"请进来"向"走出去"发展阶段,但和新兴国家之间合作则更多地体现为"走出去"。

二、在全球贸易中的地位

进入 21 世纪后尤其是 2001 年 12 月加入 WTO 后,中国的外向型经济进入了一个新的发展时期,大批跨国公司进入中国,并将生产基地转到中国。国有企业、民营企业和外资企业在外向型经济领域中的迅速发展,中国作为新全球制造业中心的地位进一步巩固,对外贸易的规模开始进入新一轮高速扩张。从表 4.8 可以看到,2000 年以来,中国的出口贸易增长得特别快,年均增长率达到 15.4%,尤其是 2002—2007 年期间,每年的增长率都在 20% 以上,2008 年,由于全球金融危机造成的世界经济衰退和需求减弱,中国的出口增长率开始出现明显回落,2009 年甚至是负增长,但随着国际经济形势的改善,2010 年出口增长率又达到了 30% 以上,其中既有经济复苏的影响,也有出口本身增长的影响。但是从 2011 年和 2012 年的出口增长率看,它们是逐年回落的,对中国经济增长也有影响,尤其是 2012 年,在我国的内需中,投资和消费都增长得比较平稳,但由于出口增速明显降低,达到两位数以下,使得整个经济增长率未能保持在 8% 以上。从表 4.8 中列出的以现行价格反映的各年的 GDP 和相应的名义增长率(因为货物的出口及增长率也是按照现行价格计算的)的相互比较,可以看出,这一时期总的发展趋势是中国的出口增长快于 GDP 增长,从名义增长率看高出约 2 个百分点,出口对于经济增长的贡献在加大,反映为出口依存度(出口总额与 GDP 的比值)的提高,由 2000

年的20.8提高到2012年的25.6%,提高了约5个百分点。

表4.8 2000—2012年中国的货物出口与经济增长

年份	出口		GDP		出口依存度(%)
	总额(亿元)	名义增长率(%)	总额(亿元)	名义增长率(%)	
2000	20 634	—	99 215	—	20.8
2001	22 024	6.7	109 655	10.5	20.1
2002	26 948	22.4	120 333	9.7	22.4
2003	36 288	34.7	135 823	12.9	26.7
2004	49 103	35.3	159 878	17.7	30.7
2005	62 648	27.6	184 937	15.7	33.9
2006	77 595	23.9	216 314	17.0	35.9
2007	93 456	20.4	265 810	22.9	35.2
2008	100 395	7.4	314 045	18.1	32.0
2009	82 030	−18.3	340 903	8.6	24.1
2010	107 023	30.5	401 202	17.7	26.7
2011	123 241	15.2	472 882	17.9	26.1
2012	132 977	7.9	519 322	9.8	25.6
年均增长(%)		15.4		13.6	

资料来源:2011年以前数据根据《中国统计年鉴(2012)》中相关数据整理;2012年数据根据国家统计局统计公报而得,其中按人民币计算的出口总额按公布的美元出口额推算。

显然,进入21世纪后,尤其是在2003年以后的新一轮经济增长中,外向型经济的发展做出了很大的贡献。但是从2009年以后,随着国际市场对我国商品的吸纳程度的变化,我国的出口增长的年均增长率有所放慢,再加上国内经济周期的原因,经济增长有所放缓。从发展趋势看,由于中国现在外向型经济的规模已经很大,再像21世纪初那样较长时期地保持高增长率,可能性已经不大。但这并不是说对外贸易就不需要发展了,相反,在经济全球化的今天,如果不能充分地参加国际分工,利用国际和国内两种资源、两个市场来发展中国的经济,我们就很难实现可持续的发展。由于我们的对外贸易的基数已经很大,增长率可能有所回落,但每一个百分点所包含的量是很大的,因此即使保持比较正常的增长,同样需要我们不断地提高中国产品的竞争力和开拓市场;同时我们还要不断提高对外贸易的质量,这首先是我们的产品质量要不断提高,其次是外贸增长的质量要提高,同样的出口产品应该能够创造更多的增加值。这样,即使在对外贸易的增长率有所回落的情况下,出口产业对于经济增长的贡献也可能是不断增加的。

表4.9列出了2011年中国对各大洲的对外贸易情况。从表中可以看出,无论

按贸易总额、出口总额和进口总额排序,各大洲的排序都是一样的,顺序为亚洲、欧洲、北美洲、拉丁美洲、非洲和大洋洲。和亚洲之间的对外贸易,是和非洲和大洋洲的10倍以上。这一方面是因为在地理上,中国和亚洲的联系最为方便,另外一方面,也和亚洲本身的经济规模有关。2011年,由于世界经济复苏,中国对外贸易增长得较快,进出口总额平均增长22.46%。在表中可以看出,在世界的六个大洲中,和中国贸易往来规模较大的三个洲,增长幅度都低于平均增长,而规模较小的三个洲,增长幅度都大于平均数。这是近些年来中国对外贸易的一个新特点,这就是和传统贸易伙伴之间的贸易增长率有所放缓,而和新发展起来的贸易伙伴之间的贸易增长率在加快。而且如果从进出口的关系上看,和拉丁美洲、非洲及大洋洲的进口增长得特别快,而且由非洲和大洋洲的进口增长明显高于对它们的出口增长。这就反映中国的对外贸易已经开始形成新的格局,这就是中国作为亚非拉广大发展中国家的商品提供者,其作用在不断增强;与此同时,对资源富集国家和地区的进口在不断增加。而和欧美及亚洲的发达国家以及新兴国家之间的传统贸易关系,仍然保持着稳定的发展。

表4.9 2011年中国对各大洲的对外贸易情况

	总额(亿美元)			比上年增长(%)		
	进出口	出口	进口	进出口	出口	进口
总计	36 419	18 984	17 435	22.46	20.32	24.87
亚洲	19 031	8 990	10 041	21.46	22.83	20.26
欧洲	7 007	4 136	2 872	22.28	16.44	31.81
北美洲	4 944	3 501	1 443	16.91	14.46	23.29
拉丁美洲	2 414	1 217	1 197	31.45	32.59	30.30
非洲	1 663	731	932	30.92	21.90	38.97
大洋洲及太平洋岛屿	1 298	409	889	31.09	23.86	34.70

资料来源:按《中国统计年鉴(2012)》中相关数据整理。

再具体考察中国内地和主要贸易伙伴国家或地区的对外贸易情况。

先看出口。表4.10是2011年中国内地的前20位出口伙伴的情况。从表中可以看出,中国内地对外出口的最大国家是美国,占中国内地出口总额的17%,而在事实上,中国内地对第二大贸易伙伴中国香港的出口,其中相当大的一个部分最终也转往美国,美国实际吸收和消化的中国内地出口商品,占中国内地商品出口总额的20%以上。在这些商品中,既包括中国内地的纺织品、家用电器等属于一般贸易的纺织和轻工商品,也包括苹果手机这样的加工商品。从总体上看,大多属于中低端的生活用品。而反过来,美国对中国内地的商品出口,则主要是中国内地生产能力较弱或者生产成本较高、科技含量较高的高端产品,当然,也有美国具有生产优势的农产品。从目前的进出口情况看,中美之间的贸易存在着较大的顺差,而美国对中国内地出口高科技产品方面的限制,又加剧了这种顺差。这种顺差成为很多美国人指责中国内地的理由,而在事实上,这种贸易关系在拉动中国内地经济增长时,也对美国改善国民福利做出了很大的贡献。一方面,它使得美国消费者在本国生产要素成本上升时,仍然可以用便宜的价格消费各种日用品;另外一方面,虽然在以总额计算的出口和进口商品之间存在着较大的差别,但相对而言,中国内地单位出口商品中所包含的增加值(如每个美元出口商品所包含的增加值)相对于美国的高科技或资本密集型产品中单位商品所包含的增加值是比较低的。如果从新增价值的角度考虑,中美之间的收入差

表4.10 2011年中国内地与前20个出口贸易伙伴的贸易情况

		总额(亿美元)			比上年增长(%)		
		进出口	出口	进口	进出口	出口	进口
	总计	36 419	18 984	17 435	22.46	20.32	24.87
1	美国	4 466	3 245	1 221	15.88	14.53	19.62
2	中国香港	2 835	2 680	155	22.95	22.76	26.36
3	日本	3 428	1 483	1 946	15.13	22.49	10.09
4	韩国	2 456	829	1 627	18.59	20.58	17.61
5	德国	1 691	764	927	18.86	12.28	24.89
6	荷兰	682	595	87	21.32	19.71	33.67
7	印度	739	505	234	19.67	23.52	12.11
8	英国	587	441	146	17.19	13.81	28.76
9	俄罗斯	793	389	404	42.75	31.38	55.74
10	新加坡	637	356	281	11.62	9.96	13.79
11	中国台湾	1 600	351	1 249	10.04	18.31	7.92
12	澳大利亚	1 166	339	827	31.97	24.58	35.26
13	意大利	513	337	176	13.56	8.20	25.49
14	巴西	842	318	524	34.58	30.16	37.43
15	法国	521	300	221	16.32	8.49	28.98
16	印度尼西亚	606	292	313	41.65	33.09	50.68
17	越南	402	291	111	33.64	25.92	59.18
18	马来西亚	900	279	621	21.24	17.16	23.17
19	阿联酋	351	268	83	36.72	26.27	86.60
20	泰国	647	257	390	22.28	30.16	17.60

资料来源:根据《中国统计年鉴(2012)》中相关数据整理。

距并不会这么大。但对于中国内地来说,通过增加低增加值(或称为低附加值)的产品出口获得更多的外汇,由此能够从国外引进更多的先进技术和设备,这在工业化或产业化进程中是必需的,因为只有进行了这种妥协,我们才有可能后来者居上,实现赶超战略。因此,这种贸易顺差以及产品附加值上的不均衡的客观存在,实际上是中美两国经济和技术发展差异上的体现。从这个表中还可以看出,几乎所有的发达国家都是中国内地的主要贸易伙伴。日本、德国、英国、法国等都属于这样的改革开放中前期发展起来的主要贸易伙伴。它们的共同特点是和中国内地之间的贸易规模相对较大,但增长率相对较慢。在这些国家中,制造业大国日本和德国对中国内地的进出口是顺差,而欧洲的其他国家则是逆差。这反映了中国内地的工业化进程中,对发达国家和新兴工业化国家(如韩国)的高端制造业仍然存在着需求。从整体上看,发达国家仍然是中国内地外向型经济中的主要对象。

在表4.10中还可以看到,在中国内地的主要出口伙伴中,新兴工业化国家和新兴发展中国家的地位在提升,如新兴工业化国家韩国,现在已经成为中国内地的第四大出口伙伴,而新兴的发展中国家印度,现在已经成为中国内地的第七大出口伙伴,而欧洲传统的发达国家,如英国、法国、意大利,排名都在印度之后。在新兴国家和地区中,还有两种情况,一种是由它们对中国内地的出口带动对中国内地商品的进口,如韩国、俄罗斯、中国台湾、澳大利亚、巴西、马来西亚等,它们的特点是和中国内地之间存在着较大的贸易顺差(对中国内地来说则是逆差),在发展对中国内地的出口(韩国和中国台湾主要是高科技产品,而其他国家或地区则是资源类产品)的同时,带动对中国内地产品的进口。还有一种是中国内地对它们的出口带动进口,主要是中国内地产品在这些国家或地区具有较强的市场竞争力(包括对这些国家或地区的产品以及发达国家的产品的竞争力),从而打开那里的市场,并带动了这些国家或地区对中国内地的出口,印度、越南、阿联酋都属于这种情况。

表4.11 2011年中国内地与前20个主要进口贸易伙伴贸易情况

		总额(亿美元)			比上年增长(%)		
		进出口	出口	进出口	出口	进出口	出口
	总计	36 419	18 984	17 435	22.46	20.32	24.87
1	日本	3 428	1 483	1 946	15.13	22.49	10.09
2	韩国	2 456	829	1 627	18.59	20.58	17.61
3	中国台湾	1 600	351	1 249	10.04	18.31	7.92
4	美国	4 466	3 245	1 221	15.88	14.53	19.62
5	德国	1 691	764	927	18.86	12.28	24.89
6	澳大利亚	1 166	339	827	31.97	24.58	35.26

（续表）

		总额（亿美元）			比上年增长（%）		
		进出口	出口	进出口	出口	进出口	出口
7	马来西亚	900	279	621	21.24	17.16	23.17
8	巴西	842	318	524	34.58	30.16	37.43
9	沙特阿拉伯	643	148	495	48.90	43.25	50.68
10	俄罗斯	793	389	404	42.75	31.38	55.74
11	泰国	647	257	390	22.28	30.16	17.60
12	南非	455	134	321	76.91	23.73	115.44
13	印度尼西亚	606	292	313	41.65	33.09	50.68
14	伊朗	451	148	303	53.46	33.09	65.81
15	新加坡	637	356	281	11.62	9.96	13.79
16	瑞士	309	37	272	54.00	22.07	59.68
17	印度	739	505	234	19.67	23.52	12.11
18	加拿大	474	253	222	27.72	13.73	48.55
19	法国	521	300	221	16.32	8.49	28.98
20	智利	314	108	206	20.82	34.79	14.57

资料来源：《中国统计年鉴(2012)》。

三、资本往来和国际经济合作

（一）资本往来

中国内地目前已经是世界上吸引外商直接投资最多的国家[①]。从表4.12中可以看到，每年吸引的外商直接投资已经达到1000亿美元以上。从名列前15位的外商直接投资的主要来源地看，可以分为三类：一是和中国内地有着特殊联系的国家和地区，包括了亚洲四小龙中的新加坡、韩国、中国香港、中国台湾，这些国家和地区属于在东亚地区继日本之后首先实现高增长的经济体，各有独特的发展优势（如中国香港和新加坡的金融优势、韩国的制造业优势、中国台湾的科技优势等），又和中国内地有着特殊的联系，一直积极地发展着和中国内地的经贸关系，并且通过这种关系促进了其自身的经济发展；二是处于所谓投资的"避税天堂"的一些地区，如英属维尔京群岛、开曼群岛、萨摩亚和百慕大，外资经过这些地方来到中国内地进行投资，可以享受一些税收优惠；三是来自发达国家的投资，包括来自日本、美国、欧洲的资金，而在前两类资金中，其实也包含了一些来自这些发达国家的资金。从这个分析中可以看出，在中国内地吸引外商直接投资中，发达国

---

① 世界银行数据库：Foreign direct investment, net inflows, http://data.worldbank.org/indicator/BX.KLT.DINV.CD.WD，从2011年起，中国内地已经超过美国，成为外商直接投资净流入最大的国家。

家仍然占有重要地位,因为这些外商直接投资,都不仅仅是简单的资本投入,而是伴随着具有竞争力的产品或服务的生产进入中国。当然也有一部分属于对于加工产业的投入,属于跨国公司全球生产链的一个环节。也就是说,伴随着这些资本进入中国内地的,是相应的具有竞争力的技术和经营。在这一方面,中国内地和发达国家之间仍然存在着差距,需要通过引进、消化、吸收和再创新来提高自己的生产能力和效率。

表4.12　2010年和2011年中国内地外商直接投资主要来源国家和地区 单位:亿美元

	国别(地区)	2010 外商直接投资	2011 外商直接投资
	总计	1 057	1 160
1	中国香港	606	705
2	英属维尔京群岛	104	97
3	日本	41	63
4	新加坡	54	61
5	韩国	27	26
6	美国	30	24
7	开曼群岛	25	22
8	中国台湾	25	22
9	萨摩亚	18	21
10	毛里求斯	9	11
11	德国	9	11
12	法国	12	8
13	荷兰	9	8
14	百慕大	4	7
15	中国澳门	7	7

资料来源:根据《中国统计年鉴(2012)》中有关数据整理。

与此同时,我们也可以注意到,相对于中国的经济增长而言,中国从世界各地(包括发达国家)吸收的外商直接投资的相对规模是下降的。从表4.13中可以看到,在改革开放初期,也就是20世纪80年代,中国虽然已经开始引进外资,而且绝对和相对规模都在不断扩大,FDI占GDP的比重由1985年的0.64%提高到1990年的0.89%,但整个地看,实际使用外资的规模是很小的,1990年仅为34.87亿美元。从1992年邓小平南方谈话后,我国加快了吸引外资的步伐,吸引外商直接投资的数额有明显的增加,占GDP的比重迅速提高。1994年,中国实际利用外资的数量达到了337.67亿美元,规模几乎为1990年的10倍,占GDP的比重也达到了创纪录的6.04%,为改革开放以后的最高水平。在此之后,中国实际利用外资仍然在稳步增长,但增长的幅度却明显低于GDP的增长,其结果是其占GDP的比重在逐年下降,2011年,这一比重已经下降到1.58%,虽然仍然高于20世纪80年代,但已经是1994年以后的最低水平。这说明在中国的高速经济增长的历史

表4.13 改革开放以来中国实际利用外资占GDP比重的变化

	实际使用外资 (亿美元)	平均汇率 (元/美元)	实际使用外资 (亿元)	国内生产总值 (亿元)	FDI占GDP的比重 (%)
1985	19.56	2.9366	57	9 016	0.64
1986	22.44	3.4528	77	10 275	0.75
1987	23.14	3.7221	86	12 059	0.71
1988	31.94	3.7221	119	15 043	0.79
1989	33.92	3.7651	128	16 992	0.75
1990	34.87	4.7832	167	18 668	0.89
1991	43.66	5.3233	232	21 781	1.07
1992	110.08	5.5146	607	26 923	2.25
1993	275.15	5.7620	1 585	35 334	4.49
1994	337.67	8.6187	2 910	48 198	6.04
1995	375.21	8.3510	3 133	60 794	5.15
1996	417.26	8.3142	3 469	71 177	4.87
1997	452.57	8.2898	3 752	78 973	4.75
1998	454.63	8.2791	3 764	84 402	4.46
1999	403.19	8.2783	3 338	89 677	3.72
2000	407.15	8.2784	3 371	99 215	3.40
2001	468.78	8.2770	3 880	109 655	3.54
2002	527.43	8.2770	4 366	120 333	3.63
2003	535.05	8.2770	4 429	135 823	3.26
2004	606.3	8.2768	5 018	159 878	3.14
2005	603.25	8.1917	4 942	184 937	2.67
2006	630.21	7.9718	5 024	216 314	2.32
2007	747.68	7.6040	5 685	265 810	2.14
2008	923.95	6.9451	6 417	314 045	2.04
2009	900.33	6.8310	6 150	340 903	1.80
2010	1 057.35	6.7695	7 158	401 513	1.78
2011	1 160.11	6.4588	7 493	472 882	1.58

资料来源:根据《中国统计年鉴(2011)》中有关数据整理。

中,外商直接投资曾经发挥过非常重要的作用,改善了我国经济的整体产出能力和生产效率,但随着中国经济发展水平的不断提高,自主增长的能力不断加强,对外部投资的依赖性在减弱。从发展趋势看,中国吸引的外商直接投资还会有所增加,但增长幅度不会很大,将明显低于名义GDP的增长率,从而导致占GDP的比重继续回落,重新回到1%以下的水平。

伴随着外商直接投资增长的回落,是中国对外投资的加速增长。2005年,中国的对外直接投资只有122亿美元,而当年我国吸收的外商直接投资为603亿美元,中国的对外投资仅有所吸收的投资的20%左右,主要是投资输入国。而2010年和2011年,对外直接投资的规模则达到了688.11亿美元(见表4.14)和746.54亿美元[①],为所吸收的投资的70%以上。中国已经成为世界上的资本输出大国之一。虽然从直接投资的角度看,中国目前仍然是资本净输入国,但从发展趋势看有可能发展为进出平衡甚至是净输出国,这是随着中国经济发展水平的提高和全球化战略的推进所带来的必然结果。表4.14列出中国内地对外直接投资的主要对象国家和地区。从表中可以看到,中国内地的对外直接对象也分为三类:一类是转口投资地,中国香港、英属维尔京群岛、开曼群岛、新加坡主要属于这一类;二是发达国家,其中包括法国(2011年变化较大)、美国、英国、德国等,我们和它们的合作关系由吸引它们的投资逐渐发展为相互投资;三是新兴经济体,其中既有一些经济发展水平较高的国家(如澳大利亚、俄罗斯等),也有一些经济较为落后但有较好的资源条件的国家,如苏丹、印度尼西亚、泰国等,它们的共同特点是近些年来和中国内地的经济交往比较密切,经济增长率较高。虽然从数量上看,前两类国家和地区是中国内地资本输出的主体,但对新兴国家的投资比重将会不断提高。从目前情况看,中国内地对新兴国家的直接投资,主要面对的是资源性产业(包括能源和自然资源)的开发。作为新的全球制造业中心,制造业的规模已经达到了世界领先水平,这就导致中国内地对于能源和自然资源的消耗在迅速增长,不可能只是依赖国内的能源和自然资源来支持这个中心。因此,中国内地在发展对外直接投资时,能源和自然资源类产业就成为首选,这也是为什么在中国内地迅速增长的对外投资中,资源富集国家占据了重要地位的原因。

---

① 商务部:《2012年度中国对外直接投资统计公报》。

表 4.14　2010 年和 2011 年中国内地对外直接投资　　　　单位:亿美元

	国家（地区）	对外直接投资净额	
		2010	2011
	合计	688.11	746.54
1	中国香港	385.05	356.55
2	英属维尔京群岛	61.20	62.08
3	开曼群岛	34.96	49.36
4	法国	0.26	34.82
5	新加坡	11.19	32.69
6	澳大利亚	17.02	31.65
7	美国	13.08	18.11
8	英国	3.30	14.20
9	苏丹	0.31	9.12
10	俄罗斯	5.68	7.16
11	印度尼西亚	2.01	5.92
12	加拿大	11.42	5.54
13	德国	4.12	5.12
14	韩国	-7.22	3.42
15	泰国	7.00	2.30

资料来源:根据《中国统计年鉴(2012)》中有关数据整理。

(二) 国际经济合作

中国近些年来外向型经济发展的另一个重要特征,就是国际经济合作的迅速发展。这里所说的国际经济合作,其实是一个专有名词,指的是对外劳务输出和对外承包工程。我国的对外劳务输出很早就有了,但对外承包工程却是最近这些年才发展起来的。从表 4.15 中可以看到,2000—2011 年,我国对外经济合作在外人数虽然有所增加,但增长的幅度却并不大,而对外承包工程完成的营业额却发生了巨大的增长,从 2000 年的 83.3 亿美元增长到 2011 年的 1 000 亿美元以上,而且增长得特别稳定。这是中国近些年来对外经贸合作的又一特征,这就是我国在长期的基础建设中积累的经验和能力,已经成为我国外向型经济的又一重要组成部分。中国对外承包的工程质量好,价格合理,同时又有很好的施工队伍,这必然受到广大新兴发展中国家的欢迎。

表 4.15 2000—2011 年中国对外经济合作情况

年份	承包工程完成营业额（亿美元）	年末在外人数（万人）
2000	83.8	36.9
2001	89.0	41.5
2002	111.9	41.0
2003	138.4	43.0
2004	174.7	41.9
2005	217.6	41.9
2006	299.9	47.5
2007	406.4	50.5
2008	566.1	46.7
2009	777.1	45.0
2010	921.7	47.0
2011	1 034.2	48.8

资料来源：《中国统计年鉴(2012)》。

在表 4.16 中我们可以看出我国对外承包工程在世界各国的分布情况，可以看到，从各大洲的分布看，亚洲、非洲和拉丁美洲在前，而欧洲和北美洲在后；从国家分布看，承包工程最多的新兴国家是印度，主要国家大多数为亚非拉发展中国家，而且主要是目前经济发展比较有活力的亚非拉国家，这说明发展中国家在发展中有着共同的利益，从而也就有更好的发展远景。而和欧美之间，由于它们对中国内地的各种限制，目前这方面的发展规模仍然很小。在这一方面，我们的发展还有很大的潜力和优势。这种合作与对外贸易合作不同之处在于，它是和其他国家和地区之间更深层次的交往。往往一个合作项目中，既包括中国内地的对外投资，也包括中国内地设备的出口，还包括中国内地建设队伍的施工建设，所提供的效益是多方面的。这种交往的基础，往往建立在和我们交往的发展中国家的经济发展上，如印度、印尼、越南、马来西亚等国，都是近些年来经济发展比较好的国家。现在全球的发展中国家，正处于一个新的发展浪潮中，这和欧美发达国家的经济停滞形成鲜明的对照，而由于中国内地本身也是发展中国家，有着生产要素方面的竞争优势，使得我们和这些国家有了非常好的合作基础，并由此导致了中国内地在这一领域取得了巨大的发展。这是中国内地未来对外经贸合作中一个非常有潜力的领域。

表4.16 2011年按国别分中国内地对外经济合作情况

排序	国别(地区)	承包工程		劳务合作 年末在外人数 (人)
		完成营业额 (万美元)	年末在外人数 (人)	
	合　计	1 034.2	324 018	488 409
按大洲				
1	亚洲	510.2	150 496	420 443
2	非洲	361.2	152 038	29 041
3	拉丁美洲	79.2	8 908	4 341
4	欧洲	46.0	7 606	27 421
5	大洋洲及太平洋岛屿	23.2	4 491	3 742
6	北美洲	14.2	461	3 172
按国家或地区				
1	印度	74.4	4 363	373
2	安哥拉	63.4	33 159	8 534
3	沙特阿拉伯	43.6	24 363	6 243
4	阿尔及利亚	40.5	31 858	4 704
5	委内瑞拉	35.8	2 839	111
6	尼日利亚	34.6	6 747	2 315
7	印度尼西亚	34.6	6 677	597
8	越南	31.9	9 358	5 266
9	苏丹	27.4	15 119	138
10	新加坡	25.3	12 666	71 463
11	巴基斯坦	23.7	4 395	365
12	伊朗	21.6	2 537	
13	马来西亚	21.5	5 220	3 065
14	孟加拉国	20.7	1 885	247
15	中国香港	19.7	2 054	21 992
16	阿联酋	19.4	9 621	7 196
17	埃塞俄比亚	18.1	5 463	212
18	赤道几内亚	18.0	9 779	1 126
19	伊拉克	17.7	4 310	31
20	博茨瓦纳	15.7	3 129	109
21	缅甸	14.5	16 012	502
22	巴西	14.4	500	123
23	俄罗斯	14.0	3 233	17 527

(续表)

排序	国别（地区）	承包工程		劳务合作
		完成营业额（万美元）	年末在外人数（人）	年末在外人数（人）
	合　计	1 034.2	324 018	488 409
24	肯尼亚	13.9	2 257	114
25	菲律宾	12.9	832	115
26	斯里兰卡	12.6	3 624	62
27	美国	12.5	350	2 672
28	哈萨克斯坦	12.4	2 511	922
29	卡塔尔	11.3	5 097	1 587
30	埃及	10.2	1 015	67

资料来源：《中国统计年鉴（2012）》。

第四节　资本管制、货币政策与汇率稳定[①]

国际资本流动大幅增长，这已经成为国际货币体系的一个重要特征，这既给各国带来了潜在的益处，但大规模和具有波动性的国际资本流动也给各国监管当局带来了政策挑战。2012年年末，国际货币基金组织（IMF）接受了以资本管制来平复动荡不定的跨境资本流动的做法，此举标志着该组织在政策思想上发生了重大转变。IMF报告指出，各国在特定阶段下的资本账户开放程度应根据金融市场的发展水平等具体情况而定，强求所有国家在任何时候都要实现资本账户完全开放并不合适。IMF的报告还指出，直接资本管制不能替代针对资本快速涌入的宏观经济对策。

在实施一定程度合理的资本管制情况下，如何选择货币政策的框架？这成为所有新兴市场经济体面临的一个关键问题。2008年全球金融危机之前，国际上主流货币经济学理论与实践普遍推崇的货币政策框架为通货膨胀目标制，即以稳定通胀为主要目标和以政策利率为主要工具的货币政策框架。在这一传统框架中，汇率处于从属的地位。通常认为，与通胀目标制相契合的最佳汇率安排应是完全浮动汇率体制；反之，如对汇率进行管理，则会损害反通胀的可信性，不利于宏观经济的稳定（Masson and Savastano et al.，1997）。然而，1997—1998年亚洲金融危机的教训表明，汇率的大幅波动会给一国经济带来巨大的负面影响，对汇率进行

[①] 本节得到国家社会科学基金重点项目"我国中长期经济增长与结构变动趋势研究"（09AZD013）、国家自然科学基金"国际资本流动、货币国际化与货币政策：基于中国的理论与经验研究"（71373011）、教育部人文社会科学一般项目"全球化背景下人民币汇率政策与货币政策协调的微观基础理论与实证研究"（10YJA790094）以及北京大学经济学院中青年教师科研种子基金的资助。

一定程度的管理更有利于金融稳定与应对危机①(Frankel,1999)。特别是本轮金融危机爆发以来,许多学者开始质疑单纯盯住通胀目标的框架缺陷(Blanchard et al.,2010)。近来,越来越多的学者开始思考是否应将汇率稳定引入传统的通胀目标框架之中(Engel,2012;De Paoli,2009)。同时,在传统的利率工具之外,也在寻找更多的政策调控手段。其中,国际货币基金组织(IMF)研究人员(Ostry et al.,2012)提出的"双目标双工具"政策框架较具代表性。该研究认为,尽管传统的通胀目标制强调管理汇率可能给通胀目标制带来负面影响,但汇率稳定与物价稳定作为双目标的整体福利可能更大。对于新兴市场经济体而言,资产不可替代性和资本管制导致资本流动存在摩擦,经济主体对货币错配的承受能力较弱。因此,在货币政策目标的选择上应比传统的通胀目标制更关注汇率目标,即可采用"双目标"政策框架:既包括通胀目标(一般同时也包括产出缺口目标),也包括汇率(以及外汇储备)目标。这种将汇率稳定与通胀稳定并列的"双目标"框架将传统的通胀目标制与有管理的浮动汇率制(Managed Float)结合起来。在政策工具方面,除了使用传统的利率工具应对通胀外,还包括运用对冲干预(Sterilization Intervention)工具来管理汇率,即所谓的"双工具"。"双目标双工具"政策框架为新兴市场经济体在全球经济一体化背景下货币政策的制定提供了有益的借鉴。

  本节在国际货币基金组织(IMF)模型(Ostry et al.,2012)基础上,首次将此方法应用于中国这一最大新兴经济体,并结合我国具体情况进行了针对性分析。我国目前尚存在一定程度的资本管制。同时,我国货币政策目标的表述是"保持物价稳定并以此促进经济增长",这与传统的通胀目标制较为接近。在政策工具上,我国综合运用数量型与价格型工具(后者主要包括利率工具)进行调控。尽管我国并未明确将汇率稳定作为货币政策的最终目标之一②,但在实际操作中却运用了对冲干预手段来规避人民币汇率的大幅波动,即实行有管理的浮动汇率制。这与Ostry et al.(2012)的"双目标双工具"框架似乎更为接近。

  本节的主要研究成果包括:

  第一,归纳了人民币实际有效汇率、通胀率与产出缺口之间的动态数据特征,并对2004年以来的历次实际汇率波动期进行了识别;具体考察了人民币实际汇率波动发生前后通胀率和产出缺口的变化情况,分析了人民币实际汇率大幅波动

---

  ① 亚洲金融危机期间,汇率大幅波动给各危机经济体带来巨大的负面影响。考察受到冲击较大的经济体,货币当局均未将其货币盯住某一主要货币。相反,中国香港与阿根廷等当时实行货币局汇率制度的经济体却平安地渡过危机。这些现象表明,对汇率进行管理的做法可能更有利于确保经济体在危机面前平安无事(Frankel,1999)。

  ② 长期以来,允许汇率浮动被认为是一国货币政策当局是否真正承诺实施通胀目标制的检验(Masson and Savastano et al.,1997;Ostry et al.,2012)。完全浮动的汇率制度被认为是一种具有优越性的有利于宏观经济稳定的制度,而对汇率进行管理则被认为是一种有缺陷的不利于宏观经济稳定的制度安排。

的宏观效应。

第二，在上述基础上进一步构建了包括资本流动、实际汇率预期变化和经济波动特征等在内的动态模型，即在传统的经济周期模型中引入了实际汇率与对冲干预变量，构建了实际汇率预期、资本流动与对冲干预之间的联系机制。

第三，在模型参数校准的基础上，得出了利率与对冲干预"双工具"最优政策规则数值解。其中，利率规则为广义上的"泰勒规则"；对冲干预规则在本节中被称为"Ostry规则"[①]。通过对比"双目标双工具"与传统通胀目标制框架下不同的福利结果，本节发现，在资本流动摩擦较大或面对资本流动扰动条件下，"双目标双工具"政策可增进福利。

第四，在模型构建中考虑了汇率预期的作用，并假定汇率预期向稳态的调整是一个持续的过程。这一假设，一方面与Ostry et al.(2012)关于非套补利率平价短期内不成立的假设相一致；另一方面也为"双工具"政策充分发挥作用提供了前提条件——如果实际汇率预期在较短时间内很快回归到稳态水平，则会降低政策工具的运用效果。

本节对Ostry et al.(2012)中的几方面不足进行了补充和完善，尝试为我国未来在资本账户逐渐开放情况下的货币政策实践提供有益的理论框架和实证依据。具体体现在：一是Ostry et al.(2012)中未给出利率与对冲干预"双工具"的最优政策规则的数值解，本节则运用数值模拟方法得出了"双工具"最优规则的数值解，便于考察政策规则的数值特征；二是Ostry et al.(2012)未精确比较"双目标双工具"与传统通胀目标制之间福利效应的相对大小，而本节则对两种政策的福利效应进行了定量的对比；三是Ostry et al.(2012)未分析放松资本管制这一新兴市场经济体所面临的难题，本节则比较了资本管制逐渐放松情况下两种政策框架的福利效应。

本节接下来的具体结构安排如下：第一部分分析了我国实际汇率、产出缺口与通胀率之间关系的数据特征；第二部分构建了包括资本流动、实际汇率和经济周期特征的动态模型；第三部分得出了最优"双目标双工具"政策规则，并进行了模拟分析；第四部分考察了放松资本管制条件下不同政策框架的福利效应，并估计了我国央票利率和对冲干预的反应函数；第五部分为结论和政策建议。

一、我国实际汇率、产出缺口与通胀率关系的数据特征

为使得模型构建和校准与我国数据的典型特征相符合，以下考察人民币实际有效汇率对产出缺口与通胀影响的时滞差异。我们运用Mendoza & Terrones(2008)方法识别2004年以来我国实际有效汇率的波动期间。

样本采用2004年第一季度至2011年第四季度的季度数据。人民币实际有

---

① Ostry et al.(2012)将对冲干预作为利率之外的第二种工具。

汇率季度数据(2010年=100)、GDP季度数据来自WIND数据库。季度实际GDP由名义GDP经平减指数计算得到,经季节调整,再通过HP滤波方法得到潜在GDP。产出缺口定义为实际GDP偏离潜在GDP的百分比。人民币实际有效汇率对数值的趋势由HP滤波方法生成,人民币实际有效汇率对数值相对趋势的偏离程度为HP滤波方法生成的周期性部分(简称人民币实际有效汇率偏离程度)。

根据对分布统计量进行分析发现,我国2004年第一季度到2011年第四季度32个季度人民币实际有效汇率偏离趋势值程度分布右端尾部较长(skewness为0.97),且形态较正态分布略为尖瘦(Kurtosis为3.47)。Jarque-Bera检验在5%的显著水平接受该分布为正态分布的原假设(P值为0.07)。在该分布右端6%的临界点,实际汇率偏离趋势值程度为标准差的1.91倍(略大于Mendoza & Terrones(2008)1.55倍)。根据6%的概率水平,识别出人民币实际汇率存在1个大幅上升期和2个大幅下降期,即分别为2008年第四季度至2009年第一季度、2006年第二季度和2011年第三季度(见图4.1)。

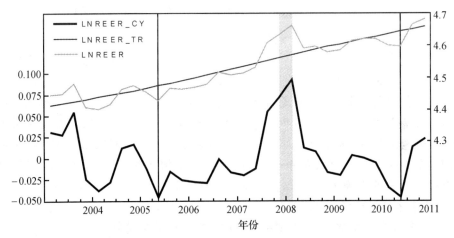

图4.1 人民币实际有效汇率对数趋势(右轴)与其相对趋势值偏离程度(左轴)

图4.2描述了人民币实际有效汇率波动前后的通胀率和产出缺口,显示了人民币实际有效汇率波动期前后各10个季度通胀率和产出缺口的平均变化情况。由于受大规模经济刺激政策的影响,2008年第四季度至2009年第一季度实际汇率大幅波动的滞后影响比较复杂,而2011年第二季度实际汇率大幅下降的影响尚未充分显现,因此,主要考察2006年第二季度人民币实际有效汇率大幅下降(人民币实际贬值)的数据特征①。

---

① 2006年第二季度人民币贬值的主要原因是当时美元相对其他主要货币走弱。

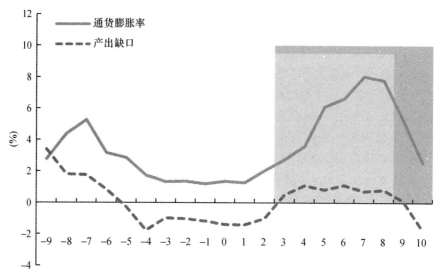

图 4.2 人民币实际有效汇率波动时段前后的通胀率和产出缺口变化

根据图 4.2,可归纳出两方面数据特征:一是人民币实际有效汇率大幅变化后通胀率变化持续期长于产出缺口变化持续期。将人民币实际有效汇率下降后产出缺口大于 0.5%(以便显著区别于零)的数据用浅色阴影部分表示,将通胀大于 2.5%(以便显著区别于文献中通常认为合适的通胀水平 1%—2%)的数据用深色阴影部分来表示。后者持续时间长于前者。二是人民币实际有效汇率变化对产出的影响先于对通胀的影响。根据图 4.2,实际汇率扰动对我国通胀的影响在最初的 2 个季度不大,在大约第 4—5 个季度时,影响增加幅度最大,在大约第 7—8 个季度对通胀的影响达到最大;而实际汇率扰动对产出缺口的影响来得更快,在第 3—4 个季度时已经达到最大。

二、关于实际汇率、资本流动与经济周期特征的动态模型

本节构建了一个包括资本流动、实际汇率和经济周期特征的动态模型。模型的关键假设是:实际汇率偏离其中长期均衡水平的波动会带来福利损失,该福利损失与由通货膨胀带来的福利损失一样重要;资本不能在各国之间无摩擦地流动(各国资产之间存在非完全替代性或者资本管制),非套补利率平价(Uncovered Interest Rate Parity)不成立,对冲干预是可用的政策工具。资本流动有磨擦与非套补利率平价不成立的假设使得国内利率可在一定程度上偏离国外利率,成为较独立的政策工具。我国目前实施的资本管制增加了资本流动过程中的摩擦与成本,后者决定了我国对外负债水平对利差反应的敏感系数:资本流动摩擦较大,敏感系数较小。具体的模型设定如下:

考虑到通胀预期对我国通胀有显著作用(Scheibe & Vines,2005;陈彦斌,

2008)以及前瞻性菲利普斯曲线与数据之间存在不一致(Gali et al.,1999),本节采用了混合型菲利普斯曲线。在式(4.1)的总供给方程中,一方面上期产出缺口(y)和通胀率(π)增加,会提高通胀率(Svensson,1999);另一方面通胀预期上升也会抬高通胀率①:

$$\pi_{t+1} = \beta E_t \pi_{t+1} + \pi_t + \zeta y_t + \varepsilon_{t+1}, \quad \zeta, \beta > 0 \quad (4.1)$$

其中,y是产出缺口,π是通胀率,ε是供给扰动,服从AR(1)过程。

假定人民币实际有效汇率预期调整是渐进的过程,这与非套补利率平价不成立相一致。同时,如果实际汇率预期在很短的时间内很快恢复到稳态水平,将限制政策工具的有效运用。人民币实际有效汇率预期满足:

$$\Delta e_{t+1}^e = \chi \Delta e_t^e, \quad 0 < \chi < 1 \quad (4.2)$$

其中,e代表人民币实际有效汇率对数值与其均衡对数值之差②,上标e代表预期,参数χ代表人民币实际有效汇率预期调整的速度。

总需求函数的表达式为:第$t+1$期产出缺口y_{t+1}是第t期产出缺口y_t、实际利率r_t、第t期人民币实际有效汇率偏离程度e_t(e_t上升意味着人民币实际升值)和第$t+1$期需求扰动项η_{t+1}的函数:

$$y_{t+1} = \phi_1 y_t - \phi_2 r_t - \phi_3 e_t + \eta_{t+1}, \quad \phi_1, \phi_2, \phi_3 > 0 \quad (4.3)$$

其中,η表示需求扰动,是与ε相互独立的AR(1)过程,ϕ_1、ϕ_2和ϕ_3分别是产出缺口的惯性系数、产出缺口对利率、人民币实际有效汇率偏离程度的弹性。借鉴姚余栋和谭海鸣(2011),本节选取央票利率作为我国货币政策利率工具。

在非套补利率平价不成立的前提下,假设资本流入相对规模[相对我国外汇储备合意规模$\overline{R}$的对外负债头寸增加($\Delta k_t/\overline{R}$)]与非套补利率平价差异成正比,与前一期对外负债相对头寸($k_{t-1}/\overline{R}$)成反比,表示如下:

$$\Delta k_t / \overline{R} = \gamma_1 (r_t - r_t^* + \Delta e_{t+1}^e) - \gamma_2 k_{t-1} / \overline{R}, \quad \gamma_1, \gamma_2 > 0 \quad (4.4)$$

其中,γ_1、γ_2分别反映资本流动对平价差异、上期对外负债相对水平的敏感程度。本外币利差扩大或人民币升值预期强化均能强化资本流入动机。假定(4.4)中的

---

① 菲利普斯曲线(1)的通胀预期可以看做对未来通胀的适应性预期。Mankiw(2001)认为,为缩小菲利普斯曲线与数据之间的差距,适应性预期有帮助(甚至是必需的)。具体地,适应性通胀预期满足 $E_{t+1}\pi_{t+2} - E_t\pi_{t+1} = b(\pi_{t+1} - E_t\pi_{t+1})$,将其代入混合型菲利普斯曲线 $\pi_{t+1} = mE_{t+1}\pi_{t+2} + n\pi_t + dy_t$,得到 $\pi_{t+1} = \beta E_t\pi_{t+1} + \xi\pi_t + \zeta y_t$,其中,$\beta$ 和 ζ 综合了前瞻性预期系数 m 和适应性预期系数 b 的影响,满足 $\beta = m(1-b)/(1-mb)$,$\zeta = d/(1-mb)$。借鉴 Svensson(1999),令滞后通胀项系数 $\xi = 1$,使得(1)(在预期不变情况下)与加速菲利普斯曲线(Snowdon & Vane(2003),第9—10页)特征一致。

② 用 ε_t 代表人民币实际有效汇率水平,式(4.2)、(4.3)、(4.4)、(4.6)和(4.8)中的 e_t 均为 $\varepsilon_t = \ln E_t - \ln \varepsilon^{equilibrium}$。近似地,$e_t$ 是人民币实际有效汇率偏离其中长期均衡水平的比率。

外国利率 r_t^* 服从 $AR(1)$ 过程，满足：

$$r_{t+1}^* = \rho r_t^* + \vartheta_{t+1} \qquad (4.5)$$

其中，ϑ_t 是白噪音。

假设经常账户相对(外汇储备合意规模 $\bar{R}$)余额是人民币实际有效汇率偏离程度、产出缺口的函数，人民币升值与产出缺口扩大会带来经常账户相对顺差减少，满足以下关系：

$$ca_t/\bar{R} = -\varphi_1 e_t - \varphi_2 y_t, \quad \varphi_1,\varphi_2 > 0 \qquad (4.6)$$

经常账户相对余额($ca_t/\bar{R}$)与对外负债相对增量($\Delta k_t/\bar{R}$)合计等于外汇储备的相对增量($\Delta R_t/\bar{R}$)，即满足：

$$ca_t/\bar{R} + \Delta k_t/\bar{R} = \Delta R_t/\bar{R} \qquad (4.7)$$

由于中央银行实施对冲干预，式(4.7)中的外汇储备增加不会影响基础货币规模。

三、最优"双目标双工具"政策的福利分析

本节采用模拟的方法，考察"双目标双工具"框架和传统通货膨胀目标制的不同福利效应。为此，需要在校准模型参数的基础上，求出利率与对冲干预"双工具"最优政策的数值解①。随后，将上述政策规则代入动态模型进行模拟，分析比较"双目标双工具"框架与传统通胀目标制下不同的福利效应。

（一）目标函数与最优解

传统的货币政策理论要求政策制定者一方面使产出接近潜在水平，一方面又保持较低的通胀水平。面对近年来的金融危机，政策制定者不得不在更宽泛的政策框架中关注更多的目标。对新兴市场经济体而言，为避免汇率大幅波动所带来的负面影响，政策制定者可将汇率稳定作为政策最终目标之一，综合考虑汇率稳定与通胀目标制带来的福利增进效应。

基于以上考虑，在通胀目标之外，"双目标双工具"政策框架主要考虑实际汇率目标。其次，为避免外汇储备规模偏离合意水平($\bar{R}$)的负面影响，本节将外汇储备规模的偏离程度也列为最终目标之一。假定政策决策者在(4.1)—(4.7)的约束条件下最小化以下目标函数：

$$\min_{\{r_{t+k},\frac{\Delta R_{t+k}}{\bar{R}}\}_{k=0}^{\infty}} \frac{1}{2} E_t \sum_{k=0}^{\infty} \delta^k \left[\pi_{t+k}^2 + \lambda y_{t+k}^2 + ae_{t+k}^2 + c\left(\frac{R_{t+k}}{\bar{R}} - 1\right)^2\right],$$

$$a > 0, \lambda > 0, c > 0, 0 < \delta < 1 \qquad (4.8)$$

其中，λ 是产出缺口目标(相对通胀目标)的权重，a 是人民币实际有效汇率偏离程

---

① 通胀目标制的最优政策参见 Cecchetti & Li (2008) 附录。

度(e_{t+k})的权重①,c 是外汇储备相对其合意规模偏离程度的权重。式(4.8)参照常规做法用偏离目标程度的平方来估计福利损失。

作为上述优化问题的解,最优利率水平($r_{o,t}$)、外汇储备相对其合意规模的增量($\Delta R_{o,t}/\overline{R}$)是状态变量向量的函数。状态变量向量包括常数 1、人民币实际有效汇率偏离程度预期变化(Δe_{t+1}^e)、上期外汇储备相对其合意水平的偏离程度、外国实际利率、通胀率和产出缺口。最优"双工具"政策规则的表达式为:

$$\begin{bmatrix} \Delta R_{o,t}/\overline{R} \\ r_{o,t} \end{bmatrix} = \begin{bmatrix} \alpha_1 & \alpha_2 & \alpha_3 & \alpha_4 & \alpha_5 & \alpha_6 \\ \alpha_7 & \alpha_8 & \alpha_9 & \alpha_{10} & \alpha_{11} & \alpha_{12} \end{bmatrix} \begin{bmatrix} 1 \\ \Delta e_{t+1}^e \\ R_{t-1}/\overline{R} \\ r_t^* \\ \pi_t \\ y_t \end{bmatrix} \quad (4.9)$$

其中,$\{\alpha_j\}_{j=1,\cdots,12}$ 是模型参数的函数。

(二) 参数校准

模型参数的选取,一方面是基于我国数据的经验拟合数值和相关文献,另一方面是使得模型特征与我国通胀产出面对人民币实际汇率波动而变化的典型事实(见图 4.2)相一致。具体的参数设定如下②:式(4.8)中贴现系数 δ、产出缺口权重(λ)、人民币实际有效汇率偏离程度与外汇储备偏离程度目标权重(a 与 c)分别为 0.9898、1、0.1 和 0.01,式(4.1)中通胀对产出缺口的敏感系数 ζ 为 0.31,通胀对通胀预期的敏感系数 β 为 0.028;式(4.2)中的汇率预期调整系数 χ 为 0.674;式(4.3)中产出惯性系数 ϕ_1 为 0.674,实际利率的系数 ϕ_2 为 0.75,实际汇率偏离程度的系数 ϕ_3 为 0.091,总需求等式扰动项的标准差(σ_η)为 1;式(4.4)中对外负债变化对利率平价偏离的弹性系数 γ_1 为 0.0024,模拟过程中,为简化起见,假设对外负债上期余额与当期对外负债增量无关($\gamma_2=0$);式(4.5)外国实际利率调整

---

① 如果长期各国均以零通胀率为目标(各国长期价格指数不变),以名义有效汇率为政策目标与以实际有效汇率为政策目标,长期来看两者是一致的。当各国价格指数短期内发生变化时,运用实际有效汇率为政策目标剔除了各国价格指数短期变化的影响,后者(各国价格指数短期变化)是通胀目标关心的内容。

② 系数设定的依据之一是 2005q2—2010q4 季度数据回归拟合结果以及与图 4.2 特征的关系。处理过程中运用了姚余栋与谭海鸣(2011)的通胀预期数据。系数设定同时参考了文献。比如,Jensen(2002,第 939 页)采用的年贴现因子为 0.96,本节采用了对应的季度贴现因子 0.9898。参考李颖等(2010)表 1 与表 3 的估计,我国通胀对产出缺口的敏感系数为 0.19—0.39,系数 ζ 取值与回归结果相同为 0.31。ϕ_2 的取值参考 Jensen(2002)设定为 0.75。式(4.8)中实际汇率与外汇储备目标的权重分别为通胀目标与产出缺口目标的 1/10 和 1/100,这一设定根据 Ostry et al. (2012)。

系数 ρ 为 0.58；式(4.6)中经常账户余额相对对外负债的比例对实际汇率与产出缺口的弹性(φ_1 与 φ_2)分别为 0.0003 和 0.0052。表 4.17 给出了上述参数设定值。

表 4.17 参数设定

等式	等式左边变量	系数	设定值
(4.1)	总供给 π_{t+1}	通胀对产出缺口弹性 ζ	0.31
		通胀对通胀预期弹性 β	0.028
		供给扰动 AR(1) 系数	0.8
		供给扰动标准差 σ_ε	1
(4.2)	Δe^e_{t+1}	汇率预期调整系数 χ	0.674
(4.3)	总需求 y_{t+1}	产出惯性系数 ϕ_1	0.674
		产出对实际利率弹性 ϕ_2	0.75
		产出对实际汇率缺口弹性 ϕ_3	0.091
		需求扰动标准差 σ_η	1
		需求扰动 AR(1) 系数	0.8
(4.4)	Δk_t	对利率平价偏离的弹性 γ_1	0.0024
(4.5)	r^*_t	外国实际利率的调整系数 ρ	0.58
(4.6)	ca_t	对实际汇率弹性 φ_1	0.0003
		对产出缺口弹性 φ_2	0.0052

(三)"双目标双工具"框架下的最优政策分析

为比较不同政策的福利，首先需计算出各种政策框架的最优规则。在上述参数的设定条件下，我们采用 LQ(linear quadratic)方法，以式(4.1)—(4.7)为约束条件求解动态问题式(4.8)，得出式(4.9)最优对冲干预相对规模($\Delta R_{o,t}/\overline{R}$)、最优实际利率水平($r_{o,t}$)的数值关系式：

$$\begin{bmatrix} \Delta R_{o,t}/\overline{R} \\ r_{o,t} \end{bmatrix} = \begin{bmatrix} 2.6 \times 10^{-6} & 0.002 & -2.6 \times 10^{-6} & -0.002 & 0.003 & -0.002 \\ 3.3 \times 10^{-4} & -1.9 \times 10^{-6} & -3.3 \times 10^{-4} & 1.6 \times 10^{-6} & 1.262 & 1.293 \end{bmatrix}$$

$$\cdot \begin{bmatrix} 1 \\ \Delta e^e_{t+1} \\ R_{t-1}/\overline{R} \\ r^*_t \\ \pi_t \\ y_t \end{bmatrix} \quad (4.10)$$

在式(4.10)中，第二等式为广义的泰勒规则(实际利率规则)，第一等式为

Ostry 规则,描述了对冲外汇干预的最优规则。根据式(4.10)中的第二等式,可以得出关于最优实际利率的以下结论:一是 $\alpha_7 = -\alpha_9$ 这一关系表明,若不考虑其他变量,上期外汇储备如果处于合意水平,则实际利率不对上期外汇储备做出反应;二是若外汇储备不等于合意水平,对实际利率的影响非常小(系数为 3.3×10^{-4});三是实际利率对通胀率和产出缺口的反应幅度较标准泰勒规则来得大,式(4.10)中通胀和产出缺口的系数分别为 1.262 和 1.293,均大于传统泰勒规则的 0.5;四是人民币实际汇率预期与外国实际利率的变化对实际利率的影响非常小(系数的绝对值范围为 $[1.6 \times 10^{-6}, 1.9 \times 10^{-6}]$)。

根据式(4.10)中的第一等式,可以得出关于最优对冲外汇干预的以下结论:一是 $\alpha_1 = -\alpha_3$ 这一关系表明,若不考虑其他变量,上期外汇储备如果处于合意水平,则当期外汇对冲干预规模不对上期外汇储备做出反应。二是若上期外汇储备不等于合意水平,对当期外汇干预相对规模的影响非常小(系数为 2.6×10^{-6})。三是 $\alpha_2 = -\alpha_4$ 这一关系表明,若不考虑其他变量,人民币实际汇率预期与外国利率变化均通过同一渠道影响当期外汇干预相对规模,这一影响渠道应是非套补利率平价差异。四是人民币实际汇率预期与外国利率变化对最优外汇干预相对规模的影响系数为 0.002;若换算为年度外汇储备规模变化,1% 非套补利率平价差异对应的外汇对冲规模为 240 亿美元①。五是通胀率与产出缺口变化对最优外汇干预相对规模的影响系数分别为 0.003 和 -0.002;若换算为年度外汇储备规模变化,1% 年度通胀率上升,对应的外汇对冲规模增加 360 亿美元,1% 产出缺口增加,对应的外汇对冲规模减小 240 亿美元。

上述"双工具"政策反应方式的特点是:(1) 实际利率对通胀目标与产出缺口目标的反应程度相当,这与通胀目标与产出目标权重相等($\lambda = 1$)有关。(2) 资本流入动机增强的情况下,为实现汇率目标,对冲干预以及外汇储备应增加。(3) 政策工具对外国实际利率、人民币实际有效汇率预期的反应方向相反,规模相等;这说明,"双工具"的反应方式是针对非套补利率平价差异来对其各组成部分做出反应。(4) 外汇储备向其合意程度靠近的速度非常慢,这是由于外汇储备目标的权重是通胀与产出目标权重的百分之一。

(四) 不同政策框架下福利比较的模拟结果

本节比较了资本有摩擦流动条件下"双目标双工具"框架与传统通胀目标制的福利效应。图 4.3—图 4.5 中第 I 种情况给出了"双目标双工具"情况下的产出缺口、通胀率和实际汇率,图 4.3—图 4.5 中第 II 种情况给出了传统通胀目标制情

---

① 系数 0.002 对应的是季度对冲干预规模,年度乘以 4,假定合意的外汇储备规模为 3 万亿美元,由此可以得到 240 亿美元数值。

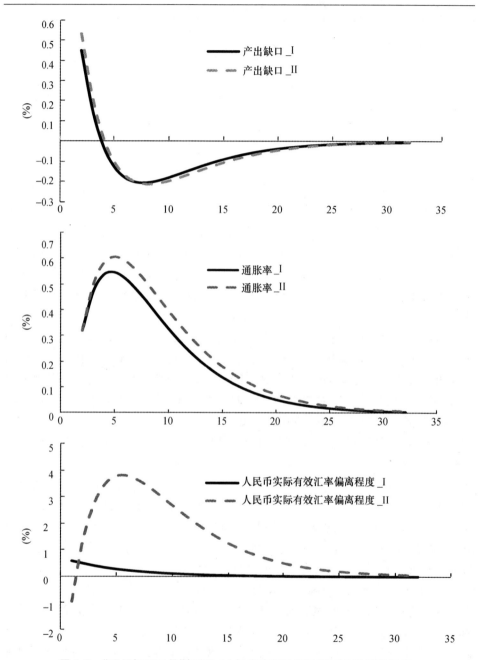

图 4.3 "双目标双工具"框架（Ⅰ）与传统通胀目标制（Ⅱ）的福利效应：
1 个标准差的正向需求扰动

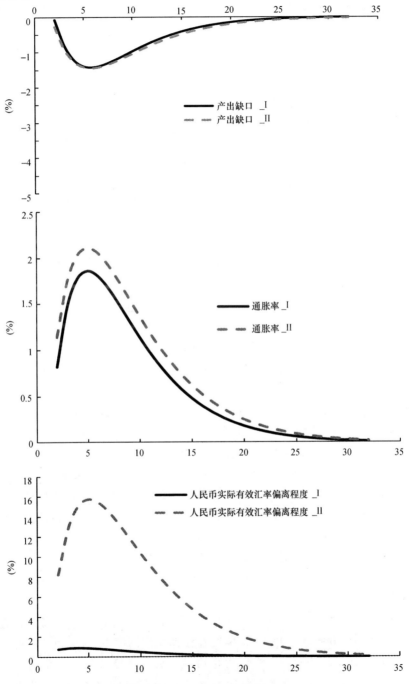

图 4.4 "双目标双工具"框架（Ⅰ）与传统通胀目标制框架（Ⅱ）的福利效应：
1 个标准差的正向供给扰动

况下的产出缺口、通胀率和实际汇率。在传统通胀目标制(对应第Ⅱ种情况)下，不进行外汇干预；在有管理的浮动汇率制(对应第Ⅰ种情况)下，实施对冲干预。在模拟过程中，假设人民币升值预期初始值为1，随后按式(4.2)中的路径变化，惯性系数为0.674。同时，假设外汇储备偏离程度($R_{t-1}/\bar{R}$)的初始值为0.67。

在需求扰动与供给扰动的模拟中，假设外国实际利率初始值为零。在资本流动扰动的模拟中，假设外国实际利率初始为下降1个百分点，随后按式(4.5)的路径变化，惯性系数为0.58。图4.3、图4.4和图4.5分别对应的是需求扰动、供给扰动与资本流动扰动的情况。

图4.3假定第1期出现了一个标准差的正向需求扰动(第1期为$\eta_1=1$，随后各期满足$\eta_t=0.8\times\eta_{t-1}$)。根据式(4.10)，"双目标双工具"政策外汇对冲干预相对规模非常小；在30期之后，外汇储备偏离其合意规模的程度，仅从初始的0.670上升为0.692。在浮动汇率制度下，人民币实际有效汇率偏离均衡的程度呈现先上升后下降的大幅波动态势(图4.3，Ⅱ)，最大偏离程度达到3.784%。通胀率和产出缺口在两种政策下差距不大。采用式(4.8)作为福利损失的判断标准，比较前30期，"双目标双工具"政策(图4.3，Ⅰ)的福利损失为1.859，传统通胀目标制政策(图4.3，Ⅱ)的福利损失为7.334，后者为前者的3.945倍；两种政策的福利损失差异主要来自实际有效汇率偏离程度的波动。

图4.4假定第1期出现了一个标准差的正向供给扰动(第1期为$\varepsilon_1=1$，随后各期满足$\varepsilon_t=0.8\times\varepsilon_{t-1}$)。较上述需求扰动的干预幅度，"双目标双工具"政策外汇对冲干预相对规模在供给扰动情况下有所增加；在30期之后，外汇储备偏离其合意规模的程度，从初始的0.670上升为0.761。在浮动汇率制度下，人民币实际有效汇率偏离均衡程度大幅波动态势更大(图4.4，Ⅱ)，最大偏离程度达到15.7%。同样地，通胀率和产出缺口在两种政策下差距不大。采用式(4.8)作为福利损失的判断标准，比较前30期，"双目标双工具"政策(图4.4，Ⅰ)的福利损失为18.345，传统通胀目标制政策(图4.4，Ⅱ)的福利损失为110.555，后者为前者的6.026倍；同样地，两种政策的福利损失差异主要来自实际有效汇率偏离程度的波动。

图4.5显示了资本流动扰动的模拟结果。借鉴Ostry et al.(2012)，用外国实际利率变动作为资本流动扰动的指标。假定第1期出现1%的资本流入扰动(第1期r_1^*下降1%，随后各期满足$r_t^*=0.58\times r_{t-1}^*$)。"双目标双工具"政策外汇对冲干预相对规模与供给扰动情况下规模相当；30期之后，外汇储备偏离其合意规模的程度，从初始的0.670上升为0.764。在浮动汇率制度下，人民币实际有效汇率偏离均衡程度波动幅度较大(图4.5，Ⅱ)，最大偏离程度达到13.66%。同样地，通胀率和产出缺口在两种政策下差距不大。采用式(4.8)作为福利损失的判断标准，比较前30期，"双目标双工具"政策(图4.5，Ⅰ)的福利损失为17.854，传统通

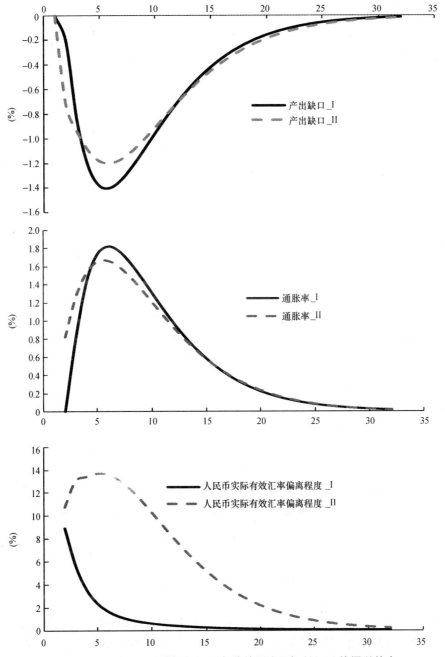

图 4.5 "双目标双工具"框架(Ⅰ)与传统通胀目标制(Ⅱ)的福利效应：
资本流动扰动

胀目标制政策(图4.5, Ⅱ)的福利损失为91.991,后者为前者的5.152倍;两种政策的福利损失差异同样主要来自实际有效汇率偏离程度的波动。

归纳上述模拟结果,表4.18显示,在需求扰动、供给扰动和资本流动扰动情况下,传统通胀目标制所带来的福利损失大于"双目标双工具"政策的福利损失,前者分别是后者的395%、603%和515%。福利损失越小,意味着宏观经济越稳定。

表4.18 "双目标双工具"与传统通胀目标制的福利损失比较

($\gamma_1 = 0.0024$)

前30期损失加总	供给扰动	资本流动扰动	需求扰动
双目标双工具(1)	18.345	17.855	1.859
传统通胀目标制(2)	110.555	91.991	7.333
福利损失比较(2)/(1)	6.026	5.152	3.945

上述模拟表明,在资本流动受到管制(即$\gamma_1 = 0.0024$)的情况下,面对供给扰动、需求扰动与资本流动扰动,传统通胀目标制会带来实际汇率的显著波动以及相关联的福利损失,"双目标双工具"政策将显著减少实际汇率的波动幅度,相关的福利损失较小。以下我们进一步考察在不同扰动影响下"双目标双工具"政策框架的福利增进效应是否会随着资本管制的放松而改变。

四、放松资本管制与最优政策估计

本节考察的内容包括:(1)面对各种外部扰动,考察放松资本管制的福利效应,在合适的政策框架下,比较"双目标双工具"政策与传统通胀目标制的福利损失;(2)运用经验数据给出我国"双目标双工具"政策规则的估计。

(一)对外负债对国内外利差的敏感程度变化的模拟结果

将对外负债相对规模对国内外利差的敏感程度(γ_1)逐渐增大——从基准的0.0024逐步增加到2[①],每次系数γ_1变化重新计算所对应的最优利率和对冲干预政策,并将"双目标双工具"框架的福利效应与传统通胀目标制的福利效应进行比较。表4.19给出的模拟结果显示,当γ_1较小(小于0.25)时,尽管扰动的性质不同,"双目标双工具"框架的福利损失总是小于传统通胀目标制。

然而,随着γ_1变大(大于0.5),福利损失的大小取决于扰动的性质。在出现资本流入扰动的情况下,"双目标双工具"框架的福利损失依然小于传统通胀目标制,前者的优势越来越显著;而在需求扰动与供给扰动的情况下,"双目标双工具"

---

① 结合我国情况,假定外汇储备合意规模为3万亿美元,对应1%的国内外利差或者人民币升值预期,2%的季度资本流入大约为600亿美元,年度资本流入为2400亿美元。

框架的福利损失大于传统通胀目标制。

表 4.19 对外负债对国内外利差的敏感程度变化的分析结果

			对外负责对国内外利差的敏感程度 γ_1						
			0.0024	0.1	0.25	0.5	0.75	1	2
需求扰动	双目标双工具	(1)	1.859	2.240	8.533	57.315	176.331	410.290	4 683.110
	传统通胀目标制	(2)	7.334	31.491	32.862	33.337	33.497	33.578	33.699
	福利损失对比	(2)/(1)	3.945	14.060	3.851	0.582	0.190	0.082	0.007
供给扰动	双目标双工具	(3)	18.345	18.826	23.507	69.527	185.994	410.260	5 149.180
	传统通胀目标制	(4)	110.555	57.084	56.881	56.830	56.815	56.810	56.797
	福利损失对比	(4)/(3)	6.026	3.032	2.420	0.817	0.306	0.139	0.011
资本流动扰动	双目标双工具	(5)	17.855	18.713	17.715	19.610	23.192	38.630	2 443.540
	传统通胀目标制	(6)	91.991	1 564.431	12 239.200	52 631.800	121 277.730	218 176.930	888 307.800
	福利损失对比	(6)/(5)	5.152	83.601	690.910	2 683.770	5 229.380	5 648.360	363.530

换言之,上述分析得出以下结论:(1) 在资本账户处于部分可兑换的阶段(对应 $\gamma_1 \leq 0.25$ 的情况),采用"双目标双工具"货币政策框架一般而言更为合适;(2) 伴随着资本账户逐步开始实现基本可兑换,最终到完全可兑换(对应 $\gamma_1 \geq 0.25$),采用"双目标双工具"货币政策框架适合出现资本流动扰动的场合;(3) 伴随着资本账户逐步开始实现基本可兑换,最终到完全可兑换(对应 $\gamma_1 \geq 0.25$),一旦出现需求扰动或供给扰动,通胀目标制政策框架通常拥有显著的优势。

(二) 最优政策框架下放松资本管制的福利效果

表 4.20 取两种政策框架中福利损失较小的政策,比如,当 $\gamma_1 \leq 0.25$ 时,取"双目标双工具"政策(表 4.20 中保留"双目标双工具"政策的福利损失数值,将通胀目标制政策的福利损失的数值用"—"代替,以此表示最优政策选取的是前者而非后者)。

表 4.20 最优政策框架下放松资本管制的福利效果

		对外负责对国内外利差的敏感程度 γ_1						
		0.0024	0.1	0.25	0.5	0.75	1	2
需求扰动	双目标双工具	1.859	2.240	8.533	—	—	—	—
	传统通胀目标制	—	—	—	33.337	33.497	33.578	33.699
供给扰动	双目标双工具	18.345	18.826	23.507	—	—	—	—
	传统通胀目标制	—	—	—	56.830	56.815	56.810	56.797
资本流动扰动	双目标双工具	17.855	18.713	17.715	19.610	23.192	38.630	2 443.540
	传统通胀目标制	—	—	—	—	—	—	—

放松资本管制的最佳(取两种政策中福利损失较小者)福利效果同样需要讨论扰动的性质。在需求扰动与供给扰动的情况下,随着资本管制的放松,福利损失总体增加不大。在资本流动扰动的情况下,在 $\gamma_1 \leq 1$ 的适度范围之内,放松资本

管制的福利损失增加有限。如果资本流动规模过大(比如 $\gamma_1=2$ 的情况),即使采取"双目标双工具"政策,福利损失也会大幅度增加;如果此时采用通胀目标制,福利损失将会更大。换言之,降低资本流动的摩擦并非必然是福利增进的。面对资本流动扰动,一定程度的资本流动摩擦(比如资本管制)可增进福利。

(三)我国最优实际利率与对冲干预反应方程的估计

为考察我国政策工具的反应方式是否与式(4.10)一致,以下运用 2000 年第一季度到 2011 年第四季度的季度数据估计我国央票利率和对冲干预规模的反应方程。我国 1 年期央票发行利率[①]、外汇储备规模数据、1 年期人民币存款基准利率、伦敦同业拆借 1 年期美元利率、美国 CPI 通胀率来自 WIND 数据库。

样本数据的统计特征如表 4.21 所示。为增加数据的平滑程度,图 4.2 采用同比数据。在模拟过程中,运用图 4.2 校准参数。严格来讲,经验分析应采用同比数据。以下经验分析采用环比数据的原因是,有些重要的同比数据(如同比通胀率、同比实际汇率对数变化、同比外汇储备偏离程度变化、通胀预期)不是平稳序列。表 4.21 中有些变量的样本数量相对较小,比如,央票发行利率样本数量为 35。

表 4.21(1)　样本数据

	均值	最大值	最小值	标准差	观察值
外汇储备规模(千亿美元)	12.8250	32.9891	1.5610	10.8101	51
外汇储备偏离程度的变化(%),HP 平滑系数 1 600(环比)	-2.5521	23.5975	-25.4186	12.3158	50
外汇储备偏离程度的变化(%),HP 平滑系数 20(环比)	-0.5744	20.2044	-20.1548	9.4244	50
外汇储备偏离均衡比率,HP 平滑系数 =1 600(%)	0.0000	17.0128	-14.8888	5.6756	51
外汇储备偏离均衡比率,HP 平滑系数 =20(%)	0.0000	4.4029	-4.2284	2.3320	51
人民币实际有效汇率(2010 =100)	94.2263	109.4000	82.8900	7.5012	52
人民币实际有效汇率变化,对数(环比)(%)	1.2670	36.4518	-30.4029	11.2729	51
人民币实际有效汇率水平变化(环比)	0.3157	8.9400	-7.1800	2.7124	51
我国 CPI 通货膨胀率(%)(环比)	2.4500	12.4175	-8.3513	4.6894	47
美国 CPI 通货膨胀率(%)(环比)	2.4308	6.2336	-9.3139	2.4541	50

---

① 2009 年第三、第四季度 1 年期数据缺失,采用 3 个月央票发行利率。

表 4.21(2)　样本数据

	均值	最大值	最小值	标准差	观察值
我国产出缺口(%)	0.0474	4.2948	-2.4552	1.5592	48
人民币 1 年期存款基准利率(%)	2.5608	4.1400	1.9800	0.6625	51
我国 1 年期央票发行利率(%)	2.7334	4.0600	1.3700	0.7470	35
我国实际利率(%)(环比)(人民币存款 1 年期基准利率—中国 CPI)	0.1372	10.3313	-8.2775	4.5466	47
我国实际利率(%)(环比)(央票 1 年期发行利率—中国 CPI)	-0.2949	10.6813	-8.3575	4.7626	35
LIBOR 美元 1 年期存款利率(%)	2.9441	7.1800	0.7300	1.9288	15
美国联邦基金利率(%)	2.3052	6.5200	0.0733	2.1338	52
外国实际利率(%)(环比)(LIBOR 美元 1 年存款利率—美国 CPI)	0.4334	11.3139	-3.7016	2.7066	50
我国存款实际利率-外国实际利率+人民币,实际有效汇率变动(%)(环比)	0.8247	42.8658	-21.5795	11.5458	47
我国央票实际利率-外国实际利率+人民币,实际有效汇率变动(%)(环比)	1.5549	42.7758	-15.8298	11.9927	35

计量模型为(4.11)和(4.12):

$$i_t = \xi i_{t-1} + (1-\xi)\left(\theta_0 + \sum_{j=1}^{3}\theta_{1j}x_{j,h,t-1} + \theta_2 \ln \widetilde{R}_{k,t-1} + \theta_3 \pi_{h,t-1} + \theta_4 y_{t-1} + \pi_{h,t}\right) + \vartheta_t \tag{4.11}$$

$$\Delta \ln \widetilde{R}_{l,k,t} = \iota_0 + \sum_{j=1}^{3}\iota_{1j}x_{j,l,t-1} + \iota_2 \pi_{l,t-1} + \iota_3 y_{t-1} + \iota_4 \ln \widetilde{R}_{k,t-1} + \omega_t \tag{4.12}$$

其中, i_t 是第 t 期 1 年期央票发行利率, $(x_{j,h,t})_{j=1,2,3}$ 分别代表人民币实际利率 $r_{h,t}$、国外实际利率 $r_{h,t}^*$ 与人民币实际汇率对数值预期第 t 期的变化 $\Delta e_{h,t}$, 下标 h 代表环比①, y_t 是第 t 期产出缺口, $\ln \widetilde{R}_k$ 是外汇储备对数数据经 HP 滤波处理后所得到的周期性部分, 下标 $k=1,2$ 分别代表 HP 滤波平滑系数分别为 1600 或 20②, ϑ_t 和 ω_t

---

① 环比数据的标准差一般大于同比数据的标准差。环比实际利率等于名义利率减去环比 CPI 通胀率, 对数人民币实际有效汇率用超前 1 季度的数据减去当期的数据再乘以 400。在式(4.12)中, 因变量为外汇储备对数数据经 HP 滤波处理后所得到的周期性部分 $\ln \widetilde{R}_t$; 在环比情况下, $\Delta \ln \widetilde{R}_t$ 为当期 $\ln \widetilde{R}_t$ 减去 1 期前的 $\ln \widetilde{R}_{t-1}$ 再乘以 400。

② HP 滤波平滑系数取值 1600 与取值 20 相比, 趋势线平滑这一目标的权重大; 前者得到的趋势线较后者更平滑, 对应的周期性部分数据均值与标准差(相比后者)较大。

是相互独立且与工具变量满足矩条件的白噪音。在 Eviews 7.0 软件中采用 GMM 估计方法。为避免逆向因果关系,解释变量均为滞后 1 期变量。

表 4.22 给出了式(4.11)与式(4.12)的估计。第(a)列—第(d)列是式 (4.11)的估计结果,第(e)列—第(j)列是式(4.12)的估计结果。第(a)、(b)、(e)、(f)、(g)、(h)列采用非套补利率平价差异作为自变量①;其中,第(a)、(e)、(f)列用我国 1 年期央票发行利率计算实际利率,第(b)、(g)、(h)列用我国 1 年期存款基准利率计算实际利率,用 LIBOR 1 年期美元存款利率减去美国 CPI 通胀率(环比)计算国外实际利率,用人民币实际有效汇率对数超前的变化率代替汇率预期变量。第(a)、(b)、(c)、(e)、(g)、(i)列与第(d)、(f)、(h)、(j)列之间的区别是 HP 滤波平滑系数,前者为 1 600,后者为 20。式(4.11)和式(4.12)中的变量经 ADF 检验均为平稳序列②。工具变量包括常数项、滞后 1—3 期的外汇储备规模、滞后 1—3 期的美国联邦基金利率、滞后 1—3 期的人民币实际有效汇率水平的环比变化值。表 4.22 中 J 统计量 P 值说明矩条件有效。

表 4.22　我国央票利率与外汇储备偏离程度变化的估计　　　　单位:%

	因变量:利率				因变量:外汇储备偏离程度变化					
	(a)	(b)	(c)	(d)	(e)	(f)	(g)	(h)	(i)	(j)
我国实际利率-外国实际利率+人民币实际有效汇率对数变动滞后 1 期	-0.2635 (0.3329)	-0.2594 (0.3275)			-0.8383*** (0.1444)	-0.9559*** (0.1400)	-0.5132*** (0.1752)	-0.7499*** (0.1745)		
外国实际利率滞后 1 期			1.5301 (5.3807)	2.9773 (5.3223)					-0.2075 (0.6285)	-1.0917 (1.5520)
人民币实际有效汇率对数变动滞后 1 期			-0.0554 (0.4485)	-0.2041 (0.7384)					-0.5359*** (0.1814)	-0.3957 (0.3032)
通货膨胀滞后 1 期	1.6342 (1.4204)	1.6471 (1.4312)	3.1711 (6.7598)	4.8800 (6.5632)	1.0681 (0.6711)	0.6938 (0.9704)	1.8730** (0.8213)	1.3050 (0.8406)	1.4271* (0.8393)	1.2616* (0.6486)
产品缺口滞后 1 期	-3.7091 (4.5578)	-3.7909 (4.4421)	-2.0347 (15.5240)	-0.1981 (5.3476)	3.0219 (4.5186)	-0.3171 (2.2094)	2.0873 (2.1339)	0.5799 (1.8095)	2.0290 (2.1843)	4.0254 (2.5644)
央票利率滞后 1 期	0.9689*** (0.0371)	0.9685*** (0.0319)	0.9812*** (0.0471)	0.9871*** (0.0192)						
外汇储备偏离均衡比率滞后 1 期	2.6020 (1.5572)	2.6253 (1.5508)	1.4348 (5.0649)	1.2776 (5.5354)	-1.6049 (1.8823)	0.6366 (1.7050)	-0.8649 (0.5718)	-0.5093 (1.7088)	-0.5130 (0.5355)	-3.7003 (2.3551)
常数	-10.5659 (6.5485)	-10.7084 (6.5584)	-12.4230 (12.5619)	-16.2210 (22.0099)	-0.0976 (3.9014)	-2.4125 (2.8211)	-4.6316* (2.4861)	-3.6502* (2.0427)	-2.4418 (2.5841)	-2.5283 (2.1648)
样本数量	34	34	34	34	35	35	44	44	44	44
J 统计量	1.8163	1.7792	1.6582	1.8646	2.7222	2.1728	3.1435	4.476	3.433	1.816
P 值 J 统计量	0.7695	0.7763	0.6463	0.601	0.7427	0.8247	0.6779	0.483	0.4881	0.7695

注:*、**、*** 分别对应 10%、5% 和 1% 的显著水平。实际有效汇率上升意味着人民币升值。

---

① 非套补利率平价差异代表资本流动的总体条件,当国内实际利率上升或存在人民币升值预期时,该项数值越大,资本流入我国的动机越强。

② 根据 ADF 检验结果,除我国产出缺口在 10% 显著水平以外,其余变量均在 1% 水平拒绝存在单位根的原假设。

根据表4.22,可以得出关于我国利率反应方程的以下结论:第一,第(a)列与第(b)列非套补利率平价差异系数为负;该系数尽管不显著,但符号与式(4.10)一致。非套补利率平价差异项越大,资本越倾向流入我国,我国实际利率有下降的倾向。第二,第(c)列与第(d)列将非套补利率平价差异项分为外国实际利率与实际有效汇率对数变动两项。结果是,外国实际利率项前系数为正、人民币实际有效汇率对数变动(代表人民币汇率预期)项前系数为负。系数尽管不显著,但符号与式(4.10)一致。外国实际利率越高,人民币有贬值预期,资本越倾向流出我国,我国实际利率有上升的倾向。第三,第(a)列到第(d)列,通胀率前系数均为正,且均大于传统泰勒规则给出的标准值0.5。系数尽管不显著,但与式(4.10)给出的系数(1.262)接近。第四,第(a)列到第(d)列,产出缺口前系数均为负且不显著。与传统泰勒规则给出的标准值0.5与式(4.10)的系数(1.293)不同。一种解释是,我国货币政策在应对通胀压力倾向于采用价格调控手段,而实现产出目标时倾向于采用数量调控手段(以至于实际利率对产出缺口的反应符号是负的)(李连发与辛晓岱,2012),这体现了政策操作的针对性。第五,第(a)列到第(d)列利率滞后项的系数均显著,说明实际利率的惯性很强。第六,外汇储备偏离程度项前的系数为正且不显著,与式(4.10)相反。一种解释是,在实现数量目标时,利率调控往往不是主要手段,这同样体现了政策操作的针对性。

关于我国对冲干预方程的结论包括:第一,第(e)列与第(h)列非套补利率平价差异系数为负且在1%水平显著,这与式(4.10)不同。当资本流入动机较强时,我国外汇储备增加反而相对较少。可能是我国此时选择减少对冲干预,结果是人民币实际升值加快。第二,第(i)列与第(j)列将非套补利率平价差异项分为外国实际利率与人民币实际有效汇率对数变动两项。外国实际利率项前系数为负且不显著,符号与式(4.10)一致。人民币实际有效汇率对数变动(代表人民币汇率预期)项前系数为负,符号与式(4.10)不一致,且系数有时颇为显著;面对人民币升值预期以及由此带来的资本流入动机,采用比较灵活的做法,不一味增加对冲干预的规模,而是减少对冲干预的规模,结果是人民币一定幅度的实际升值。这体现了政策操作的灵活性。外国实际利率的变化可能是短期的,而人民币升值预期的变化可能持续时间更长,合理的选择是对短期扰动的反应力度大于对中长期扰动的反应力度。第三,第(e)列到第(j)列,通胀率前系数均为正,且有时在5%和10%水平上显著,符号与式(4.10)一致。第四,第(e)列到第(j)列,产出缺口前系数大部分(除第(f)列以外)为正且不显著;符号虽与式(4.10)不太一致,但考虑到式(4.10)系数非常接近0(-0.002),表4.22的这些系数与式(4.10)系数差异不大。第五,第(e)列到第(j)列,外汇储备偏离程度前系数为负且有时在10%水平显著,符号与式(4.10)一致。

为检验结论的可靠性,表 4.22 从以下方面做了稳健性检验:(1) 在计算非套补利率平价差异过程中,采用了我国央票 1 年期发行利率、我国存款 1 年期基准利率两种利率来得到国内实际利率;(2) 在计算外汇储备偏离程度过程中,HP 滤波平滑系数采用 1 600 和 20 两个数值,前者得到的偏离程度均值与标准差较后者更大;(3) 在估计资本流入条件影响的时候,采用两种方法,一是将非套补利率平价差异作为单独解释变量,二是将外国实际利率、人民币实际汇率对数变动分别作为解释变量。

综上所述,表 4.22 的结果虽然有小部分符号与式(4.10)有所差异,但大部分系数(比如通胀率、利率滞后项、外国实际利率等项前面的系数)符号与式(4.10)一致。这在一定程度上说明,近十年以来,我国央票利率与对冲干预政策工具的反应方式与"双目标双工具"框架的最优政策较为接近,政策操作具有灵活性和针对性。

五、结论与政策建议

资本自由流动通常来说是有益的,但在金融体系尚未发展完备的国家,这种流动控制不好可能将造成汇率的大幅波动,并不利于经济稳定。对新兴市场经济体而言,建立一个包含汇率稳定目标在内的货币政策框架尤为重要。长期以来,尽管主流货币经济学理论一直将管理通胀放在突出位置,但随着亚洲金融危机的爆发,新兴市场经济体越来越重视汇率稳定。我国在实际操作中也通过实施有管理的浮动汇率制来规避汇率出现大幅波动。新兴市场经济体与发达国家不同,其经济主体对货币错配的承受能力可能更弱。如果不对汇率进行管理,汇率大幅浮动将超过国内企业的承受能力,对一国经济造成极度负面影响。汇率大幅波动所带来的福利损失可能并不比通胀所带来的损失小。

本节结合我国的数据事实,得出了我国在资本流动摩擦较大或者存在资本流动扰动情况下实施"双目标双工具"政策能够增进福利的结论。我们发现,不仅在人民币资产与国外资产可替代性较弱、资本账户部分可兑换的背景下,实施"双目标双工具"框架具有合理性,而且在资本流动摩擦减少的情况下,面对较大规模的资本流动扰动,实施"双目标双工具"框架也能够增进福利。鉴于国内资本账户管理现状以及美国等发达国家实施量化宽松货币政策对新兴市场经济体资本流动的影响,建议在未来中短期内,我国可研究借鉴"双目标双工具"框架,不断完善和改进货币政策操作。

通过分析资本账户逐步放开过程中两种政策框架的福利损失,我们发现,随着资本流动对利差和汇率变化预期的敏感性增加,"双目标双工具"政策在面对需求扰动与供给扰动时的福利增进效应存在变弱的趋势;但是,在面对资本流动扰动时,"双目标双工具"政策的福利增进效应得以强化。这表明,不存在单一的最优政策框架,合适的政策框架取决于扰动的性质。降低资本流动的摩擦并非必然导致福利增进。面对资本流动扰动,存在一定程度的资本流动摩擦(比如资本管制)可以显著地增进福利。经验分析说明,近十年来我国央票利率和对冲干预政策工具对人民币实际汇率做出的政策反应与"双目标双工具"框架下的最优决策较为接近,且操作上呈现较高的针对性和灵活性。在我国逐步实现人民币资本账户可兑换的过程中,本节的结论对于全面认识未来相当一段时间内我国货币政策框架的抉择具有一定的借鉴和参考意义。

第五章 体制改革与经济增长

第一节 现代化、GDP 与体制改革

在历史上,中国人实际上很早就提出了现代化的口号。但是中国在实现现代化的道路上可以说是历经磨难。中国要实现的现代化,不能是按照自己的标准通过动态比较来看自己的经济发展成果。如果是那样的话,从新中国成立初期到改革开放初期,我们还是取得了进步的,如造出来"两弹一星",但是对这样的成果老百姓并不满意。在这一期间,中国和发达国家之间已经缩小的经济差距,因为我们的经济停滞又重新扩大了。在马歇尔计划下,欧洲取得了复兴和发展。而在第二次世界大战中被打败的日本通过 50 年代以后的高速经济增长,发展为一个现代化的发达国家。亚洲四小龙紧随其后,也都发展成为新兴经济体。美国则在借助和引领着各国的经济发展,继续走在世界的前列。而中国却因为种种原因,至少耽误了 20 年的发展。这就要求我们把中国经济发展的成果或水平,与世界经济发展的成果和水平进行比较,找出差距后重新迈上"赶超"的道路。

一、现代化与 GDP

那么,用什么来衡量我们与发达国家的差距以及经济建设所取得的成果呢?从目前世界各国通用的一般指标看,就是 GDP 即国内生产总值。用 GDP 总量来反映一个国家或地区的总的经济规模,用 GDP 增长率反映经济增长,用人均 GDP 或人均 GNI 反映经济发展水平。当然,在具体反映各方面的发展时,还可以有不同的指标,而且存在着很多争论,如是否应该把环境保护的因素考虑进去(联合国由此提出了绿色国民经济核算的思想),是否还应该把教育、医疗等社会发展的成果反映进来(UNDP 由此提出了人类发展指数 HDI),等等。但一般而言,GDP 仍然是使用最为广泛的总量指标。不过在中国改革开放初期的政治经济学和经济统计学教科书中,GDP(当时更加广泛使用的是 GNP 即国民生产总值)是作为批判对象存在的,认为它的理论基础是资产阶级庸俗经济学。这个观点实际上是错误的,但在苏联和当时中国的经济理论界却占着统治地位,是邓小平而不是经济学家颠覆这个观点。邓小平旗帜鲜明地提出要在 20 世纪之前实现国民生产总值翻两番。后来,又把它发展为三步走的长期经济发展战略,实际上把中国经济增长重新放在整个世界经济发展的大背景下,这就为中国的现代化指明了发展方向。如果一个国家不断地内耗,都不去搞经济建设,那么我们和先进国家之间的

差距就会越来越大,老百姓的意见也会越来越大,那这个国家也就没有前途了。这样一个看似很简单的道理,我们花了一百多年的时间,最终才在贫困和落后的压力下找到答案。党的十一届三中全会明确提出把党和国家的工作重点转移到经济建设上来,同时,我们又通过 GDP 翻两番和三步走发展战略提出了量化的经济发展目标。从历史发展的观点看,这是自近代以来中国经济发展史上最大的转折。在此之后,中国人民认认真真地搞了 30 多年的经济建设,取得了今天这样的经济规模和国际地位。

正如当年我们要对新中国成立 30 年以来所取得的经济建设成就(如建立了独立的、较为完整的国民经济体系)进行客观的评价一样,当单纯追求 GDP 成为现阶段我国经济社会发展中需要克服的倾向时,我们也需要对 GDP 长期以来在中国经济发展中所发挥的巨大作用有一个客观的评价。在改革开放以前和初期,在长期的左倾思想的影响下,经济建设几乎成了"资本主义"的代名词,各级领导不敢搞生产、不敢搞经济建设,否则就很有可能是"唯生产力论",成为走资本主义道路的当权派。因此在改革开放的初期,不要说改革,就是在原有的体制下让各级党委和政府抓经济建设、推进经济增长,都曾经遇到非常大的阻力。我们今天看到的农村生产责任制或者是承包制、企业的奖金等这些很正常的现象,在当时来说都是在政治体制和经济体制上的重大突破。在当时的情况下,也有资源配置的问题,例如农业税收和工业部门通过工农业产品剪刀差创造的积累,大量投入不能取得经济效益的三线建设,形成了生产力的浪费。但是当时的主要问题,是各级领导干部不敢抓经济建设,又没有能力和思路推动经济建设。无论是我们的国家还是人民,都已经经不起停滞和徘徊,在这种情况下,邓小平提出国民生产总值翻两番,或者更直接地说,把经济增长作为考核各级领导政绩的最重要指标,对中国的发展和前途具有非常重要的意义。从这里可以看出,所谓的 GDP 政绩观是在我国特定历史条件下产生的,经过几十年的徘徊,中国当时的主要矛盾就是要尽快地摆脱经济停滞,通过经济增长改变中国的贫穷落后面貌,由此推动中国的现代化和赶超进程。当时在中国的周边刚刚发生的东亚奇迹,对中国内地是一个巨大的挑战,同时也提供了深刻的启示。首先是第二次世界大战的战败国日本,经过 20 年的高速经济增长重新成为世界强国;然后是亚洲四小龙(韩国、中国台湾、新加坡和中国香港)的崛起,紧跟日本之后成为新兴经济体,经济总量迅速扩张,人民生活得到极大改善。这些国家和地区都属于儒家文化圈或者说中华文化圈,文化传统和中国内地相通,尤其是在后来发展起来的亚洲四小龙中,有三个经济体都是以华人为主体的。这说明中国内地人完全有可能在自己的土地上创造经济发展奇迹。

二、GDP 与经济体制改革

新中国成立以后,我们学习苏联建立了计划管理体制。这个体制在推动苏联的经济增长中,曾经发挥过积极的作用。尤其是在20世纪30年代,欧美各国普遍遭遇经济危机,但苏联确实一枝独秀,经济迅速增长,很快发展为世界大国,这为后来苏联取得反法西斯战争的胜利奠定了重要的物质基础。第二次世界大战以后到50年代,苏联又有过一段较好的经济发展时期,但是在此之后,由于中央计划体制很难持续地实现对生产者和劳动者的有效激励,同时在资源配置上也很难实现优化,苏联的经济发展缓慢了下来。一方面大量的资源被用来与美国开展军备竞赛;另一方面人民生活长期得不到明显改善,使广大人民对国家的发展丧失信心,最终导致苏联的瓦解和以俄罗斯为代表的相关国家的经济停滞。对中国来说,中央计划体制的这些弊端也是同样存在的,而"左倾"思想的长期影响以及各种内耗则更进一步降低了这一体制的效率。当我们回过头来一心一意搞经济建设的时候,这一体制的弊端就充分地暴露出来。或者说,在这一体制下,中国是很难实现高速经济增长并达到翻两番的发展目标的。所以,中国要实现高速经济增长、实现赶超世界先进水平、实现现代化,就必须进行经济体制改革。但是我们又要看到,改革是对原有体制的改变,这就不可避免地要对原有的利益格局进行调整,当这种调整超过了一定限度就会影响到现有的社会和经济秩序,从而影响经济活动的连续性和社会发展的稳定性,当然也就会影响到经济增长。这是中国经济增长和经济体制改革的困难所在也是精彩所在。不能为改革而改革,也不能为增长而增长,而应该把改革和增长协调起来,实现可持续的增长。事实证明,中国的经济体制改革走的是一条正确的道路,中国没有搞俄罗斯那样的休克疗法,也没有故步自封停滞不前,而是通过渐进的改革来推动经济增长、经济发展和社会发展,从而逐步地实现着当年确定的现代化目标。

经济增长是一个宏观问题,但在改革开放中前期推动中国经济增长的主要途径是通过微观领域的改革,如收入分配领域的改革、传统企业制度的改革等。也就是说,体制因素是那一时期推动中国经济增长的重要因素。因为经济增长实际上是一个效率问题,即要求改善经济活动中的产出效率、投入效率和生产要素使用效率。中国的经济发展已经有了几千年的历史,但是在漫漫历史长河中,生产力的发展是相当缓慢的。也就是说,生产活动中效率的改善是相当缓慢的。从马克思主义经济学的观点看,在这几千年的过程中,生产活动大多属于自然经济条件下以农业经济为主导的、以解决温饱为目标的简单再生产。直到改革开放初期,这种简单再生产在我国国民经济中仍然占据了相当大的比重,所以改革伊始我们首先提出的经济发展目标就是要解决中国人民的温饱问题,这也从某一个侧面说明了中国当时所处的发展阶段。这种简单再生产的特征,就是利用有限的生产资料如土地、水资源等,通过人类的劳动延续生产和生活。但从英国工业革命时期开始,人类的生产活动已经进入了一个新的发展阶段,这就是在市场经济条件下以生产效率不断提高为特征的扩大再生产。不断循环的扩大再生产就是我们今天讲的经济增长。鸦片战争以后,以洋务运动为起点,中国也开始了自己的工业化进程,但是由于外部压迫和内部纷争,这一进程受到各种干扰,推进得非常缓慢。新中国成立以后,我国通过节衣缩食增加积累来推动工业化进程,国民经济有了一定的发展,初步形成了自给自足的国民经济体系。开发了油田矿山,造出了汽车飞机轮船,也搞了一些基础设施建设,和新中国成立以前相比,面貌已经发生了很大的变化。但是如果打开国门,我们就会看见我们和发达国家以及新兴工业化国家和地区之间,在经济发展水平上存在着相当大的差距,从人均 GDP 上看,中国是当时世界上人均 GDP 最低的国家之一,属于低收入发展中国家。从国内看,在存在着严重的工农业产品剪刀差的情况下,第一产业增加值占 GDP 的比重仍然在 30% 左右,第一产业就业人员占全体就业人员的比重为 70% 以上。这说明和世界经济发展水平相比,中国的发展是不足的,这其中当然有历史的原因,也有体制的原因。中国要赶上和超过世界平均水平甚至是世界先进水平,就必须加速经济增长。经济增长反映的是扩大再生产的成果,它体现了经济活动的效率在提高,否则就不是经济增长而是经济衰退了。这种效率的提高最终表现为单位时间的产出在不断增加,如每年经济总量的增加、人均经济总量的增加、人均消费量的增加,等等,也就是单位时间产出效率的提高。它是生产效率提高以及投入效率提高的结果。按照索罗余值法的分类,可以把生产要素的投入分为三个大类,即劳动、资本和广义技术进步。要想提高产出效率,首先可以增加生产过程中劳动和资本的投入,投入的增加将导致产出的增加;但是通过增加投入而提高的产出毕竟是有限的,从根本上来说还是要通过科学技术的应用以及改善管理即通过广义的技术进步来推动生产效率的提高。这也是中国通过经济体制改革推动经济增长的主要途径,即通过改善劳动和资本的投入和使用、通过科学技术的应用、改善企业经营管理、改善资源的配置以及改善整个国民经济的管理来促进经济增长。由低级到高级、由简单到复杂、由微观到宏观来逐步地推动中国的经济体制改革,通过体制的作用来激发经济活动的活力以及改善经济活动的效率,达到实现和保持高速经济增长的目标。

第二节 中国经济体制改革与经济增长的三个历史阶段

从市场经济发展的角度看,可以把中国的经济体制改革和经济增长作为三个大的阶段:一是从 1978 年十一届三中全会到 1992 年邓小平南方谈话,这是中国建立市场经济的探索阶段;二是从邓小平南方谈话到 21 世纪初,是社会主义市场经济建立阶段；三是从 21 世纪初尤其是 2003 年中国进入新一轮经济增长周期后到党的十八大，是社会主义市场经济发展阶段。

一、改革开放初期的探索阶段（1978—1991 年）

通过 21 世纪 50 年代的"社会主义改造"，我国在城市和农村建立了全民所有制和集体所有制这两种生产资料所有制形式。在农村建立了人民公社，实施的是生产资料集体所有制。城市的企业则分别采取了全民所有制和集体所有制的形式。全民所有制企业就是全体人民所有的企业，当时称作国营企业，是各级政府的下属单位，企业和政府的关系属于行政关系。而集体所有制企业是生产资料属于企业的劳动群众集体所有、实行共同劳动、在分配方式上以按劳分配为主体的组织。这二者之间的边界有时候是模糊的，如很多基层所属的集体所有制企业也有向上级政府上缴利润的任务。只有规模很小、收入较低的集体所有制企业才能在内部决定分配，而规模较大的集体所有制企业通常实行的是和全民所有制企业相近的工资分配制度。20 世纪 80 年代进行的经济体制改革，从总体上看，其主要特征是在不改变所有制形式的前提下，通过对现行制度、利益分配、经营环境等方面的改革，调动企业和劳动者的生产积极性，促进生产的发展，从而实现在整个国民经济层面上的经济增长。

我国的经济体制改革开始于农村，通过联产承包，或者更通俗地说，把集体所有的土地分到各家各户，将各家各户的收入直接和他们的生产活动挂钩，多劳多收多得。这就调动了广大农民的生产积极性，从而使我国的农业进入了一个大发展时期。1981—1984 年，我国第一产业增加值的增长率分别为 7%、11.5%、8.3% 和 12.9%，这充分说明了制度因素对生产是具有积极影响的。通过将劳动者和他们的利益直接挂钩，可以有效地改变他们的劳动态度、劳动投入和劳动质量，从而获得更多的产出。这在今天看来是一个非常简单的道理，但当年做这件事时我们却经历了无数的曲折。所以中国的改革，不仅仅要对体制进行变革，还要改变各级领导的传统观念，这是更为艰难的。我们还要看到，当年我们进行的农村经济体制改革虽然取得了积极的成果，但是到了一定时期之后，它的经济报酬可能发生递减。1985—2010 年这 25 年间，我国 GDP 的年均增长率为 10.07%，而第二产业和第三产业的年均增长率分别为 12.03% 和 10.72%，但第一产业的年均增长率只有 3.96%，大大低于第二、三产业的增长率和整个国民经济的平均水平，比 1981—1984 年的年均增长率低约 4 个百分点。这属于正常的农业增长，它说明单纯地增加劳动的投入（包括数量的提高和质量的改善），虽然在某一个时间段对增长可能发挥重大作用，但是从长远看，实现持续的扩大再生产和经济增长，更多地还是要依靠技术进步的力量。中国人民是具有勤劳美德的人民，几千年来在这块土地上精耕细作，但是农业生产始终只是在简单再生产的状态下徘徊，有时连温饱都不能解决。严格地说,我国当时的农村经济体制改革只是改正了人民公社体制带来的大锅饭弊端,让农民恢复了应有的劳动态度,从而使农业生产有了一个爆发式的增长。这种增长既是对以往的停滞的补偿,又属于新时期的发展,叠加效应导致了农业的超常规发展。但是,在此之后,当新的体制稳定下来并且充分发挥作用之后,农业发展就会进入常态。这时,农业的继续发展就需要科技进步和其他产业发展的带动。同时,也需要有相应的体制创新来配合。从那时开始到现在,我国农村也推动实施了一些改革,如取消了人民公社,在一定条件下可以对土地进行流转。但是,由农业合作化而形成的集体土地制度,到现在为止基本上没有什么大的变化。随着我国工业化、城市化和农业现代化的进程,我国目前的土地制度已经越来越不能适应集约化经营和农村经济发展的需要,但如何进行更加深入的改革仍然是一个难题。从总体上看,20世纪80年代初的农村经济体制改革,极大地促进了我国农村生产力的发展,到80年代中期,基本上解决了我国长期没有解决的粮食短缺问题,为我国未来的全面经济增长和发展建立了坚实的基础。

在农村经济体制改革基本完成并取得了明显的效果之后,1984年召开的党的十二届三中全会,明确提出要加快以城市为重点的经济体制改革。实质上开始把我国经济体制改革的主战场从农村转到城市。全会公布的《中共中央关于经济体制改革的决定》,提出要建立具有中国特色的社会主义体系。强调在计划经济条件下也要尊重价值规律,发挥商品经济的作用,相比以往的社会主义经济理论,在当时已经是一个很大的进步。收入分配改革和价格体制改革,成为当时经济体制改革的两个主要突破口。

首先看收入分配制度的改革。20世纪50年代中期,我国在完成了社会主义改造后,学习苏联建立了公有制基础上高度集中统一的计划管理体制。这一体制下的收入分配从纵向上看是承认由于个人发展情况不同所带来的差异,职务或职位不同,收入水平也不同;而从横向上来看则是平均主义的,虽然把全国分成了几类地区,同样级别的人的收入略有差异,但是差别不大。但是这一体制建立之后,并没有像苏联那样发挥社会主义制度下应有的激励作用,虽然从理论上说我们仍然主张"各尽所能按劳分配",但自50年代中期到1976年这20年间,我们只是在60年代初期对干部和工人普调过一次工资,其他时候工资调整都处于停顿状态,无论一个人的劳动技能、劳动投入以及职务有什么变化,他的工资是基本不变的。"各尽所能按劳分配"并没有得到真正的考核和实施。因此,到了改革开放前后,我国劳动者的生产热情可以说降到历史最低水平,既然"干多干少一个样,干好干坏一个样",那么劳动者在收入既定的条件下,使其效用最大化的选择就是减少劳动。这种微观行为所导致的宏观后果,必然是经济停滞。我们也不能把我国经济停滞的原因都推到苏联式的体制上面,那个体制曾经在苏联的长期发展中发挥了很大的作用,但在中国,由于我们有长达20年的时间工作的重点不在经济建设上(所以十一届三中全会才要提出把工作重点转移到经济建设上来),这一体制的优点没有充分发挥,而弊端则对我们的经济发展带来很多负面影响。所以在改革开放之初,我们仍然还是希望在这一体制下,通过改变各种经济关系的扭曲状况,首先是通过改善收入分配,拉开收入分配差异,来达到促进生产的目的。应该说,在城市经济体制改革初期,这种"拨乱反正"是收到了积极的效果的。收入分配的激励机制一方面改变了劳动者的劳动态度和生产热情增加了供给,另外一方面也增加了劳动者的收入从而提高了整个居民部门有支付能力的需求。这比起改革开放前居民收入长期得不到改善已经是一个根本的变化。直到改革开放初期,我国居民的耐用消费品的需求仍然处于低级阶段,主要局限在手表、自行车和缝纫机这三大件上。周边国家和地区则已经普及了现代家用电器,从家用电器的发展和普及上看,我们比日本至少落后了20年。随着人民收入的改善,我国的消费水平开始升级,冰箱、彩电和洗衣机进入了千家万户,也带动了相关领域的企业的发展。海尔、长虹这些企业和品牌,就是从那个时候开始发展起来的。耐用消费品的普及和发展对于我国当时的经济增长,起了很大的拉动作用。当然,当时的收入分配领域的改革也存在着一些问题,突出的矛盾体现在强调收入分配在生产领域中的激励机制的同时,对再分配领域中如何形成合理的收入分配关注不够,政府部门、事业机构的干部职工增长缓慢,脑体倒挂成为当时收入分配中的突出矛盾,"拿手术刀的不如拿理发刀的,造原子弹的不如卖茶叶蛋的",就是对当时这种情况的生动写照,但政府一时又拿不出这么多钱来为这些人改善收入,成为当时的一大难题。改革不可能都是完美的,但是只要坚持向着正确的方向努力,矛盾总会得到解决。

再看价格体制的改革。到改革开放初期,和工资制度类似,我们的主要商品的价格已经有20多年没有什么大的变化,价格体系已经僵化。所编制的商品零售价格指数每年的波动很小,在国民经济管理中也没发挥什么作用,也没有编制消费价格指数。价格信号在引导企业生产、居民消费和政府决策中完全没有发挥应有的作用。"价值规律"并不能发挥作用。从1979年开始,国家开始调整包括粮食、油料、生猪等在内的18种主要农产品的收购价格,后来又对一部分纺织品、燃料和原材料的价格进行了调整。调整价格并不是放开价格,调整了之后的价格仍然是管制的价格,但是在当时这种调整却有突破性的意义,价格关系的变化实际上是生产发展后对利益关系的调整,当这种调整符合了生产力发展的要求,就能有效地促进经济增长并为群众带来实惠。如农产品价格的调整就改善了农民的利益,并且促进了农业增长。但这一时期最大的改革,还是对已经僵化的价格体系进行改革。十二届三中全会后,我们加大了价格体制改革的步伐。1985年我国大规模放开农业副产品价格,1986年放开了家用电器等耐用消费品的价格,1988年放开了肉蛋菜粮和名烟名酒的价格等;而在对生产资料的价格改革方面,我们进行了计划内实行管制价格、计划外实行浮动价格的"双轨制"的试点,优点是鼓励了那些有能力扩大生产、提供更多计划外产品的企业,问题是给"官倒"提供了条件,从而导致了价格秩序的混乱。"官倒"从双轨制中得到的好处,甚至还要高于生产出"计划外"商品的企业,和今天虚拟经济冲击实体经济的情况十分类似。这一期间我们的价格体制改革并没有完成,由于1987年和1988年的高通胀,国家放慢了价格改革的步伐。但是从总体上看,80年代的价格改革是我国在建立社会主义市场经济过程中的积极探索,虽然当时并没有提出社会主义市场经济,但是实际上已经在进行这一方面工作,为下一阶段的经济体制改革创造了很好的条件。当时的问题是,我们希望在传统的体制下通过对于各种利益的调整,来达到促进经济增长的目标。但由于传统观念或利益关系的影响,对于应该不应该改革,怎么改革?始终都存在着巨大的分歧。关于计划经济、商品经济和市场经济关系的讨论,姓"社"和姓"资"的争论,贯穿了整个80年代。因此才有"摸着石头过河"的说法,而在具体的改革过程中也出现了不少问题和矛盾,尤其是对于如何控制改革的力度和节奏没有把握,小了慢了没有效果,大了快了容易出问题。"价格双轨制"就是在这种困惑下提出来的,它所带来的问题也只有在实践和发展中解决。

宏观分配方面的改革。即在不改变所有制的条件下,通过改善国家、企业和个人之间的利益分配,来更好地调动企业的生产积极性,在这一时期也进行了一些探索,如开展了扩大国有企业自主权的试点,如将企业的流动资金拨款改成银行贷款,变流动资金无偿使用为有偿使用,以及调整企业利润的上缴和留存比例,等等。在当时条件下,确实对企业和整个国民经济的发展有积极的推动作用。但由于企业和政府的关系仍然是领导与被领导的关系,对企业活动的约束增加了,但企业获得的发展空间仍然是有限的。而在这一时期,由于为了搞活经济而放开了对体制外经济活动的约束,我国的一些体制外的企业(包括军队、党政机关、大企业、研究机构、学校、街道等新办的企业和农村乡镇企业)却表现得相当活跃。由于它们在众多方面都不需要受到计划体制的约束,这就使它们有了体制优势,尤其是江苏、浙江、广东、福建这些地方,乡镇企业发展的势头很猛,成为当时中国经济发展的一大特点。一些企业在企业制度上实际上已经突破了传统的公有制框架,股份制企业就是在这一时期开始发展起来的。当然,由于这些企业在体制之外,缺乏必要的约束和监管,有些企业利用特权关系等非正常经营来获利,也出现了很多问题。这说明中国传统的计划体制,已经开始束缚广大企业的发展,需要更加深入的体制创新,一方面搞活企业,另外一方面在风险控制、合规经营等方面,也应该有必要的社会约束机制。在这一方面,我国经济特区的发展提供了成功的经验。几乎与农村经济体制改革同时,为了鼓励一部分人先富起来,一部分地区先富起来,并探索致富发展的道路,80年代初,中央选取了广东和福建的四个城市(深圳、珠海、汕头和厦门)建立经济特区,开展了改革和开放的试点,这些地区和海外有着比中国其他地区更加密切的联系,有特定的地域优势,中央通过在这些地区采取更加灵活的政策,让这些地区首先发展起来。概括地看,对经济特区的特殊政策包括以下几个大的方面:一是建设资金以引进外资为主,鼓励通过吸引外商直接投资发展外向型经济,产品以出口外销为主;二是特区对经济活动的管理有更大的自主权,在投资项目审批、外贸、企业经营及生产要素管理(如土地、劳动力的管理)等方面给了特区政府更大的权限,同时支持它们进行各种改革(包括产权制度、收入分配制度等)的试验;三是对来特区投资的外商,在税收、出入境等方面实行优惠政策和便利措施。对这些地方,中央没有资金方面的支持,只是通过优惠和灵活的政策调动当地的积极性,这些地区肩负着中央和人民的众望探索着中国的改革道路,勇敢探索,大胆试验,不仅在吸引国外和境外的资金方面做出了成绩,在引进国外和境外市场经济体制方面也先行了一步,取得了很好的效果。

  1978—1991年这14年间,我国的年均经济增长率达到了9.21%(见表5.1),国民经济走出了长期徘徊不前的阴影,取得了我国有史以来时间最长、增长率最高的经济增长,实现了"经济起飞"。邓小平提出的"三步走"发展战略中的第一步已经实现。这说明中国完全有可能实现和保持高增长,通过长期的努力发展赶超世界先进水平,实现现代化。虽然在改革开放和经济增长中也出现了很多问题和矛盾,但从总体上看,我们的现代化进程开了一个好头,为我们未来的发展打下了基础。同时这也说明了经济体制改革对我国经济增长的重要性,如果没有改革,我们不可能取得如此巨大的成就。反过来,经济增长也为改革提供了更好的基础,因为发展中的问题,还要在发展中得到解决。从前面的分析中可以看到,我国这一时期实现的高速经济增长,一是经济建设成为我国社会和经济发展的重点,我们终于有了一个全心全意搞建设的社会环境和全民基础,虽然还有各种干扰和争论,但发展方向已经确定;二是具体目标比较明确,这就是要实现经济增长,改善和提高人民生活;三是找到了促进经济增长的主要途径,这就是要通过改革来理顺各种经济关系,激发各级政府、企业和劳动者的生产热情,从而促进经济增长。虽然具体的改革目标仍然还不明朗,但评价标准事实上已经提出,这就是看改革是否能促进生产力的发展,或者更具体地说,要看改革能否促进我国的经济增长。这是我国加速的经济增长的起步阶段,从长期观察是成功的,但是具体到各个年份来观察,我们又可以看到,这一时期的经济增长是不稳定的,波动的幅度很大,经济增长率从1978年的11.67%回落到1981年的5.24%,又重新提升到1984年的15.18%,再调整到1990年的3.84%。在这一过程中,面对着经济增长我们有着一种复杂的心理,一方面我们希望经济增长率尽可能高一些,但是某一年份的经济增长率一高,马上就可能出现过热,从而又使经济增长率回落下来。尤其在这一时期,我们为了理顺经济关系,推动了价格体制的调整,而从表5.1中可以看到,有些年份的通货膨胀率相当的高。1984年以前,我国还没有编制消费价格指数,用商品零售价格指数来度量价格新水平的上涨,除了1979年的价格调整使价格指数上升到3%以上外,大多数年份价格水平只有小幅度的波动,但是在1985年,价格指数突然上升了8%,以后一直在高位运行,1986年有小幅回落,然后又重新攀升,1988年和1989年价格上涨幅度甚至达到了18%,对人民生活造成严重冲击。这是我们在改革过程中所付出的代价,其中既有历史的原因,长期的体制僵化造成积重难返,也有改革力度的问题,急于求成有时反而达不到好的效果。

表 5.1 1978—1991 年我国价格指数及经济增长率情况(上年 = 100)

年份	商品零售价格指数	居民消费价格指数	GDP 增长率
1978	100.7	—	11.67
1979	102.0	—	7.57
1980	106.0	—	7.84
1981	102.4	—	5.24
1982	101.9	—	9.06
1983	101.5	—	10.85
1984	102.8	—	15.18
1985	108.8	109.3	13.47
1986	106.5	106.0	8.85
1987	107.3	107.3	11.58
1988	118.8	118.5	11.28
1989	118.0	117.8	4.06
1990	102.1	103.1	3.84
1991	102.9	103.4	9.18
年均指数或增长率	105.7	—	9.21

资料来源:其中价格统计数据选自《中国统计年鉴(2000)》,经济增长数据选自《中国统计年鉴(2012)》。

对这一时期的经济体制改革的简单回顾,可以对我们今天的发展带来以下几点启示：

(一)要客观地看待 GDP 评价体系对我国现代化进程的推动作用

十一届三中全会提出要把工作的重点转移到经济建设上，如何反映经济建设所取得的进展？那就是邓小平提出的 GDP 翻两番(后来又发展为三步走的发展战略)的伟大构想。在 30 多年后的今天我们再回过头看，当时提出"翻两番"所需要的时间(20 年)只经历了转眼一瞬，但是在提出这个目标的时候，却是对中国未来相当长的一个发展时期的经济发展目标的规划。正如前面所指出的那样，GDP 在中国的运用是一个伟大的历史创造，因为到那时为止，还没有任何一个计划经济国家使用过这个指标，对长期发展进行规划。在市场经济国家这种应用倒是有先例的，日本在 20 世纪 60 年代初提出并实施的"国民收入倍增计划"就是这方面的代表。但是在日本，这一计划的实施是通过中央政府的各种政策来间接推进的，在中国则不同，是通过各级政府的贯彻实施，来达到预期的目标。这是一个创新，用市场经济的指标和计划经济的体制，来推动我国的经济建设。在当时，以邓小平为核心的党的第二代领导集体做出的把工作重点转移到经济建设上来的决定代表了民心党心，全国人民迫切地希望中国在经济上有一个大的发展。但是由于长期"左倾"思想的影响，相当多的领导干部不能跟上形势，不敢搞经济建设，不敢为人民办事，使当时农村生产责任制的推广受到重重阻力，更不用说在城市中进行改革和经济建设了。这时候就需通过下达指标或者是任务，来统一各级领导的思想以及考核他们在新形势下的领导能力也就是现在说的执政能力，这是一个正确的做法。但是这种观念上的转变并不需要很长时期，随着干部队伍的新老交替，更多的有经济建设能力的干部被提拔上了领导岗位，增加 GDP 成为各级领导的共识，由于传统观念对经济发展所形成的阻力也就不存在了。而大家后来发现，加速地方经济增长不仅是对国家有利，对地方政府和地方经济也是有利的，在这种情况下人们对 GDP 的态度发生了根本性的转变。不再是中央要地方增加 GDP 地方不敢做不愿意做，相反的，往往是中央认为经济过热而地方则认为 GDP 发展得还不够，经济增长还要加速。中国后来的问题已经不是要不要 GDP 的问题，而是同时需要考虑在 GDP 增长中如何控制风险的问题。总的来说，自 20 世纪 80 年代中期以后，随着国家统计部门正式建立起 GDP 核算体系，我国的各级政府对于经济增长基本上已经形成共识，这就是要实现较快或者是高速的经济增长，而各种改革就是要为这种增长创造条件，但后来发现经济增长太快可能导致经济波动而影响经济增长的长期效果，平稳增长又成为高速增长的约束条件。应该看到，这种对于 GDP 的追求是有积极意义的，否则中国不可能实现长达 30 多年的持续高速增长从而在根本上改变了中国的整体实力。但是，随着一个国家的整体实力的提高，它的经济活动也会越来越复杂，这时候再简单地用一个或少数指标来规划它的全面发展,又会出现新的问题。但是在20世纪80年代,作为一个低收入而经济增长又长期处于徘徊之中的发展中国家,如何使经济活动重新活跃起来从而进入快速增长的轨道,是我们当时面临的主要矛盾。

(二)改善消费需求对拉动经济增长具有重要意义

改革开放以前,我们也进行了一些经济建设,1978年我国三次产业的构成已经是28.2∶47.9∶23.9,第二产业增加值在整个GDP中所占的比重已经比较高,但人民生活水平仍然很低,在全部人口中,农村人口占了82.08%,城镇人口占了17.92%,以人口反映的城镇化程度非常低;三次产业就业的比重为70.5∶17.3∶12.2。以增加值反映的产业结构与以劳动力反映的产业结构严重脱节。以农业为主的第一产业以不到30%的增加值,为国家提供税收、为城镇提供粮食和其他食品,容纳了70%的就业、维持着80%以上的人口的生活。第二产业的占比虽然很大,但是在促进农业生产和改善人民生活方面的贡献有限,城镇居民家庭的恩格尔系数为0.575,农村居民家庭的恩格尔系数为0.677,这说明城乡居民日常生活的一半以上都是由生产食品的农业来支持的。但由于农业发展不足、供给短缺,所以不得不对农产品以及居民家庭的基本消费品实施票证经济。当时也不是不想解决农业问题,否则就不会有"农业学大寨"运动。但是当时所选择的这条发展农村经济的道路是错误的,这就导致了我国农业的长期徘徊不前。而在经济发展所创造的增量中,相当大的部分被用于为战备服务的重工业建设而不是用来为改善人民生活服务。经济增长缓慢的同时,还伴随着大量的无效投资和无效劳动。改革开放之后,我们在实现工作重点转移后,首先注重的就是人民生活,无论是在农村经济体制改革中还是在后来的城市改革中,改善劳动者的收入和生活水平一直被放在重要地位。一方面,劳动者收入作为激励机制的一个部分提高着生产效率;另外一方面,劳动者收入水平的提高造成全社会消费水平的提高,形成良性循环。这样,我们就不仅解决了困扰我们多年的如何提高人民群众的生产热情问题,同时还显著地改善了人民生活,实现了消费升级,带动了一大批产业的发展。这一期间,我国第二产业的比重从1978年的47.9%下降到1991年的41.8%,那些"为生产而生产"的重工企业的扩张受到限制,而和人民生活关系密切的轻工业、纺织工业得到了较快的发展,从而带动了整个经济增长。这说明改革开放后,我们不仅在国家发展上找到了正确的方向(以经济建设为中心),而且在需求拉动上找到了正确的途径(通过改善民生拉动经济增长),带动我国的经济发展进入了一个全新的时期。这说明经济增长如果没有真实的消费来带动,所实现的增长就有可能是虚增长,而所达到的产业结构高度也可能是虚高度。反过来说,如果经济增长的成果不能在消费的增长上得到相应的反应,那么这种经济增长也是没有意义的。

(三) 总供给和总需求的相对均衡是实现经济稳健增长的基础

在计划体制下,从总供给和总需求的关系看,我国的经济属于短缺经济,即供给小于需求,尤其是消费品的供给小于需求,但由于商品的价格是管制的,所以再短缺也不会从价格信号上反映出来并引导着企业去增加生产,而反映为短缺条件下的饥饿、营养不良,严重的时候则可能饿死人。在这种情况下如果放开价格管制,那么必然的结果就是价格上涨。这已经被当时的实践所验证,只要在一个领域中放开价格管制,所得到的结果就是价格上涨,放开什么就涨什么,表现出典型的短缺经济的特征。在这种情况下,需求是不成问题的,关键是要增加供给,只要供给和需求达到了相对均衡,放开价格时供需之间的失衡就可能有所缓解从而减轻价格上涨的压力。比如在1988年放开粮食价格时,价格波动就没有那么大,首先是因为在1979年时粮食价格已经调整过了,其次是城市的粮食价格还没有放开,但是在农村的集市贸易上实际上早已经放开了,再次是经过农村经济多年发展,粮食短缺的现象已经有明显改善。在这种情况下再放开粮食和其他农产品价格,就可以说是水到渠成。当时,由于我们是在封闭多年之后才打开了国门,看到中国和发达市场经济国家之间的明显差距,大家有些心急,所以在改善民生和通过各种体制改革理顺经济关系的同时,还要通过扩大投资来加快经济增长,有时反而加剧了供需失衡。尤其是在计划经济条件下,无论是财政支出还是信贷规模,本身就是自上而下的计划管理体制中的一个组成部分,扩大投资实际上就意味着增加财政和信贷规模,增加了全社会的货币供给,实际上就增加了潜在的通货膨胀的压力,与此同时又加快价格体制改革,正好给了通货膨胀一个释放的机会。从表5.1中可以看到,1984—1988年,从经济增长率上看,中国一直处于经济较热状态,和80年代初期的时候不同,这一阶段我国全社会固定资产投资的增长率一直在20%以上①(其中1985年达到了38%以上,见表5.2),而信贷扩张也明显高于经济增长,在这种情况下总供给和总需求之间的失衡其实已经非常严重,我们又在这种情况下加快了价格体制改革,由此导致了1988年和1989年出现了严重的通货膨胀。这种通货膨胀严重地冲击了人民生活,同时也使很多企业的经营遇到了困难。这说明在改革和增长过程中,应该始终关注总供给和总需求之间的均衡,任何刺激经济增长的措施,如果是以总供给和总需求之间的失衡为代价的,那么就有可能事与愿违。从80年代改革的实践看,我们对于通过微观领域的改革来增加总供给是相当重视的,对收入分配制度的改革、价格体制的改革和企

---

① 虽然在第二章和第三章的分析中,我们指出全社会固定资产投资总额指标在度量实际投资规模以及增长上存在着种种问题,但却是我们可以得到的、反映改革开放以来投资波动的基本指标。它的波动和以GDP反映的经济增长不直接可比,但却能够在一定程度上说明投资增长的波动情况。

业制度的改革,都进行了积极的探索和实践,这些改革对于今天的中国经济发展,都有长远的意义。但是在宏观方面,我们也希望通过扩大投资增加需求从而推动经济增长,这其实是一种计划体制下传统思维的延续,今天再回过头来看,那些投资中相当大的一个部分,已经随着后来的国有企业改造与银行不良资产的清理而变成无效投资,形成了生产力的浪费。所以经济增长中的短期行为,经常是降低资源配置效率和经济增长质量的。这更进一步说明不断的体制创新与可持续的经济增长是密切联系的。

表 5.2　1981—1991 年中国全社会固定资产投资增长情况

年份	全社会固定资产投资(亿元)	比上年同期增长(%)
1981	961.0	5.5
1982	1 230.4	28.0
1983	1 430.1	16.2
1984	1 832.9	28.2
1985	2 543.2	38.8
1986	3 120.6	22.7
1987	3 791.7	21.5
1988	4 753.8	25.4
1989	4 410.4	-7.2
1990	4 517.0	2.4
1991	5 594.5	23.9

资料来源:根据《中国统计年鉴(1996)》中有关数据整理。

二、社会主义市场经济建立阶段(1992—2002 年)

1992 年后开始的中国新一轮经济体制改革,是在邓小平南方谈话后展开的。邓小平在南方谈话中,再一次重申了他一贯的思想:判断我们各项事业成败的标准,"应该主要看是否有利于发展社会主义社会的生产力,是否有利于增强社会主义国家的综合国力,是否有利于提高人民的生活水平"①。对于过去长期争论的应该实行计划经济还是市场经济,姓社还是姓资的问题,邓小平明确指出"计划多一点还是市场多一点,不是社会主义与资本主义的本质区别。计划经济不等于社会主义,资本主义也有计划;市场经济不等于资本主义,社会主义也有市场。计划和市场都是经济手段"②。而针对我们在经济建设中引进和借鉴国外的先进经验,

---

① 邓小平:《在武昌、深圳、珠海、上海等地的谈话要点》,《邓小平文选》第 3 卷,人民出版社 1993 年版,第 372 页。

② 同上书,第 373 页。

他认为"社会主义要赢得与资本主义相比较的优势,就必须大胆吸收和借鉴人类社会创造的一切文明成果,吸收和借鉴当今世界各国包括资本主义发达国家的一切反映现代社会化生产规律的先进经营方式、管理方法"①。这实际上指明了新时期改革的方向。在南方谈话的指引下,党中央在十四大上明确提出要把建立社会主义市场经济作为中国经济体制改革的目标,准备用30年的时间,在中国构建和发展社会主义市场经济,其中前20年主要用于建立市场经济体系,后10年用于完善社会主义市场秩序。从那时开始,中国的经济体制改革真正建立起了明确的目标。后来,江泽民同志又总结和发展出了"三个代表"的重要思想,"总结中国共产党七十多年的历史,可以得出一个重要的结论,这就是:中国共产党所以赢得人民的拥护,是因为中国共产党在革命、建设、改革的各个历史时期,总是代表着中国先进生产力的发展要求,代表着中国先进文化的前进方向,代表着中国最广大人民的根本利益,并通过制定正确的路线方针政策,为实现国家和人民的根本利益而不懈奋斗"②。这既是我们党的长期历史经验的总结,又反映了我们的改革开放之所以能够取得成功的社会和群众基础。

(一) 社会主义市场经济体系的构建

从市场经济对于经济增长的促进作用上看,可以把当时的市场化改革分成这样三个大的领域,一是在生产(供给)领域,主要是通过发挥市场经济的激励和竞争机制,改善和提高生产者和劳动者的经营和生产效率,从而达到促进经济增长的目标,如价格体制的改革、产权制度的改革等都属于这一类;二是在需求领域,通过体制创新改善需求,从而达到拉动经济发展的目标,如外贸体制的改革、住房制度的改革、资本市场的建设等可以归入这一类;三是与宏观经济管理相关的改革,包括财政体制和金融体制的改革,这些改革就其本身而言很多是属于微观的,如基层税收制度的改革、财政对经济发展的支持、银行体系的建设等,但最终会导致整个国民经济的调控基础发生变化,从而使新的宏观调控与以往的计划管理具有完全不同的特征。这种分类是从一类改革对于经济活动的作用领域来划分的,但是实际上有一些改革,会涉及多个领域,如外贸体制的改革,不仅拉动了外部需求,在生产领域中也刺激了民营企业发展外向型经济的积极性。而收入分配的改革,在生产领域,它鼓励按照生产要素(资本和劳动)对生产经营活动的贡献获得回报,从而提高了生产效率;而在分配领域,由于生产者和劳动者增加了收入,可以进行更多的投资和消费,这就会带动更多的最终需求。公务员及事业单位工作

---

① 邓小平:《在武昌、深圳、珠海、上海等地的谈话要点》,《邓小平文选》第3卷,人民出版社1993年版,第373页。

② 江泽民:《在新的历史条件下更好地做到"三个代表"》,《江泽民文选》第3卷,人民出版社2006年版,第2页。

人员的工薪收入是通过国家财政支付的,因此对他们的工资调整也可以看成是宏观经济政策的组成部分。无论是哪一种改革,关键都在"经济体制改革"上,要通过体制的创新以及一系列制度及法律、法规的建设,形成一套能够促进我国经济增长和经济发展的制度。所以从主要的改革看,都不是针对具体的企业、个人或政府的,而是要形成和发展一套新的、相互联系的、促进我国生产力发展的市场体制和管理体制。

1. 价格体制改革

虽然20世纪80年代我国的价格体制改革,并没有全部完成,但是应该说已经为价格体制全面改革打下了一个很好的基础,因此到了90年代初新一轮经济体制展开时,价格体制改革的思想障碍已经很少,全面放开生产资料的价格,可以说是水到渠成。在这一轮改革之后,我国只对极少数关系到国计民生的能源价格和服务价格实行政府定价,其他商品和服务的价格一律放开,实行了市场定价的商品和服务达到了95%以上,商品的市场化改革基本完成。

2. 产权制度改革

虽然在20世纪80年代,中国已经开始进行企业制度的改革,但是它真正的发展还是在20世纪90年代以后。十四大提出的建立社会主义市场经济体制的改革目标,肯定了市场对资源配置的基础性作用。这意味着中国的市场化改革不再局限于商品市场,还要包括对于其他生产要素(资本、劳动、技术、土地等)的市场化改造。而在这些市场中,关键是产权市场的改革,其核心是对国有企业所有制改造和现代企业制度建立即产权市场的发展和完善。国有企业将按"产权清晰、权责明确、政企分开、管理科学"的原则进行以建立国际通行的现代企业制度为目标的改革,同时还在鼓励外商企业和民营企业的发展。产权市场的改革带动了资本市场、劳动市场的建立和发展,使我国开始建立起了生产要素市场,虽然这一市场的发展和完善还要经过一个很长的阶段,但它已经建立起来而且不可逆转,这是十四大以后我们所进行的最重要的改革。1997年召开的党的十五大,对国有企业改革的目标做出重大调整,将国有企业改革和发展的目标重新规定为:力争到本世纪末大多数国有大中型骨干企业初步建立现代企业制度,经营状况明显改善。亚洲金融危机之后,各级政府没有停下或放慢国企改革的脚步,而是围绕国企三年改革和脱困的目标,对大中型国有骨干企业进行战略性改组和现代企业制度的建设,"鼓励兼并、规范破产、下岗分流、减员增效、大力实施再就业工程"。到2000年年底,国有大中型企业改革和脱困三年目标基本实现,国有及国有控股企业的经营情况有了明显的改善(张神根,2001)。十五大还第一次提出了"非公有制经济是我国社会主义市场经济的重要组成部分",对促进国民经济的发展有重要作用,要鼓励、引导非公有制经济的健康发展,以促进整个国民经济的发展的重要思想。在这一思想的指导下,这一期间的民营经济和外资企业也获得了很大的发展(刘伟和李绍荣,2001)。到了2004年经济普查时,国有企业、国有联营企业、国有独资公司占全部企业法人单位的比重,已经下降到了5.9%,在全部企业法人单位中只占有很小的一部分,而私营企业所占的比重则达到了61%,已经形成了数量优势。在工业部门中,在全部工业企业中,国有企业(包括国有企业和国有独资有限公司)数量的比重已经下降到2%以下,而占总产值的比重约在15%,利润的比重约在13%,所容纳的就业人数不到14%,其他部分主要是由非国有经济贡献的。

3. 劳动制度和社会福利制度改革

劳动制度和社会福利制度的改革是与国有企业现代企业制度的建立密切联系的,它们是一个事物的两个方面。在计划经济体制下,在我国国有企业中(相当大一部分集体所有制企业也是如此),企业不但支付着职工工资,而且还全面地承担着职工的福利保障(退休、医疗、住房甚至子女教育),很多的大型国有企业不但有自己的生产区还建有生活区,其中包括职工住宅、商场、职工子弟学校、职工医院等各种设施。国家机关、事业单位的情况也是类似的,只不过更多地利用了城市现有的学校、医院等公共设施。从理论上说,政府单位和国有及集体企业不仅要向职工支付劳动报酬,还要保证他们的社会福利,这本来是一件好事情,也是当时所说的"社会主义优越性"。但后来发现,这种"优越性"是不可持续的,当企业或单位承担的社会职能超出了它们的能力,这种福利不但拖累了生产的发展(如可能需要用生产资金解决职工的福利问题,如企业对职工的生活供暖在很多企业实际上也纳入了生产成本),而且也是无法保证的。比较突出的问题就是住房问题,从理论上说职工的住房是应该由单位负责的,但是在实践中,职工或城市居民住房严重短缺的现象,从新中国成立以后至改革开放初期从来没有缓解过而是在不断地恶化。因此,伴随着国有企业产权制度的改革,必然要对相应职工福利制度进行改革,使企业剥离那些应该由社会承担的职能,轻装上阵。在这种情况下,我们对国有企业的用工制度进行了改革,将原来的以固定工为主的"铁饭碗"制度过渡到劳动合同制,而企业负担的社会保障职能(医疗、养老等)则通过企业和劳动者个人向政府劳动保障部门缴款,劳动保障部门提供保障的方法实施。企业一方面可以通过合同的约定,加强对职工的考核力度,从而提高劳动的效率;另一方面可以减少企业的保障负担(从保障一生改为按月或按季支付保障费用),从而大幅度地降低劳动成本,从而有可能轻装上阵参加市场竞争。

4. 财政制度改革

1994年,国务院根据十四届三中全会的精神,决定对原有的财政分级包干体制进行改革。新的财政体制借鉴了世界各国的经验,又考虑到中国当时的具体情况,根据事权与财权相结合的原则,按税种划分中央与地方的收入并形成财政支出。中央固定收入包括：关税；海关代征消费税和增值税；消费税；中央企业所得税；地方银行和外资银行及非银行金融企业所得税；铁道部门、各银行总行的收入；各保险总公司等集中缴纳的收入（包括营业税、所得税、利润和城市维护建设税）；中央企业上缴利润等。地方固定收入包括营业税、地方企业所得税、地方企业上缴利润、个人所得税、城镇土地使用税、城市维护建设税、房产税、车船使用税、印花税、屠宰税、农牧业税、农业特产税、耕地占用税、契税、遗产和赠与税、土地增值税、国有土地有偿使用收入等。中央与地方共享收入包括增值税、资源税、证券交易税。在机构建设方面，分别设立各级国家税务局和地方税务局实行分级征管，中央税和共享税由国税局负责征收，共享税中的地方部分，由国税局直接划入地方金库，地方税由地税局负责征收。在支出方面，中央财政主要承担国家安全、外交和中央国家机关运转所需经费，调整国民经济结构、协调地区发展、实施宏观调控所必需的支出以及由中央直接管理的事业发展支出。地方财政主要承担本地区政权机关运转所需支出以及本地区经济、事业发展所需支出。1994年的财政体制改革是我国改革开放以来最大的政府改革，对后来中国经济的发展发挥了重要的作用。财政体制改革20年来，我国的情况已经发生很大变化，如中央企业和地方企业的概念已经发生了很大的变化，金融机构、铁道部门也进行了改革，相关的税收也进行了调整（企业上缴利润已经不再存在），农业税现在已经取消，但是从总体格局上看，现在的财政体制仍然延续了当时的格局。

5. 政府机构改革

1998年3月10日，九届全国人大一次会议通过了国务院机构改革方案，目标是逐步建立适应社会主义市场经济体制的有中国特色的政府行政管理体制，国务院组成部门由原有的40个减少到29个。从1998年开始，国务院机构改革首先进行，随后党中央各部门和其他国家机关及群众团体的机构改革陆续展开；1999年以后，省级政府和党委的机构改革分别展开；2000年，市县乡机构改革全面启动。截至2002年6月，经过四年半的机构改革，全国各级党政群机关共精简行政编制115万个。与国有企业的改革相适应，政府在机构改革中强调了"政企分开"的原则，政府机构不再直接管理国有企业，而通过建立各级国有资产管理委员会对国有企业实行控股，以实现国有资产的保值增值。政府和国有企业间的上下级关系变成了政府和市场的关系，而在新发展起来的市场当中，不但包含国有企业，也包含民营企业和外资企业，这是有利于市场发展的。

6. 住房体制改革

在众多的福利制度改革上，最重要的改革是住房体制改革，早在20世纪80年代，住宅商品化的设想就已经被提出了。1988年的《政府工作报告》中提出，要加快城镇特别是大中城市住房制度的改革，逐步实行住房商品化；1992年以后，我国开始住宅商品化的改革,1993年的《政府工作报告》指出,要大力推进城镇住房制度改革,并指出要加快住房制度改革步伐,逐步实现城镇住房商品化,推进国家、单位、个人合理负担的住房建设投资体制,加快城镇住房建设。1998年,我国开始全面推进住房体制改革。当年的政府工作报告提出要采取切实措施促进住房商品化,使居民住房建设成为新的经济增长点。1998年7月,国务院颁布23号文,即《国务院关于进一步深化住房制度改革加快住房建设的通知》,提出从1998年下半年开始,停止住房实物分配,逐步实行住房分配货币化。虽然在那以后,各种不同形式的福利性分房仍然延续很长一段时间,但商品房已经成为居民家庭改善居住条件的主流。

7. 收入分配制度改革

在建立社会主义市场经济中,我国提出了确立以公有制为主体、多种所有制经济共同发展的基本经济制度,在收入分配中,则相应地提出了必须坚持按劳分配为主体、多种分配方式并存的原则,体现效率优先、兼顾公平,把国家、企业、个人三者的利益结合起来[①]。这样,实际上就把原来的只承认按劳分配发展成为以按劳分配为主,其他生产要素也参加分配的新型的社会主义初级阶段的分配制度。那么,如何衡量劳动者的"劳"并据此进行分配呢?这就是实行市场化的原则,通过劳动市场、供需关系、合同制等解决企业和劳动者个人之间的工资安排,原来的全国统一的工资制度就不复存在了(至少在企业中)。对生产者和企业家,在新的分配制度下,则会根据他们对于资本的应用效率来获得报酬,不仅对民营企业是如此,对国有企业也是如此,只不过民营企业所获得的资本报酬归企业家所有,而国有资产所获得的资本报酬归国家所有。在此基础上,国家还要通过税收制度等方面的安排,对劳动、资本、土地、知识产权等生产要素的收入进行调节。一个新型的社会主义初级阶段的分配制度已经建立和发展起来,而对它的具体完善(如各种税收、税率及转移支付的安排等),则可以在实践中逐渐实现。在这一改革基本完成以后,由国家财政支出直接负责的劳动者报酬所涉及的范围就大大缩小了,这使国家尤其是中央政府可以集中精力,对这一部分的工资制度进行改革。从20世纪80年代中期到90年代中期,我国收入分配制度中一个突出的矛盾,就是由国家财政负担的国家工作人员(包括国家干部即后来的公务员、军队和武警部队官兵的薪金以及教育、科学、医疗、文化等事业单位的职工)的劳动报酬的上涨速度,长期地低于直接生产部门,使收入分配倒挂的矛盾非常突出。伴随着财政制度的改革、政府部门的改革以及企业制度的改革,各级政府从20世纪90

[①] 江泽民:《正确处理社会主义现代化建设中的若干重大关系》,《十四大以来重要文献选编》中册,第1470页。

年代末开始推动收入分配制度的改革。由于政企分开和精简政府机构,财政所要负担工资的人员数量已经有所减少,另外,通过分税制改革国家的财政收入又在不断增加,这就为国家机关和事业单位的工作人员调整工资创造了条件。在对公务员工资制度进行改革的同时,对于事业单位的职工,国家在负担其最低基本收入的同时,还给了事业单位许多政策优惠,鼓励它们面向市场创收,使这些单位在不增加国家财政支出的条件下能够改善职工的收入。这一次较大规模的工资制度调整,虽然不能说完全解决了国家工作人员尤其是基层公务员收入偏低的问题,但是过去所说的"拿手术刀不如拿剃头刀的,造原子弹不如卖茶叶蛋的"那种严重的收入倒挂现象已经不再存在。

(二) 宏观调控的实施

在现实经济生活中,邓小平南方谈话后,中国的经济建设也掀起了新一轮热潮,经济增长率从1991年的9.2%提升到1992年的14.2%,而按现行价格计算的全社会固定资产投资增长率从1991年的23.8%提高到1992年的44.4%,再提高到1993年的60%以上。这种经济过热很快就在物价指数上反映出来,1992年当年,我国的居民消费价格指数上升到6.4%,1994年上升为创纪录的24.1%(见表5.3)。这种高速增长的投资以及随后带来的一系列后果,再一次暴露了计划体制下的预算软约束对于经济增长可能带来的冲击和后患,使很多国有企业在旧的问题还没有解决的情况下,又背上了新的财务负担,再加上我国的市场化改革已经开始推进,很多企业已经无法应对日益加剧的市场竞争,面临严峻的生存和发展的压力。但和以往不同的是,这一次国家不再直接为企业埋单,而要通过过国有企业的现代企业制度的建设尤其是产权制度的改革来根本上解决国有企业的发展问题。从表5.3中还可以看到,1997年,我国的CPI已经下降到了2.8%,从价格信号上反映出来我国的经济过热的状况已经开始转变,而1998—2002年,我国的CPI则明显表现了通货紧缩的局面。从外部环境看,1997年开始的亚洲金融危机也开始对中国经济增长产生冲击。在市场经济国家,经济危机是一种不断发生的现象,从20世纪70年代以来,就有70年代的中东石油危机、80年代的拉美债务危机、80年代末和90年代初的日本金融危机等。但由于中国当时的经济规模很小,融入全球经济的程度很低,世界经济形势和环境的变化,对中国的影响是有限的。但是随着中国经济融入全球经济的程度不断加深,国际经济环境的变化对中国经济的影响也不断加大,1998年亚洲金融危机时,这种影响已经表现得比较明显。1998年,我国货物的出口增长率由上一年的21%回落到0.5%,而1999年的增长率也仅仅达到6.1%,明显低于1992—1997年出口的年均增长率,当时,我国的出口依存度已经达到20%左右,这种由于亚洲金融危机造成的国际需求减少而导致的我国出口增长的减缓,对我国经济增长是有影响的。

表 5.3　1992—2002 年中国 GDP、CPI 和投资变化情况

	GDP 指数 （上年 = 100）	CPI （上年 = 100）	全社会固定资产 投资增长率(%)
1992	114.2	106.4	44.4
1993	114.0	114.7	61.8
1994	113.1	124.1	30.4
1995	110.9	117.1	17.5
1996	110.0	108.3	14.8
1997	109.3	102.8	8.8
1998	107.8	99.2	13.9
1999	107.6	98.6	5.1
2000	108.4	100.4	10.3
2001	108.3	100.7	13.1
2002	109.1	99.2	16.9

资料来源：《中国统计年鉴(2004)》中有关数据整理。

由于 1992—1994 年的经济过热，十五大曾经提出，在整个"九五"期间宏观经济政策始终要保持适度紧缩。但在国内外经济形势发生明显变化的情况下，中央调整了原先"从紧"的宏观经济政策，开始实行"积极的财政政策和稳健的货币政策"，并推出了一系列配套措施，主要内容包括：通过加强基础设施建设和调节收入分配扩大国内需求；在坚持人民币不贬值的情况下，千方百计扩大出口；深化经济体制改革（国有企业的改革、政府机构的改革、住房商品化改革）；推动金融体制改革，防范金融风险。

在财政政策方面，它的主要内容是通过发行国债，支持重大基础设施建设，以此来拉动经济增长。1998 年积极财政政策实施当年就增发国债 1 000 亿元，此后的几年里，每年增发国债都在 500 亿元以上。在 2000 年年末，我国国债余额达到 13 000 亿元左右。2002 年年末，国债发行的余额总计 25 600 亿元。其中，长期建设国债为 6 000 多亿元。1999 年（积极财政政策实施的第 2 年），国家预算内资金占固定资产投资资金来源的比重为 6.2%（2000—2003 年都保持在这个水平左右）。从现在的情况看，这一财政政策对于刺激投资增长的效果是明显的，在表 5.3 中，可以看到 1999 年的全社会固定资产投资增长率为 5.1%，第二年达到 10.3%，到了 2002 年也才达到 16.9%，固定资产投资的增长回升得比较缓慢，但发展非常稳定，这实际上已经体现了我国的市场化改革和宏观政策的互动关系。第一，从政府直接投资的用途看，都是用于基础设施投资，而不是对企业的投资；第二，国有企业在改制之后，在投资时已经有了硬约束，改变了过去在旧体制下不

讲效益、不讲风险、不负责任的状况。而民营企业本身就是具备风险控制意识的。经济增长率虽然回升得比较慢，但是改变了经济增长大起大落的现象。1999年虽然我国的经济增长率、通货膨胀率和固定资产投资增长率都到达了低点，但是从此之后，我国的经济增长一直在好转，一直延续到2007年。这是我国在分税制改革后第一次积极地利用财政政策调控（刺激）宏观经济，显示的财政政策效应与以往明显不同。

在货币政策方面，政策取向由"从紧"调整为"稳健"。按现在的标准看，当时"稳健"的货币政策其实是属于"积极"的。当时的政策包括：（1）取消贷款限额控制。取消对国有商业银行的贷款限额控制，变货币信贷指令性计划为指导性计划，实现货币信贷总量由直接控制向间接调控的转变。（2）改革存款准备金制度。1998年3月21日起，将各金融机构法定存款准备金账户和备付金存款账户两个账户合并为准备金存款账户，存款准备金率由13%降为8%，1999年11月21日，再次将法定存款准备金率由8%下调至6%。（3）下调利率，推进利率市场化改革。1998—2002年，连续5次降息，一年期存款利率由5.22%下调到1.98%（而2008年，我国实行相对宽松货币政策时的最低利率一年期存款基准利率为2.25%），贷款利率也相应调整。中央银行在下调利率的同时，推进利率市场化改革，主要是扩大人民币贷款利率的浮动幅度和范围，改善对中小企业的金融服务，并且从2000年9月21日起改革外币利率管理体制（李萱和李妍，2001）。但是在事实上，当时的货币政策对刺激经济的作用是相当有限的，这主要是因为在1992年的新一轮经济上涨时，计划体制还在发挥主导作用，而计划体制是不讲风险意识的，国有银行当时的大规模放贷，到后来形成了大量的银行不良资产，亚洲金融危机前后，国有银行不良资产占总资产的比重达到20%以上，其中坏账占5%—6%。因此，在亚洲金融危机后，尽管中央银行放松了政策，但呆坏账的上升及银行体制的改革使商业银行内部加强了贷款风险责任制度，自然会出现惜贷的现象。需求的疲软使企业的市场价值缩水，银行愈加惜贷，由此形成了恶性循环（林毅夫和刘明兴，2002）。因此，当时稳健或宽松的货币政策事实上并没有对积极的财政政策做出呼应。这也说明，货币政策的应用不仅需要发展较好的市场体制，也需要商业银行体系和金融体系本身的发展。

（三）市场化改革对中国经济增长的积极意义

20世纪90年代中期开始的以建立社会主义市场经济为目标的新一轮经济体制改革，是新中国成立以来对生产关系的一次最为深刻的调整，并因此建立了适合于我国社会主义初级阶段的基本经济制度和分配制度。和20世纪80年代改革所不同的是，这一轮改革从一开始就有着非常明确的目标，而不再像从前那样要"摸着石头过河"，而是要借鉴和吸收世界发展市场经济和促进经济增长的成功经验,建立完整的市场经济体系。我们为这一次改革付出了很大的代价,无论是政企分开还是企业改制,都关系到方方面面的利益。虽然各级政府在由计划经济向市场经济的转轨过程中,都在尽可能减少改革所带来的阵痛,但是仍然有很多国家干部、企业职工的利益受到了影响。在一些国有企业聚集的地区,由于国有企业关停并转造成的大量下岗职工再就业问题,成为地方政府一段时期里需要着重解决的迫切问题。但是随着时间的推移,这些矛盾开始得到缓解,改革的红利开始逐渐释放出来。

这一轮改革涉及了众多的领域,而核心是产权制度的改革,即通过国有企业现代企业制度建设和发展民营经济,在微观层面建立和完善企业的自我激励机制,从而使我国的经济发展充满了活力。在新的条件下,企业已经不是在为完成上级所安排的计划或下达的行政命令而进行生产,而是出于自身生存和发展的需要而加入市场竞争。各级政府也通过职能的转换从企业的直接领导变成了真正的政府,能够更好地从宏观的层面上为当地的经济和社会发展创造条件。事实上,通过这一轮的经济体制改革,我们已经基本上解决了经济增长的动力问题。如果说在此之前,各级政府还要在相当程度上解决如何调动企业的生产积极性并由此实现经济增长的问题,那么在这一轮改革之后,发展生产改善经营已经成为大多数企业的自觉行动,要是不能在竞争中生存和发展,就会被市场淘汰。当然,企业在市场中发展仅仅靠积极性是远远不够的,还需要解决和企业发展相关的其他一系列矛盾,这些矛盾中的大多数靠市场经济自身所有的调节机制是可以解决的,但是也有一些仍然要通过适度的政府干预才能获得更好的发展。但无论如何,长期困扰我们的如何调动生产者和劳动者生产积极性这一经济增长中的基本命题,可以说是通过这一轮经济体制改革基本上破解了。

从经济增长上看,1992—2002年,我国的经济增长率呈现先高后低的态势,但整个经济增长形势是好的,年均经济增长率达到了10%。亚洲金融危机后,虽然经济增长率回落到7.6%,低于平均增长率较多,但按照世界各国的一般标准仍然属于高增长,而且高于每十年翻一番所要求的年均7.2%的最低标准。从当时的指导思想上看,尤其是从90年代中后期的指导思想上看,我们虽然高度重视经济增长,并且为促进经济增长推出了积极的财政政策和宽松的货币政策。但是我们没有把目光集中于短期增长,而是更注重于经济体制改革对于经济增长的长期效应。从供给管理和需求管理的关系看,所谓宏观调控,主要是通过短期的总量管理(如改变货币供应量和财政支出)来增加社会总需求,属于需求管理;而经济体制改革则主要是在供给领域改善对产出有影响的各种生产要素的效率,达到促进生产力发展(也就是促进经济增长)的目标,这方面的改革属于供给管理。这种供给管理和市场经济已经比较完善的发达国家的一般意义上的供给管理是有所不同的,在他们那里,市场经济在经历了漫长的发展过程后,已经相当完善。因此,制度创新或者是针对于供给领域的宏观政策,作用已经相当有限。而中国的情况则完全不同,我们是从计划经济转轨到市场经济,在这个转轨过程中虽然我们也要付出代价,但所获得的体制效应则更为巨大。我们通过改革,使中国生产领域中的潜能不断地激发出来,从而实现了超常规的经济增长,使我们能够实现赶超目标。这也就是改革对于中国经济增长和经济发展的重要意义,如果没有改革,不依靠改变原有的利益关系和激励机制来充分地调动生产者和劳动者的生产积极性,仅仅靠改善计划管理或加大政府在预算软约束条件下对企业的刺激力度,经济活动就只能在过热和过冷之间不断波动,而不可能实现有效率的、持续的高速经济增长。这一点,已经被中国和其他的计划经济国家的实践所证明。当然,我们的经济体制改革,并非仅仅作用于供给领域或生产领域,对于需求也在产生着重大的影响。无论是生产者或劳动者收入的增加,还是社会保障体制的变化,以及住房制度的改革,都影响着国民的最终需求。但是这种改革影响的主要不是短期需求而是长期发展。如当时的住房体制改革就为我国近十多年来的经济增长创造了巨大的需求,现在人们对这一方面的改革存在很多争论,这正好证明任何改革都要在长期的过程中经过实践的不断检验,必须不断完善。从这一轮经济体制改革的结果看,无论在供给领域还是在需求领域,对我国经济增长和经济发展的影响,都是深刻和长远的。2003年上半年,中国经济增长开始出现明显的提速,尤其是工业增长的形势明显好转。这其中既有宏观经济刺激的作用,也有世界经济形势好转对我国出口产业的拉动,但是最为根本的还是这一轮经济体制改革为我国新时期的增长建立了全新的体制基础,使由国有和国有控股企业、民营经济和外资企业共同形成的生产主体充满了活力,我国因此进入了一个新的经济繁荣时期。

三、社会主义市场经济发展阶段(2003—2012年)

2003年以后,中国经济进入了以加速工业化为特征的新一轮加速经济增长。经济体制改革的重点也由建立社会主义市场经济转向对社会主义经济秩序的完善。或者说,在新的社会主义市场经济体制建立起来之后,现在到了让这个体制发挥积极作用的时候了,而这个体制中的不足,还要通过对在这个体制下的经济运行情况不断地长期观察来总结并加以调整。但从总体上看,大规模的经济体制改革在我们进入新一轮经济增长周期后可以说是告一段落,继续进行的改革主要是对上一阶段改革的深入。在这一时期,最为重要的改革是资本市场的改革(包括银行体系的改革和证券市场的改革),以及建立在这一基础上的宏观调控的发展。

(一) 资本市场的改革与发展

1. 国有商业银行的股份制改造

我国对国有商业银行的改革很早就开始了,经过了一个长期的过程。早在 1980 年,国务院就批准了国家计委等单位《关于实行基本建设拨款改贷款的报告》,决定从 1981 年起,对独立核算企业的基本建设投资,由财政拨款改为银行贷款。1983 年,国务院批准了人民银行《关于国营企业流动资金改由人民银行统一管理的报告》,决定将国营企业流动资金改由人民银行统一管理,此前财政历年拨付的资金转为企业自有资本金。"拨改贷"和"银行统管企业流动资金"这两大举措,基本确立了我国经济建设资金由财政拨款为主转向银行贷款为主的新融资格局和政策管理框架。至此,企业生产和周转用资金由财政供给制转为银行供给制(姜建清和詹向阳,2005)。从那时起,我国的银行体系中的资金规模有了显著的变化,所服务的对象也有明显的改变,迈出了向商业银行转变的步伐。1984 年,国务院决定成立中国工商银行,负责中国人民银行原来的存贷款业务,而中国人民银行专门行使中央银行职能。至此,加上改革开放后恢复、分拆和重建的中国农业银行、中国银行和中国建设银行,我国形成了四家大型国有专业银行。四家银行之间有明确的业务分工,按照国家下达的信贷计划开展工作。工商银行成立后,根据中国人民银行的委托,承担起"统管"国有企业流动资金的职能和工作。

当时的国有银行的改造是为国有企业的经济体制改革服务的。改革是在计划体制的框架下由分配领域开始的,国营(国有)企业由向财政上缴利润改为向政府纳税,相应地把流动资金拨款转为银行贷款,目标是扩大企业自主权,改善了企业的经营管理,从短期来看,这种改革也取得了积极的效果,推动了我国当时的经济增长。各大专业银行对国民经济活动的介入程度大大提高,这实际上已经为国家通过货币政策约束或刺激企业的行为创造了一定的条件。20 世纪 80 年代后期国家对经济实行紧缩,以及 1992 年年初的新一轮经济扩张,都与国有银行贷款规模的变化有相当大的关系。而随着计划管制的放松,专业银行之间分工的界限也开始模糊,不同银行之间业务交叉的程度在扩大,银行的商业化程度也在加深。在 1992 年那一轮经济扩张中,在非金融企业迅速增加投资加大生产、整个国民经济的增长率也得到迅速提升的同时,银行贷款的规模也在迅速扩张,成为加速经济增长的重要动力。从整体上看,从改革开放初期到 20 世纪 90 年代中前期,我国的国有专业银行(也就是后来的商业银行)主要是在计划体制下为我国的经济增长保驾护航。1980—2001 年,投入基建的银行贷款余额由 1981 年的 122.00 亿元增至 2001 年的 12 044.36 亿元,年均增长率高达 23.21%。

但在另外一方面,无论是一般国有企业还是国有银行,都是政府领导下的企业,在政企不分、产权不清的情况下,企业在经营过程中的风险意识是很弱的。经营好了可以得到更多的福利,经营不好可以申请政府扶持,这就使得在中国经济迅速增长的同时,国民经济中的风险也在积聚,大量国有企业因体制陈旧、经营管理不善,无法在市场竞争条件下继续生存,面临着难以为继的局面。我国开始对国有企业尤其是大中型国有企业进行全面改革,对其中很大一部分企业实行了关、停、并、转,而随着国有企业破产、兼并、重组以后,多年积累的财务包袱大部分通过银行信用表现为银行不良贷款。1985—1997年国有银行流动资金由5 489亿元增至35 400.5亿元,年平均增长18.47%;同期企业的销售成本由6 113.68亿元增至51 634.92亿元,年均增长19.46%;企业亏损额由40.50亿元增至1 586.92亿元,年均增长35.76%;企业实现利润由929.38亿元增加到1 703.48亿元,年均仅增加5.81%。企业资金银行供给制导致银行贷款大量呆滞、损失,银行陷入不良资产困境。在企业资金银行供给制下,由于企业资金几乎全部为银行贷款,企业背离市场需求的生产经营后果并没有由企业自我承担,而是通过占压贷款将其转嫁给了银行,表现为银行对企业贷款的大批量坏死。其中,在工商银行开户的四万户国有企业1998年年末平均的资产负债率为77.2%,其中资产贷款率(贷款/资产)为70%,企业流动资金几乎100%由银行贷款构成,致使国有企业经营亏损表现为银行贷款的呆滞和损失。以工商银行为例,1999年年末流动资金贷款余额为1.8万亿元,其中不良贷款和失去流动性的贷款占到82%(姜建清和詹向阳,2005)。

在这种背景下,国家开始推进国有银行体制改革。1994年,我国正式颁布《中华人民共和国商业银行法》,从法律上明确了工、农、中、建四家银行是实行自主经营、自担风险、自负盈亏、自我约束的国有独资商业银行。与此同时,我国新成立国家开发银行、中国农业发展银行和中国进出口银行三家政策性银行,专门接受四家银行的政策性业务,实现政策性金融与商业性金融相分离。四家银行过去的专业分工也更加淡化,业务交叉和市场化竞争进一步加剧。1997年,亚洲国家发生金融危机,使我们更深刻地认识到了金融风险的严重性和制度建设的重要性。1997年11月,中央召开了全国金融工作会议,随后推出了一系列金融体制改革措施。首先,建立了银行、保险、证券业的分业经营、分业监管体制,改革中央银行的管理体制;其次,大力推进商业银行改革,改善商业银行的经营管理和考核机制,补充商业银行资本金,收购和处置国有商业银行不良资产等一系列措施,增强商业银行竞争实力;同时,通过推行新的贷款分类法、审慎会计制度和金融市场准入、运营和退出制度,建立和世界接轨的现代银行和金融制度。这使得我国商业银行和其他金融机构的管理水平、风险控制能力明显提高(李萱和李妍,2001)。1998年,财政部定向发行2 700亿元特别国债,所筹资金专门用于补充四家国有商业银行资本金。1999年,四家国有商业银行将1.4万亿元资产剥离给新成立的华融、东方、信达、长城四家资产管理公司。在2002年中央召开的全国金融工作会议上,明确国有商业银行改革是中国金融业改革的重中之重,改革方向是按照现代金融企业制度的要求进行股份制改造。鉴于国有商业银行改革事关重大,且与整个经济体制改革、国有企业改革等社会基础性改革的交互性也非常复杂,党的十六届三中全会通过的《中共中央关于完善社会主义市场经济体制若干问题的决定》正式提出,选择有条件的国有商业银行实行股份制改造。

2003年起,以中国银行和中国建设银行的改制为先导,中国国有独资银行的股份制改造拉开了序幕;2005年,国家向中国银行和中国建设银行分别注资225亿美元,向中国工商银行注资150亿美元,推动大型国有商业银行的股份制改造。中国农业银行由于问题较多,股份制改造相对偏慢,2009年中央汇金公司向农行注资1 300亿元人民币的等值美元,帮助其完成财务重组和股份制改造。现在,四大国有商业银行都已经完成了股份制改造并实现上市。这种改造对于提升国有商业银行的创新精神、风险意识、经营管理和盈利水平都具有重大的意义。第一,不良贷款率进一步降低。根据中国银监会2004年公布的贷款五级分类统计数据,2004年境内主要商业银行(指4家国有商业银行和11家股份制商业银行)不良贷款率明显下降,国有商业银行不良贷款率比年初下降近5%;股份制商业银行比年初下降近3%。此后近十年来,我国银行业的不良贷款率一直保持在比较低的水平。第二,中央银行关于金融机构可以浮动利率的政策,给了商业银行更大的自主权,这将有利于它们根据自己的实际情况发展自己的业务。改革开放以来,中国的银行业尤其是原来的国有商业银行,为改革付出了相当大的代价。这些银行的不良贷款中,虽然有许多是源于银行在风险控制上的疏失,但也有相当部分是银行为原有的国有企业改制支付的代价。不良贷款的产生增加了银行的风险意识,以至相当长的一段时间,银行产生了明显的"惜贷"心理,来自中央银行对准备金的付息以及在银行间债券市场上的投资收益成为商业银行利润的重要来源。这样就产生了一种倾向,一方面,金融机构的存款在迅速增加,但在另外一方面,对于不良贷款的担心又影响了银行的对外放款。只有在宏观形势特别好的时候,银行才有增加放款的信心(其实那时候的风险往往更大)。一些中小企业需要资金但得不到贷款,转而到地下钱庄去寻找出路,而那些地下钱庄通过高利率,依然能够在风险较大的情况下获得盈利,这就是它们的体制优势。而中央银行浮动利率的政策,实际上是在改变国有商业银行的这种被动局面。十八大以后,我国的金融体制改革的一个重要内容,就是要继续推行利率的市场化,实际上这种改革早已经启动,只是在近十年来没有得到深入的发展;第三,国有商业银行的多元化服务也有较大的发展,其主要特征是各个商业银行以理财业务为代表的中间业务发展。除了传统的存贷款利差外,中间业务等也开始成为银行利润的重要来源,银行进行的买卖中央银行票据和金融债券的活动,一方面增加了银行的收益,另外一方面也为中央银行通过公开市场业务应用货币政策提供了条件。

根据十届全国人大一次会议的国务院机构改革方案,2003年3月我国设立了中国银行业监督管理委员会(银监会)。对商业银行和相关的金融机构的监管职责从中国人民银行剥离,中国人民银行专门负责货币政策的制定与实施。银监会将统一监管银行、资产管理公司、信托投资公司及其他存款类金融机构,负责制定有关银行业监管的规章制度和办法;对银行业金融机构实施监管,维护银行业的合法、稳健运行;审批银行业金融机构及其分支机构的设立、变更、终止及其业务范围;对银行业金融机构实行现场和非现场监管,依法对违法违规行为进行查处;审查银行业金融机构高级管理人员任职资格;负责编制全国银行数据、报表,并按照国家有关规定予以公布;加强对银行业金融机构风险内控的监管,重视其公司治理机制的建设和完善,促使其有效地防范和化解金融风险。

2. 证券市场的股权分置改革

从20世纪80年代后期开始,随着企业的股份制改造的开始,中国的证券市场开始发展起来。90年代初期,随着深圳证券交易所、上海证券交易所、STAQ市场、NET市场以及各个地方产权交易中心的成立和运行,证券市场开始成为中国资本市场的一个重要组成部分。在证券市场建立初期,由于担心国有企业的资产流失,对于国有企业的股权交易,各个地区始终处于放放停停的阶段。为了避免国有资产的流失,对于国有企业的上市,设计了股权分置方案,即把上市公司的股权分为国有股、法人股和流通股三类,国有股和法人股是不能在一般证券市场上流通的,只能在一定条件下转让。客观上造成了股票市场上同股不同权的局面。为解决这一矛盾,中国证券监督管理委员会(中国证监会)于2005年4月29日发布了《关于上市公司股权分置改革试点有关问题的通知》,股权分置改革工作正式启动。2005年6月,中国证监会推出首批4家股权分置改革试点公司后,又推出第二批42家股权分置改革试点公司。截至2005年10月25日,已有205家公司进行了股改(包括试点时期的46家),其中包括上海证券交易所的94家公司和深圳证券交易所的111家公司。股改公司的市值高达6 732.82亿元,约占两个市场总市值的30%,其流通市值约占两市总流通市值的34.64%。

所谓"股权分置"问题,实际上反映的是传统的所有制观念在我国整个经济体制改革中始终在影响着我们对市场化进程的推进。"股权分置"能使我们暂时避开所谓的"国有资产流失问题",让国有企业的市场化改革先行,到时机成熟时,再转回头来解决这个问题。在20世纪90年代初提出这种制度设计时,主要有两方面的考虑:一是国有股权管理的问题,对于国有股的内在价值难以计量导致人们认为国有股出售时可能存在国有资产流失,同时,国有股的出售也会导致国有资本对于上市公司控制权乃至对于整个国民经济控制力的削弱,作为消除人们疑虑的最简单办法就是国有股不上市流通。二是考虑到市场扩容对于投资者的心理影响,当初股票市场并没有获得广泛的认可和资金支持,只将上市公司的一部分股票上市将有助于支持更多的企业融资、吸引投资者。但是到了后来,这种由国家股、法人股和流通股所形成的中国证券市场上特有的股权结构问题,却越来越成为困扰着中国证券市场发展的一个重要因素。可以说,这一股权结构问题是造成上市公司治理水平低下、大股东侵犯中小股东利益、社会公众投资者损失惨重的根本制度根源之一。20世纪90年代上半期,中国经济生活的主体是广大国有企业,与此相应的是,多数上市公司是国有控股。随着非公有制经济的发展,非公有制经济进入股票市场、拓展融资渠道的愿望非常强烈,与此同时,国有控股的上市公司由于改制的不彻底,国有企业各种制度缺陷造成上市公司业绩下滑,出于提高上市公司质量、提高上市公司"壳资源"利用效率的需要,通过非流通股的协议转让实现上市公司控制权的转让成为中国证券市场的一大特点。正是这种非流通股的协议转让和由此导致上市公司控制权的转让,使得广大流通股股东成为大股东道德风险的完全承受者,因为,流通股股东在公司决策中没有话语权,流通股实际成为一种纯粹的受益凭证,流通股内在的投票权在现实中没有任何价值,因此,流通股股东只有"用脚投票"的权利,在对于中小投资者司法救济制度建立之前,流通股的投资风险居高不下。

　　随着证券市场的发展,非流通股股东和流通股股东两种不同类型的投资者的利益分歧和利益冲突越来越严重。由于非流通股股东不能通过股票二级市场出售其持有的股票,公司股票在二级市场的变化对于非流通股股东的自身财富和利益并不产生直接影响,因此,非流通股股东并不关注公司股票价格的变化,而公司股票价格的变化直接关系着流通股股东的切身利益。相反,对于非流通股股东尤其是控股股东来说,如何利用大股东的地位,通过控制上市公司来为自己牟取私利,实现控制权的私人收益,更符合其自身利益,不管大股东是国有资本还是民营资本。由于对上市公司只是部分持股,内生存在大股东的代理成本,即大股东侵占上市公司资源的成本由流通股股东分摊,但是相应的收益由大股东攫取。由此,中国上市公司广泛存在关联交易,为大股东及其关联企业的违规担保,等等。

　　股权分置直接造成了两类股东的利益分歧和利益冲突,是中国上市公司治理失败的重要原因。因此,当时进行的股权分置改革,其实质就是通过实现非流通股的可流通,消除两类股东的利益分歧和利益冲突,为提高公司治理水平,提高上市公司质量创造制度条件。由于国家股和法人股的市场转让价格与流通股在证券市场上的交易价格存在着较大的差别,要实现股权分置改革,关键在于国家股和法人股的股东如何向流通股股东让利。在这次改革中,所采用的主要包括送股、缩股、派现、权证以及承诺等方式。送股指向流通股股东赠送股权,扩大流通股股东的股票在总股本中的比重;缩股是缩小国有和法人股股东在总股本中的比重;派现是向流通股股东派发现金;权证(Warrant)则是上市公司与股票持有人之间签订契约,持有人在约定的时间有权以约定的价格购买或卖出公司的股票,这次改革中主要是向流通股股东配送权证。在各个上市公司的改革方案中,往往是结合不同的方式,使各方面的利益都得到照顾。如吉林敖东(000623)的方案为"缩股+现金",非流通股按照1∶0.6074的比例进行缩股,同时向流通股股东10派2元。宝钢股份(600019)首先推出了配送权证的股改方案,10送2.2股加1份认购权证。农产品(000061)则率先推出了"承诺"的创新方案,在改革实施后的第12个月的最后五个交易日内,流通股股东有权以每股4.25元的价格将持有的农产品流通股出售给深圳市国资委。由于各方都对股权分置改革持积极态度,大多数上市公司都在一两年内完成了对"股权分置"的改革。

后来的实践证明,中国对于"股权分置"的改革是正确的。虽然这种改革有可能对证券市场带来一定的冲击,但是,如果这种改革真正有利于证券市场的发展,它就会经得起考验。以上证指数为例,虽然它从2005年3月后就开始下挫,最低时曾击穿1 000点,但到了年底,又重新回到了1 200点左右,并没有出现股市崩溃的现象,后来甚至上升至6 000点。虽然这种上升具有复杂的原因,但股权分置改革无疑起了最基本的推动作用。这一改革的成功,对我们其他领域也有借鉴意义。中国的许多酝酿了多年的改革迟迟不能出台,原因就在于对这些改革的消极方面看得太多,一直拖延到不得不改时才采取行动。但是在实际上,只要决策正确,看准了时机大胆去做,就有可能取得成功,股权分置改革是这样,燃油税的改革也是这样。即使改革出现了问题,我们也可以通过调整政策,解决问题。如中国资本市场上曾经推出的国债期货、权证交易等,后来都因为不适合我国的国情而暂时中止,但这并不会影响我国证券市场的发展。在此之后,我国的证券市场还进行了一系列改革,推出了很多新的金融产品、强化了对市场的监管、强调了上市公司的分红以及建立了相应的奖惩制度、发展了中小板和创业板市场、对公司上市制度进行了改革,这些改革都属于制度建设方面的创新,将对我国证券市场发挥长远的影响。

3. 大型国有企业的股份制改革与上市

在国有企业的股份制改造方面,四大国有商业银行的股份制改造和国外战略投资者的引进以及成为上市公司,标志着国有企业的股份制改革进入了高级阶段。对银行业本身而言,这种改造极大地提高了银行业的资产质量和信贷能力,为间接融资市场的进一步扩大提供了基础。在此之后,这些国有商业银行的股权分置改革从表面上看增强了国有控股上市公司在证券市场上的优势,但是在事实上，由于实现了同股同权和上市公司股票的全流通，国有经济和民营经济之间相互整合与收购兼并的体制性障碍被消除了，这就为上市公司的更好发展创造了条件。在股权分置改革之后，更多的国有企业尤其是大型国有企业通过了股份制改革并进入了证券市场。上市不但解决了企业发展过程中的融资问题，更大的意义在于这些企业通过上市建立了现代法人治理结构，有利于企业的长远发展。众多的国有大型企业都通过股份制改造成为上市公司，如中国国际航空公司、东方航空、南方航空、中国石油、中国石化、中国移动、中国联通、鞍钢、宝钢等，都已经实现了上市。国有大型企业的上市，大大增加了国有企业生产经营和分配的规范化和透明度，一方面促进了这些企业的发展，另外一方面也为人们发现和监督大型国有控股企业生产、经营和管理中的问题提供了更好的条件，如作为公职人员成为上市公司高管取得高额薪酬的问题，就引起了社会的广泛关注。和传统计划体制下的大型国营企业相比，国有企业的治理结构、经营管理和监督管理都已经发生了根本性的改变。

（二）新型宏观调控方式的建立

1997年，党的十五大报告提出加快国民经济市场化进程，充分发挥市场机制作用，健全宏观调控体系，继续发展各类市场，进一步发挥市场对资源配置的基础性作用。这实际上说明，市场经济和宏观调控实际上是密切关联的。虽然在20世纪90年代以前的计划经济时代也有国民经济层面上的管理，而且政府管得更多更宽，但是由于那个时候，政府主要是通过行政关系而不是市场关系来管理企业的，政府对是企业的支持或约束表现为对每一个具体的企业的行政管理，市场经济基础上的宏观调控则不同，它要通过对整个国民经济应用宏观经济杠杆，主要包括价格政策、财政税收政策、财政支出政策、货币供应政策等，这些政策不是作用于某一个企业，而是通过整个财政体系、金融系统等，要对整个国民经济中的所有企业实行无差别的管理（当然，这不可能完全做到，例如在企业取得国有商业银行的贷款时，国有企业和民营企业享受的政策可能会有很大的差别，但是在原则上还是应该无差别的）。所以，我国对于现代宏观调控方法的应用，主要还是20世纪90年代中后期的事，财政政策的应用和分税制改革之间存在着密切关系，货币政策的应用和银行体系的改革存在着密切关系，而无论是分税制改革还是银行体系的改革，又都是我国社会主义市场经济的建立和发展的一个组成部分。1995年我国通过的《中国人民银行法》中，已经指出应用货币政策进行宏观调控是中央银行的重要职责，这就确定了宏观调控的法律地位。但是从发展上看，真正全面和深入地应用宏观调控，还是进入21世纪以后我国宏观调控的微观基础尤其是金融体系的改革和发展深入到一定阶段以后的事。从这一点上看，宏观调控本身的发展也是中国社会主义市场经济的组成部分。

1. 2004年的宏观调控

2002年下半年到2003年上半年,中国经济增长出现了明显好转,表现为经济增长率提高,出口增加,固定资产投资加速,企业经济效益开始好转。但是与此同时,我们存在的问题仍然比较多,如就业还没有明显改善,价格指数所反映出来的信号是通货紧缩仍然没有有效地克服,轻工纺织企业产能过剩的现象仍然存在。在这种情况下,既要防止经济过热,避免1992—1994年那样的通货膨胀,也要看到经济增长好转是我们长期推动改革和实施积极的宏观经济政策的结果,要稳定和保持中国经济增长的良好趋势。在这种背景下,我们开始调整宏观经济政策,避免经济中的过热。

2004年实施的宏观调控措施主要内容包括:

一是土地清理。到2003年年末,不包括村和乡这两级的开发区,中国各级政府批出去的有案可稽的各种开发区已经有5 000多个。到2003年年底,中国批出去的开发区所占用的土地大体上已经达到3.6万平方公里,大体上和台湾省的面积相等。这些开发区用的大都是良田,并且都在交通比较方便的地方。这么大的面积、这么普遍地批出去之后,真正开发的(投入、启动的)只有43%,一半都不到。而在这43%中,真正由市场开发的,就是通过企业投资、通过外商投资进去开发的,还不到10%。其余的主要是地方政府在投资搞基础建设,进行三通一平,铺设各种管网。这些主要由地方政府投资建设的开发区,资金来源经常是通过地方政府的财政担保,向国有专业商业银行贷款,如果不能吸引到足够的投资者,就包含着相当大的金融风险,而且有些地方的开发区还对当地人民生活造成了一定的影响。针对这种情况,2003年年底,国家发展和改革委员会、国土资源部、住建部、商务部紧急发出了《关于清理整顿现有各类开发区的具体标准和政策界限的通知》。2004年春,由国家发展和改革委员会、国土资源部、财政部、农业部、住建部、监察部、审计署七个部委联合组成的调查组,分赴全国各地,检查清理土地征用和开发情况,对各类开发区、各类项目占用土地(包括农用土地和城市土地)进行全面清理。共撤销各类开发区4 813个,占开发区总数的70.1%,核减开发区规划用地面积2.49万平方公里,占原有规划面积的64.5%。房地产土地开发得到一定的控制。到2004年年底,又由这七个部委联合组成调查组,对各地清理土地的情况进行再检查,有选择地批准部分开发区的重新启动,有针对性地明确土地征用,同时严厉控制土地的随意开发。对于遏制固定资产投资增速过快来说,土地清理这一举措起到了两方面的重要作用:一方面,深入影响了相应投资者的投资基本建设流程,土地被冻结或停止征用,整个投资中的基本建设流程难以推进;另一方面,深入影响了相应投资者的资金链条,土地产权证停发,同时禁止以土地产权证到银行抵押贷款,事实上就是开发商本身的进入资金门槛提高,要求其具有更高的自有资金比例,进而有效地约束了其投资冲动。但清理土地的举措本身毫无疑问是政府行政行为,而非市场行为。

二是有保有压的结构性产业政策和地区经济发展政策。在市场化改革后,政府不再对企业下达计划指标和实行计划管理,但是中央政府仍然可以通过各种行政手段,如制定各种审批制度,各种法规及行政命令,来支持或限制影响各个地区、各个行业的发展。对于政策在宏观调控的政策目标和基本倾向上没有采取简单的总量选择,没有简单地判断总量上是过快还是过冷,而是采取结构差异性调控,即区别对待,有保有压,尽可能地避免总量上的一刀切。这种结构差别性的有保有压主要体现在:首先,不同发展水平和发展速度的地区之间有所区别,比如特别强调了振兴东北老工业基地等;其次,不同产业之间有所区别,在明确指出限制某些产业发展规模的同时(如钢铁、电解铝、水泥、房地产、各类开发区、严重污染行业等)①,又提出了要积极支持的产业(如电力、石油、煤炭、铁路等基础设施、农业基础建设等);其三,不同企业之间有所区别,根据企业的性质、功能、竞争力状况等,对企业进入不同产业市场,采取了一定的区别对待。

三是货币政策实行了适度收紧。从货币政策的取向上,中国人民银行对于国务院区别对待的政策进行了积极的响应。2004年伊始,就印发了《中国人民银行办公厅关于转发制止钢铁电解铝水泥行业盲目投资若干意见的通知》(银办发[2004]10号),要求各金融机构按照国家产业政策,加强和改进信贷管理,把握好信贷投向,采取切实有效措施限制对钢铁、电解铝、水泥等"过热"行业的贷款。而在货币政策委员会召开的第一季度例会上,明确指出应继续执行稳健的货币政策,进一步增强货币政策的前瞻性、科学性和有效性,适当控制货币信贷规模,优化信贷结构,稳步推进直接融资的发展,既要支持经济增长,又要防止通货膨胀和金融风险。此后,又推出了一系列适度收紧的措施:

1月1日,经国务院批准,扩大金融机构贷款利率浮动区间。商业银行、城市信用社贷款利率的浮动区间上限扩大到贷款基准利率的1.7倍,农村信用社贷款利率的浮动区间上限扩大到贷款基准利率的2倍,金融机构贷款利率的浮动区间下限保持为贷款基准利率的0.9倍不变。不再根据企业所有制性质、规模大小分别确定贷款利率浮动区间。政策性银行贷款及国务院另有规定的贷款利率不上浮②。

3月24日,经国务院批准,中国人民银行宣布自4月25日起,实行差别存款

---

① 2003年年底,国务院办公厅转发国家发改委等部门关于制止钢铁电解铝水泥行业盲目投资若干意见的通知。

② 中国人民银行货币政策司:2004年中国货币政策大事记,中国人民银行网站。

准备金率制度,将资本充足率低于一定水平的金融机构存款准备金率提高0.5个百分点。同时,下发了《中国人民银行关于实行再贷款浮息制度的通知》(银发[2004]59号)。从2004年3月25日起,对期限在1年以内、用于金融机构头寸调节和短期流动性支付的各档次再贷款利率,在现行再贷款基准利率基础上加0.63个百分点。以20天以内再贷款为例,现行基准利率为2.7%,加点浮息后为3.33%。再贴现利率在现行再贴现基准利率2.97%的基础上加0.27个百分点,加点浮息后利率为3.24%。

10月29日上调金融机构存贷款基准利率,放开金融机构(城乡信用社除外)人民币贷款利率上限并允许人民币存款利率下浮。金融机构一年期存款基准利率上调0.27个百分点,由1.98%提高到2.25%;一年期贷款基准利率上调0.27个百分点,由5.31%提高到5.58%。其他各档次存、贷款利率也相应调整,中长期存贷款利率上调幅度大于短期。金融机构(不含城乡信用社)的贷款利率不再设定上限,贷款利率下限仍为基准利率的0.9倍。对金融竞争环境尚不完善的城乡信用社贷款利率仍实行上限管理,最高上浮系数为贷款基准利率的2.3倍。实行人民币存款利率下浮制度。所有存款类金融机构对其吸收的人民币存款利率,可在不超过各档次存款基准利率的范围内浮动。同时,印发了《中国人民银行关于印发〈金融机构外汇存款准备金管理规定〉的通知》(银发[2004]252号),决定从2005年1月15日起,金融机构外汇存款准备金率统一调整为3%。

四是财政政策由积极转为稳健。2004年年底,中央工作会议明确提出要实施稳健的财政政策,这是在1998年提出实行积极的财政政策后的一次大的政策调整,标志着随着宏观经济环境的变化,我国财政政策的取向开始由相对宽松向适度收紧转向。2003年,我国长期建设国债发行量由1500亿元减到1400亿元,2014年又从1400亿元减到1100亿元,而我国的GDP总量在不断增加,长期建设国债占GDP的比重是迅速下降的,从这个方面看,财政支出政策的扩张力度在逐步减小。而在税收政策上,国家重点推行了一系列税收制度的改革或改革试点[①]。在减税方面的政策主要包括:进行了农业税的改革,取消烟叶外的农业特产税、降低农业税税率和在部分粮食主产区(吉林、黑龙江)进行免征农业税改革试点;调整和完善教育税收政策,如对政府举办的高等、中等和初等学校(不含下属单位)举办进修班、培训班取得的收入,收入全部归该学校所有的,免征营业税和企业所得税;在东北老工业基地进行了由营业税向增值税转型的试点,同时实行了企业所得税优惠政策。在增税方面的政策主要是实行了新的出口退税政策和退税机制,对出口退税率进行了结构性调整,平均降低了3%,对资源性产品(如精矿、原

---

① 谭珩:《2004年税收政策十大调整》,《中国税务》,2005年3期。

油、原木、针叶木板材、木制一次性筷子、软木及软木制品、木浆、纸板、纸浆、山羊绒等)取消了出口退税,与此同时,增加了地方政府在出口退税中的责任,超基数出口退税中由中央承担的部分为75%,其余的25%要由地方税收承担;等等。从总体上看,2004年的税收改革,从总的政策倾向上看是减税,降低了生产者的负担。降低出口退税率虽然属于增税,但由于出口增长非常强劲(2002—2004年出口增长分别为21.8%、37.1%和35.7%),出口退税的总额也是增加的。在财政支出政策上,波动较大的为基本建设支出。2004年第一季度基本建设支出增加39.2%,并呈逐月增加之势。4月以后,随着宏观调控的实行,政府基本建设支出增速开始回落,4—7月每个月当月负增长,8月以后出现回升。从国家财政主要支出项目分类看,全年基本建设支出达3 437.5亿元,比上一年的3 429.3亿元仅增加0.2%,显著地低于前些年的增速和当年其他财政支出项目的增速(当年财政支出的增长率为15.4%)。

  2004年的宏观调控,对未来的中国经济增长具有重要意义。中央根据对于经济形势的判断,及时地调整了宏观经济政策的方向,从而避免了1992年时出现的经济大起大伏,使高速平稳的经济增长保持了多年。同时,又采取了有保有压的结构性总量政策,对以东北老工业基地为代表的一些发展偏慢的地区进行了重点扶持,在一定程度上改变了中国各个地区发展不平衡的局面。从遏制整体的经济过热方面看,它至少取得了以下四个方面的成果:一是固定资产投资增速太高的现象得到了抑制。2004年第一季度,我国的全社会固定资产投资总额的增长达到了40%左右,但随着宏观调控措施的推出,从2004年第三季度开始全社会固定资产投资总额的增长出现回落,全年控制在了30%以下;二是土地使用得到有效控制,土地市场治理整顿取得重要进展;三是货币信贷增长偏快的势头得到有效控制,广义货币供应量(M2)的同比增长为14.0%,增幅同比回落6.4个百分点;四是部分生产资料价格涨势趋缓,避免了严重的通货膨胀的出现。

  2. 2004年宏观调控的特点

  从宏观经济政策的应用上看,2004年的宏观调控注重了多重宏观经济政策的结合应用,采取产业政策、土地政策、货币政策和财政政策多管齐下,既有一般性的总量政策也有特殊性的结构政策,既有市场手段(调整利率)又有行政手段(开发区清理),通过多种政策的结合来达到预期的调控效果。这是改革开放后最为成功的一次宏观调控。归结起来,这次宏观调控主要有以下几个方面的特点:

  (1)总量控制与结构调控相结合,突出结构性调控的目标和效应。

  根据当时经济失衡的复杂性,在宏观调控的政策目标和基本倾向上没有采取简单的总量选择,没有简单地判断总量上是过快还是过冷,而是采取结构差异性调控,即区别对待,有保有压,尽可能避免总量上的一刀切。这种结构差别的有保有压主要体现在:首先,不同发展水平和发展速度的地区之间有所区别,比如特别强调了振兴东北老工业基地等;其次,不同产业之间有所区别,在明确指出限制某些产业发展规模的同时(如钢铁、电解铝、水泥、房地产、各类开发区、严重污染行业等),明确提出了鼓励开展积极支持的产业(如电力、石油、煤炭、铁路等基础设施、农业基础建设等);其三,不同企业之间有所区别,根据企业的性质、功能、竞争力状况等,对企业进入不同产业市场,采取了一定的区别对待。

(2)财政政策和货币政策结合运用过程中,货币政策的紧缩效应更为显著。

在这一轮宏观结构性的调控中,我国宏观调控发生了方向上的逆转,由扩张转为紧缩。而就紧缩效应而言,货币政策是突出的:一是货币政策启动比较早,实际上在2003年春就已经开始启动具有紧缩倾向的货币政策信号,只是由于受"非典"的影响有所停顿,但在2003年9月之后,又开始系统地推进紧缩措施;二是货币政策的谨慎稳健适度收缩的基本态度是明确的,并且是自2003年以来始终坚持的,其间并无动摇和反复;三是所采取的具体措施是连续的,同时又是稳健的,每一措施的力度不大,但始终保持紧缩倾向并且保持了连续一致性;四是所运用的政策工具是多样的,包括信贷数量控制政策和利率价格政策等的综合运用。这甚至给人们一种错觉,似乎中国经济在扩张时主要依靠财政政策,而在紧缩时则主要依靠货币政策。其实,无论是财政政策还是货币政策,都同时具有扩张和紧缩的功能。但是财政政策和货币政策作为两大宏观经济政策手段,其政策作用的特性是有区别的,在市场经济或者大部分资源由市场机制来配置的条件下,财政政策无论是扩张还是紧缩,实际上只能起到宏观调控的类似"发动机"的作用,也就是引发宏观经济趋向扩张或收缩,而不可能依靠财政政策直接拉动总需求或紧缩总需求,因为无论是财政收入在总的GDP中的比重,还是财政支出在总需求中占的份额,都是为数不多的。采取财政政策的启动效应一定要有货币政策的支持和呼应才能真正实现,因为在国民收入绝大部分进入居民和企业手中而不是进入政府财政的条件下,银行及金融系统在资源配置上的支配作用要显然高于财政,同时,任何扩张和收缩总需求的政策效应的产生,都是以货币量变化为首要条件的。其实,1998年下半年开始采取扩张性宏观政策,积极的财政政策力度不能说不大,但为什么直到2002年总需求并未被明显拉动,物价总水平并未真正摆脱通货紧缩的困扰,重要原因在于虽然货币政策是积极的,但商业银行尤其是四大国有商业银行正面临着如何解决大量的不良贷款的问题,"惜贷"的倾向非常严重,货币量并未显著增加,而2003年以后经济增长速度的显著提升,重要的也在于2002年以后尤其是2003年上半年货币供给的迅速增加。所以说,积极的财政政策的扩张效应,实际上是需要货币扩张来支持的。相应的,要进行紧缩,重要的也首先需要货币供应上的收缩。这一点,在2008年我国为应对全球金融危机时实行宏观经济政策转向时也同样得到了证明,所谓的"四万亿"的财政刺激计划,如果没有货币政策的响应,实际上是不会产生那么大的效果的。

在这一轮宏观调控的紧缩效应实现过程中,恰逢财政体制进行新一轮改革,这种改革的基本倾向是更为适应市场经济改革深化的要求。从财政支出方面来看,公共财政的改革目标越来越明确,财政政策中性化越来越成为共识,因此,就财政支出政策效应来说,虽然扩张的力度较此前有所减轻,但积极的财政政策方向并未逆转。从财政收入方面来看,1994年起实行分税制以来,企业的税赋水平较高,同时,在增量上财政收入增长始终显著高于经济增长,在这种背景下推进新一轮税制改革,不能不具有明显的减税倾向。减免农业税和农业特产税;企业所得税本着内外企业一致的原则,开始酝酿调整,国内企业所得税由以往的33%大幅下调,逐渐做到内外资企业平等;增值税由生产型向消费型转变,并从东北地区开始试行,实际上增大了企业增值税抵扣部分;等等。减税倾向当然属于扩张性的政策倾向。

所以,在这一轮结构性宏观调控中,就紧缩效应而言,货币政策的作用更为突出,财政政策和货币政策之间,开始在一定程度上表现出松紧结合的态势。这对于一般情况下的宏观调控来说,既是正常的,也是合理的。一般情况下,宏观调控应尽可能避免货币政策与财政政策同时"双紧"或同时"双松",以减缓经济周期性和大起大落的程度。

(3) 各项政策综合运用过程中,土地清理措施起到了关键性的作用。

对于遏制固定资产投资增速过快来说,土地清理这一举措起到了两方面的重要作用:一方面,深入影响了相应投资者的投资基本建设流程,土地被冻结或停止征用,整个投资中的基本建设流程难以推进;另一方面,深入影响了相应投资者的资金链条,土地产权证停发,同时禁止以土地产权证到银行抵押贷款,事实上就是开发商本身的进入资金门槛提高,要求其具有更高的自有资金比例,进而有效地约束了其投资冲动。但清理土地的举措本身毫无疑问是政府行政行为而非市场行为。这一轮宏观经济调控的直接行政性,在相当大的程度上体现在清理土地这一政策措施的运用上。之所以要通过行政手段进行土地清理,说明了在这一领域我们的市场化改革还不够完善,还必须通过行政手段加以干预。2004年,国务院根据党的十六届三中全会《中共中央关于完善社会主义市场经济体制若干问题的决定》提出的深化投资体制改革的任务,出台了投资体制改革决定。改革的核心内容是,改革政府对企业投资的管理制度,实行谁投资、谁决策、谁受益、谁承担风险,确立企业投资主体地位,减少政府的干预。但是如果政府的干预减少,而企业对宏观形势的判断出现整体性的失误,就有可能加大整个国民经济的系统性风险。在此之后,我国在经济发展中再没有实行过类似程度的行政干预,相反,由于土地这种生产要素在地方经济发展中的突出作用,企业和地方政府通过土地的开发结成利益共同体,在促进地方当前经济发展的同时,也为未来发展带来很多风险和矛盾,并在一定程度上冲击到人民生活(如房价的上升显著地高于一般价格水平的上升)。这说明在一个领域市场化改革没有到位的情况下,市场机制如果不能发挥作用,政府又不进行有效的管理,或者政企不分直接进入市场,又做运动员又做裁判员,那么这个领域的经济活动就很有可能出现问题。

(4) 地方政府的政策目标和对待贯彻中央宏观经济政策的态度及传导方式发生了重要的变化。

在以往的实践中,地方政府有其地方性利益的要求,因而对中央宏观经济政策有不同的理解和态度,但总的来说,地方政府只是中央宏观政策的贯彻者和执行者,而在这一轮宏观调控中,伴随着25年来的体制改革,地方政府在利益目标上,在对待宏观政策的态度上,在实现宏观经济政策的传导机制上,都发生了极为深刻的变化,显著地表现出淡化中央宏观政策作用程度的倾向。

因为,其一,在市场化的条件下,地方政府的经济利益目标与中央政府之间差别越来越大,至少与计划经济相比,市场化越深入,地方政府利益的独立性越强。对中央政府来说,经济稳定和增长均衡的宏观目标实现与否,与地方经济并无直接的利益关系,而发展地方经济,增加当地就业,增进当地福利越来越在体制规定上成为地方政府的行为目标,这就使得宏观调控政策目标与地方经济利益目标产生冲突。其二,发展地方经济最为有效也最为直接的方法便是鼓励和加快投资。改革开放以来的实践证明,一个地方要实现加速的经济增长,必须通过吸引更多的外来资金(招商引资或国家投资)在本地投资,而不能主要依赖本地经济发展及积累。无论是经济发展起点很低的深圳(从小渔村发展起来),还是相对经济发展水平已经较高的上海、东北老工业基地,改革开放后的重新起步都离不开投资的拉动。在地方政府认识到GDP对其政绩的影响以及给当地能够带来的现实利益时,经济发展水平不同的地区,投资冲动都是相似的,当然,由于发展条件不同(包括中央的政策倾斜、本地的生产要素条件、当地领导的水平等),最后发展的结果可能会有所不同。宏观经济政策会对各地投资行为产生重要影响,但在招商引资,尤其是大量引进外资拉动投资增长的条件下,会显著淡化宏观政策效应。其三,伴随改革的深入,特别是企业改革和市场化的深入,国有企业及国有控股企业比重越来越低,并且大都由中央控制,地方政府掌控的国有企业已经很少,即使有也普遍存在竞争力低下等发展和管理方面的严重问题,因此,地方政府经济赖以存在的基础,越来越以非国有企业为主。在贯彻宏观政策的过程中,中央政府对地方政府,对所掌控的中央所属国有企业,可以直接行政性地提出贯彻、执行政策的要求,而地方政府对所依赖的非国有企业就不可能直接行政性地要求其贯彻政府宏观政策目标,只能是间接地引导。其四,就地方经济发展而言,中央政府和地方政府所面临的直接进入及退出壁垒不同,换句话说,中央政府与地方政府之间是行政关系,而地方政府与当地经济发展之间的联系在很大程度上是市场性的联系。因此,当要求企业进入市场时,中央对地方是给出宏观政策信号,而地方政府对投资者不仅要给出明确的政策信号,同时要直接支付代价,为投资者进入本地经济创造基础设施、土地、税赋优惠、能源动力供给、劳动力供给等一系列经济条件,而这些条件的创造,在相当大的程度上是依靠地方政府支出,或者地方财政支出,或者政府贷款支付,在各地的固定资产投资主要依靠招商引资拉动的条件下,在围绕招商引资展开的地方政府间的竞争越来越激烈的条件下,地方政府这方面支付的成本越来越高。所以,当中央宏观政策要求紧缩,要求各地贯彻紧缩要求从经济项目中退出时,地方政府往往同时要支付退出的经济成本。正由于中央和地方政府面临的直接退出成本壁垒不同,地方政府对中央的宏观政策的反应及传导效应自然会有所不同。

中央政府和地方政府的政策行为差异的存在,对于市场经济条件下的宏观调控有效性的提高来说,是有益的,宏观经济调控的重要目的就在于淡化经济本身的周期,减轻经济增长过程中的起落幅度,在这一过程中,如果自中央政府到各级地方政府,从各级政府到各类企业,在行为上完全一致(当然这还要首先基于利益一致),且不说在市场经济条件下可不可能,即使可能,对于宏观调控的政策效应来说也必然是十分有害的。因为,各方面高度一致,必然缺乏相互间的博弈,从而也就促使宏观调控政策本身的大起大落,使宏观经济政策效应的起伏程度急剧扩大,在计划经济的高度集权体制下,这种教训是相当深刻的。但是伴随着市场这种行为差异的出现,新的问题也在产生,这就是在中央政府层面,需要处理好国民经济发展中的各种平稳关系,如在生产领域要处理好各个产业、各个行业、各种生产要素报酬之间的发展平稳,在需求领域要处理好外需和内需、投资和消费的比例关系,但在地方政府层面却不存在着这些问题,它们的发展只是整个国民经济中的一个环节,所以解决的只是当地的发展问题,而且由于中国的各个地区都处于快速发展阶段,所以各级政府更加重视的都是投资的发展,而这种发展总是以自觉或不自觉地放弃或延缓居民消费及公共消费为代价,从而导致整个国民经济层面各方面的发展失衡。

(三) 新一轮经济增长周期中的宏观调控

在2003年我国进入新一轮经济增长周期前后,始于20世纪90年代的市场化改革基本上达到了预期的目标,社会主义市场经济体系建立了起来。在计划经济时期始终困扰着我们如何调动生产者和劳动者生产积极性的问题、如何调动政府积极推动经济增长的问题,可以说基本上已经解决。新的体制在促进经济增长中的积极作用已经明显地表现了出来,而这一体制中可能引发的各种矛盾和存在的问题,还需要通过长时期的实践、观察和总结不断改革,这也就是在十四大中提出的用十年时间完善市场秩序的任务。因此,2003年后我国大规模的经济体制改革可以说是告一段落。从改革和经济增长的关系来看,从邓小平提出"翻两番"和"三步走"的长期目标后,经济增长实际上已经成为我国社会和经济发展中的最重要任务,但在旧的体制下我国的生产力发展受到严重的束缚,首先是企业和政府缺乏积极性,经济增长率上不去,而一旦有了发展冲动,经济增长率上去了,马上就会出现经济过热、通货膨胀、银行坏账、投资浪费等一系列问题,不仅影响增长效率,还对人民生活带来冲击。经济增长的最终目的是改善人民生活,但是这种过热反而是影响人民生活的。但在新体制建立起来后,这种局面得到了改善,至少在中近期得到了明显的改善。经济增长的动力问题不能说已经根本上解决,但至少已经不再是难题,无论是政府、生产者还是劳动者,从总体上看,生产积极性已经从正反两个方面调动了起来。而由于市场开始成为配置资源的重要手段,政府和企业的风险意识也已经大大提高,投资中的预算软约束开始向硬约束转变,市场的稳定性也大大提高。在这种情况下,我国经济增长中总量失衡的特征开始发生了明显的改变,需求不足开始转变为需求过热,但中央政府运用行政手段影响地方政府和企业方向的能力已经随着市场化改革大为减弱,因此宏观调控尤其是货币政策应用就成为这一时期中央政府调节经济增长的主要手段。

1. 财政政策还是货币政策

在这一时期,我国宏观经济政策组合结构方式上的突出特点是,财政政策的总体方向未变,始终是扩张性的,从1998年起,财政政策即采取"积极的财政政策";2008年下半年后进一步提升扩张力度,采取"更加积极的财政政策";2010年下半年"择机退出"启动后,财政政策调整为"积极的财政政策",扩张性财政政策的方向并未变化,只是扩张力度有所变化。货币政策则不同,1998年开始实施"稳健"实际上是"积极"的货币政策[①];但从2003年起,在继续采取"积极的财政政策"的同时,货币政策开始采取反方向的紧缩性政策选择,即"稳健的货币政策";自2008年下半年进入全面反危机后,货币政策做出方向性逆转,由从紧的政策方向逆转为"适度宽松的货币政策",2008年年末较年初新增贷款4.9万亿元;2009年新增9.6万亿元;2010年上半年新增4.6万亿元,印证了货币政策由从紧向宽松的方向性变化。2010年宏观调控扩张性举措"择机退出"以来,货币政策方向再次逆转,重回从紧状态,连续上调存款准备金率及加息都表明了这种政策方向的变化。但到了2012年,随着通货膨胀压力的降低和经济增长的放慢,又开始下

---

① 参见本节中"二、社会主义市场经济建立阶段"下的"(二)宏观调控的实施"。

调存款准备金率和减息,这实际上是在宏观调控政策上又开始放松。这显示在这一时期里,我国宏观政策中不断发生方向性变化的是货币政策,而财政政策的方向始终未变,只是力度有所调整。这说明了货币政策在宏观调控中的重要地位,面对不断上升的通胀压力,货币政策实现其有效反通胀目标面临越来越复杂的约束,其政策的有效性被来自多方面的困难不断侵蚀,从而更加剧了反通胀的艰巨性。

2. 货币政策工具的选择:数量工具还是价格工具

货币政策工具包括数量工具和价格工具,一般来说,在市场机制比较完备的条件下,央行对于货币数量和货币价格这两方面的货币政策中间目标,往往只需钉住一个,另一中间目标也就相应内生式地形成了,也就是说,货币数量和利率之间有其内在联系,并且这种内在联系可以通过市场机制内在地确定。比如美国在20世纪80年代之前是钉住货币数量,通过调整利率,使货币供给量与需求量之间趋于均衡;80年代后则钉住利率,通过调整货币数量,使市场利率与政策目标利率趋于一致。但无论哪一个目标,都是通过调节利率来实现的。我国的货币政策工具的运用方式,是同时钉住货币数量和货币价格的双锁定方式,调节所使用的工具可以是利率,也可以是其他方式,这与我国经济发展的阶段性及经济体制转轨的特殊性有深刻的联系。从我国现阶段的情况来看,紧缩性的货币政策首先是更多地运用数量工具,相比较利率工具运用得并不充分。表5.4和表5.5列出了这一时期中国人民银行历次利率和存款准备金率的调整情况。从这两个表中可以看出,从2003年开始的新一轮宏观调控中,对存款准备金率的调整次数(39次)明显地高于利率的调整次数(22次)。原因在于,我国这一时期正处于加速工业化时期,一方面要通过控制货币供应量来预防或遏制通货膨胀;另一方面又不希望在央行直接上调基准利率时,在货币供给一定的条件下,造成实体经济对货币的需求进一步降低。因为利率上升会提高企业融资成本,进一步抑制实体经济对货币的有效需求,加剧流动性相对过剩矛盾,特别是在我国宏观经济同时存在内需疲软、外需不畅的压力下,提高企业成本客观上可能加剧经济增速放缓的矛盾。这也是我国在运用货币政策过程中更多地使用上调法定存款准备金率等数量工具的重要原因。2007年,为了遏制通货膨胀,央行先后10次上调存款准备金率,但上调基准利率只有6次。2008年,为了应对全球金融危机的冲击,央行先后9次下调存款准备金率,但下调基准利率只有5次。由于我国经济失衡的特殊性及金融市场化程度的不足,使得我国货币政策工具运用中利率政策的运用受到较大限制。但是,运用货币数量工具也是有限制的。货币数量工具通常包括再贷款、再贴现、存款准备金率、贷款限额、央行票据等。一方面,在流动性相对过剩的条件下,一般而言,再贷款和再贴现对收紧货币的作用是有限的,央行也很少采用这

两个手段。贷款限额作为数量工具中的重要手段,我国以往也常采用,曾经发挥

表 5.4　2002—2012 年中国人民银行历次利率调整情况

次数	调整时间	调整内容
22	2012 年 7 月 5 日	一年期存款基准利率下调 0.25 个百分点,一年期贷款基准利率下调 0.31 个百分点
21	2012 年 6 月 8 日	一年期存贷款基准利率下调 0.25 个百分点
20	2011 年 7 月 7 日	一年期存贷款基准利率上调 0.25 个百分点
19	2011 年 4 月 5 日	一年期存贷款基准利率上调 0.25 个百分点
18	2011 年 2 月 8 日	一年期存贷款基准利率上调 0.25 个百分点
17	2010 年 12 月 25 日	一年期存贷款基准利率上调 0.25 个百分点
16	2010 年 10 月 19 日	一年期存贷款基准利率上调 0.25 个百分点
15	2008 年 12 月 22 日	一年期存贷款基准利率下调 0.27 个百分点
14	2008 年 11 月 26 日	一年期存贷款基准利率下调 1.08 个百分点
13	2008 年 10 月 30 日	一年期存贷款基准利率下调 0.27 个百分点
12	2008 年 10 月 9 日	一年期存贷款基准利率下调 0.27 个百分点
11	2008 年 9 月 16 日	一年期存贷款基准利率下调 0.27 个百分点
10	2007 年 12 月 20 日	一年期存款基准利率上调 0.27 个百分点;一年期贷款基准利率上调 0.18 个百分点
9	2007 年 9 月 15 日	一年期存贷款基准利率上调 0.27 个百分点
8	2007 年 8 月 22 日	一年期存款基准利率上调 0.27 个百分点;一年期贷款基准利率上调 0.18 个百分点
7	2007 年 7 月 20 日	一年期存贷款基准利率上调 0.27 个百分点
6	2007 年 5 月 19 日	一年期存款基准利率上调 0.27 个百分点;一年期贷款基准利率上调 0.18 个百分点
5	2007 年 3 月 18 日	上调金融机构人民币存贷款基准利率 0.27 个百分点
4	2006 年 8 月 19 日	一年期存贷款基准利率均上调 0.27 个百分点
3	2006 年 4 月 28 日	一年期存贷款基准利率均上调 0.27 个百分点
2	2005 年 3 月 17 日	提高了住房贷款利率
1	2004 年 10 月 29 日	一年期存贷款利率均上调 0.27 个百分点
0	2002 年 2 月 21 日	一年期存款基准利率下调 0.27 个百分点;一年期贷款基准利率下调 0.54 个百分点

资料来源:根据中国人民银行历年调整整理。

表 5.5　1999—2012 年历次存款准备金率调整情况　　　　单位:%

次数	时间	调整前	调整后
39	2012 年 5 月 18 日	（大型金融机构）20.5	20.0
		（中小金融机构）17.0	16.5
38	2012 年 2 月 24 日	（大型金融机构）21.0	20.5
		（中小金融机构）17.5	17.0
37	2011 年 12 月 5 日	（大型金融机构）21.5	21.0
		（中小金融机构）18.0	17.5
36	2011 年 6 月 20 日	（大型金融机构）21.0	21.5
		（中小金融机构）17.5	18.0
35	2011 年 5 月 18 日	（大型金融机构）20.5	21.0
		（中小金融机构）17.0	17.5
34	2011 年 4 月 21 日	（大型金融机构）20.0	20.5
		（中小金融机构）16.5	17.0
33	2011 年 3 月 25 日	（大型金融机构）19.5	20.0
		（中小金融机构）16.0	16.5
32	2011 年 2 月 18 日	（大型金融机构）19.0	19.5
		（中小金融机构）15.5	16.0
31	2011 年 1 月 20 日	（大型金融机构）18.5	19.0
		（中小金融机构）15.0	15.5
30	2010 年 12 月 20 日	（大型金融机构）18.0	18.5
		（中小金融机构）14.5	15.0
29	2010 年 11 月 29 日	（大型金融机构）17.5	18.0
		（中小金融机构）14.0	14.5
28	2010 年 11 月 16 日	（大型金融机构）17.0	17.5
		（中小金融机构）13.5	14.0
27	2010 年 5 月 10 日	（大型金融机构）16.5	17.0
		（中小金融机构）13.5	不调整
26	2010 年 2 月 25 日	（大型金融机构）16.0	16.5
		（中小金融机构）13.5	不调整
25	2010 年 1 月 18 日	（大型金融机构）15.5	16.0
		（中小金融机构）13.5	不调整
24	2008 年 12 月 25 日	（大型金融机构）16.0	15.5
		（中小金融机构）14.0	13.5
23	2008 年 12 月 5 日	（大型金融机构）17.0	16.0
		（中小金融机构）16.0	14.0

（续表）

次数	时间	调整前	调整后
22	2008年10月15日	（大型金融机构）17.5	17.0
		（中小金融机构）16.5	16.0
21	2008年9月25日	（大型金融机构）17.5	17.5
		（中小金融机构）17.5	16.5
20	2008年6月7日	16.5	17.5
19	2008年5月20日	16.0	16.5
18	2008年4月25日	15.5	16.0
17	2008年3月18日	15.0	15.5
16	2008年1月25日	14.5	15.0
15	2007年12月25日	13.5	14.5
14	2007年11月26日	13.0	13.5
13	2007年10月25日	12.5	13.0
12	2007年9月25日	12.0	12.5
11	2007年8月15日	11.5	12.0
10	2007年6月5日	11.0	11.5
9	2007年5月15日	10.5	11.0
8	2007年4月16日	10.0	10.5
7	2007年2月25日	9.5	10.0
6	2007年1月15日	9.0	9.5
5	2006年11月15日	8.5	9.0
4	2006年8月15日	8.0	8.5
3	2006年7月5日	7.5	8.0
2	2004年4月25日	7.0	7.5
1	2003年9月21日	6.0	7.0
0	1999年11月21日	8.0	6.0

资料来源：根据中国人民银行历年调整整理。

过重要的作用，但是随着我国商业银行体制改革，对于银行的指令性计划已经越来越缺乏约束力。另外，它又可能和我国扩张性财政政策相抵触，严重时甚至可能威胁经济增长。所以，我国现阶段在选择货币数量工具时，被更多地限定在法定存款准备金率和央行票据方面，也就是说，在维持较低利率或难以短期内大幅上调利率的条件下，只能通过更多地调整法定存款准备金率和发行央行票据来收紧银根。这就使货币数量工具的运用受到限制。另一方面，运用存款准备金率和央行票据手段也是有限制的，这种限制首先取决于银行本身的承受力，运用法定存款准备金率和央行票据手段紧缩的是商业银行的流动性,在商业银行流动性相对过剩条件下是必要的,也是可行的,但随着商业银行流动性不断被紧缩,银行本身资金受到规模限制,甚至可能产生流动性不足,这就使央行运用法定存款准备金率和央行票据收紧商业银行流动性,以达到紧缩货币的政策遇到限制。更进一步,若银行流动性不足日渐普遍,银行对企业的信贷不仅规模收紧,而且利率必然会上浮,进一步提高实体企业融资成本,增加企业负担。本来,对实体企业的减负应该通过信贷和税收这两个杠杆共同发挥作用,但是在我国,税收制度尤其是对企业的生产税的调整灵活性较差,因此货币价格工具在货币政策中的应用就受到了牵制。这是中国作为一个转轨中的新兴工业化国家在应用货币政策时与大多数市场经济的重要区别。

3. 货币供应量的增加:国债还是外汇占款

1995年通过的《中国人民银行法》规定:"中国人民银行不得对政府财政透支,不得直接认购、包销国债和其他政府债券。"而1994年通过的《预算法》则规定政府财政赤字只能通过发行国债来弥补。这实际上意味着中央财政在扩大基础货币发行方面的权力受到了限制[1]。在此之前,我国对经济活动注入基础货币的路径主要有三条:一是财政透支,二是商业银行向中央银行再融资,三是向市场收购外汇。由于向市场收购外汇即"外汇占款"的规模很小,而第一个路径不能再使用,那么再融资就可能是央行增加基础货币投放的主要手段。

但是实际情况是,几乎就在《中国人民银行法》和《预算法》通过的同时,我国在1994年进行了外汇体制改革,加强了对于结售汇制度的管理[2],而这一时期正好是我国外向型经济迅速发展时期,这就使得我国由于经常账户以及资本与金融账户上的顺差所形成的外汇储备迅速增加,由此形成的"外汇占款"也开始迅速增加。外汇占款这种制度安排(即中国人民银行通过结售外汇制度管理外汇并在市场中投入相应的人民币)很早就存在了,但是在1994年外汇管理体制改革以前它对货币政策的作用并不显著。1993年,我国外汇占款的余额占GDP的比重只有2.48%。从这么小的比重看(不到3%),每年新增外汇占款占GDP的比重几乎可以忽略不计。但是到了1994年,我国当年新增外汇占款占GDP的比重达到7.53%,而外汇占款余额占GDP的比重提高到了9.34%,从此以后,我国的外汇占款余额占GDP的比重在不断增加,成为这一时期我国基础货币供给的重要来

---

[1] 2003年,国务院通过把财政部向人民银行借款和透支用于弥补中央财政赤字和解决专项支出的资金,转化为国债,解决了这一历史问题。参见《国务院关于规范处理1995年以前中央财政向人民银行借款问题的报告》。

[2] 《中国人民银行关于进一步改革外汇管理体制的公告》(1993年12月28日),其中的第一条为,实行外汇收入结汇制,取消外汇分成。

源,这是我国转轨和增长过程中特有的现象。

在表 5.6 中,我们可以看到在新一轮经济增长和改革周期中我国外汇占款占 GDP 比重的变化情况。从表中可以看出,2003 年我国的外汇占款余额已经达到了 3.48 万亿元,这已经接近我国外汇管理体制改革的前一年即 1993 年 GDP 的总额 (3.53 万亿元)。由于 1993 年中国经济处于较热状态,我们假设当年的全部累积的基础货币存量为 GDP 的 80%(实际上不可能达到这么高)即 2.82 万亿元,那么到了 2012 年,当我国的外汇占款余额达到 25.85 万亿元时,1993 年以前所形成的基础货币存量占 2012 年基础货币存量(2.82 + 25.85 = 28.67)的比重还不到 10%,也就是说,我国现在的外汇占款余额占基础货币供给的比重,已经达到了 90% 以上。这是一个我们当年完全没有预期到的结果。

表 5.6 2003—2012 年外汇占款余额占 GDP 的比重

	GDP 总额 (亿元)	外汇占款余额 (亿元)	当年新增外汇占款 (亿元)	外汇占款余额占 GDP 的比重 (%)	新增外汇占款占 GDP 的比重 (%)
2003	135 823	34 847	11 624	25.7	8.6
2004	159 878	52 591	17 744	32.9	11.1
2005	184 937	71 211	18 620	38.5	10.1
2006	216 314	98 980	27 769	45.8	12.8
2007	265 810	128 377	29 397	48.3	11.1
2008	314 045	168 431	40 054	53.6	12.8
2009	340 903	193 112	24 681	56.6	7.2
2010	401 513	225 795	32 683	56.2	8.1
2011	473 104	253 587	27 792	53.6	5.9
2012	518 942	258 533	4 946	49.8	1.0

资料来源:根据历年《中国统计年鉴》整理。

在世界各国,基础货币的投放一般有几种方式:一是中央政府直接通过印钞来弥补赤字,抗战胜利后国民党政权就是这样做的,现在很多发展中国家仍然还在使用这种做法。如果政府印钞缺乏必要的约束和节制,就可能造成市场秩序的严重破坏。二是央行直接向政府或者在市场上购买政府发行的国债,美国在扩大基础货币投放上主要采取的是这一手段。就是央行根据基础货币投放的需求,购买一部分中央政府的国债。但是国债的发行量即所谓的国债上限,却是由国会决定的。这样就在一定程度上约束了中央政府和中央银行发行国债和增加基础货币的权力。在这种情况下,财政政策和货币政策之间是相互制约的。三是欧元区采取的方式,就是通过欧洲央行对各国中央银行融资,各国央行再对商业银行融资的方式投放基础货币。欧元区建立了统一的货币体系,但没有建立起统一的财政体系,整个欧元区的财政政策和货币政策之间是脱节的。当个别国家过度使用财政政策刺激经济时,如果出现了问题,就会影响到其他国家。这也是全球金融危机后欧洲不断出现主权债务危机的基本原因。四是中国在现阶段实际上货币政策的起点是基础货币的投放,经过各种乘数效应形成货币供应量,然后才能利用利率、公开市场业务、存款准备金率等各种货币政策对货币供应量进行调节。

欧盟成立时《马斯特里赫特条约(简称"马约")》规定的警戒标准,即财政赤字相当于当年 GDP 的比例不应超过3%和政府债务总额相当于 GDP 的比例不应超过60%。如果国债的平均时限为20年,每年规模为 GDP 的3%,那么连续发行20年后,如果经济不发生增长,余额的占比就会达到60%,但那样的话就没有钱支付国债的利息了,但在大多数情况下,国债的平均时限到不了20年,经济也应该是逐步增长的,所以这是一对安全的标准。美国没有规定这两个比重,但是它对政府债务的管控更加严格,每次国债上限的调整都必须经过国会讨论,每次过关都非常艰难。如果货币政策和财政政策之间脱节或者是不能有效地管控,就有可能出现问题。在这次全球危机时,欧盟由于这两个政策脱节,出现了严重的"主权债务危机",而美国由于推行"量化宽松政策",通过央行透支的手段扩大财政预算和支出,再要求提高国家债务上限时就在国会遇到重重困难,甚至影响到美国政府的正常运作。而在中国,中央政府在当年债务和债务余额两个方面都是大大低于"马约"的警戒线标准的(见表5.7),高的是每年的新增外汇占款及外汇占款

表 5.7　2003—2012 年中央财政债务余额占 GDP 的比重

	GDP 总额 (亿元)	中央财政 债务余额 (亿元)	当年中央财 政新发债务 (亿元)	债务余额占 GDP 的比重 (%)	当年发债 占 GDP 比重 (%)
2003	135 823		6 154		4.53
2004	159 878		6 879		4.30
2005	184 937	32 614	6 923	17.64	3.74
2006	216 314	35 015	2 401	16.19	1.11
2007	265 810	52 075	17 059	19.59	6.42
2008	314 045	53 272	1 197	16.96	0.38
2009	340 903	60 238	6 966	17.67	2.04
2010	401 513	67 548	7 310	16.82	1.82
2011	473 104	72 045	4 496	15.23	0.95
2012	518 942	77 566	5 521	14.95	1.06

资料来源:根据《中国统计年鉴》历年数据整理。2005 年后公布的数据为债务余额,以往各年为当年数据。

余额占 GDP 的比重(见表 5.6)。外汇占款是有外汇储备作为担保的,因此相对安全(当然也有汇率风险、持有期通货膨胀风险等),风险等级远远低于发行国债。但是由此形成当年及累积的基础货币投放对货币供应量的影响,并由此形成的通货膨胀压力,却是和美国实行"量化宽松政策"通过发行国债所投放基础货币的效应是类似的。

由于特殊的历史发展背景(转轨时期)和特殊的经济发展背景(外向型经济迅速发展),在中国实际上等于在一般的途径外,又增加了"外汇占款"这样一个注入基础货币的途径,而且它在稳定价格方面的作用,可以说是和货币政策的要求相反①。对于这个现象以及形成的结果,可以从以下几个方面来认识:

第一,适度的外汇管制是发展中国家稳定经济、有效使用外汇促进经济发展的重要手段,我国的外汇体制改革顺应了经济发展的需要,并随着外向型经济的发展和经济发展水平的提高不断调整,总体发展方向是正确的。在我们实施新外汇管理政策时,并没有预见到外汇管理尤其是结售汇制背景下"外汇占款"可能对财政政策、货币政策产生这么大的影响。事实上,亚洲金融危机之后,很少有人能预见到我国的外向型经济会有这么好的发展,外汇储备会增加得这么快。这本来是一件好事情,但是由于我们对这一问题可能带来的负面作用重视和研究得不够,导致它在相当程度上抵消了宏观紧缩政策的效应。

第二,"外汇占款"的增加,导致了基础货币的投放量远远超出了一般货币政策(如利率政策、公开市场业务等)所能够调控的范围,使我们不得不采取对货币数量直接进行管控的方法控制货币供给,这也就是为什么我国的法定存款准备金率调整在这一轮宏观调控中应用得这么频繁的原因。但是从表 5.6 中可以看到,2004—2008 年这五年中,我国每年的新增外汇占款占当年现价 GDP 的比重都在 10% 以上,面对这么大的基础货币投放量,必然要通过上调存款准备金率来收回一定的流动性,所以把存款准备金率的调整作为一种主要的管理货币供应总量的手段,实际上就是对"外汇占款"制度下被动地投放基础货币的呼应。在这种条件下,如果要用利率把增长幅度这么大的流动性再收回来,无论是企业生产还是居民消费都将很难承受。所以我们不能更多地采取对货币数量进行直接管理的方法。因此,无论是以"外汇占款"投放货币,还是用调整存款准备金率来"回收"货币,都反映着转轨时期中国经济的特殊性。但是调整存款准备金率所能够回收的

---

① 假设在一个封闭的、进行简单再生产的经济中,货币供应量和其货物的数量是相适应的,当发生出口时,这些货物已经流出了这个经济,而所收到的货币在这个经济内又不能使用,那么这个经济所应该做的事情应该是减少这个经济中的货币供应量;如果出现进口时,因为货物多了,所以要增加货币供应量,那样才能实现稳定价格的目标。但是如果采取"外汇占款"制度,那就是出口增加时反而增加国内的货币供应量,导致通货膨胀;而进口增加时又减少货币供应量,导致通货紧缩,其结果是加剧了一般价格水平的波动。

流动性和外汇占款所放出去的流动性完全是两个不同的量。它虽然能够在一定程度上调节货币供给,但是由于供需之间的差额太大,不可避免地导致总量上的供需失衡,形成通货膨胀的货币基础。

第三,"外汇占款"在基础货币供应中的地位,削弱了财政政策在宏观调控中的力量,挤压了财政政策结构性调控的空间。在美国等发达市场经济国家,由于国债是基础货币投放的主要手段,因此基础货币供应量是由财政主导的,即使在美国这次实行"量化宽松政策"中,是通过政府向央行(美联储)借款的方式实际形成了基础货币供给,将货币注入市场走的仍然是财政支出的路径,进入市场后,再通过居民、企业等与商业银行和其他金融机构的收支和存贷款行为,形成广义的货币供给,央行再在这个基础上,通过调整利率等手段调节货币供给。但中国的情况就完全不同了,如果在货币供应量已经这么大的情况下,再加大国债发行扩大预算赤字并增加支出,那么在总量需求失衡已经很严重的情况下,还会进一步加剧这种失衡。本来,政府的财政政策是有一定的结构管理功能的,如在财政收入不足时,可以通过发债来弥补减少的税收,从而可以更大的空间来改革和调节税收政策和税率,又可以通过财政支出来调节各种最终需求。在这一点上,国家财政和银行体系的政策取向是有所不同的。国家财政(包括中央财政和地方财政)具有"劫富济贫"的性质,它希望改善各方面的发展不均衡。但银行体系是"嫌贫爱富"的,它往往会把钱用在发展较好的那些领域(如前几年更多地投在资源领域、重化工业以及房地产开发),这就有可能和国家产业政策之间有冲突。而且事实也证明了这一点,国家在 2004 年宏观调控要限制发展的很多方面,如土地开发、"三高"产业,前些年一直发展很快,这和商业银行的支持是分不开的。但是在医疗、保障性住房和其他社会保障的发展方面,国家却始终面临着资金不足的问题。虽然在《中国人民银行法》中,规定"中国人民银行不得直接认购、包销国债和其他政府债券",但是央行可以通过公开市场业务等,从二级市场上购买或销售国债(即开展回购业务),而且可以随着经济增长不断地扩大这种业务的规模,从而实现扩大基础货币投放的目标,而国家财政就可以随着国债市场的发展,增加国债投放,从而扩大财政政策的影响力。从中央财政债务占 GDP 的比重上看,2008—2012 年,我国一直处于相对较低的水平。即使实行"积极的"财政政策,也不可以像美国那样通过扩大国债发行来筹集资金,然后再扩大支出增加需求。问题就在于这个"外汇占款"让我们在货币政策上"被动"得太久了。这两年我国外向型经济的放缓,"外汇占款"的增量减少,本来是货币供应量向合理的方面回归,但很多企业感到资金不足,发展有困难,其实那种由信贷资金支撑起来的发展隐含着巨大的风险,现在这样才是回归正常。

第四,在管理货币供给方面,我们要研究世界各国的经验和教训,尤其是发达市场经济国家的经验和教训,并根据我国过去十多年来的实践,深化这一领域的改革。一是从经济发展阶段上看,中国的对外贸易和外汇储备超常规增长的阶段已经过去,用"外汇占款"来满足经济发展中的货币需要的方法已经不可取,如在国际收支平衡或者有逆差的情况下,就不可能通过这种方法来增加货币供应。二是随着外汇管理体制的进一步改革和人民币的国际化,外汇的管理应该向多元化发展,"外汇占款"作为我们在计划经济时期以及转轨时期的一种制度安排已经实施了多年,现在完全有可能对其进行更进一步的改革,让它服务于我国的经济建设。三是从国家财政政策和货币政策的关系来看,即使是仍然存在外汇收支盈余,用"外汇占款"作为基础人民币投放的一种手段也不再可取。中国经济发展中所需要的货币供应,应该取决于经济发展本身而不应该仅仅是我们的外汇储备。从原则上说,应该是由财政政策和货币政策来管控外汇储备,而不应该由外汇储备来决定财政和货币政策。四是从发展上看,央行通过公开市场业务的方式,在二级市场上买卖国债,支持一级市场的国债发行,应该成为央行增加基础货币投放的主要方式。国家财政可以在央行的支持下,参考"马约"标准,适度加大国债的发行,更加积极地在宏观调控中发挥作用。

第三节 适度经济增长、提高增长质量与深化经济改革

一、适度经济增长与改善经济失衡

2002年上半年,我国经济走出了通货紧缩的阴影。正如前文所分析的那样,这种经济形势的好转,既是我国建立社会主义市场经济、深化市场化改革的结果,也有世界经济形势好转的原因,同时也是和我国自1998年以来实施的积极的财政政策和稳健的货币政策分不开的。从经济发展阶段和产业结构演进上看,自进入21世纪后,我国进入了加速工业化阶段,成为全球新的制造业中心,这也为我国加速的经济增长奠定了基础。在所有这些促进中国经济增长的因素中,经济体制改革无疑是最重要的因素,因为如果没有改革,没有合理的激励机制、资源配置机制和收入分配机制,生产者和劳动者以及各级政府的生产热情就不能调动起来,国有企业、民营企业及外资企业缺乏发展的内生动力,那么再好的外部环境、再好的发展机遇也会失去,中央政府也不可能通过新型的宏观调控手段来影响经济增长。事实上,中国世纪之交进行的大规模的市场化改革,已经为新一轮波澜壮阔的中国经济增长打下了坚实的体制基础。但是当时学术界有一种担心,就是中国经济已经实现了25年(1978—2003年)的高速增长,年均增长率高达10%。在这种情况下,高速增长还能不能持续? 因为在东亚,当时还没有国家和地区能

够保持这么久高速增长。当时克鲁格曼发表了一篇题为《亚洲奇迹之谜》[1]的文章,对亚洲四小龙的经济增长进行了批判[2],认为这些国家的增长主要依靠的是增加投入而不是技术进步,因而是不可持续的。他还以苏联20世纪30年代的经济增长为例,论证了这种不可持续的增长。这篇论文中没有提及中国经济是否可以持续、到底是属于投入扩张型的还是技术进步型的经济增长,只是说中国的经济规模要超过美国很难。但是在中国国内,这篇文章却引起了各方的高度重视,关注度甚至远远高出了它批判的论文本身。许多学者发表论文批驳他的观点[3]。这种担心也反映到了我们的工作中,这就是在宏观调控中,既担心通货紧缩卷土重来影响了我们的高速增长,又担心出现通货膨胀使我们的经济出现波动,而从总量调控的角度看,对这两种现象的调控方向是相反的,反通货紧缩就是要刺激经济增长,经济增长了,需求增加了,价格总水平就可能上涨,或者说通货紧缩有可能向通货膨胀转变,但我们也不喜欢通货膨胀,通货膨胀会带来很多负面影响,这也是人所共知的。所以我们的宏观调控目标就是,能够有较快的经济增长(21世纪的前10年这个目标其实就是每年在10%左右,如果在9%以下,中央政府就要采取"积极"的措施,这在本世纪初和全球金融危机政策后都表现得很清楚),但同时又不希望以CPI反映的通货膨胀率上去,如果超过4%,中央政府也会很警惕,会采取政策实施调控。在这二者之间,哪一个目标更为重要呢?当时各方的看法,应该是经济增长更为重要,这不但是中国崛起的重要标志,也是解决我们的各种发展难题的基础,所以只要不出大问题,我们的政策取向就是要促进经济增长,实现GDP的不断翻番。现在,21世纪已经过去了10多年,事实证明那种认为进入新世纪后中国经济增长就不可能维持原先的高增长率的判断是错误的。如果从1980年开始算起,每十年为一个周期,那么2000—2010年这十年里中国的经济增长率是最高的。而且这种增长和20世纪80年代和90年代不同,当时我们的增长是为了摆脱贫困,高速增长的起点是低收入穷国,而1998年中国已经成为中等收入国家(但属于下中等收入分组),一个有着13亿人口的中等收入国家(所谓收入水平,是从人均水平的角度观察的),它的经济总量是不可小看的。在这个新起点上,中国又实现了10年的高增长,成为上中等收入国家,经济总量超过日本成为世界第二,出口总额超过德国位居世界第一(而2013年的进出口总额又超过美国成为世界第一),这是中国有史以来实现的最大的经济增长和国际地位的提高。但是也应该看到,这种GDP增长取向在带来伟大的成就的同时,也因为在高速的

---

[1] Paul Krugman, *The Myth of Asia's Miracle*, 1994.
[2] 1993年9月,世界银行发表了《东亚的奇迹:经济增长和政府政策》,探讨了东亚奇迹的各种成因,因而使东亚模式成为人们关注的焦点。
[3] 林毅夫、任若恩:《东亚经济增长模式相关争论的再探讨》,《经济研究》,2007年第8期。

增长中由于来不及解决很多存在和积累的矛盾,影响着我们进一步发展,但是仅仅用政府刺激或收缩的总量调控又解决不了这些问题,这使得我们不得不重新回过头来,从体制和发展的角度审视和研究这些问题,并通过深化改革来改善或化解这些矛盾,由此推动我国的经济增长和经济发展。

虽然中国经济发展已经取得了很大的成就,但是各方面的发展还不平衡,改革开放初期提出的"一部分人先富起来、一部分地区先富起来"的目标应该说已经实现,但是离实现"全体人民共同富裕"还有一定的差距。在这种情况下,我们仍然需要实现新的增长,为全面建成小康社会提供物质基础。党的十八大提出的经济总量和人民收入在2010年的基础上再翻一番的目标,就反映了这种对经济增长的量的要求。从现在的发展看,只要外部和内部发展环境相对稳定,实现这个目标是没有问题的。正如第三章所分析的那样,2014—2020年,我们只要达到年均6.73%的年均GDP增长,就能够实现十八大提出的发展目标。无论从发展潜力还是从资源保障看,无论是从供给方还是从需求方看,从我们在过去30多年表现出来的实现高速经济增长的能力以及我国的社会主义市场经济体系所提供的制度保障来看,在未来6年里实现7%左右(6.5%—7.5%)的年均经济增长是有把握的。再高的话就有可能会带来经济、社会、资源、环境等方面的一系列发展问题,从短期来看经济增长率可能会高一些,但由于在追求高增长中可能导致已经失衡的结构更加扭曲,不但有可能影响到未来的经济增长,甚至有可能要我们在将来为今天的增长付出代价,如治理环境的费用可能会远远地高出今天我们破坏环境而得到的收益,那样的增长就没有意义了。但是经济增长率太低也不行,将可能影响我国的就业、社会整体福利水平的提高以及解决我们在发展中出现的各种矛盾。因此,适度的经济增长是符合我国现阶段经济和社会发展需要的合理选择。

就这一点而言,今天我们提出的深化改革与经济增长的关系和改革开放初期有很大的不同。改革开放初期,我们中国要解决的问题是通过经济增长来摆脱贫困、改变落后面貌,核心是要实现经济高速增长。问题在于思想和体制僵化、经济缺乏活力,所以要通过不断地解放思想和改革开放来调动政府、生产者(企业)、劳动者的积极性,来推动和保持经济增长。现在这个问题可以说基本解决,问题已经不是有没有积极性去发展经济、去实现增长的问题,而是如何通过改革来改善经济增长中的各种矛盾,使经济增长更加有效率、能够为全社会提供更多的整体福利、能够实现可持续的发展。因此,经济改革的目标已经转变为一系列复杂的约束条件下实现最优的经济增长。也就是说,改革要解决的问题已经从能否增长转变为怎样增长,增长的主要目标也逐渐由追求数量转变为在适度的经济增长中不断提高质量。

二、提高经济增长质量与深化经济改革

近年来经济增长质量在我国甚至世界上成为一个重要的研究课题。经济增长本身就是以 GDP(或类似的经济总量)反映的经济规模的数量扩张程度,之所以会讨论它的质量,首先是从实现这种扩张的途径看,也就是要以尽可能低的劳动和资本投入,获得尽可能多的产出,主要依靠技术进步而不是增加投入来实现较快的经济增长。从生产的投入上看,应该使有限的国内外资源和环境不造成未来的发展瓶颈,使我们的经济增长和经济发展具有可持续性;从最终产品的使用看,无论是消费品还是投资品,产品的质量都应该不断提高,消费品要符合国家标准并满足消费者的需求,投资品则应该具有长久的使用功能,而不是在产出不久就被闲置或浪费(那实际上是虚的 GDP 或经济增长)。这属于狭义的经济增长的概念。经济增长质量还可以从它为社会和经济发展所提供的支持上看,这就是经济增长必须和经济社会的发展相适应,等量的经济增长应该为改善人民生活、增强全社会的福利、提高社会文明等提供更多的支持,不能仅仅是为增长而增长,这是广义的经济增长概念[1]。对于狭义的经济增长质量的研究已经有了很长久的历史,关键是要强调技术进步和全要素生产率的提高对经济增长的贡献,只不过在当时没有使用经济增长质量这个概念。而广义的经济增长质量的研究,近年来才活跃起来[2]。如果说在改革开放中前期,我们更加重视的是经济增长的数量,那么到了现在,经济增长质量的提高已经成为新时期我国经济发展中最重要的课题。

提高经济增长质量,关键在于深化经济改革,发挥市场在资源配置中的决定性作用,通过合理的市场机制和充分的市场竞争来提高生产要素的效率。发挥市场的"决定性"作用,意味着各级政府要减少对生产者生产活动的直接干预,但这并不意味着否定政府在经济发展中的作用,而是对改善政府职能提出了更高的要求。政府当然要对宏观经济活动进行适度干预,但是更为重要的是,政府要通过深化经济改革,创造更好的市场竞争条件,同时还要通过政府在收入分配和再分配体系中特有的作用,改善中国经济发展不平衡的局面,促进中国经济的整体发展。

在现阶段,提高经济增长质量,应该注重以下几个方面:

第一,要通过深化经济改革,充分发挥市场在资源配置中的决定性作用。党的十八届三中全会,从理论上对政府和市场的关系进一步做出定位,将原有的把

---

[1] 2000 年,作为世界银行千年项目的一个组成部分,温诺·托马斯出版了《增长的质量》(*The Quality of Growth*)一书,对经济增长(尤其是新兴经济体和发展中国家的经济增长)质量问题进行了专门的研究。参见 Vinod Thomas, *The Quality of Growth*, World Bank Publications, 2000。

[2] 国家统计局《中国经济增长质量监测指标体系研究》课题组研究报告:《中国经济增长质量监测指标体系研究》,2012。

市场在资源配置中的"基础性作用"修改为"决定性作用"。事实上,在这以前的国家宏观调控中就已经反映出了这种精神。2010年我国的宏观经济刺激措施开始"择机退出",提出实现"经济增长由政策刺激向自主增长有序转变",这实际上是主张依靠市场本身的力量来实现经济增长而不能过度依赖政府的刺激或扶持政策。此后,从宏观上看我国经济增长有所放缓,从微观上看确实有一部分企业的经营出现了困难,但是从总体上看我国的经济增长形势是好的,没有像1998年亚洲金融危机时那样出现大面积的企业(当时尤其是国有企业)难以为继和关停并转,就业形势也和当年形成鲜明对照,当时的国有企业职工下岗成为严重的社会问题,而近些年来我国的就业则在稳步发展。这说明经过十多年的发展,无论是国有企业还是民营企业,从总体上看市场竞争能力和风险抵抗能力都有很大的提高,这说明中央对市场能够发挥"决定性作用"的判断以及由此做出的在经济增长中应该让市场发挥"决定性作用"的决策是正确的。

　　国家应该充分发挥我国经济增长中的体制优势,从深化改革中进一步发掘增长的动力和效率,尤其是通过进一步推进市场化进程、优化资源配置提高微观效率。我国经济仍然处在发展模式和体制模式双重转轨过程中,就发展模式的转轨而言,我们正从传统经济向新兴工业化和现代化经济转型;就体制模式的转轨而言,我们也还在从传统体制向市场经济体制转轨。伴随市场化的深入和完善,资本在越来越大的程度上由行政计划体制转入市场竞争体制,竞争效率在不断提高。从要素效率来看,依我国的经验,在改革开放以来的经济增长生产函数中,若引入市场化(非国有化)率指标为变量,实证分析表明,市场化越深入对经济增长中的要素效率,特别是资本要素效率的提高作用越显著。正因为如此,才使得我国的经济高速增长不仅是增大要素投入量的结果,同时也是要素效率提高的结果[①]。在现阶段,进一步推进国有经济的改革,在垄断领域更多地引进民营资本,对改善中国的经济增长质量有积极的意义。同时,在国有企业内部,仍然要解决公司治理中由于委托代理关系所产生的企业代理人和股东利益冲突的问题。实行了股份制改造后,如何实现股东(国家)的利益最大化而不是代理人(国有企业的管理者)的利益最大化,仍然是一个我们需要解决的突出矛盾;从结构效率来看,市场化的深入使资源配置的结构发生了深刻变化,在市场机制的作用下,资源日益从低效率部门转向相对高效率的部门,这种产业结构的演变,对经济增长的效率提升起到了重要作用。在我国20世纪90年代中期之前,这种体制性推动的结构演变产生的效率,甚至超过技术进步对增长效率的贡献。只是进入21世纪以后,在全要素效率内部,市场化进程带来的体制性效应和其他因素(如资本和劳

---

　　① 刘伟、李绍荣:《所有制变化与经济增长和要素效率提升》,《经济研究》,2001年第1期。

动投入的增加以及狭义技术进步)效应的比例关系才发生新的变化,体制性效率的提升才趋于稳定。这一方面说明随着市场化体制改革速度的平稳,体制因素在经济增长中的作用会降低,从而也可能影响技术进步的推进,因为技术创新是以制度创新和市场竞争来推进的;另一方面也说明,在未来的发展中,大力推进市场化进程,完善竞争秩序,使得我国经济增长的要素效率提升有着巨大空间,因为我国毕竟还是一个朝着社会主义市场经济体制目标转轨的经济体,距离完善的市场经济目标尚有很长的路[①]。

新时期深化市场化的进程,本身也面临一系列新的历史特点:一是改革的重点从商品市场化逐渐转为要素市场化。改革开放到目前,我国商品市场化(包括投资品和消费品)基本实现,绝大部分的商品价格已由市场定价,但我国要素市场化的进程可以说尚处于发育初期,包括劳动、资本、土地等要素市场的发育尚极其不足,无论是各类要素市场的竞争主体机制(产权制度)还是要素市场的竞争交易机制(价格制度)都还处在构建中,且不同的要素市场发育在总体水平不高的基础上存在着极不均衡的状况。二是改革的难点从构建市场体系逐渐转移至构建市场秩序,或者说从扩张市场作用空间(市场化的数量方面)逐渐转向完善市场秩序(市场化的质量方面),既包括市场竞争的内在秩序(竞争的主体秩序和竞争的交易程序),也包括市场竞争的外在秩序(市场竞争的法制秩序和市场竞争的道德秩序)。如果说市场经济在规模和数量建设方面存在极限,毕竟不可能存在百分之百的市场经济社会,那么市场经济在质量和效率建设上将是一个持续的历史进程。如果我们的市场经济建设发生了停滞,马上就会出现由于体制改革滞后而带来的各种问题。我国目前存在的资源浪费型产业不能得到有效遏制的问题,部分城市房价上涨过快的问题,事实上都是与市场化不足、市场秩序不完善所密切关联的。所以对我国现阶段的经济发展来说,继续推进市场经济的质量和效率建设具有极为重要的意义。

第二,从产业组织和市场结构的改进中寻求技术创新的能力提升。经济发展史表明,技术创新的主体应当是企业,而不应当是政府,尽管政府在技术创新中有着重要的作用。以企业为行为主体实现创新,运用的经济机制应当主要是市场体制而不是行政计划体制,尽管政府的政策支持不可或缺。这就要努力改进产业组织状况和市场结构,以提高市场竞争推动企业技术创新的能力和效率。产业组织状况和市场结构处理的根本问题是规模经济和有效竞争的命题,对于技术创新来说,重要的一点便在于合理构建企业规模,同时努力提高竞争的充分性。一般来说,重大的战略性和持续性的技术创新,主要依靠大企业。因为只有大企业,尤其

---

① 刘伟、张辉:《中国经济增长中产业结构变迁和技术进步》,《经济研究》,2008年第11期。

是市场占有率和集中度较高的大企业,不仅有可能投入更多的资源进行创新,而且能将高研发的高投入风险尽可能广泛地分散,其单位产出均摊的创新风险成本越低,企业承受风险的能力便越强,而技术创新最为关键的恰在于如何化解其中的高风险。中小企业在技术创新中固然不可缺少,但中小企业的技术创新更多的是个别产品创新、工艺创新或局部技术创新,尤其是中小企业在技术创新中虽具有更灵活的学习和借鉴能力,但总的来说其创新力往往与单一产品的市场生命周期相联系,难以持续。如何构建一个合理的大中小企业的产业组织结构,使企业具有普遍的规模经济,同时又在市场结构上支持企业创新力的提高,是我国经济面临的重要问题。对于我国来说,培育具有创新力的大企业,关键在于如何使国有企业真正具备现代企业制度和行为特征。我国现阶段的国情在于大型和特大型企业,多为国有或国有控股企业,尤以央企为主,因此,如果说重大战略性技术创新的主体应当是大企业,那么在我国便主要是国有企业,而企业作为创新主体所需运用的机制又首先是市场竞争机制,而不是政府行政机制,因此,在我国依靠大企业作为重要的创新主体时,便遇到一个特殊的问题,即如何使国有大型和特大型企业真正接受市场规则的硬约束?进而国有大型和特大型企业的产权制度改革问题、政企分离问题、公司治理问题等,便成为约束企业技术创新力的重要内在制度因素。从外部竞争环境来讲,如何构建合理有效的市场结构,使国有大企业面临充分有效的市场竞争压力,而不是在垄断条件下,特别是借助于市场力量和行政力量双重作用形成的垄断条件下进入。显然,这些问题的处理不仅十分艰难,而且独具中国特殊性,但正是这种独具中国特性的问题的处理,才能为中国经济的技术创新力提升创造条件。

第三,要提高我国的经济增长质量,必须继续改善政府职能,为推进市场化建设和经济发展创造条件。十八大以后尤其是十八届三中全会之后,中央政府在改善政府职能方面,首先抓了简政放权,使新时期的转变政府职能有了一个良好的开端。但从根本上说,推动政府职能的转变尤其是在改善政府为中国特色的社会主义市场经济服务方面,还是要更加深入地进行制度创新。现阶段我国制度创新的关键集中在三大制度创新上:一是财税制度改革,包括公共财政制度的改革和中央与地方、政府与企业的财税结构改革;二是金融制度改革,包括金融市场化和央行独立性的提高;三是土地制度改革,包括土地资源配置方式的改变和农村土地制度的调整等。没有这三方面关键制度的创新,我国现阶段宏观调控方式改变和调控效率的提升,都面临严重的障碍。就实现宏观调控具体的方法而言,依我国现阶段的国情,应当注重强调需求管理与供给管理的统一。总需求管理无论是运用财政政策还是运用货币政策或者汇率政策,其需求效应均具有短期显著性,而供给管理的核心在于降低成本、提高效率。在更注重经济增长数量的情况下,货币、财政、汇率政策的供给效应往往容易被忽略。比如,扩张性的财政收入政策(减税)在刺激需求的同时也可以带来降低成本的供给效应;紧缩型货币政策(加息)在紧缩需求的同时,也可能促使企业和项目提高赢利能力和竞争性;人民币升值,在紧缩出口需求的同时,也会带来进口价格下降进而降低相应成本的供给效应。事实上,宏观政策的供给效应显然长期才能显现,但其作用往往具有根本性。对于我国来说,由于特殊的体制转轨特征和后发优势的存在,在实施供给管理上更具可能和必要。其一,制定和实施较为系统的产业政策,包括产业结构和产业组织政策;其二,制定和实施较为明确的区域结构政策,包括发挥地方政府的积极性和明确区域性增长极;其三,制定和实施持续的技术创新政策,包括技术、产品、制度、市场等多方面的创新;其四,制定和实施人才战略,提高人力资本的比重以提高劳动生产率;其五,制定和实施节能减排,保护环境等降低社会成本和发展成本的长期发展政策,等等①。当然,在实现宏观经济目标的调控方法上协调需求管理与供给管理,必须有相应的体制条件做保障,即必须在深化市场化进程并且不断完善市场机制的基础上,系统地引入政府的需求管理和供给管理,如果没有这一制度前提,总需求管理便成为不可能。同时,总供给管理也极可能演变为计划经济下的政府直接控制经济,因为,供给管理的政策效应相对于总需求管理而言毕竟更直接地作用于企业和劳动者②。

第四,在进一步强调改善民生,扩大内需,使人民生活获得改善的同时,拉动经济增长并改善经济活动中的各种结构失衡。中国所处的经济发展阶段和发达国家存在着相当大的差异,就发展水平看,我们的市场化、工业化和城市化程度远低于发达市场经济国家;就发展活力来看,我国正处于新兴工业化阶段和高速经济增长时期,而大多数发达国家现在已经进入后工业化时期和低增长时期;而就长期发展来看,发达国家普遍存在的是需求不足,而对于中国来说则是供给不足,无论是人民生活水平还是生产能力都需要通过大规模的经济建设来进一步改善。这就在客观上为我们通过改善民生保持中国的强劲经济增长创造了社会基础。在外需的增加受到外部环境的干扰时,我国作为一个有着13亿人口、幅员辽阔而且已经达到了中等收入水平的大国,能够通过发展内需继续推动强劲经济增长的优越性就体现了出来。这是我们"大国经济"的优势,即可以把发展经济的主动权更多地掌握在自己手里。改善民生和扩大内需是我们的目标,而实现这一目标的手段主要是两条,一是要实现可持续的发展,二是要改善收入分配。或者通俗地说,一是要把蛋糕做大,二是要把蛋糕切好。做大蛋糕主要依靠市场的力量,政府

---

① 刘伟、苏剑:《供给管理与我国现阶段的宏观调控》,《经济研究》,2007年第2期。
② 刘伟、苏剑:《供给管理与我国的市场化进程》,《北京大学学报》,2007年第5期。

的职责在于发展和理顺市场和适度的政府干预；而把蛋糕切好，则更需要依靠政府的力量，如通过最低工资标准的调整、财税体制的改革以及社会保障体系的发展，来调整收入分配和实现改善民生的目标。在这些方面，21世纪以来我们已经做了很多工作，如最低工资标准的调整、减征和取消农业税等，实际上都明显地改善了低收入群体的收入和生活。但是从总体而言，我国的收入分配状况在近些年的改善与经济增长之间是不相适应的。从宏观上看，政府、企业的可支配收入在国民总收入中的比重在扩大，而居民部门的可支配收入在减少。从居民内部看，收入分配差距长期以来都是扩大的，仅仅最近两年有些改善。而在国民收入的使用上看，投资的比重在不断增加，而居民消费（个人消费）和政府消费（公共消费、国家公职人员薪酬、社会保障支出等）所占的比重在减少。可以说我国的GDP总量在不断增加的时候，GDP的分配结构及使用结构其实是恶化的，这不仅影响了公平，也在降低经济增长的效率。这本来应该通过税收和财政收支体制和结构的调整来加以改善，但是在实践中这种改革始终是滞后的，财税体制在改善国民收入的分配和再分配以及最终使用中，没有发挥应有的作用。

第六章 中国的城镇化进程研究

在中国经济的发展过程中,城镇化是不可避免的一环。并且,在当前我国经济形势下,城镇化作为稳增长、扩内需、调结构、转方式的重要举措,得到了广泛的认可和重视,党的十八大和十二届全国人大一次会议更是把推进城镇化作为党和国家今后一段时期内的重点工作和发展方向,十八大报告要求,到2020年"城镇化质量明显提高"。"城镇化"被看做"中国经济的火车头",被看做未来很长一段时间内推动中国经济发展的巨大动力。因此,对中国城镇化的历史进行解读,厘清城镇化的决定因素,一方面可以有助于理解中国的城镇化进程,挖掘当前城镇化进程中存在的问题;另一方面,也可以以史为鉴,为下一阶段推动城镇化提供经验和教训,并且对于预测中国未来的城镇化水平也有着重要意义。

第一节 自然城镇化与实际城镇化

作为经济发展中不可避免的一环,城镇化问题得到了国内外学术界的广泛关注。Lanmpard(1955)收集了美国一百多年城镇化水平的数据,并以此作为样本进行统计分析,发现经济增长对城镇规模和数量的扩大具有显著的正面影响。Northam(1975)认为城镇化和经济发展之间是一种线性关系,经济发展对城镇化有巨大推动作用。Bruckner(2012)在研究中发现非洲地区农产品的价格对城镇化的速度具有负面影响,而自然资源的价格对城镇化的速度具有正面影响,并且经济的发展对于城镇化有显著的促进作用。也有不少学者从城乡人口迁移的角度来研究城镇化进程,Zhang和Song(2003)在研究中发现城乡人口迁移是经济发展的结果,而农村人口大量往城市迁移促使城镇化的加快。Shen(2006)利用1982—2000年中国省份的数据研究发现人均GDP是人口迁移的动因。Zhao(1999)在研究中国农村人口在进行是否向城市迁移的决策时发现,教育是一个十分显著的考虑因素。

徐红梅、李钒(2010)通过研究发现,以人均GDP为代表的经济发展水平以及当前城乡二元体制因素,即在就业制度、户籍制度、社保制度上的城乡差异对城镇化进程具有重要影响。周一星(1999)以全球137个国家作为样本,研究发现经济增长和城镇化之间是一种对数线性关系。孙继琼、徐鹏(2010)以成渝经济区作为研究样本,提出人均固定资产投资、经济密度和人均社会商品零售总额是影响当地城镇化率的重要因素。简新华、黄锟(2010)研究认为当前中国城镇化水平滞后于国内经济发展水平和工业化进程。苏素、贺娅萍(2011)把经济增长对城镇化进程的影响分为规模效应和结构效应,认为结构效应是由产业结构、城乡收入差距等因素造成的,并且经济增长对城镇化的促进效应受到城乡收入差距和产业结构因素的影响。刘生龙、胡鞍钢(2010)研究发现城镇基础设施的建设和现代化有利于推动中国城镇化进程。刘婧、赵民(2008)通过对全国各省份的面板数据分析,发现我国各地区的城镇化水平与人均GDP具有明显的正相关关系,同时城镇生活质量、社会公平性、城乡二元结构性差异以及城市发展模式等也会对城镇化产生影响。师应来(2006)在考察城镇化影响因素的研究中,选取了人均GDP、工业产值占GDP比重、第三产业产值占GDP比重三个自变量,研究结果表明城镇化与人均GDP和第三产业产值密切相关,与工业产值占GDP比重相关程度不高。曾江辉(2011)主要从产业结构方面来考察其对城镇化的影响,研究发现中国改革开放后,工业增加值及工业就业比重的变化对城市化产生显著的直接影响,是中国城市化的主要内在动力。刘贵文、杨建伟和邓恂(2006)提出经济因素和制度因素共同影响城镇化水平,但是在一定时间内如果政策稳定,那么影响城镇化的主要因素是经济因素。蒋贵凰(2009)提出制度因素对城镇化有间接的作用,合理的制度存在会对城镇化进程有较大的阻碍作用。

从以上国内外学者关于城镇化影响因素的研究中可以看出,影响城镇化水平的因素主要有两大类:一类是包括GDP、人均GDP、产业结构等在内的经济因素,另一类是包括制度、环境等在内的非经济因素。而目前国内外学者的研究主要都集中在经济因素对城镇化水平的影响上,非经济因素由于难以量化,所以部分学者仅对其进行了少量的定性分析。

因此,本节尝试结合世界其他国家的城镇化情况,利用面板模型,对我国的非经济因素对城镇化水平的影响进行定量分析。

一、模型设定和数据

(一)模型设定

世界上所有的发达国家都经历了城镇化过程,在每一个国家,对城镇化过程产生作用的因素都有两类,一是经济发展阶段,二是其他因素。如前所述,许多学者都认为,人均GDP对城镇化有显著影响,而人均GDP是对经济发展阶段的一个很好的衡量指标。在其他因素中,有国别文化特征、制度安排等,也有产业结构等经济因素,因此,这一类因素包括除了人均GDP之外的所有因素。但这一类因素中,虽然有的是经济因素,比如产业结构,但实际上背后还是非经济因素在起决定作用,比如中国1980年代之前曾经出现过重工业占比过大的问题,但背后的根源却是以赶超战略为表现的政治问题。所以,为简单起见,我们把第一类因素称为

"经济因素",第二类因素称为"非经济因素"。

有的国家非经济因素对城镇化有正面影响,有的国家有负面影响。因此,本节选择若干国家和地区作为样本,分析这些国家经济因素对城镇化的影响,用国别虚拟变量和残差代表非经济因素对城镇化的影响。然后,把经济因素决定的城镇化水平作为一个国家或地区的"自然城镇化水平"(或者合理城镇化水平),或者与经济发展阶段相适应的城镇化水平。相应的参数就作为估算中国的自然城镇化水平的依据。根据这些参数和中国的经济发展水平,就可以得出经济因素对城镇化的影响,再从实际城镇化率中减去经济因素的影响,就可得到非经济因素对城镇化的影响,这一影响实际上就是实际城镇化率对自然城镇化率的偏离,从中可以看出中国每一年实际城镇化偏离自然城镇化水平的方向和程度。

因此,本节建立模型的思想是选取世界上具有代表性的国家作为样本,在模型中以一国城镇化率作为因变量,以人均真实 GDP 作为经济因素加入到模型自变量中,在控制经济因素对城镇化水平的影响后,以中国作为基准组,为每个国家设立一个虚拟变量,那么代表一个国家的虚拟变量前的系数以及残差项即反映出了该国非经济因素对城镇化水平的影响。在得到回归结果后,将中国人均真实 GDP 数据代入,用该模型得到的中国城镇化水平估算值即为仅有经济因素作用下中国城镇化的水平,这就是与中国的经济发展阶段相适应的城镇化水平,即"自然城镇化水平";将"自然城镇化水平"与中国城镇化实际水平做比较,即得出中国非经济因素对城镇化水平的影响。

(二)样本选择

本节在选取样本国家时考虑的标准是尽量选择世界范围内具有代表性的发达国家和发展中国家,尽量包括跟中国内地具有相似的文化传统的亚洲国家和地区。因此,我们选取了 G20、亚洲四小龙、金砖五国三个群体作为模型的样本集,G20 可以看做世界范围内具有代表性的发达国家,亚洲四小龙可以看做具有代表性的亚洲国家(地区),金砖五国可以看做具有代表性的发展中国家,在去除重合的国家后,样本集包括中国、澳大利亚、阿根廷、巴西、加拿大、法国、德国、印度、印度尼西亚、意大利、日本、韩国、墨西哥、俄罗斯、沙特阿拉伯、南非、土耳其、英国、美国共 19 个国家。同样属于亚洲四小龙的新加坡、中国香港地区和中国台湾地区没有被选入样本集,中国台湾是因为数据可得性的问题不得不将其排除在样本外,新加坡和中国香港是因为自身历史或地理的特殊性:新加坡立国之初就舍弃农业,全力发展工业,所以其 1960 年城镇化率已经达到了 100%;中国香港由于自身地形原因,农业规模比较小,数据显示其 1995 年城镇化率就达到了 100%。

模型因变量城镇化率(UN)所采用的度量方法是现在通行的做法,即城镇人口占全部人口的比重(%)。在自变量中,经济因素的代表变量使用人均真实 GDP

的自然对数(lnrealgdppc)。另外,引入 18 个虚拟变量(DV1…DV18)来分别对应数据集中除中国以外的其他 18 个国家,使用这些虚拟变量来代表各国特点。

本节样本集的数据(除中国外),包括人均真实 GDP 的自然对数和城镇化率都来自世界银行数据库,时间跨度为 1960—2010 年,人均真实 GDP 采用 2000 年美元价。中国的数据,城镇化率来自《中国统计年鉴(2012)》内关于城乡人口的数据并经计算得到;人均真实 GDP 自然对数的数据,1960—2011 年来自世界银行数据库,1952—1959 年为根据已有数据推算得到。模型变量的描述性统计如表 6.1 所示。

表 6.1　模型变量的描述性统计

变量名	均值	标准差	最小值	最大值	观察值个数
un	63.146	20.193	14.586	92.495	N = 988
lnrealgdppc	8.557	1.459	4.281	10.617	N = 936

二、回归结果

模型采用面板数据进行回归,回归结果如下(虚拟变量的回归结果此处没有报告)。

表 6.2　回归结果

UN	系数	标准误	z	P > z
lnrealgdppc	14.618	2.588	5.65	0.000
常数项	-58.103	15.081	-3.85	0.000

注:样本共有 19 个国家,时间跨度为 1960—2010 年,其中有部分国家的部分年度数据缺省,合计 936 个观察值。城镇化率根据相关人口数据并经计算得到。
资料来源:世界银行数据库及《中国统计年鉴(2012)》。

上述结果表明,真实人均 GDP 对城镇化的影响是显著的。但是,在本节中,可能会存在内生性的问题,即可能会存在城镇化水平对真实 GDP 的影响。为了探究是否存在这个问题,我们进行了格兰杰因果检验。Hurlin 和 Venet (2001), Hurlin (2004a,b), Hansen 和 Rand (2004), Erdil 和 Yetkiner(2009)在各自的文章中运用了面板模型的格兰杰检验,其基本原理如下:

$$X_{i,t} = \alpha_0 + \sum_{s=1}^{n} \alpha_s X_{i,t-s} + \sum_{s=1}^{n} \beta_s Y_{i,t-s}$$

对上式进行回归,其中 $X_{i,t-s}$ 和 $Y_{i,t-s}$ 分别为 X 和 Y 的滞后项。观察回归结果中 β 的系数是否显著,如果显著,则表明 Y 是 X 的格兰杰原因;如果不显著,则表明 Y 不是 X 的格兰杰原因。

将上述方法运用到本节,首先,把滞后期分别设定为 2、3、4、5、6 来进行考察,

其次,构建面板格兰杰检验基本模型进行回归,即:

$$\ln(\text{realgdppc})_{i,t} = \alpha_0 + \sum_{s=1}^{n} \alpha_s \ln(\text{realgdppc})_{i,t-s} + \sum_{s=1}^{n} \beta_s \text{UN}_{i,t-s}$$

分别考察每期 β 系数是否显著,若显著,则表明城镇化水平对真实 GDP 存在一定程度上显著的因果关系;若不显著,则表明城镇化水平对真实 GDP 不存在显著的因果关系。回归结果如表 6.3 所示。

表 6.3 格兰杰检验结果

滞后二期			滞后三期			滞后四期		
UN 变量	t	P	UN 变量	t	P	UN 变量	t	P
UN1	0.360	0.719	UN1	0.100	0.921	UN1	-0.080	0.939
UN2	-0.550	0.582	UN2	0.340	0.732	UN2	0.300	0.767
			UN3	-0.790	0.430	UN3	0.340	0.735
						UN4	-0.990	0.323

滞后五期			滞后六期		
UN 变量	t	P	UN 变量	t	P
UN1	0.010	0.992	UN1	-0.190	0.848
UN2	0.320	0.752	UN2	0.480	0.633
UN3	0.250	0.799	UN3	0.150	0.878
UN4	-1.230	0.218	UN4	-1.220	0.225
UN5	0.970	0.333	UN5	0.400	0.688
			UN6	0.530	0.593

注:UN1 表示城镇化水平滞后一期后的变量,UN2—UN6 同理。

检验结果显示,城镇化水平各期滞后变量的系数都不显著,即表明不存在显著的城镇化水平对真实 GDP 的因果关系。因此,表 6.2 的回归结果是可用的。

三、对中国城镇化过程的解读

1952 年以来,中国的城镇化经历了曲折复杂的过程。表 6.4 的第三列和图 6.1 的虚线给出了中国这一段时期各年的实际城镇化率的数值。

将中国 1952—2011 年的人均真实 GDP 取自然对数代入模型,可以得到仅有经济因素影响下城镇化率的估算水平,即中国的自然城镇化率,再将估算水平与实际水平作对比,便可以观察到非经济因素对城镇化水平的影响程度,这同样也是实际城镇化率对自然城镇化率的偏离幅度。表 6.4 后两列给出了估算结果,这些结果也反映在图 6.1 和图 6.2 中。

表 6.4　1952—2011 年中国实际城镇化水平和自然城镇化水平　　　单位:%

年份	ln 真实人均 GDP（2000 年美元）	城镇化率实际值	仅有经济因素影响下城镇化率估算值	非经济因素的影响估算值
1952	4.091	12.46	1.70	10.760
1953	4.214	13.31	3.49	9.818
1954	4.230	13.69	3.73	9.953
1955	4.277	13.48	4.41	9.064
1956	4.395	14.62	6.14	8.479
1957	4.416	15.39	6.44	8.945
1958	4.588	16.25	8.96	7.285
1959	4.654	18.41	9.93	8.478
1960	4.658	19.75	9.99	9.754
1961	4.352	19.29	5.52	13.775
1962	4.281	17.33	4.48	12.846
1963	4.355	16.84	5.56	11.278
1964	4.479	18.37	7.37	11.001
1965	4.607	17.98	9.24	8.748
1966	4.680	17.86	10.31	7.546
1967	4.596	17.74	9.08	8.660
1968	4.528	17.62	8.09	9.534
1969	4.657	17.50	9.97	7.531
1970	4.806	17.38	12.16	5.223
1971	4.847	17.26	12.74	4.516
1972	4.859	17.13	12.93	4.202
1973	4.913	17.20	13.71	3.493
1974	4.915	17.16	13.74	3.426
1975	4.980	17.34	14.70	2.645
1976	4.949	17.44	14.24	3.199
1977	5.008	17.55	15.11	2.442
1978	5.106	17.92	16.53	1.389
1979	5.166	18.96	17.41	1.554
1980	5.228	19.39	18.32	1.069
1981	5.266	20.16	18.88	1.281
1982	5.338	21.13	19.93	1.198
1983	5.427	21.62	21.23	0.390
1984	5.556	23.01	23.11	-0.096

（续表）

年份	ln 真实人均 GDP（2000 年美元）	城镇化率实际值	仅有经济因素影响下城镇化率估算值	非经济因素的影响估算值
1985	5.669	23.71	24.76	-1.053
1986	5.738	24.52	25.78	-1.253
1987	5.832	25.32	27.15	-1.829
1988	5.923	25.81	28.48	-2.663
1989	5.948	26.21	28.84	-2.631
1990	5.970	26.41	29.17	-2.762
1991	6.045	26.94	30.26	-3.319
1992	6.165	27.46	32.02	-4.561
1993	6.285	27.99	33.77	-5.778
1994	6.397	28.51	35.40	-6.892
1995	6.489	29.04	36.76	-7.716
1996	6.574	30.48	38.00	-7.516
1997	6.653	31.91	39.15	-7.236
1998	6.718	33.35	40.10	-6.754
1999	6.783	34.78	41.05	-6.268
2000	6.856	36.22	42.11	-5.892
2001	6.928	37.66	43.17	-5.511
2002	7.008	39.09	44.35	-5.257
2003	7.098	40.53	45.65	-5.119
2004	7.188	41.76	46.97	-5.209
2005	7.289	42.99	48.45	-5.458
2006	7.403	44.34	50.11	-5.771
2007	7.531	45.89	51.98	-6.089
2008	7.617	46.99	53.24	-6.254
2009	7.700	48.34	54.46	-6.114
2010	7.794	49.95	55.83	-5.882
2011	7.878	51.27	57.06	-5.793

资料来源：真实 GDP 以 2000 年美元为基准，1960—2011 年的数据来自世界银行数据库，1952—1959 年数据由作者根据已有数据推算得到。实际城镇化率根据我国历年统计年鉴相关人口数据并经计算得到。

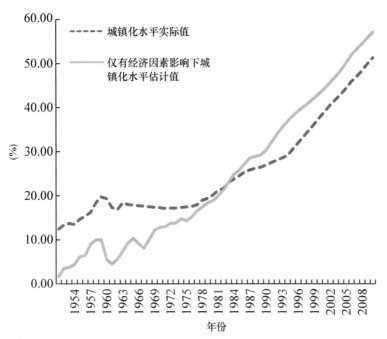

图 6.1 1952—2011 年中国城镇化水平实际值和仅有经济因素影响下城镇化水平估算值
注：城镇化率 UN 的定义是城镇人口占全部人口的比重。
资料来源：真实 GDP 以 2000 年美元为基准，1960—2011 年的数据来自世界银行数据库，1952—1959 年数据由作者根据已有数据推算得到。实际城镇化率根据我国历年统计年鉴相关人口数据并经计算得到。

图 6.2 非经济因素对中国城镇化的影响
资料来源：同图 6.1。

借鉴我国有关学者对中国城镇化阶段的划分（苏浩 2011；李浩、王婷琳 2012），并结合本节的研究成果，我们把新中国成立以来我国的城镇化分为以下五个阶段，我们就根据这个划分以及本节的结果来解读中国的城镇化进程。

（一）城镇化起步阶段（1952—1958 年）

新中国成立初期，我国的经济发展水平很低，由于抗日战争和解放战争的影响，城镇经济受到了极大的破坏。但人口由于历史原因和新中国成立后大量军政人员的进城而大增，所以这一时期我国的自然城镇化率很低，城镇经济规模能够容纳的人口很少，但实际城镇人口却比新中国成立前不降反增，所以存在比较严重的过度城镇化现象，也就是实际城镇化率大于自然城镇化率的现象。

这一时期，中国主要还是市场经济制度在起作用，社会主义改造在这一时期的后期才完成，但市场机制仍然起作用，国家保障城乡之间人口的自由流动，城乡发展协调，关系融洽。这一时期的经济恢复中，由当时的资源禀赋结构决定了产业结构，所以形成的产业结构对人口和劳动力的吸纳作用很大。所以，随着经济的快速恢复，自然城镇化率迅速提高，过度城镇化的现象迅速得到缓解，过度城镇化的程度由 1952 年的 10.76 个百分点降到 1958 年的 7.29 个百分点。

这一时期，中国也实行了城市工商业的社会主义改造，这种改造在这一时期对城镇化问题并没有产生大的影响，原因在于这个改造没有改变相关企业的生产技术和产品结构，所以没有影响这些企业的劳动力吸纳能力。但这一时期也开始了以重工业为重点的工业化建设，强调"先生产、后生活"，短期内使城镇产生了对劳动力较大的需求，这些都导致了自然城镇化率的上升。

这一时期的特点是实际城镇化率和自然城镇化率同时上升，但自然城镇化率上升幅度更大，所以过度城镇化现象有所缓解。实际城镇化率的上升是因为战后城镇离散人员的回流和新政府军政人员的进城，自然城镇化率的上升主要是因为经济的回复。

（二）城镇化波动阶段（1958—1965 年）

1958 年 5 月，中共八届二次会议正式通过了"鼓足干劲、力争上游、多快好省地建设社会主义"的总路线。于是在以"赶英超美"和"跑步进入社会主义"的目标下，"大跃进"运动轰轰烈烈地开展起来。"大跃进"以及以后的重工业优先发展的战略在这一时期的早期增加了对劳动力的需求，所以虽然在这一阶段国家开始逐渐限制城乡人口自由流动，尤其是限制农村人口迁移到城市，但是仍然有大量的农村人口进入城镇，成为城镇职工，因此城镇人口迅速膨胀，所以"大跃进"在短时间内也的确迅速提升了城镇化水平，1958 年城镇化水平为 16.25%，1959 年城镇化水平迅速上升到 18.41%。

与此同时，中国经济继续恢复，虽然在重工业优先发展的战略下经济结构逐步偏离资源禀赋结构,但经济规模的扩大也在提升着中国的自然城镇化率。但由于重工业优先发展的战略偏离了中国的资源禀赋结构,经济规模的扩大并没有使得自然城镇化率得到应有的提升,所以过度城镇化问题有所加重,过度城镇化的程度由1958年的7.29个百分点上升到1959年的9.75个百分点。

但是,"大跃进"和"人民公社化"最终导致了中国经济的巨大危机,出现了所谓的"三年自然灾害(1959—1961年)"。随着经济危机的到来,城镇对劳动力和人口的吸纳作用急剧下降,自然城镇化率迅速降低;但此前流入城镇的大量人口却不能全部退回农村,所以尽管政府采取各种措施降低了实际城镇化率,但过度城镇化问题继续加重,到1961年过度城镇化的程度达到了13.78个百分点。

出于对经济失衡的调整,1961年1月中共八届九中全会上批准了"调整、巩固、充实、提高"的八字方针,国家进一步削减基础建设规模和城镇职工队伍,动员之前由农村迁移到城镇的大量人口回到农村,1958年建立的户籍制度也在这个时候进一步发挥了对人口自由流动的限制作用,抑制了人口向城镇的迁移。从1961年开始,实际城镇化率逐步下降,1963年达到最低点16.84%。到1962年,随着国民经济逐步得到恢复和发展,中国的自然城镇化率开始回升,但实际城镇化率却由于政府的政策和户籍管理制度而继续下降,所以过度城镇化的程度迅速下降,到1965年,自然城镇化率上升到9.24%,过度城镇化程度下降到8.75个百分点。

(三)城镇化停滞阶段(1966—1977年)

在1965年经济形势刚刚出现好转的时候,1966年持续十年的"文化大革命"爆发了。这段时期,由于经济结构性问题突出,国家过分强调重工业,轻视轻工业和商业等,产业结构越来越偏离中国的资源禀赋结构,使得中国经济对劳动力的需求大量减少。为了缓解就业压力,国家组织了针对知识青年的大规模"上山下乡"活动和干部下放农村劳动政策。这些政策都促使城镇中的知识青年、干部和职工直接流向农村,形成了一种逆城镇化的过程,导致这一时期中国的实际城镇化率基本稳定(注意这段时期城镇人口在自然增加)。

另外,在这个阶段,中国政府在全国范围开始了三线建设,再次提出了"先生产、后生活"的方针,强调"不建集中城市",限制城镇建设,也抑制了中国的城镇化进程。

这一时期,中国经济状况我们很难评价。统计数据显示的是中国经济即使在"文化大革命"期间仍然高速增长,但实际情况却是在"文化大革命"后期中国经济到达了崩溃的边缘。高速增长的结果却是经济濒临崩溃,这样的情况不好理解。我们在此只能根据官方统计数字来进行分析。

按照官方的统计数字,这一时期中国经济依然在增长,在这种情况下,中国的自然城镇化率就逐步上升。在实际城镇化率被政府人为压低的情况下,过度城镇化的程度也迅速降低,到 1977 年过度城镇化的程度降到了 2.44 个百分点。

(四) 城镇化恢复阶段(1978—1995 年)

随着 1978 年中国共产党第十一届三中全会的召开,我国工作重心开始转向以经济建设为中心的社会主义现代化建设。这段时间,中国经济快速发展,自然城镇化率相应迅速提高,从 1977 年的 15.11% 提高到 1995 年的 36.76%。

这一时期,政府虽然采取了一些加快城镇化的措施,但这些措施是滞后于经济发展的,也是在经济的内在动力下被迫采取的。经济中阻碍城镇化的种种政策和制度没有根本性的改革,政府政策的调整仅仅是针对经济的需要被动地修修补补,所以实际城镇化率虽然也在提高,但低于自然城镇化率的上升幅度。其结果,过度城镇化的程度越来越低,最终在 1984 年实际城镇化率跟自然城镇化率基本相等,从总量上看,过度城镇化现象已不存在。此后,自然城镇化率继续快速上升,而实际城镇化率继续被动、缓慢地上升,经济中就出现了城镇化不足的现象,且城镇化不足的程度不断扩大。到 1995 年,城镇化不足的程度达到 7.72 个百分点。

这一时期的特点是自然城镇化率迅速上升,但实际城镇化率增长缓慢,导致城镇化不足的程度加大。同时,这一时期中国也完成了从过度城镇化到城镇化不足的转变。

(五) 城镇化加速阶段(1996 年至今)

从 1996 年起,中国的城镇化开始加速,此前中国的城镇化率每年提高 0.6 个百分点左右,此后平均每年提高 1.39 个百分点。1996 年,城镇化率提高 1.44 个百分点,而 1995 年仅为 0.53 个百分点。

而我国这一时期的自然城镇化率继续以前的势头,继续快速提高。自然城镇化率每年的提高幅度大体上与实际城镇化率的提高幅度相同,所以二者呈现同步提高的态势。但由于此前就已经出现了城镇化不足的问题,所以城镇化不足的问题也就被保留下来,城镇化不足的幅度在此后基本上没有大的变化。这一时期,中国城镇化不足的程度平均为 6.01 个百分点;2011 年,中国城镇化不足的程度是 5.79 个百分点。

四、结论

本节根据世界上一些代表性国家的历史数据,考察了中国的城镇化进程。主要贡献反映在如下几个方面:

第一,本节提出了由经济发展水平决定的自然城镇化率的概念,很好地解释了中国的城镇化进程。结合这一概念和中国的实际城镇化率的变化,我们把新中国成立以来中国的城镇化划分为起步、波动、停滞、恢复和加速五个阶段。这种阶段划分跟其他学者的划分非常接近,仅仅在临界年份上稍有不同,这也证明其他学者的阶段划分是很有道理的。本节的解释与中国城镇化的每一阶段都非常吻合。

第二,本节根据中国实际城镇化率和自然城镇化率的差别,以1984年为界把中国的城镇化率又划分为两个阶段,1984年前中国存在过度城镇化,1984年后中国存在城镇化不足。实际上,要让实际城镇化率与自然城镇化率在每一年都完全一致,这几乎是不可能的;如果允许二者可以有一定程度的偏离,假定把这一偏离的合理值设定为正负1.0个百分点,那就可以把中国的城镇化进程划分为三个阶段:第一阶段是1952—1982年,这一阶段中国存在过度城镇化问题;第二阶段是1983—1985年,这一阶段城镇化程度与经济发展水平一致;第三阶段是1986年至今,存在城镇化不足问题。

第三,如果把城镇化作为我国下一阶段经济发展的一个引擎的话,本节定量分析了城镇化作为我国的政策工具的政策空间的大小。近年来,我国政界和学术界有许多人把城镇化看做我国下一步经济发展的一个强有力的推动力,这种观点的一个前提假设是中国存在城镇化不足的问题,至于城镇化不足的程度有多大,则没有人能够说得清楚。本节解决了这一问题。本节发现,中国目前城镇化不足的程度为6个百分点左右,也就是说,城镇化作为一种可能的政策工具,政策空间为6—7个百分点(如果允许实际城镇化率超过自然城镇化率1个百分点以内的话);如果超出这一幅度,中国的实际城镇化率又将过度偏离自然城镇化率,城镇化作为一个政策工具,就会拔苗助长,对经济产生负面影响。

第四,我们把城镇化的决定因素分为经济因素和非经济因素两类,并分解出了二者对中国城镇化的影响。经济因素决定的是自然城镇化率,而非经济因素决定的是实际城镇化率对自然城镇化率的偏离。据此也可以看出非经济因素对我国城镇化进程的巨大影响。

但这种定量结果在解释时应该非常谨慎。实际上,非经济因素可能包括许多不同的因素,各个因素对城镇化的影响可能方向完全相反。比如1984年前,历史因素及其他因素导致过度城镇化,但另外一些非经济因素比如户籍制度等则在抑制着过度城镇化,如果没有这些因素的存在,中国那一时期过度城镇化的程度肯定会大得多。

第二节 农业转移人口市民化的总体思路和战略路径

城镇化的本质就是农业人口向城镇非农产业的转移和集中,推进农业转移人口市民化,促进农业转移人口真正融入城市,是提高城镇化质量的中心任务。从国情出发,我国推进农业转移人口市民化,应以省内落户定居和公共服务均等化为重点,区分不同城市、不同群体、不同公共服务项目,有序推进。

一、农业转移人口市民化的内涵和特征

（一）农业转移人口市民化的内涵

1. 农业转移人口的界定

农业转移人口是指自愿转移到城镇非农产业并持续从事非农产业,已经实现职业转变,但户籍性质仍然为农业户口的劳动人口以及其随迁家属。不包括:(1) 因土地征用而被转移到城镇的农业人口;(2) 季节性外出务工的兼业农民;(3) 通过上大学等方式转移的农村人口。农业转移人口的主体是农村转移劳动力,包括:离开本乡镇6个月以上的外出农民工,以及在本乡镇内转移就业6个月以上的本地农民工。把本地农民工考虑在内,主要有两个原因:一是本地农民工中的部分(约25%)也被统计为城镇居民,二是本地农民工中的部分人将来会到城镇定居。

2. 农业转移人口市民化的内涵

农业转移人口市民化是指农业转移人口在实现职业转变的基础上,获得与城镇户籍居民均等一致的社会身份和权利,能公平公正地享受城镇公共资源和社会福利,全面参与政治、经济、社会和文化生活,实现经济立足、社会接纳、身份认同和文化交融。

3. 农业转移人口市民化是一个过程

这个过程的实质是公共服务和社会权利均等化的过程,包括四个基本阶段:(1) 转移就业,由农民变成工人或其他非农就业人员,实现职业身份的转换;(2) 均享服务,农业转移人口自身及其家庭逐步进入流入地城镇公共服务体系;(3) 取得户籍资格,获取完整的市民权利,实现社会身份的转换;(4) 心理和文化完全融入城镇,成为真正的市民。四个阶段可以有跨越。

（二）中国特色农业转移人口市民化的基本特征

从国际比较来看,我国农业转移人口市民化具有四个鲜明的特征:一是"就业带动"。坚持统筹城乡就业,鼓励农民工就近就地转移,引导农民工外出务工就业,扶持农民工创业,在确保农民工实现基本稳定就业的基础上稳步推进市民化进程,这也是中国区别于拉美国家城市化进程的主要特点。二是"保障地权"。坚持依法保障农民工的土地承包经营权,让农民工既进得了城,又回得了乡,能够在城乡间双向流动、进退有据,不会既失业又失地。三是"渐进转移"。坚持分阶段促进农村劳动力转移就业和融入城市,20世纪80年代逐步消除农民"离土"的限制,允许农民"离土不离乡,进厂不进城";90年代逐步消除农民"离乡"的限制,允许农民跨地区流动和进城打工;进入21世纪,逐步放宽农民工在城镇落户定居的限制,使农业人口转移和城镇化有序推进。四是"户籍管理"。实施城乡分割的户籍登记和管理制度,并在户籍管理制度的基础上逐步形成了城乡二元分割的社会福利制度。这一制度是导致现在"半城市化"的主要原因,并因此而饱受诟病,但从历史的角度来看,它也避免了农村人口盲目向城市流动,避免了中国出现"无就

业的城市化"。

二、农业转移人口市民化的现实基础和发展趋势

从总体上来看,我国农业转移人口市民化已进入第二阶段,即均享公共服务的阶段,并在加快进入第三阶段。

(一)现实基础

1. 农业转移人口已成为支撑我国城镇化发展的主要力量

近年来我国城镇化水平的提高主要是依靠农业转移人口进城就业,农业转移人口已占到城镇常住人口的1/4以上,农业转移人口增长对城镇化率提高的贡献超过50%。根据第六次全国人口普查数据,2010年按常住人口计算的城镇人口为66 978万人(城镇化率为49.95%),但按户籍人口计算的城镇人口为45 964万人(城镇化率为34.17%),城镇常住人口比户籍多21 014万人,这包括15 335万人外出农民工,约3 000万人农民工随带家属子女,其他类型转移人口约400万,也包括约2 000万本地农民工(约占本地农民工总量的25%),农业转移人口使常住人口城镇化率提高了约15个百分点。2012年,这一贡献率进一步提高到17个百分点。

2. 农业转移人口流动"家庭化"和居住的稳定性趋势明显

举家外出、完全脱离农业生产和农村生活环境的农业转移人口已经占到一定比例。2012年举家外出农业转移人口3 375万人,占全部外出就业农业转移人口(16 336万人)的20.6%。

3. 农业转移人口在流入地居住趋于长期化

据国务院发展研究中心的调查,农业转移人口在目前城市的就业时间平均为5.3年,超过5年的占到了40%,超过10年的约占20%,相当一部分已经成为事实"移民"。

4. 新生代农业转移人口市民化意愿强烈

目前,在外出农民工中,年龄在30岁以下(1980年后出生)的占到近60%;在本地农民工中,他们也占到近20%,总量超过1.1亿人。他们中的多数人不具有农业生产的基本经验和技能,土地情结弱化,市民化意愿非常强烈。

5. 农业转移人口市民化的政策环境不断改善

国家公共服务均等化政策的实施,使得一些社会福利逐步与户籍脱钩,向全部常住人口覆盖,面向农业转移人口的公共服务明显提高。特别是一些省份在省内加快推进公共服务制度和户籍制度一体化改革,为省内市民化奠定了基础。

6. 农业转移人口的文化程度和劳动技能不断提高,收入持续增长,市民化能力不断提升

农业转移人口中具有高中文化程度的比重和接受过技能培训的比重逐年提高,工资持续较快增长,2011年月均工资达到2 049元,比2005年增长了一倍多。

随着劳动力结构性短缺矛盾的进一步突出,以及国家改善收入分配政策的实施,农业转移人口工资仍将保持较快增长。如图6.3所示。

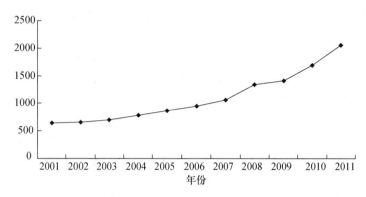

图6.3 2001—2011年农民工工资变动情况

(二)存在的主要问题

问题主要表现为不包容、不均衡、不可持续。

1. 不包容

农业转移人口在城镇落户定居难,享有的公共服务水平低,缺乏制度化的利益表达渠道和社会上升通道,社会参与和融入程度低,在城镇形成新的二元结构。特别是,外省农业转移人口和本省农业转移人口在市民权利方面的差距日趋扩大,跨省农业转移人口已成为城市的最边缘群体。

2. 不均衡

农业转移人口主要集中在东部发达地区和地级以上城市(均超过60%),导致大城市人口过于集中,中小城市和城镇发展不足,想吸引农业转移人口的地方引力不大,对农业转移人口引力大的地方又容纳不了,大中小城市和小城镇协调发展的格局一直没有形成。

3. 不可持续

人口布局和城市承载能力错位,使得大城市资源环境压力日益加大;适应农业转移人口市民化的财政分担机制不健全,地方政府推进农业转移人口市民化的动力不足;农业转移人口收入水平低,农村财产处置的市场化机制缺失,市民化能力不足,内需潜力不能有效释放,这种"半市民化"模式已经难以为继。

(三)发展趋势

1. 农业转移人口总量仍将继续增长,但增速将会逐渐放缓

中心课题组①模拟预测显示,"十二五"期间,我国年均新增农业转移劳动力

---

① 国务院发展研究中心《中国农民工发展政策研究》课题组,课题负责人韩俊。

900万人左右,"十三五"期间为 700 万人左右,2020—2030 年为 500 万人左右。在现行制度下,预计 2020 年农业转移人口总规模在 3.2 亿人左右,2030 年将达到 3.7 亿人(未考虑退出人口),存量人口和增量人口的市民化任务都很重。如表 6.5 所示。

表 6.5 我国未来劳动力转移模拟结果   单位:万人

年份	新增转移农村劳动力	年份	新增转移农村劳动力
2011	938	2021	586
2012	890	2022	562
2013	852	2023	535
2014	820	2024	507
2015	790	2025	486
"十二五"	4 290	"十四五"	2 676
2016	737	2026	468
2017	688	2027	450
2018	646	2028	435
2019	618	2029	419
2020	596	2030	404
"十三五"	3 285	"十五五"	2 176

资料来源:《中国农民工发展研究》DRC—CGE 模型结果。

2. 新增农业转移人口将以农村新成长劳动力为主,年龄结构、文化程度、发展意愿都将呈现新的特点

经过 20 多年持续大规模转移后,我国农村剩余劳动力数量和剩余程度相对于 20 世纪 90 年代,已经大幅降低。国务院发展研究中心课题组[①]用不同的方法测算了对农业劳动力的实际需求量,虽然各种方法估计的剩余劳动力数量有较大差异,但变化趋势基本相同。估计的结果显示,2010 年中国农村剩余劳动力的数量基本上为 0.8 亿—1.1 亿人,平均约为 9 560 万人左右。从年龄结构来看,农村剩余劳动力以中年以上妇女为主,以剩余劳动时间为主,真正可外出务工的有效剩余劳动力只有不到 3 000 万人。根据农民工的需求、新增农民工数量综合判断,这 3 000 万人左右的农村剩余劳动力将在 2017 年左右转移完毕,这以后新增农业转移人口将主要以当年新参加工作的农村劳动力为主。如表 6.6 所示。

---

① 国务院发展研究中心《中国农民工发展政策研究》课题组,课题负责人韩俊。

表 6.6　不同方法计算的农村剩余劳动力数量　　　　　　单位:万人

	方法一	方法二	方法三	方法四	均值
2000	18 087.2	12 592.3	16 285.1	13 603.4	15 142.1
2001	17 594.2	13 001.6	16 016	13 329.6	14 985.4
2002	17 318.4	13 368	15 681.6	13 000.9	14 842.2
2003	15 965.3	13 267.2	15 193.5	12 542.6	14 242.1
2004	13 607.8	11 817.5	14 427.9	11 739.3	12 898.1
2005	13 480.3	11 100.4	13 624.9	10 881.2	12 271.7
2006	13 457.4	10 252.3	13 421.4	10 734.1	11 966.3
2007	12 230.9	9 442.7	12 524.3	9 794.9	10 998.2
2008	11 942.5	8 849.3	11 978.9	9 173.7	10 486.1
2009	11 338.6	8 467.6	11 527.8	8 732.9	10 015.4
2010	10 765.2	8 102.4	11 093.7	8 313.3	9 568.6

注:① 农村剩余劳动力数量的计算公式为:农村剩余劳动力=农业劳动力数量-农业劳动力的实际需要量。其中关键是计算农业劳动力的实际需要量(国家统计局农调队,2002)。② 方法一:农户最大收益法(刘建进,1997;王红玲,1998);方法二:产业结构差值法(王玲等,2004);方法三:资源劳动需求法(陈扬乐,2001);方法四:有效耕地劳动比例法(胡鞍钢,1997)。

同时,随着农村人口增长放缓及教育发展,新增农业转移人口中初中毕业生的比重将大幅下降,高中及以上文化程度的比重将大幅增加。从全国来看,初中生毕业后直接工作的人数由2003年的750.56万人下降到2010年的43.69万人,减少了94.1%(主要是农村初中生毕业后直接工作的人数大幅下降),而高中毕业后直接工作人数从2003年的438.83万人增加到2010年的806.94万人。根据我国人口预测以及《国家中长期教育改革和发展规划纲要》中对教育发展的规划,预计"十二五"期间平均每年约有初中毕业生1 700万人左右,其中除825万人进入普通高中学习外,约180万人直接参加工作,约610万人进入中等职业中学学习,合计每年近800万人进入劳动力市场,其中大部分将成为新转移的农民工①。预计"十三五"期间平均每年有初中毕业生1 620万人,其中进入普通高中约830万人,直接参加工作和接受中等职业教育的共约740万人,在这当中绝大部分是农村人口,是农民工主要组成部分。如表6.7所示。

---

① 800万人中有少部分属于城市户口。

表 6.7 中长期全国新参加工作劳动力构成估计   单位:万人

时期	初中毕业生	初中毕业后的去向				
		直接参加工作（含经过技能培训）	中等职业学校	小计	高中及后续的高职和高等教育	不参加工作
2011—2015	1 701	186	610	797	825	80
2016—2020	1 621	127	610	737	829	54
2021—2025	1 588	105	596	700	843	45
2026—2030	1 685	99	624	723	920	42

注:主要的农民工群体未去除城镇劳动力。
资料来源:根据人口预测及教育规划计算。

3. 农业转移人口省内转移就业的数量持续增加,就地市民化趋势明显

随着区域经济布局的调整,农业转移人口就业布局也出现了新的变化:仍以东部地区为主,但在中西部地区就业的比重开始上升。出现这种变化的一个重要原因,是农业转移人口在中西部省内就近转移就业增长加快。从全国来看,在省内转移就业农民工(包括本乡镇内就业和出乡镇但在省内就业)的数量从 2008 年的 15 058 万人,增加到 2011 年的 17 807 万人,3 年增加了 2 749 万人,年均增加 916 万人。省内转移就业的比重也从 2008 年的 66.8% 增加到 2011 年的 70.4%。其中,本地(乡镇)就业的比重基本稳定,而出乡镇但在省内就业的比重从 29.1% 提高到 33.2%,首次超过出省的比重。分地区来看,东部地区省内就业的比重一直很高,在 90% 以上;中部地区从 47.9% 上升到 50.9%,年均上升 1 个百分点;西部地区从 50.3% 上升到 56.1%,年均上升 2 个百分点。可以预计,随着中西部地区经济发展的加快,将会有更多的中西部农业转移人口选择就近转移就业或回乡创业。如表 6.8、6.9 所示。

表 6.8 全国农民工省内外分布情况   单位:%

	2008 年				2011 年			
	全国	东部	中部	西部	全国	东部	中部	西部
出省①	33.2	9.0	52.1	49.7	29.6	7.7	49.1	43.9
出乡镇但在省内②	29.1	35.3	21.3	29.2	33.2	38.7	24.0	33.1
本乡镇内③	37.7	55.7	26.6	21.0	37.2	53.5	26.9	22.9
省内合计比重②+③	66.8	91.0	47.9	50.3	70.4	92.3	50.9	56.1

表 6.9　全国农民工省内外分布情况　　　　　　　　　单位:万人

	2008 年				2011 年			
	全国	东部	中部	西部	全国	东部	中部	西部
出省农民工①	7 484	874	3 691	2 858	7 471	832	3 902	2 875
出乡镇但在省内农民工②	6 557	3 433	1 507	1 678	8 392	4 181	1 904	2 169
本地(乡镇)农民工③	8 501	5 408	1 884	1 209	9 415	5 777	2 136	1 502
省内合计人数②+③	15 058	8 841	3 391	2 887	17 807	9 958	4 040	3 671

4. 第一代农民工将逐步退出城市劳动力市场,"增量转移人口进城与存量转移人口返乡"的双向流动特征将日趋明显

外出农民工的年龄结构呈倒 U 形分布,以 20—40 岁为主,超过 40 岁的比重下降,超过 50 岁的比重更低。而本地农民工年龄结构则呈喇叭形,40 岁以上的比重最大。农村的种养大户、新型农业组织的创办人大多都有外出务工经商的经历。这些说明随着年龄的增长,会有外出农民工退出城市劳动力市场,回到家乡就业或创业,也有一部分回到了农村。2011 年,本乡镇内就业的农民工增加 527 万人,与外出农民工增量(528 万人)基本相当,就是因为有大量中年以上外出农民工返乡就业创业。国家统计局的调查资料显示,40 岁以上的第一代农民工所占比重逐年上升,由 2008 年的 30.0%上升到 2011 年的 38.3%。以此计算,目前 40 岁以上的农业转移人口约有 1 亿人,其中外出农民工约 4 000 万人,本地农民工约 6 000 万人。他们中的大部分将在未来 10—15 年逐步退出城市劳动力市场,相当一部分将回到农村但不会再从事农业。预计在 2020 年左右,外出农民工和返乡农民工的数量大致相当,此后有可能出现外出农民工数量小于返乡农民工数量的现象。数量庞大的返乡农民工何去何从,与城镇化健康发展和城乡一体化发展关系重大。如表 6.10 所示。

表 6.10　外出农民工年龄结构变化情况　　　　　　　　单位:%

年龄段	2004	2006	2010
20 以下	18.3	16.1	8.8
21—30	43	36.5	49.6
31—40	23.2	29.5	23.5
41—50	12.5	12.8	13.4
51 以上	3	5.1	4.7

资料来源:国家统计局。

5. 随着新增农村转移劳动力数量的下降,未来城镇人口的增加将主要依靠非就业农业转移人口来补充,城镇化发展有可能由就业驱动转向非就业驱动

2005—2010 年,我国城镇化率从 42.99% 提高到 49.95%,提高了近 6 个百分点,其中农业转移人口数量增长的贡献率超过 60%。但随着农村转移劳动力数量的下降,其对城市新增人口的贡献率将逐年下降,即使假定转移人口全部(包括本地农民工)统计为城镇人口,"十二五"期间的贡献率刚刚达到 50%,到"十三五"期间将下降到 39%,"十四五"下降到 34%,"十五五"下降到 31%。也就是说,"十二五"以后,城镇人口的增加将主要依靠农村非就业人员进城(如区划调整等)来实现。如表 6.11 所示。

表 6.11　城市新增人口与农村新增劳动力的差值

五年规划期	期末城镇化率(%)	期间累计增加城镇人口(万人)	城市累计自然增长人口(万人)	农村新增转移劳动力(万人)	城市新增人口与农村新增劳动力的差值(万人)
十二五	55	8 540	1 724	4 290	2 526
十三五	60	8 364	1 406	3 285	3 673
十四五	65	7 852	796	2 676	4 380
十五五	70	6 976	-76	2 176	4 876

6. 农民工群体日趋分化,不同群体农民工市民化意愿和能力有较大差异

根据流动程度的大小,可将农业转移人口划分为三个群体:第一类是基本融入城市的农民工,以举家外出农民工及其随迁家属为主,数量在 5 000 万人左右,在城市有固定的住所和工作。这一群体农民工收入水平总体较高,渴望在城市获得尊重、公平对待、实现自我价值,更倾向于在就业地城市落户定居,强烈要求子女能在就业地接受教育并参加中考和高考。总体来看,这一类农民工的市民化意愿和能力都比较强。第二类是常年在城市打工,但又具有一定流动性(主要是春节返乡)的农民工,以新生代农民工为主,数量在 1 亿人左右,在城里有相对稳定的职业、收入和居住地。新生代农民工思想观念、生活习惯、行为方式已日趋城市化,大多数渴望成为"新城市人",对保障性住房和随迁子女教育问题十分关注。这一类农民工收入水平总体较低,市民化意愿较强但市民化能力较弱。第三类是中年以上的第一代农民工(年龄在 40 岁以上),数量也在 1 亿人左右(外出农民工 4 000 万人左右,本地农民工 6 000 万人左右),市民化能力较强,但市民化意愿较弱,未来 10—15 年将退出城镇劳动力市场。

三、农业转移人口市民化的目标和路径

从国情出发,推进农业转移人口市民化应坚持两条腿走路:一方面,加快户籍制度改革,放宽落户条件,让有意愿、有能力的农业转移人口在城镇落户定居成为市民;另一方面,推进公共服务均等化,将社会福利与户籍剥离,让暂不符合落户条件或没有落户意愿又有常住需求的农业转移人口,能享有基本公共服务。

(一) 总体目标

农业转移人口市民化的总体目标是:总量平稳递增,布局合理均衡,服务可及均等,社会融合顺畅。

1. 总量平稳递增

坚持存量优先、因地制宜、分类推进的原则,把有意愿且符合落户条件的农业转移人口逐步转为流入地市民;引导农村富余劳动力和外出务工人员就近就地转移就业和返乡创业,在省内实现市民化,使落户定居的农业转移人口稳定增长。

2. 布局合理均衡

适应国内产业布局调整的客观趋势,按照主体功能区和城镇化规划的布局要求,引导农业转移人口向适宜开发的区域集聚,提升中小城市、小城镇的产业支撑能力和人口吸纳能力,吸纳更多人口,逐步形成农业转移人口在东中西部、大中小城市合理分布的格局。

3. 服务可及均等

根据不同公共服务项目的轻重缓急,依托居住证制度,梯度推进基本公共服务均等化,逐步实现基本公共服务由户籍人口向常住人口扩展,保障农业转移人口与本地居民平等享有基本公共服务。

4. 社会融合顺畅

保障居民自由迁徙的基本权利,消除农业转移人口与户籍人口的身份差异以及附着的不平等待遇,促进农业转移人口自身融入企业,子女融入学校,家庭融入社区,群体融入社会。

(二) 基本路径

在具体方式上,应以省内落户定居和公共服务均等化为重点,区分不同城市、不同群体、不同公共服务项目,有序推进。

1. 迎接未来数千万农业转移人口返乡潮,鼓励其返乡落户定居

结合第一代外出农民工将逐步退出城市劳动力市场的这一趋势,鼓励农业转移人口返乡创业和再就业,引导其在家乡城市(城镇)落户定居,使存量农民工中的80%[①]在省内实现市民化。

2. 引导新增农业转移人口就近就地转移就业,在本地实现市民化

到2030年,我国还将新增1亿多农村转移人口,应通过加快产业布局调整,大

---

① 2011年省内就业的农业转移劳动力比重为70.4%,这一比重未来年均可提高1个百分点。

力发展中小城市和县域经济,使新增农业转移人口的大多数(60%[①]以上)在省内转移就业,在本地实现市民化。

3. 以举家外出人群为重点,推进跨省农业转移人口在流入地落户定居

中小城市和城镇要加快消落户门槛,把有意愿的跨省农业转移人口转为市民;大城市和特大城市也要制定透明落户政策,合理设置门槛,通过积分落户等方式,让跨省农业转移人口落户。优先解决举家外出跨省农业转移人口的落户问题。

4. 加快推进公共服务均等化,实现基本公共服务向农业转移人口全覆盖

对暂不符合落户条件或没有落户意愿又有常住需求的农业转移人口,根据权利和义务对等原则,梯度赋权,优先解决子女教育、公共卫生、住房保障等基本民生问题,使他们在流入地居住期间享受与户籍居民同等的基本公共服务,并随社会贡献的增加享受到更多的市民权利。

(三)"三步走"战略

第一步,在"十二五"期间,农业转移人口就业的稳定性进一步增强,公共服务均等化和在城镇落户的政策体系基本建立并取得显著进展,居住证制度全面实施,公共卫生、子女义务教育等基本公共服务实现全覆盖。

第二步,在2020年前,农业转移人口市民化全面推进,除少数特大城市以外,基本实现自由迁徙,全国有50%[②]的农业转移人口在城镇落户,基本公共服务覆盖所有未落户的农业转移人口。

第三步,到2030年,农业转移人口可自由在城镇落户并融入城镇,农民工现象终结,农业转移人口市民化基本实现。

四、推进农业转移人口市民化的政策重点

(一)推进有意愿、有条件的跨省农业转移人口在流入地落户定居

目前,大多数地方的落户政策主要是针对本辖区的非农户口,对跨行政区的农业转移人口落户仍设有较高门槛。各地都在推行居住证制度,但从居住证到落户的制度通道还不是很清晰。农业转移人口市民化成本大部分由地方政府来承担,流入人口较多的地方政府缺乏动力。常住人口信息系统不健全,不能提供有效的数据支撑。

下一步应根据不同城市人口规模和综合承载力,制定差别化的落户条件,分类有序推进户籍制度改革,降低落户门槛。到2020年,除少数特大城市以外,基

---

① 2011年新增农业转移劳动力中,在本乡镇就业的比重为50%,出乡镇但在省内就业比重应该在10%以上。

② 其中,举家外出农民工及其随迁家属约占10%,退出城市劳动力市场的第一代农民工及其家属约占40%。

本实现自由迁徙,有20%的跨省流动转移人口落户;2030年全部实现自由迁徙。

政策重点包括:一是以"两个合法稳定"为基本条件,放开除北京、上海、天津、广东、浙江、江苏6省(直辖市)以外的所有省份的各类城市、城镇的落户条件,实现自由迁徙。二是建立和实施阶梯式户口迁移制度,逐步放宽上述6个省份各类城市落户限制,并向举家外出农民工倾斜。三是建立从居住证到落户的制度通道,以办理居住证为计算连续居住年限的依据,符合当地政府相关条件规定的,可以在当地申请登记常住户口。四是健全农业转移人口市民化公共成本分担机制。五是建立健全实有人口信息系统。

(二)鼓励第一代农民工返乡就业创业和落户定居,引导新增农业转移人口就近转移就业,让农业转移人口的大多数在省内实现市民化

近几年中西部经济增长相对较快,农民工工资与沿海地区差距缩小,地方政府更加重视招工,农业转移人口本地就业的市场环境趋好。但中西部地区基层公共就业服务机构不健全,中介市场不发达,劳动力供求信息少;本地农民工参加城镇社保的比例更低,权益受损现象比沿海地区更严重;农民工返乡创业面临土地、资金瓶颈等共性问题;小城市和城镇的基础设施差,人口承载能力不够;在省内地级以上城市落户仍然受到限制。

下一步应结合产业布局调整和劳动力流向转移的趋势,把就近转移就业和省内市民化提到更加重要的位置,作为今后我国就业促进政策和城镇化战略的重点。2020年前,使省内就业的比重每年提高1—2个百分点,2020年省内就业比重达到80%左右,在政策层面基本能实现省内自由落户,实际落户的比例达到60%左右。

政策重点包括:一是实行城乡统一的就业登记制度,建立城乡人力资源信息库和企业用工信息库;二是以中西部基层为重点,加快构建全国城乡沟通、就业供求信息联网,网点到达县城、乡镇和城市街道、社区的劳动力市场和就业服务网络体系;三是加强对中小企业劳动用工的规范和指导,切实保障农业转移人口的劳动权益;四是加强对农民工创业的政策引导、项目开发、风险评估、小额担保贷款、跟踪扶持等一条龙服务,扶持各类农民工创业园的建设;五是完善有利于加快小城市和城镇发展的财税、土地、投融资政策,提高其综合承载能力;六是在省级行政区域内建立城乡统一的户口登记制度,为本省农业转移人口在省内市民化创造条件。

(三)以新生代农民工为重点,加快推进公共服务均等化

目前面向农民工的公共服务水平有很大改善,但农业转移人口随迁子女义务教育"两为主"进展不均衡,学前教育和中考高考问题日益突出;农业转移人口不能平等享受公共卫生和计生服务,看病难问题突出;在城镇参加社会保障的比率

和保障水平低,住房保障程度低。农业转移人口市民化成本分担机制不健全,流入人口较多的地方政府财政压力很大。

下一步应以新生代农民工为重点,区分不同项目,有序推进公共服务均等化。到2015年,基本健全义务教育、就业培训、社会保障、公共卫生、计划生育等基本公共服务项目;到2020年,基本健全保障性住房、低保、学前教育和高中阶段教育等与城市户籍紧密挂钩的公共服务项目。

政策重点包括:一是切实保障农业转移人口随迁子女受教育权利,重点是落实以"流入地政府为主、普惠性幼儿园为主"的政策,解决农业转移人口随迁子女接受学前教育问题;落实异地高考政策,特别是要完善北京等特大城市的异地高考政策。二是加强农业转移人口公共卫生和医疗服务,重点是合理配置医疗卫生服务资源,提高农业转移人口接受医疗卫生服务的可及性;推广在农业转移人口聚居地指定新型农村合作医疗定点医疗机构的经验,方便农业转移人口在城务工期间就近就医和及时补偿。三是做好农业转移人口社会保障工作,重点是健全城镇企业职工基本养老保险与新型农村社会养老保险制度之间,以及城镇职工医疗保险和新农合之间的衔接政策,实现养老和医疗保险在城乡之间以及跨统筹地区之间的顺畅转移接续;提高农业转移人口在流入地城镇的参保率,解决非正规就业、劳务派遣工、随迁家属的参保问题。四是以公共租赁住房为重点,扩大城镇住房保障覆盖范围,将中低收入住房困难的农业转移人口家庭纳入保障体系;逐步将住房公积金制度覆盖范围扩大到在城市有固定工作的流动人口群体,建立和完善住房公积金异地转移接续制度。

(四)健全农业转移人口市民化公共成本的分担机制

现行的公共服务资源大多仍以常住人口来配置,不能适应人口大规模流动的要求,流入人口较多的地区财政负担重。今后应进一步明确各级政府的职责,并以常住人口作为财政分成依据来调整各级政府之间的财政分配关系。

政策重点包括:一是进一步明确中央政府、省级政府和城市政府在推进农业转移人口市民化方面的主要职责。中央政府主要负责制定基本公共服务全国最低标准,依法承担义务教育、社会保障、公共卫生等基本公共服务成本,增加对接受跨省农业转移人口较多省份的支出补助。省级政府主要负责制定本省(自治区、直辖市)公共服务标准,承担公共服务成本省级负担部分,增加对接受跨市农业转移人口较多城市的支出补助。城市(含区县)政府要承担公共服务成本市(县)级分担部分,以及基础设施建设和运营成本。二是适应农业转移人口市民化的客观趋势,进一步完善财税制度,以常住人口作为财政分成依据来调整各级政府之间的财政分配关系。健全中央和省两级专项资金转移支付制度,对吸纳农业转移人口较多的城市给予资金补助。促进生产型税收向消费型税收的转变,增强流入城市吸引人口定居的动力。建立健全财权与事权相匹配的财政管理体制,实现基层政府"事权"和"财权"的对应,确保基层政府具备提供公共服务和以一定财政资金调配人口空间分布的能力。

(五)健全包括农业转移人口在内的流动人口信息管理体系

目前,包括农业转移人口在内的流动人口信息不充分,调整不及时,各部门信息不能互联互通共享,不能为相关决策提供及时有效的支撑。下一步应完善统计制度,整合部门信息资源,加快建设国家人口基础信息库。

政策重点包括:一是进一步加强和完善人口普查、人口抽样调查制度,准确反映流动人口规模、结构和变化情况;二是建立流动人口动态监测和信息共享工作制度,整合公安、人力资源和社会保障、人口计生和统计等部门的报表和监测信息,全面了解流动人口生存发展状况,为完善相关政策提供数据支持;三是以建设国家人口基础信息库为契机,加快建立"综合采集、集中管理、信息共享"的流动人口信息综合数据库和共享平台,为实现流动人口服务管理信息化奠定基础。

第三节　京津冀城市群一体化进程研究

北京和天津只有走一体化发展的道路,才能最终克服双方第二产业和第三产业不平衡发展的窘境,天津需通过借助北京第三产业发展的绝对优势来弥补自身第三产业发育不足的问题(张辉,2010、2012;李东军、张辉,2013)。在以后很长一段时间内,如何推进从辽东半岛到胶东半岛整个环渤海区域经济的一体化进程将是该区域面临的主要问题。

与珠三角和长三角相比,环渤海经济区及其腹地范围之广阔是前两者难以匹敌的,城市群之间的经济差异也最大,发展也最不均衡。从城市中心性指数的计算结果来看,距离核心区域京津地区越远,城市群城市的中心性指数的总体数值也越小。从城镇等级分形模型的实证研究来看,环渤海经济区及其腹地的城镇空间分布影响因素较为复杂,不像长三角经济区那样以交通因素为主,因此未来环渤海地区区域一体化推进过程中优化交通体系是一个十分重要的突破口。

从空间发展形态来看,以京津为核心的环渤海经济圈,在未来北京与天津的紧密分工合作中,将通过"双头驱动模式"努力打造北方经济中心以至世界性的大都市连绵区,这有别于长江三角洲上海单核驱动模式。而就目前的区域经济发展水平来看,不宜把整个环渤海地区作为一个经济联系紧密的完整城市群来看待,因此在进行城市群一体化研究时,我们选取了环渤海经济圈核心地带的京津冀地区①。2014年,中央明确提出要京津冀协调发展,推进首都经济圈的建设。这说明

---

① 参见"打破'一亩三分地',习近平就京津冀协同发展提七点要求",新华网2014年2月27日。

这一项研究是有现实意义的。京津冀一体化的研究,是在原来对京津唐城市群的基础上发展起来的。在京津冀城市群的范围的划分上,我们参考了代合治(1998)从城市化角度出发对我国城市群进行的界定,他将环渤海地区分为京津唐城市群、辽中南城市群以及山东半岛城市群三个独立的城市群,其中京津唐城市群包括北京、天津、唐山、廊坊和秦皇岛五个城市。近年来,随着该地区的发展尤其是交通格局的完善,京津对于周边城市的影响也在进一步加强,因此我们认为有必要对京津唐城市群进行部分调整,所运用的方法将会在后面详细说明;在选定了城市群城市以后,进一步运用中心性指数模型以及城镇等级—规模模型构建区域城市的空间模型,对京津冀城市群的一体化进程进行实证研究。

一、研究理论综述

(一) 断裂点模型

断裂点(breaking point)是城市地理学的一个重要概念,是康弗利(P. D. Converse)于1949年对赖利(W. J. Reilly)的"零售引力规律"加以发展而得,因此又被称为赖利—康弗利(Reilly-Converse)分界点。

按照空间引力模型,一个城市对周围地区的吸引力,与城市的规模成正比,与距城市距离的平方成反比。按照这一思路我们可对两个城市间的断裂点进行推导,首先,设定城市i吸引消费者在i地消费所产生的贸易额为A_i,贸易额同i的人口成正比,同城市i到断裂点x的距离d_{ix}的平方成反比;其次,假设城市i和j的吸引力分别为A_i和A_j,在分界点上,二者相等;最后,由$d_{ix} = d_{ij} - d_{jx}$,则可推导出赖利—康弗利(Reilly-Converse)分界点或断裂点计算公式:

$$d_{ix} = d_{ij}/1 + \sqrt{P_j/P_i}$$

其中,d_{jx}为断裂点距离i市的距离,d_{ij}为两个城市间的公路里程,P_i为i城市人口数量,P_j为j城市的人口数量。在实际计算中,往往取两个城市间的直线距离,人口数据也可用地区生产总值等其他表示城市规模的数据代替。

从上式可以看出,基于赖利"零售引力规律"的断裂点实际上在对两个城市之间的市场范围加以区分,从而判定一片区域在经济属性上究竟属于哪个城市的市场范围,借以实现资源的优化配置。对于京津冀地区,我们也会通过断裂点模型对研究的城市范围进行再度划定,确定北京与天津两市新的市场范围。

(二) 中心性指数模型

中心性(centrality)是城市地理学中的一个重要概念。德国经济地理学家克里斯塔勒在其《德国南部的中心地》一书中,提出了中心地和中心性的概念。中心地是指为自己及以外地区提供商品和服务等中心职能的居民点,可以是大城市乃至小型村庄;而中心性是衡量中心地等级高低的指标,指中心地为其以外地区服务的相对重要性。城市的中心性指数是用以衡量城市中心地地位高低的重要指标,用来表现一个城市对其他城市的辐射影响。该指数模型不同于重力模型，而是强调单个经济实体的综合实力，相对弱化了相向城市间的作用。中心性指数计算公式如下：

$$CI_j = \frac{\sqrt{GDP_j \times POPU_j}}{D_{jj}} + \sum_{i \neq j, i = 1,2,\cdots,n} \frac{\sqrt{GDP_i \times POPU_j}}{D_{ij}}$$

其中，n 代表区域内的城市数目；D_{ij} 表示两个经济实体 i,j 之间的距离；D_{jj} 表示 j 城市内距离，定义为与城市 j 等同面积的圆半径的三分之一；$POPU_j$ 表示城市 j 的市区人口数；GDP_i、GDP_j 为城市 i 和城市 j 的地区生产总值。

从中心性指数的计算公式可以看出，某一城市中心性指数的大小取决于 A 和 B 两个部分。A 部分是自身人口与经济规模的大小，即公式的前半部分 $\frac{\sqrt{GDP_j \times POPU_j}}{D_{jj}}$；$B$ 部分是周边城市对其产生的影响力总和，即后半部分 $\sum_{i \neq j, i = 1,2,\cdots,n} \frac{\sqrt{GDP_i \times POPU_j}}{D_{ij}}$。周边城市产生的影响力既取决于这些城市的发展水平，又取决于这些城市与该城市之间的两两距离 D_{ij}。

依据中心性模型得出的指数，我们可以对区域内的核心城市加以确认，并构建起区域的城市空间结构模型，同时通过对中心性指数两部分的区分，我们可以观察到城市自身影响以及周围城市对该城市的影响程度，并得出相应的结论。

（三）城市首位度

城市首位度（primacy level）是衡量城市规模的重要指标，最早由杰弗逊于 1939 年提出。为了计算简化和易于理解的需要，杰弗逊提出了"两城市指数"，用公式可以表示为 $S = \frac{P_1}{P_2}$，其中 S 为首位度，P_1、P_2 分别为一区域内最大城市的人口规模。根据我国城市人口的统计方法，人口规模一般采用市区非农业人口数。由于城市首位度的计算方式所限，一些学者认为难以全面衡量一国（一区域）的城市规模分布规律。因此，在对城市首位度进行修正的基础上，部分学者又提出了 4 城市与 11 城市首位度。计算公式分别为：4 城市首位度：$S = P_1/(P_2 + P_3 + P_4)$；11 城市首位度：$S = 2P_1/\sum_{i=2}^{11} P_i$。

其中，P_1、$P_2 \cdots P_{11}$ 是该区域各城市内人口规模按照由大到小进行排序后的各城市的人口数量。根据位序—规模法则，正常的规模分布 4 城市以及 11 城市首位度指数应该接近于 1，而两城市首位度为 2。

首位度在一定程度上代表了城镇体系中的城市发展要素在最大城市的集中

程度,通过首位度的动态变化,我们可以掌握区域城市规模的变化趋势,并大致判定京津冀城市群城市的规模分布是否合理。

(四) 基于分形理论的城镇等级—规模模型

分形理论的研究对象为非规整的自然几何形体和社会经济现象抽象形体,如海岸线、河流、城市内部结构、城镇体系等。这些研究对象一般具有复杂的结构和自相似性。自相似性是分形的核心,描述分形的特征量是分形维数,简称分维。根据传统的中心地理论,城镇体系规模分布具有自相似性,满足分形的特征,因而可以在罗卡特模式的一般化的基础上,利用分形理论和中心地理论的内容,来构建城镇等级—规模中心型分布模型。

具体来说:对于一个区域的城镇,若给定一个人口尺度 r 去度量,则人口规模大于 r 的城镇数 $N(r)$ 与 r 的关系满足 $N(r)=\mu r^{-D}$, μ 为系数, D 即为城镇规模分布的分维。用 $N(r)$ 表示规模大于或等于 P_r 的城镇总数,则 $N(r)=\sum_{i=1}^{r-1}K^i$, K 为中心地模型中的 K 值,且 $N(1)=1$。根据分形理论, $N(r)$ 与 P_r 应满足以下关系: $N(r)=\mu P_r^{-D}$, μ 为常数, D 为分维数。由 $1=N(1)=\mu P_1^{-D}$,并经过简单的数学处理,可以得到公式:

$$P_r = P_1 \left(\sum_{i=1}^{r-1} K^i \right)^{-1/D}$$

进一步将上式转化为对数形式 $\ln N(r) = C - D \ln P_r + u$,并进行回归的方式可求得分维数 D。该回归方程中的 $N(r)$ 和 P_r 都是实际值,因而进行回归前提是先依照人口尺度 r 对城镇进行分级,得出不同级别城镇的实际平均规模和每一级别城镇的数量。进而利用回归得出的分维数 D,通过公式

$$P_r = P_1 \left(\sum_{i=1}^{r-1} K^i \right)^{-1/D}$$

计算不同 K 值下的 P_r 的预测值,与实际的 r 级城市人口规模进行比较,分析实际分布与何种原则下的中心地理论预测更为接近。

对于分维数 D 的意义,刘继生等(1998)做了如下说明,当 $D=1$ 时,首位城市与最小城镇的规模之比恰为区域内城镇总数,该形态也被称为约束型位序—规模分布;当 $D<1$ 时,首位城市垄断性较强,城镇人口分布差异程度较大;当 $D>1$ 时,中间位序的城镇较多,城镇人口分布较均衡。因此,回归所得的 D 值与计算所得的 P_r 可反应京津冀城市群人口的空间分布模式。

以上部分详细介绍了研究所运用的理论方法,首先我们会用断裂点公式对京津冀城市群的范围进行微调,主要考虑是否能将保定、沧州两个城市包括进来;在确定了城市群的范围以后,进而利用中心性指数模型以及城镇等级—规模模型构

建京津冀城市群的空间模型,通过中心性指数两部分的区分,以及模型的回归结果,研究城市群的空间分布形态。

二、研究区域的再界定——断裂点模型的应用

传统意义上的京津唐城市群包括北京、天津和唐山组成的核心区,以及河北省的廊坊、秦皇岛共计5个城市,然而随着城市经济的迅猛发展以及国家级发展战略的制定,京津唐工业基地在环渤海经济区的中心地位日益凸显,其市场范围也在进一步扩大,为了更好地研究该地区区域经济一体化进程,我们有必要对京津唐地区的范围进行重新划定。结合我国的行政区划,我们发现位于华北平原的保定市与沧州市距离北京、天津较近,有可能在经济属性上可以划为京津唐地区的市场范围,其中保定大致位于北京与石家庄之间的连线上,沧州市大致位于天津市与济南市之间的连线上。为了确定这两个地级市在空间引力模型下究竟属于哪个中心城市的市场范围,我们应用断裂点公式加以计算。

根据断裂点的计算公式:

$$d_{ix} = d_{ij}/1 + \sqrt{P_j/P_i}$$

我们从《2009年全国分市县人口统计资料》一书中查阅了四个城市的非农业人口数据,同时,运用google earth软件测量了北京市与石家庄市、天津市与济南市之间的距离。由于计算过程较为简单,这里不再详细叙述,最终计算出北京市与石家庄市之间的断裂点距离北京市约200公里,天津与济南之间的断裂点距离天津市约200公里,而保定市与北京市之间的断裂点距离北京市为140公里,沧州市到天津市之间的断裂点距离北京市为130公里。因此,这两个城市受到来自京津两市的影响大于自身省份中心城市的影响,从经济属性上可划分为京津的市场范围,故将其纳入城市群的范围进行计算。因此,本节所进行的京津冀城市群一体化进程的研究,是围绕着传统意义上的京津唐城市群(5个城市)再加上石家庄和保定,共7个城市展开的,范围要比包括整个河北省在内的京津冀城市群一体化的口径要窄,但比原来的京津唐城市群研究的口径要宽。以下提到的京津唐城市群或京津冀城市群,指的主是这种中口径的京津冀城市群。

三、中心性指数的计算

本部分将利用中心性指数的计算公式,结合京津唐地区7个主要城市的地区生产总值、人口数量和面积三项指标,以及各城市间公路里程来计算每个城市的中心性指数,借以分析京津唐地区城市群的总体结构。中心性指数的计算公式如下:

$$CI_j = \frac{\sqrt{GDP_j \times POPU_j}}{D_{jj}} + \sum_{i \neq j, i=1,2,\cdots,n} \frac{\sqrt{GDP_i \times POPU_j}}{D_{ij}}$$

公式中每个部分的具体含义已经在前面的部分中加以说明,这里不再详述。计算所涉及的统计数据由表 6.11 和表 6.12 给出,其中表 6.11 中的数据来自中经网统计数据库,表 6.12 中的公路里程来自 google earth 软件的测算。

表 6.11　2009 年京津唐地区主要城市市区生产总值、人口与面积

城市	GDP(亿元)	人口(万)	面积(平方公里)	半径(公里)
北京	11 972	1 174.63	12 187	20.76
天津	7 030	802.9	7 399	16.18
唐山	1 919	307	1 230	6.60
秦皇岛	467	82.63	363	3.58
保定	481	106.25	312	3.32
沧州	327	53.29	183	2.54
廊坊	284	81.03	292	3.21

表 6.12　京津唐地区主要城市间公路里程　　　　　　　　　　单位:公里

	北京	天津	唐山	秦皇岛	保定	沧州	廊坊
北京	0						
天津	138	0					
唐山	178	138	0				
秦皇岛	292	279	155	0			
保定	158	183	293	433	0		
沧州	214	115	237	376	157	0	
廊坊	56	110	172	312	150	176	0

将以上两个表格中的数据带入城市中心性指数的计算公式,分别得出 7 个城市的中心性指数数值,每个城市中心性指数 A、B 两个部分的构成情况如表 6.13 所示。

表 6.13　2009 年京津唐地区主要城市中心性指数构成情况与分级

城市	A 部分	B 部分	加总	等级
北京	180.63	49.76	230.39	1
天津	146.86	45.85	192.71	2
唐山	116.37	28.22	144.60	2
保定	68.05	16.26	84.32	3
廊坊	47.2	29.61	76.81	3
秦皇岛	54.82	10.10	64.92	3
沧州	51.89	12.54	64.43	3

将各城市中心性指数输入 ArcGis 软件,可得到图 6.4。

图 6.4　2009 年京津唐地区各城市中心性图示

根据计算结果可以看出京津唐地区城市群的总体结构主要特点。

首先可以看出北京、天津以及唐山这三个核心城市的中心性指数要远高于余下四个城市,这种差异又主要来自 A 部分的数值。在 A 部分数值的核算中,我们发现排在第 3 位的唐山市的数值已经大约达到第 4 位保定市数值的两倍,这与三座核心城市在区域经济中的绝对领导地位是分不开的,从表 6.11 中可以看出,秦皇岛、保定、沧州以及廊坊 4 个城市市辖区在 2009 年的地区生产总值均不足 500 亿元,而唐山市的数值已经接近 2 000 亿元,北京市甚至超过了 10 000 亿元。7 个城市自身经济实力以及规模上的巨大差异导致了 A 部分数值,即基于城市自身经济实力的中心性指数的巨大差异,并最终导致了城市中心性指数上的巨大差距。

需要指出的是,由于北京、天津两个直辖市的经济数据在统计口径上与其余五个地级市之间存在差异,会导致两个城市 A 部分的数值偏小。观察表 6.11 中的数据,对城市人口和面积之间的关系进行一个简单的计算,我们可以发现北京、天津两个城市单位面积内的居住人口远小于其他 5 座城市,这样低密度人口分布与我们印象中的城市概况并不相符。这一偏差的产生来自直辖市与地级市在内部行政区划上存在较大的不同,举例来说,北京市作为直辖市,在 2009 年的行政区划中,仅包含密云县与延庆县两个县,其余均为区;北京的远郊区,例如怀柔,虽然在行政级别上被划为区,但它和北京市中心城区的经济关系,与地级市行政区划中的县级市县和主城区的关系更为类似,因此在经济属性上,怀柔区并不应该被划为市区的范围,但就地理学的概念而言,市区应该包括所有市辖区,在中经网统计数据库中,也未对远郊区加以区分,而是给出了所有市辖区数据的加总。由于存在上述原因,我们所获取的北京市与天津市两个直辖市的经济数据,实际上把众多远郊区的包括了进来,然而这些远郊区经济欠发达,包括众多农业地区,冲淡了两个直辖市的经济密度与人口密度。而对于唐山等地级市,我们所获得的市辖区经济数据大致与市区数据相符,地级市市区的经济密度与人口密度并没有因为包括了大量的农业地区而被冲淡,这一差异会导致直辖市与地级市的计算结果缺乏可比性。对于北京市,我们认为城八区的概念与地级市市辖区的概念更为相符,我们通过另外的途径获取了2009年北京城八区的生产总值、人口以及面积数据,发现城八区生产总值为9 572亿元,人口为772.29万人,面积约为1 383平方公里,根据这些数据,北京市中心性A部分的数值约为405,远高于表6.13中的数值180。对于天津市,由于统计口径上与北京市类似,如果对天津市市区的概念重新厘定,可以预见,天津市中心性A部分的数值也将会远高于表6.13中的数值,与唐山市的指数拉开很大的差距。以上部分意在说明,北京、天津两个城市在该区域的经济地位强于通过城市中心性指数的反应,但这并非指数的设定存在问题,而是由于我国行政区划的缘故导致直辖市与地级市在市辖区经济数据的统计口径上存在差异,直辖市的市辖区数据包括远郊区等经济欠发达地区,经济密度与人口密度会被很大程度地冲散,而地级市的数据并不存在这样的影响。

随着2010年住房和城乡建设部编制的《全国城镇体系规划》的出台,北京、天津两个城市均被确立为全国中心城市,旨在通过双头模式驱动环渤海地区经济的发展。虽然从上面的计算结果来看,天津市与唐山市相比并不具备绝对的中心性优势,但正如上文所指出的那样,如果将数据的统计口径统一,天津市的中心性数值将会远高于排在第三位的唐山市,北京市与唐山市之间的差距也会进一步拉大。综合以上考虑,我们将北京、天津两个城市作为区域的中心城市,其中北京市具有绝对核心的地位,而天津市则偏向相对核心,天津与其他城市相比更具备区域核心的性质,对外可为区域其他城市提供服务功能,但是服务功能不及北京,也应该在产业规划上考虑与北京进行差异化发展,合理分配区内资源。

在确立了区域的中心城市以后,分别以北京、天津两个城市为圆心,100公里为半径在图6.4中做出了两个圆,从图中可以看出廊坊、沧州两个城市距离中心城市最近,然而这两个城市的生产总值在区域最低,中心性指数A部分的数值也位于末两位。按照增长极理论的观点,可以认为极化效应在京津唐地区现阶段的发展中占据了主要地位,京津双核城市的迅速发展促成周边城市的生产要素向核心城市聚集,反而促使周边地区与增长极间的贫富差距愈发明显,区域经济的一体化进程堪忧。近年来,随着京沪高铁建成通车,廊坊、沧州等城市与京津两个核心城市的交流也愈发密切,然而这一交流是会加快周边低等级城市的经济发展还是促使生产要素更快地向中心城市聚集,还需更多数据来观察。

以上就区域城市中心性 A 部分的数据进行了说明,并指出了京津唐地区城市圈在发展中存在的一些问题,接下来,我们将详细列出每个城市中心性 B 部分数值的构成情况,对城市群结构的总体特点做进一步分析(见表 6.14)。

表 6.14 2009 年京津唐地区主要城市 B 部分中心性指数的构成情况

	北京	天津	唐山	秦皇岛	保定	沧州	廊坊
北京	0	22.47	10.77	3.41	7.14	3.73	17.59
天津	20.82	0	10.65	2.73	4.72	5.32	6.86
唐山	8.43	8.99	0	2.57	1.54	1.35	2.29
秦皇岛	2.54	2.19	2.44	0	0.51	0.42	0.62
保定	4.76	3.40	1.31	0.46	0	1.02	1.32
沧州	2.90	4.46	1.34	0.44	1.19	0	0.92
廊坊	10.31	4.34	1.72	0.49	1.16	0.70	0

表 6.14 中,每一纵列的数值均为 X 轴城市的人口乘以 Y 轴城市的地区生产总值开方,再除以两个城市之间的公路里程所得,即每一纵列的数值均为 X 轴城市中心性指数 B 部分的构成部分。因此我们将每一纵列的数值加总即可得到 X 轴城市 B 部分中心性指数的数值,而每一横行的数据可以看做 Y 轴城市对其他城市施加的影响。在上面的内容中,我们已经指出在该区域中,北京市为绝对核心城市,天津市偏向相对核心,对比表 6.14 前两个横行的数据,可以发现,在北京、天津两个城市对其余城市施加的影响力中,北京对秦皇岛、保定、廊坊三个城市的影响力均大于天津市,天津市仅在沧州市的数值大于北京,而对于唐山市,两个城市的影响力相当,因此北京市的市场区域范围要大于天津市,符合两个城市主要中心和次要中心的定位。对于余下的五个地级市,中心性 B 部分的数值明显地小于北京与天津市,它们的数值也主要来自这两个区域中心城市的影响,五个地级市之间的相互贡献值很小。因此,从 B 部分数值的构成情况,我们可以判定两个中心城市与其他城市之间的经济联系较为紧密,然而低等级城市间的相互联系较弱。

以上部分我们计算了京津唐地区各城市的中心性指数,并界定了北京、天津两个城市在区域的主要影响范围,通过分析我们发现地区城市群为双中心结构,其中北京为绝对中心城市,天津偏向副核心位置,区域城市的经济联系呈现自上而下的结构,极化效应在经济的发展中占据了主要地位。由于资源向中心城市聚集,低等级城市与中心城市的经济规模差距过于明显,城市的等级划分存在断层。在下面部分的内容中,我们将利用京津唐地区1997—2009年来城市首位度数据的变化,主要关注数据的动态变化规律。

四、城市规模的相对变化——城市首位度的计算

首先需要说明的是,为了排除行政区划的变动对计算结果造成影响,并进一步影响我们对京津唐地区城市首位度的评价,我们人为地将行政区划固定在2010年不变,若之前某些年份不存在这一行政区,则保持行政区所包含的县级单位不变,如2009年数据中的通州区与1997年的通县等同。由于模型要求,这里数据的处理方式与下面分形模型部分的处理方式一致,我们将7个城市进行拆分,得到了79个市县的样本。

由于计算涉及了12年的时间跨度,三年为一间隔,包括5组数据,碍于篇幅限制,不再将其一一列举,所有市县的非农业人口数据均来自《全国分市县人口统计资料》一书,表6.15为计算出的首位度数值。

表 6.15 1997—2009 年京津唐地区城市首位度的变化

年份	1997	2000	2003	2006	2009
2 城市首位度	1.47	1.49	1.41	1.61	1.65
4 城市首位度	1.00	1.01	0.90	1.13	1.03
11 城市首位度	1.47	1.45	1.21	1.43	1.34

根据位序法则,2城市首位度的理想值为2,而4城市和11城市首位度的理想值接近于1。对京津唐地区7个城市的计算结果显示,2城市首位度低于2,4城市首位度接近1,11城市首位度大于1。

根据公式的内涵,可以认为在京津唐地区的双核模式下,2城市首位度的模型值并非理想的状况。因此要实现区域经济的一体化进程,需要合理的产业安排,天津通过借助北京第三产业发展的绝对优势来弥补自身第三产业发育不足的问题,而北京则可通过借助天津第二产业不断增强的发展优势来弥补自身第三产业缺乏第二产业有效支撑的问题,即由天津来完成钱纳里等所界定的工业化内容,而由北京来完成后工业化以至现代化阶段的内容是一个较为理想的选择(张辉,2010),是两个城市间的分工协作,而非相互挤占对方的市场空间。

就指数的动态发展而言,京津唐地区的城市规模结构日趋合理,2城市首位度呈上升趋势向2靠拢,11城市首位度呈下降趋势向1靠拢,虽然动态数值显示城镇的规模趋于合理化,然而静态数值表明城市规模等级分布还需进一步优化。

五、基于分形理论的城镇等级—规模模型的应用

在这部分内容中,我们将运用城镇等级—规模模型对京津唐地区城市群的空间分布规则进行实证研究。由于这部分地区的地貌满足模型所需的均质平原假设,因此所有城市均可以包括在模型之内。确定了需要研究的城市以后,首先我们要对城市进行拆分,以便对研究区域所设计的市镇进行分级。在将两个直辖市和五个地级市拆分成市区以及地级市所辖的县级市县以后,一共得到了79个市县样本。

需要指出的是,由于直辖市的行政区划与地级市相比较为特殊,直辖市所管辖的区包括了许多远郊区,这部分远郊区与中心城区的概念相距甚远,而类似于地级市下辖县级市的概念,因此在对北京与天津两个城市的数据进行处理时,我们对远郊区的概念进行了区分,将远郊区单独出来而不作为城区的一部分,以便更准确地反映区域非农业人口的实际分布。例如,表6.16中北京市的数据为传统意义上的城八区(现为城六区)数据,北京市其他辖区与县均单独成为一个样本;天津市的数据为城六区与环城四区的加总,滨海新区的数据为天津市塘沽、汉沽、大港三区数据的加总,天津其他区县则单独成为样本。经过这样的处理,我们所得到的79个市县的非农业人口数量如表6.16所示。

表6.16 2009年京津唐地区79个市县非农业人口数量　　单位:万人

城市	人口	位序	城市	人口	位序	城市	人口	位序
北京市	736.20	1	蓟县	14.24	28	青龙满族自治县	7.72	55
天津市	445.44	2	迁安市	13.95	29	涞源县	7.54	56
唐山市	176.73	3	高碑店市	13.18	30	雄县	7.27	57
保定市	93.87	4	宝坻区	12.68	31	肃宁县	7.15	58
滨海新区	88.90	5	献县	12.22	32	满城县	7.08	59
秦皇岛市	82.63	6	怀柔区	11.90	33	沧县	6.99	60
廊坊市	51.15	7	徐水县	11.75	34	安新县	6.97	61
沧州市	50.51	8	延庆县	11.46	35	望都县	6.18	62
房山区	40.40	9	定兴县	11.45	36	固安县	6.16	63
任丘市	36.61	10	清苑县	11.38	37	孟村回族自治县	6.15	64
通州区	31.94	11	易县	11.11	38	吴桥县	6.03	65
昌平区	31.24	12	静海县	10.78	39	大城县	5.82	66
大兴区	28.39	13	遵化市	10.73	40	南皮县	5.80	67
定州市	27.99	14	玉田县	10.65	41	海兴县	5.72	68
顺义区	27.31	15	盐山县	10.28	42	文安县	5.18	69
霸州市	24.70	16	蠡县	10.10	43	迁西县	5.01	70
平谷区	19.10	17	安国市	9.99	44	博野县	5.00	71

(续表)

城市	人口	位序	城市	人口	位序	城市	人口	位序
三河市	19.03	18	抚宁县	9.99	45	顺平县	4.91	72
泊头市	18.94	19	宁海县	9.84	46	容城县	4.84	73
涿州市	18.61	20	滦县	9.41	47	高阳县	4.08	74
门头沟区	18.46	21	唐县	9.20	48	涞水县	4.05	75
武清区	17.81	22	青县	8.87	49	永清县	4.03	76
河间市	17.65	23	卢龙县	8.86	50	阜平县	3.75	77
密云县	16.92	24	香河县	8.83	51	大厂回族自治县	3.25	78
黄骅市	16.38	25	滦南县	8.56	52	唐海县	1.82	79
昌黎县	15.32	26	乐亭县	8.49	53			
曲阳县	15.11	27	东光县	7.72	54			

得到表 6.16 以后,我们按照模型要求,以市县的非农业人口数量为依据,对所有市县进行分级,保证最高等级城市仅有一个。余下的城市,我们将排在第 N 位的城市人口与第 $N+1$ 位的城市人口数据相减,用得到的值除以第 N 位城市的数值,得到一个百分比,将明显的峰值作为划分城市等级的依据。通过这样的处理以后,我们共将 79 个市县划分为 6 个等级,各等级市县的个数以及平均人口如表 6.17 所示。

表 6.17 2009 年京津唐地区 79 个市县人口分级

等级	人口范围(万人)	市县数量(个)	平均人口(万人)
1	500+	1	736.20
2	100—500	2	311.08
3	55—100	3	110.53
4	20—55	10	35.02
5	15—20	12	17.48
6	0—15	55	8.45

根据方程 $\ln N(r) = C - D \ln P_r + u$,对上述分组数据进行计量回归,求取分维数 D。其中 $N(r)$ 对应各等级城镇数量,P_r 对应平均人口。根据 Eviews 6.0 软件的输出结果,求得的分维数 $D = 0.818$,$C = 5.225$,其 p 值分别为 0.0017 和 0.0005,说明回归所得的 D 值与 C 值较为显著;同时模型的 $R^2 = 0.9330$,拟合程度较高。根据 D 不同取值的经济学含义,此处 D 值小于 1,意味着京津唐地区城镇人口的分布并不均匀,首位城市北京的垄断力较强,而中等规模城市数量很少。

进而利用所求得的 D 值和公式:

$$P_r = P_1 \left(\sum_{i=1}^{r-1} K^i \right)^{-1/D}$$

计算出不同分布规则下各级城市平均人口数预测值,并与各等级城市的实际值比较,初步判定京津唐三角地区城市的分布原则。

通过表 6.18 我们发现,采用回归所得分维数,对 $K = 3$ 即市场配置时的 Zipf 公式进行修正后得到的结果为第二等级城市平均人口的模型预测值为 135.27 万人,距离实际的 311.08 万人差距较大,第三等级到第六等级城市的预测值与实际值也存在很大的偏差。而在 $K = 4$ 交通原则和 $K = 7$ 行政原则下,由于分母变大,各等级城市平均人口的模型预测值与实际值偏离更大。

表 6.18　实际 D 值下京津唐地区 79 个市县人口分布模型　　单位:万人

等级	实际值	$K = 3$	$K = 4$	$K = 7$
1	736.20	736.20	736.20	736.20
2	311.08	135.27	102.99	57.99
3	88.47	32.04	17.83	5.26
4	35.02	8.11	3.23	0.49
5	17.48	2.10	0.59	0.05
6	8.45	0.55	0.11	0.00

在不改变最高等级城市划分的情况下,我们又尝试了其他划分方式,发现无论是增加城市分级的级数,还是扩大各等级城市间实际平均人口的差额都无法缩小模型预测值与实际值间的差距。因此,我们认为该差距的产生原因与最初的城市等级划分是不显著相关的。回到模型本身来说,分维数对于不同等级的城市平均人口数的影响是相对固定的,在第一级城市人口规模一定时,下级城市的平均人口规模是与分维数成正比的,也就是分维数越大,下级城市的人口规模越大。这是与经济地理学的基本理论相一致的。

对于差距产生的原因,结合区域现状,我们认为是因为北京与天津两个特大型城市在仅仅 100 公里的范围内,相互联系太过密切,出现了同城化趋势。在上面的城市分级中,我们将天津市作为了第二等级城市,然而这一第二等级城市表现得太过强势,侵占了第一等级城市北京市的市场空间,部分北京市的人口也会转移到天津市。这两个超大型城市仅仅相距 100 公里,近年来随着城际铁路的开通,城市间的经济交流更加密切,出现了同城化趋势。如果我们将北京市与天津市主城区作为一个整体来考虑,对于第二以及第三等级的城市,模型的预测值与实际值的差距会得到明显的修正。

表6.19 对京津唐地区78个市县等级的重新划分

等级	人口范围(万人)	市县数量(人)	平均人口(万人)
1	大于1 000	1	1 181.64
2	55—200	4	110.53
3	20—55	10	35.02
4	15—20	12	17.48
5	0—15	55	8.45

将上述分形数据按照前面的方法回归,求得新的分维度 $D = 0.740$,$C = 5.044$,回归所得的系数依然显著,同时模型 $R^2 = 0.9348$,拟合程度较高。通过这样的处理,我们可以看出 D 值进一步变小,京津的同城化,会导致区域的人口分布显得更不均衡,城市等级的脱节更为严重。利用新得到的 D 值和公式:

$$P_r = P_1 \left(\sum_{i=1}^{r-1} K^i \right)^{-1/D}$$

可以计算出新 D 值下按照不同分布规则各等级城市平均人口数预测值(见表6.20)。

表6.20 新 D 值下京津唐地区78个市县人口分布模型　　　　单位:万人

等级	实际值	$K = 3$	$K = 4$	$K = 7$
1	1 181.64	1 181.64	1 181.64	1 181.64
2	110.53	181.37	134.14	71.06
3	35.02	36.86	19.27	5.00
4	17.48	8.07	2.91	0.36
5	8.45	1.81	0.45	0.03

通过这样的数据处理,在京津同城化的趋势下,第二等级城市人口的平均值介于 $K = 4$ 交通原则与 $K = 7$ 行政原则的模型预测值之间,与交通原则的预测值更为接近;而对于第三等级的城市,人口的实际值与市场原则下的预测值更为接近。但对于更低等级的城市,模型的预测值再次与实际值出现偏差。对于这一现象产生的原因,我们认为是由于京津唐地区城市的空间相互作用较为复杂所致,这一划分方法下的第二等级城市多为地级市,它们多沿着重要的交通线分布,因此人口的实际值与交通原则下的模型预测值较为接近,而第三等级城市就不具备这一属性。

就表6.20中城市的实际人口而言,我们可以明显看出城市等级存在断层,第一等级城市与第二等级城市之间,第二等级城市与第三等级城市之间的人口差距太大,就分形的结果来看,我们认为京津唐地区存在严重的失衡现象,具体表现为第二、三等级城市的市场空间受到两个核心城市的严重侵蚀,分极化现象严重。

六、总结

通过断裂点模型,我们对京津唐地区的范围进行了重新界定,将保定市与沧州市也纳入之后模型的测算中,在更大的范围内进行区域经济一体化的研究。

就中心性指数的情况来看,京津唐地区在区域发展中并没有出现明显的城市断层,但正如本研究所指出的那样,这是由于直辖市与地级市的经济数据在统计口径上不一致所导致的,如果我们将这一影响加以修正,那么区域城市的中心性指数分级会成为 214 的结构,第二等级城市的个数严重不足,同时第一等级城市与第二等级差距明显,名义上为第二等级的唐山市从数值来看实则应该为第三等级甚至更低等级的城市,城市等级存在断层。

通过分析中心性 B 部分数值,我们发现北京、天津两个中心城市对其余城市存在较强的影响力,中心地功能很强,然而结合低等级城市的经济发展状况,不难发现京津两市对其他城市施加的影响更多地表现为极化效应,核心城市挤占了低等级城市的市场空间,导致区域差异化明显。

城镇等级—规模模型显示京津存在同城化趋势,然而同城化会进一步导致区域人口分布的不均衡,基于此,我们认为京津的同城化不可脱离周边城市而单独进行,如果缺乏两城市间的分工协作,缺乏对周边城市经济增长的拉动效应,同城化所带来的结果将是更强的极化效应,导致更加不均衡的区域经济现状。

"十一五"以来,区域经济一体化正逐步成为中国经济增长的可持续动力,经济增长日益从主要依靠东部地区"单一推动"向各大区域"多级推动"迈进。同时,国家也更加重视缩小区域发展的差距,截至 2011 年 12 月,我国已经正式确立了 19 个国家战略发展区域,"十二五"规划也将"促进区域协调发展"列为重要内容,提出要实施区域发展总体战略和主体功能区战略,构筑区域经济优势互补、主体功能定位清晰、国土空间高效利用、人与自然和谐相处的区域发展格局,逐步实现不同区域基本公共服务均等化。2010 年,北京城市发展总体规划也获得国务院批准,提出了"到 2050 年左右,建设成为经济、社会、生态全面协调可持续发展的城市,进入世界城市行列"的战略目标。然而,当前北京市与世界城市还有很大的差距,北京市城乡之间、北京市与周边地区的一体化还远未完成,经济、财富越来越聚集到某些区域,各区县的经济发展速度与经济密度尚有很大的差异,同时带来了交通拥堵、房地产问题等一系列城市病,以及地区之间、城乡之间还存在着许多分割现象。尽管北京市在以金融保险业、房地产业等为代表的第三产业方面拥有比较优势,但其与行业间的关联较弱,在投资者热钱的影响下造成了房地产需求的虚高;另一方面,产业关联较强的第二产业,无论是轻工业还是重化工业都呈现不断衰落的趋势,与第三产业的发展严重不均衡。由此,通过分析近年来北京市产业空间结构的变化过程,不但对于更加深入理解我国地方城乡一体化进程具有代表性,而且有利于深化理解环渤海区域一体化进程中地区联动发展的特殊性和必要性。

在北京市工业化、城市化进程中,从北京产业专业化竞争优势和主导产业的变动趋势来看,1992年以来,北京市全力发展第三产业,目前已经达到较高的专业化水平,处于第三产业全国领先和输出的地位,第三产业的专业化程度在第三产业的各个生产环节中都有体现,特别是信息传输、计算机服务业、科学研究事业等产业;同时,除了部分能源型行业外,北京市绝大多数第二产业都在往外转移,在全国仍处于技术输出地位。就北京市内来看,第一、二产业基本位于郊区县,而第三产业则多位于主城区,产业在各区之间的分布不平衡,在空间上城区与郊区发展不连续,在产业结构上各个区之间差异较大:以第三产业为主的主城区相对专业化水平更高,而第一产业和第二产业份额更高的郊区县则产业发展更为多样化。当前,北京市前十位的主导产业大多是第三产业部门,包括金融保险业、房地产业以及租赁和商务服务业等,近年来新兴的或获得长足发展的行业也主要是以现代服务业为代表的第三产业,第三产业对地方经济引领和辐射带动作用呈现不断增强的趋势,而第二产业无论是轻工业还是重化工业都处于不断削弱过程中,与此对应天津市特别是滨海新区则基本呈现与其相反的产业发展趋势。此外,相对于北京第三产业结构高度快速提升的发展特性,天津市第三产业无论在专业化程度,还是在产业效率等方面都明显弱于北京。由此,北京和天津只有走一体化发展的道路,才能最终克服双方第二产业和第三产业不平衡发展的窘境,天津通过借助北京第三产业发展的绝对优势来弥补自身第三产业发育不足的问题,而北京则可通过借助天津第二产业不断增强的发展优势来弥补自身第三产业缺乏第二产业有效支撑的问题。也就是说,京津双头联动发展模式下,主要由天津来完成钱纳里所界定的工业化内容,而由北京来完成后工业化以至现代化阶段的主要内容。从空间发展形态更进一步来看,以京津为核心的环渤海经济圈,将走出一条有别于长江三角洲上海单核驱动的大都市连绵区模式。未来北京必须在与天津紧密分工合作中,利用两个城市2010年双双入围全国中心城市的历史机遇,加强区域整合力度努力打造北方经济中心以至世界性的大都市连绵区。

在推动北京建设和谐发展的世界城市的进程中,不可否认区域一体化的巨大作用,这也是未来北京市乃至整个环渤海经济区发展的动力源泉。通过实施城乡经济一体化、产业结构一体化、产业链条发展一体化和贸易一体化,促进北京市的城市发展与周围地区协调,北京市主城区的发展与郊区县发展协调,北京市产业间协调发展。区域一体化的建设能够有效地改善房地产行业的刚性需求,转移房地产行业的剩余资本,改变城市增长模式,有效地缓解北京市的交通压力和环境压力,促进北京市经济的发展。同时,制定自由通畅的投入产出配置和能源配置方案,促进北京市和谐发展。最后,就北京个体而言,在现有产业结构的基础上,刺激地区之间的贸易,促进区域之间的联系,以此提高北京内部区县间一体化程度,同时大力发展北京市特色产业,特别是第三产业,进一步铸就北京市第三产业在全国范围内的比较优势;另外,为了提高北京经济建设的全面能力,也需要第二产业的全力支撑,有效的地理位置以及经济发展的背景,无不奠定了天津成为北京市第二产业依托的地位,即实施京津"双头联动发展模式"下,推动环渤海区域一体化发展。

第七章 财税体制的改革与财政政策

1994年的分税制改革,是我国市场化改革的重要组成部分。在此之后,从宏观经济总量调控的意义上看,我国的财政政策一直是属于扩张性的,即通过减税和扩大财政支出来鼓励经济增长。但从扩张的力度看,又是属于稳健型的。这种稳健可以从两个方面体现:一是从财政收支平衡看,我国赤字预算和国债发行的规模较小,远低于"马约"规定的警戒线水平,和美国相比,我国无论在每年新发国债上,还是在国债余额的水平上也是较低的。二是与我国货币政策相比,应用力度相对较小。即使是2008年出台的"四万亿"刺激计划,实际上主要也属于"发动机"的性质,即由它来带动货币政策,而就四万亿本身而言,它分两年来完成,而且主要资金不是通过赤字预算和发行国债的方式来解决,而是由地方和中央共同分担,而且刺激的内容如保障房建设、用水工程等,本来就是要开展的,严格地说也算不上是"刺激"性财政支出;而货币政策就不同了,增加的货币供应量,几倍于"四万亿"计划,在总量上维持了经济增长率的同时,也带来了投资过快、房价上涨及后来的通货膨胀等一系列矛盾。我国的财政政策,无论是在全球金融危机之前还是之后,应该说都是积极稳健的。客观地说,我国的财政政策对我国宏观调控的作用不是太大而是太小,还没有充分发挥应有的作用。在我国积极的宏观经济政策"择机退出"后,我国强调经济增长从政府刺激向自主增长有序转变,而在十八届三中全会上,更是提出经济增长要发挥市场经济在配置资源上的"决定性"作用。从字面上看,这说的是要减少政府包括政府的财政行为对市场经济的直接干预,这是完全正确的。但在另外一方面,这实际上对我国的财税体制和财政政策提出了更高的要求。由于财税体制和财政政策在调节国民收入的分配、再分配和最终使用中的独特作用,市场经济在配置资源时的效率实际上在相当程度上是依赖于财税体制的,这也是为什么中国在20世纪90年代的市场化改革要以财税体制的改革为先导的原因,"分税制"改革实际上为我们后来20年的高速经济增长提供了一个重要的基础。但是从那以后,我国的财税体制的改革进入了相对稳定阶段,虽然也进行了出口退税、减免和取消农业税、中外企业统一税率以及"营业税改为增值税"等方面的改革,但和中国经济增长相比较而言,财税体制的改革是相对滞后的,并且带来一系列问题。十八届三中全会强调要深化改革,而从中国经济增长面临的问题来看,正如20世纪90年代,各项经济体制改革应该而且必须由财税体制的改革来带动。财政体制的改革将为深入市场化改革和进一步改善政府职能提供体制基础和财务规则,从而促进整个经济和社会的发展。

第一节 财税体制的改革与经济增长

一、财政收入与经济增长

1994年,中国进行了改革开放后最大的税收制度改革,实行中央和地方的分税制,将原来的税收改为中央税、地方税和分享税。分税制改革以来,国家又陆续采取了一系列减税措施和税收制度改革。1998年开始提高纺织品出口退税率(由9%提至11%),并取消了企业20项行政事业收费;1999年先后进一步提高服装业出口退税率(提高到17%),对房地产业的相关税费给以一定的减免,同时取消对企业的73项基础收费;2000年对软件、集成电路等高新技术产业实行税收优惠。2004年的税制改革中,对出口退税采取了新的办法,而且取消了在中国延续几千年的农村农业税,大规模取消农民的缴费项目;2008年对内资外资企业逐渐统一税率,这对内资企业来说就是所得税大幅下降的过程。而在2004年由东北老工业基地开始的增值税改革试点,现在已经大面积在全国推广,减轻了企业的负担。

但是尽管如此,我国的税收收入仍然增长得特别快。进入21世纪以后,我国税收收入的年均增长率约为19%,高于同期名义GDP年均增长率约4%,而占GDP的比重从不到13%增加到接近20%。这说明,我国税收收入的改善一方面来自经济成长的贡献,另一方面是在国民收入的分配和再分配中,政府所占的比重在增加。表7.1列出了改革开放以后税收占GDP比重的变化及它们各自的增长情况,表中的GDP增长率是用现行价格计算的,因此是名义增长率,便于税收间进行直接对比。从表中可以看到,1994年分税制改革以前,税收收入的比重是波动的,呈逐渐降低趋势。首先是1978—1984年,这一期间我国的税收增长是比较好的,从1979年的3%左右提高到1984年的10%以上,但是经济增长的情况更好,所以税收占GDP的比重是下降的,由14.25%下降到13.14%。1984和1985年,我国出现了比较严重的通货膨胀,税收和名义GDP的增长率都很高,但是可以看到,1985年我国的税收占比有一个明显的提高,从13.14%提高到22.64%,这是因为当时的"利改税"试验及改革,把一部分利润转化成税收,所以那一时期的税收数据并不是完全可比的。但是不以税收的方式表现,这一部分的收入还是由国家财政支配的,这也就是说,在1985年以前,尽管税收占国民收入的比重只有10%多一点,但是由国家直接支配的国民收入所占的比重已经达到20%以上。国家能够支配国民收入的比重那么大,但当时大家的日子并不好过,包括政府、企业、劳动者都很困难,所以国家手中能够支配的国民收入并不是越多越好,关键是要

表 7.1　1978—2012 年税收占 GDP 的比重

	各项税收合计（亿元）	GDP（亿元）	税收占 GDP 的比重（%）	税收增长率比上年增长（%）	GDP 名义增长率比上年增长（%）
1978	519.28	3 645.2	14.25	—	—
1979	537.82	4 062.6	13.24	3.57	11.45
1980	571.70	4 545.6	12.58	6.30	11.89
1981	629.89	4 891.6	12.88	10.18	7.61
1982	700.02	5 323.4	13.15	11.13	8.83
1983	775.59	5 962.7	13.01	10.80	12.01
1984	947.35	7 208.1	13.14	22.15	20.89
1985	2 040.79	9 016.0	22.64	115.42	25.08
1986	2 090.73	10 275.2	20.35	2.45	13.97
1987	2 140.36	12 058.6	17.75	2.37	17.36
1988	2 390.47	15 042.8	15.89	11.69	24.75
1989	2 727.40	16 992.3	16.05	14.09	12.96
1990	2 821.86	18 667.8	15.12	3.46	9.86
1991	2 990.17	21 781.5	13.73	5.96	16.68
1992	3 296.91	26 923.5	12.25	10.26	23.61
1993	4 255.30	35 333.9	12.04	29.07	31.24
1994	5 126.88	48 197.9	10.64	20.48	36.41
1995	6 038.04	60 793.7	9.93	17.77	26.13
1996	6 909.82	71 176.6	9.71	14.44	17.08
1997	8 234.04	78 973.0	10.43	19.16	10.95
1998	9 262.80	84 402.3	10.97	12.49	6.87
1999	10 682.58	89 677.1	11.91	15.33	6.25
2000	12 581.51	99 214.6	12.68	17.78	10.64
2001	15 301.38	109 655.2	13.95	21.62	10.52
2002	17 636.45	120 332.7	14.66	15.26	9.74
2003	20 017.31	135 822.8	14.74	13.50	12.87
2004	24 165.68	159 878.3	15.12	20.72	17.71
2005	28 778.54	184 937.4	15.56	19.09	15.67
2006	34 804.35	216 314.4	16.09	20.94	16.97
2007	45 621.97	265 810.3	17.16	31.08	22.88
2008	54 223.79	314 045.4	17.27	18.85	18.15
2009	59 521.59	340 902.8	17.46	9.77	8.55
2010	73 210.79	401 512.8	18.23	23.00	17.78
2011	89 738.39	473 104.0	18.97	22.58	17.83
2012	10 0614.3	518 942.1	19.39	12.12	9.69

资料来源：根据《中国统计年鉴（2013）》中有关数据整理。

能够实现经济增长,经济增长了,税基扩大了,政府的收入也就增加了。这就是著名的供给学派的思想①。但是在供给学派所产生的美国,这种思想的应用是有局限性的,因为它们的税制经过多年的发展已经稳定下来,在税收方面能够调整的空间是有限的,而中国的税收体系仍然在建设和发展中,有更大的促进经济增长的潜力。政府税收增加之后,还有一个税收收入如何合理使用的问题,如果使用得好,对经济增长和经济发展又会产生一轮新的推动。这种政策的作用是其他方面的政策无法替代的。1985—1993 年,税收收入从整体上看增长是比较慢的,而且明显地低于名义 GDP 的增长,这导致税收在 GDP 中所占的比重在不断下降。从表中可以看到,到 1994 年前后,税收占 GDP 的比重下降到最低水平。在这种情况下,我们进行了分税制改革,改革初期,这一比重仍然是下降的,1996 年降低到最低点,为 9.71%。但是在此之后,这一改革的效果开始显现出来,税收比重开始稳步提高。2012 年,税收占 GDP 的比重已经达到 19.39%,又回到了 1985 年前后的水平。应该说,1993 年的税收体制改革总体上是成功的,促进了我国的经济增长,改善了政府的收入。问题是 2003 年以后,随着我国经济增长的加快,税收制度没有做出相应力度的调整,导致税收的占比增长过快,许多企业感觉负担较重。而在支出方面,国家又因为管的事太多,不论哪一方面出了问题,人们都会认为是政府在这一方面投入的力度不足,而政府要增加投入,首先要增加收入,因此很多财政官员和研究财政的学者,认为我国的税收还有改善的空间。如近几年提出的房产税,前几年说是为了抑制房地产过快上涨,要作为一种宏观调控的手段来使用,近两年又说是为了改善地方政府的财政收入,必须建立这一税种。但是对于建立和发展这一税种所应该进行的配套改革(包括房地产市场和土地市场的改革、这一税种在整个税收体系中的地位)却讨论得不够。这就给了人们一种加税的预期,而加税预期在经济调整期是不利于经济增长的。

按照国家税务总局提供的数据,按包含税收和政府非税收入等在内计算的宏观税负,发达国家平均为 43.3%(其中,社会保险缴款占 10.4%),最高为 58.7%,最低为 21.7%;发展中国家和地区平均为 35.6%(其中,社会保险缴款占 6.9%),最高为 52%,最低为 21%。而国家税务总局根据 2009 年的数据测算,我国税收收入占 GDP 的比重为 17.5%;加上政府性收费和基金等非税收入,宏观税负约为 30%(其中,国有土地使用权出让收入占 4.2%,社会保险基金收入占 3.8%)②。如果考虑近些年的变化,按这种口径计算的宏观税负应该已经为 30%—35%。中

---

① 被"里根经济学"所接受的供给学派的理论,所提出的主要政策主张就是减税,通过减税降低企业负担,促进经济增长。从表面上看,税率似乎降低了,但由于经济发展了,税基扩大了,税收总额也会增加,这就是"拉弗曲线"中著名的"减税 = 增税"的结论的由来。

② 肖捷:《走出宏观税负的误区》,《中国改革》,2010 年第 10 期。

国虽然还属于发展中国家,但已经进入上中等收入国家的行列,从比例上看,宏观税负应该是还能发展。这个观点从一般的意义上说是正确的,但是宏观税负的比较,不能仅仅看一个百分比,还要看这个税怎么收和怎么用。例如,中国香港是低税负,但是房价很高,政府实际上通过卖地解决了相当一部分的税收问题。北欧的一些国家税负很高,但是社会福利的保障程度也非常高。而中国内地作为一个迅速发展中的国家,财政支出结构和它们有很大的差别,在这些情况下,如果税收增长得太快,而在税收的使用上效率提高得又有限,那还不如把一部分税收留给企业,让市场在配置资源上发挥更大的作用。就中国而言,要改善经济增长和人民生活,关键的问题可能还不是提高税收,而是改革税收体系和财政体系,使财政和税收体系更合理,更有利于形成合理的市场运行机制,由经济增长创造更多的税基,由此提供税源解决更多的发展难题。税收制度改革和调整包括税率的调整和税收结构的发展。税收政策通常属于中长期政策,一经形成就有一定的稳定性,这是它区别于经常调整的货币政策的重要方面。虽然税收制度同时具备需求管理和供给管理的属性,通过税收改革来调整居民收入,能够在一定程度上影响社会需求,而对生产领域的税收调整,则可以改变企业的生产成本。但从我国现阶段发展的情况看,主要应该通过供给方的改革推动生产领域的中长期发展,通过分配和再分配关系的调整间接地影响最终需求,而不是在短期内增加某一领域的支出来直接拉动需求。

二、我国近年来国家财政收入变化的特点

表 7.2 和表 7.3 分别列出了 2010 年和 2012 年我国财政收入的主要项目和构成,从表中可以看出,我国目前的财政收入的特点以及近两年所发生的变化。

表 7.2　2010 年国家财政收入项目

项目	国家财政收入（亿元）	各项收入占比（%）	中央财政收入（亿元）	地方财政收入（亿元）	中央占比（%）	地方占比（%）
总计	83 101.5	100.0	42 488.5	40 613.0	51.1	48.9
税收收入	73 210.8	88.1	40 509.3	32 701.5	55.3	44.7
国内增值税	21 093.5	25.4	15 897.2	5 196.3	75.4	24.6
国内消费税	6 071.6	7.3	6 071.6		100.0	
进口货物增值税、消费税	10 490.6	12.6	10 490.6		100.0	
出口货物退增值税、消费税	-7 327.3	-8.8	-7 327.3		100.0	
营业税	11 157.9	13.4	153.3	11 004.6	1.4	98.6
企业所得税	12 843.5	15.5	7 795.2	5 048.4	60.7	39.3
个人所得税	4 837.3	5.8	2 903.0	1 934.3	60.0	40.0

（续表）

项目	国家财政收入（亿元）	各项收入占比（%）	中央财政收入（亿元）	地方财政收入（亿元）	中央占比（%）	地方占比（%）
资源税	417.6	0.5		417.6		100.0
城市维护建设税	1 887.1	2.3	150.8	1 736.3	8.0	92.0
房产税	894.1	1.1		894.1		100.0
印花税	1 040.3	1.3	527.8	512.5	50.7	49.3
城镇土地使用税	1 004.0	1.2		1 004.0		100.0
土地增值税	1 278.3	1.5		1 278.3		100.0
车船税	241.6	0.3		241.6		100.0
船舶吨税	26.6	0.0	26.6		100.0	
车辆购置税	1 792.6	2.2	1 792.6		100.0	
关税	2 027.8	2.4	2 027.8		100.0	
耕地占用税	888.6	1.1		888.6		100.0
契税	2 464.9	3.0		2 464.9		100.0
烟叶税	78.4	0.1		78.4		100.0
其他税收收入	1.8	0.0	0.0	1.8	1.1	98.9
非税收入	9 890.7	11.9	1 979.2	7 911.6	20.0	80.0
专项收入	2 040.7	2.5	298.0	1 742.7	14.6	85.4
行政事业性收费	2 996.4	3.6	396.0	2 600.4	13.2	86.8
罚没收入	1 074.6	1.3	31.8	1 042.9	3.0	97.0
其他收入	3 779.0	4.5	1 253.3	2 525.6	33.2	66.8

资料来源：《中国统计年鉴(2011)》。

表 7.3　2012 年国家财政收入项目

项目	国家财政收入（亿元）	各项收入占比（%）	中央财政收入（亿元）	地方财政收入（亿元）	中央占比（%）	地方占比（%）
合计	117 253.5	100.0	56 175.2	61 078.3	47.9	52.1
税收收入	100 614.3	85.8	53 295.2	47 319.1	53.0	47.0
国内增值税	26 415.5	22.5	19 678.4	6 737.2	74.5	25.5
国内消费税	7 875.6	6.7	7 875.6		100.0	
进口货物增值税、消费税	14 802.2	12.6	14 802.2		100.0	
出口货物退增值税、消费税	-10 428.9	-8.9	-10 428.9		100.0	
营业税	15 747.6	13.4	204.7	15 542.9	1.3	98.7

（续表）

项目	国家财政收入（亿元）	各项收入占比（%）	中央财政收入（亿元）	地方财政收入（亿元）	中央占比（%）	地方占比（%）
企业所得税	19 654.5	16.8	12 082.9	7 571.6	61.5	38.5
个人所得税	5 820.3	5.0	3 492.7	2 327.6	60.0	40.0
资源税	904.4	0.8	48.6	855.8	5.4	94.6
城市维护建设税	3 125.6	2.7	190.9	2 934.8	6.1	93.9
房产税	1 372.5	1.2		1 372.5	0.0	100.0
印花税	985.6	0.8	294.4	691.3	29.9	70.1
城镇土地使用税	1 541.7	1.3		1 541.7		100.0
土地增值税	2 719.1	2.3		2 719.1		100.0
车船税	393.0	0.3		393.0		100.0
船舶吨税	41.0	0.0	41.0		100.0	
车辆购置税	2 228.9	1.9	2 228.9		100.0	
关税	2 783.9	2.4	2 783.9		100.0	
耕地占用税	1 620.7	1.4		1 620.7		100.0
契税	2 874.0	2.5		2 874.0		100.0
烟叶税	131.8	0.1		131.8		100.0
其他税收收入	5.2	0.0		5.2		100.0
非税收入	16 639.2	14.2	2 880.0	13 759.2	17.3	82.7
专项收入	3 232.6	2.8	412.7	2 820.0	12.8	87.2
行政事业性收费	4 579.5	3.9	377.2	4 202.3	8.2	91.8
罚没收入	1 559.8	1.3	40.4	1 519.5	2.6	97.4
其他收入	7 267.3	6.2	2 049.8	5 217.5	28.2	71.8

资料来源：《中国统计年鉴（2013）》。

第一，财政收入可以分为地方财政收入和中央财政收入，而中央财政收入的比重大于地方财政收入。

2010 年，中央财政收入在国家财政收入中的比重为 51.1%，地方财政收入所占的比重为 48.9%，中央财政收入高于地方财政收入，而且中央财政收入所占的比重在 50% 以上。但是近两年来，这种情况有一定的改善，地方财政收入所占的比重上升了，达到了 50% 以上，2012 年为 52.1%，比两年以前提高了 3 个百分点。在税收收入中，2010 年由国税所形成的收入占 55.3%，而由地税所形成的收入占 44.7%，同样是中央税收高于地方税收。2012 年，国税的比重下降了 2 个百分点，为 53%，地税的比例上升到 47%。这个变化和前些年的情况有所不同，2010 年以前,是中央财政收入和税收收入的比重在上升,地方在下降,但近两年来反过来了,地方的比重在上升。将地方财政收入和税收收入的占比进行对比,我们会发现无论在 2010 年还是在 2012 年,地方的财政收入的占比都高于地方税收收入的占比(2010 年是 48.9% 高于 44.7%,2012 年是 52.1% 高于 47%),这说明地方会更多地利用非税收入的方式来增加自己的收入。在表 7.2 中可以看到,在非税收入中,中央财政所占的比重为 28.4%,而地方财政所占的比重为 71.6%。而在表 7.3 中,在非税收入中,中央财政所占的比重下降到 17.3%,而地方财政所占的比重上升为 82.7%,比两年前提高 10 个百分点。这也就是说,地方财政会更多地通过非税收入(尤其是行政事业收费)来补充财政收入,而且这种情况还在发展。尽管国家已经对财政预算内和预算外的各项行政事业收费进行过多次清理,但由于地方财政的困难,同时也有法制不健全的原因,这一类收费是越清理越多,给企业经营和人民生活都带来一定的影响。

从表 7.4 中可以看到,2000—2012 年,国家财政收入中央和地方所占的比重,经历了中央财政比重上升然后再下降,而地方财政比重下降后再上升的过程。从 2007 年起,地方财政收入的占比在稳步提高,从当年的 45.9% 提高到当前的 52.1%,提高了 6 个百分点。这说明近些年来地方政府财政状况相对有所改善。

表 7.4 中央财政与地方财政收入之间的关系

年份	财政收入				
	总额(亿元)	中央(亿元)	地方(亿元)	中央占比(%)	地方占比(%)
2000	13 395.2	6 989.2	6 406.1	52.2	47.8
2001	16 386.0	8 582.7	7 803.3	52.4	47.6
2002	18 903.6	10 388.6	8 515.0	55.0	45.0
2003	21 715.3	11 865.3	9 850.0	54.6	45.4
2004	26 396.5	14 503.1	11 893.4	54.9	45.1
2005	31 649.3	16 548.5	15 100.8	52.3	47.7
2006	38 760.2	20 456.6	18 303.6	52.8	47.2
2007	51 321.8	27 749.2	23 572.6	54.1	45.9
2008	61 330.4	32 680.6	28 649.8	53.3	46.7
2009	68 518.3	35 915.7	32 602.6	52.4	47.6
2010	83 101.5	42 488.5	40 613.0	51.1	48.9
2011	103 874.4	51 327.3	52 547.1	49.4	50.6
2012	117 253.5	56 175.2	61 078.3	47.9	52.1

资料来源:《中国统计年鉴(2013)》。

第二,税收制度改革应该有利于改善地方的财政收入。如果将表 7.4 中的数据与我国近些年的经济增长情况相对照,我们会发现一个规律,这就是经济增长加速时,中央财政收入的占比会增加,而在经济增长放缓时地方财政的占比则会增加。2002 年、2003 年和 2007 年,是中国经济增长开始转热或较热的时期,中央财政收入的占比就迅速提高;反之,则是地方财政收入的占比在提高。这其中的主要原因,是在主要的共享税(国内增值税、企业所得税、个人所得税等)中,中央所占的比重较大,而经济增长一旦加速,马上会在这些税收中体现出来,从而导致中央财政收入的占比增加。而地方税中的大多数税种,对经济增长的敏感性相对较差,而大的共享税中的主要部分,又由中央分走了。这就产生了一种不合理的现象,本来经济增长是在各个地区发生的,并由此形成了整个国家的经济增长,但是经济增长好的时候地方政府所得的利益却相对较少。由于地方政府不能通过货币政策来调整经济,主要地要通过财政手段来扶持当地的经济发展。在当地经济发展相对困难时,地方政府为了鼓励当地的经济发展,会对当地企业适当让利,但是当经济形势好转时,本来正是地方政府的收获季节,但在利益分配时,地方政府得到的好处显然不够。

第三,地方政府对土地财政的依赖性在增加。从表 7.5 中可以看到,2010—2012 年,几个与土地有关的地方税种在全部国家财政收入中的比重都是提升的,只不过提升的幅度有一定的差别。这三年间,这三个项目的总额提高了 2 700 多亿元,在全部财政收入中所占的比重提高了 1.2%。但在实际上,地方政府由土地所取得的收入主要不是税收收入而是在土地转让中获得的收入。2012 年,我国国有土地使用权出让收入 28 517 亿元,为同期国家财政收入的 24%①,这种地方财政对土地的依赖是必然的,因为与土地相关的各种税收及非税收入属于地方,而地方政府在财政收入不足的情况下,必然要通过土地获得更多的收入,甚至还要通过土地为杠杆,从银行获得更多的资金来满足当地建设和发展的需要。这就影响到了当地财政的可持续性,甚至增大了当地和银行等金融机构的风险。因为这种收入和房地产的开发密切联系,我国正处于房地产开发发展较快的阶段,而一旦这种发展趋于稳定,这一部分的收入就会迅速减少,地方财政就有可能出现不可持续的问题。

---

① 根据 2013 年 1 月 22 日财政部网站公布的 2012 年财政收支情况。按照《2013 年政府收支分类科目》中的《收入分类科目》规定,土地出让收入记入"非税收入"大类的"政府性基金收入"下,但在表 7.3 中,这一项收入没有单列和表现。

表 7.5 2010 年和 2012 年和土地有关的地方税种的变化

	2010		2012	
	总额（亿元）	占全部国家财政收入的比重（%）	总额（亿元）	占全部国家财政收入的比重（%）
城镇土地使用税	1 004.0	1.2	1 541.7	1.3
土地增值税	1 278.3	1.5	2 719.1	2.3
耕地占用税	888.6	1.1	1 620.7	1.4
合计	3 170.9	3.8	5 881.5	5.0

资料来源：根据表 7.2 和表 7.3 的数据整理。

营业税是地方税收的另一个主要来源，从表 7.2 和表 7.3 的比较中可以看出，无论是营业税占全部财政收入的比重，还是地方营业税收入占全部营业税收入的比重，都没有明显的变化。营业税是我国增值税、企业所得税之外的第三大税种，除个别中央企业外，大部分企业的营业税都由地方征收，全国的营业税总收入中，地方收入占 98% 以上。由东北老工业基地所开展的营业税改革，是在原有的营业税的税基中，扣除一部分和固定资产有关的部分，从而达到减税的目的。这种减税的结果，是在减轻企业负担的同时，相对地减少地方的财政收入，但地方财政收入已经比较紧张，因此在推广上有一定的阻力。还有一种改革思路是将营业税改为增值税，实现两税合一，但这两种税收的税率是不一样的，营业税为 3%—5%，而增值税接近 20%，营业税主要是地方收入，但增值税中由中央拿走的部分更多。如果在现行框架下再减营业税，在地方政府那里肯定有阻力。但增加值是营业额中的一部分，既征收营业税又征收增值税，实际上等于同一项生产活动，被征收了两次税，属于重复征税，实际上加重了企业的负担。在 1993 年财税体制改革时，我国国有企业无论在规模上还是在数量上都占绝对优势，企业和政府的关系大多数还属于行政关系，市场竞争也不充分，所以上级要求这样征税，企业也不会反对。但是现在情况不同，国有企业经过现代企业制度改革，无论是国有独资企业还是国有控股股份制企业，都必须参加市场竞争，民营企业由于没有行业垄断的保护，更是要参加市场竞争，在这种情况下，合理的税收制度改革对企业的生存和发展就至关重要。

三、按照财权和事权相结合的原则推动财政改革

表 7.6 列出了我国 2000—2012 年国家财政支出及其变化的情况。可以看到，在我国财政收入迅速增长的同时，是我国的财政支出也在迅速增加，年均增长率达到 19%，2012 年的财政支出规模为 2000 年的 8 倍。这说明随着国家的经济增长，国家的财力也在迅速提高，能够在改善民生、经济建设和巩固国防方面做更多

的事。在总量迅速增加的同时,国家财政支出的结构在迅速变化。从中央财政和地方财政支出分别占国家财政支出的比重看,2000年以来,地方财政支出所占的比重是持续增加的,从65.3%提高到85.1%,提高了20%,而在表7.4中,我们看到中央财政收入所占的比重一直是高于地方的,直到2011年才有所改变,但比重仍然是接近的。这种结构上的差别一方面说明了中央对地方支持的力度在不断地加大;但在另外一方面;也反映了目前的财政体制中,存在着中央和地方财政收入和支出之间不匹配、财权和事权相脱节的现象。

表7.6 2000—2012年国家财政支出、增长率及比重

年份	财政支出总额（亿元）	比上年增长（%）	中央财政支出（亿元）	地方财政支出（亿元）	中央占比（%）	地方占比（%）
2000	15 886.5	20.5	5 519.9	10 366.7	34.7	65.3
2001	18 902.6	19.0	5 768.0	13 134.6	30.5	69.5
2002	22 053.2	16.7	6 771.7	15 281.5	30.7	69.3
2003	24 650.0	11.8	7 420.1	17 229.9	30.1	69.9
2004	28 486.9	15.6	7 894.1	20 592.8	27.7	72.3
2005	33 930.3	19.1	8 776.0	25 154.3	25.9	74.1
2006	40 422.7	19.1	9 991.4	30 431.3	24.7	75.3
2007	49 781.4	23.2	11 442.1	38 339.3	23.0	77.0
2008	62 592.7	25.7	13 344.2	49 248.5	21.3	78.7
2009	76 299.9	21.9	15 255.8	61 044.1	20.0	80.0
2010	89 874.1	17.8	15 989.7	73 884.4	17.8	82.2
2011	109 247.8	21.6	16 514.1	92 733.7	15.1	84.9
2012	125 953.0	15.3	18 764.6	107 188.3	14.9	85.1
年均增长（%）		19.0				

资料来源:《中国统计年鉴(2013)》。

从这种结构的变化来看,我国的财政支出明显地表现出重心下移的特点。在1993年年底国务院做出《关于实行分税制财政管理体制的决定》中,明确提出要根据事权和财权相结合的原则,安排中央和地方的财政收入(主要指税收收入)和支出。从表7.7中可以看到,在1994年实行分税制改革的当年,中央和地方在国家财政收入中的占比分别为55.7%和44.3%,而在财政支出中的占比分别为30.3%和69.7%。地方财政收入所占的比重比地方财政支出所占的比重低25.4%。如果不考虑其他的影响因素(如发行国债等形成的收入),这一部分就形成了中央对地方的转移支付。这种转移支付对于中国这样一个经济发展不平衡

的大国是非常重要的,它的积极方面在于通过这种转移能够扶持经济发展较慢的地区的经济,在一定程度上改变各地经济发展不平衡的现象,问题在于这种转移的分配实际上是带有计划经济的特点的,可能出现不公平,也可能出现低效率。所以如何确定这一部分的比重以及如何对这一部分进行分配,实际上就是一个如何更好地在国家财政收支中将财权和事权相结合的过程。

表7.7 1994年分税制改革以来中央和地方财政收支占比变化

年份	财政收入		财政支出		地方收入与支出的差额(%)
	中央占比(%)	地方占比(%)	中央占比(%)	地方占比(%)	
1994	55.7	44.3	30.3	69.7	25.4
1995	52.2	47.8	29.2	70.8	22.9
1996	49.4	50.6	27.1	72.9	22.3
1997	48.9	51.1	27.4	72.6	21.4
1998	49.5	50.5	28.9	71.1	20.6
1999	51.1	48.9	31.5	68.5	19.6
2000	52.2	47.8	34.7	65.3	17.4
2001	52.4	47.6	30.5	69.5	21.9
2002	55.0	45.0	30.7	69.3	24.2
2003	54.6	45.4	30.1	69.9	24.5
2004	54.9	45.1	27.7	72.3	27.2
2005	52.3	47.7	25.9	74.1	26.4
2006	52.8	47.2	24.7	75.3	28.1
2007	54.1	45.9	23.0	77.0	31.1
2008	53.3	46.7	21.3	78.7	32.0
2009	52.4	47.6	20.0	80.0	32.4
2010	51.1	48.9	17.8	82.2	33.3
2011	49.4	50.6	15.1	84.9	34.3
2012	47.9	52.1	14.9	85.1	33.0

资料来源:根据《中国统计年鉴(2013)》中有关数据整理。

但从表7.7中也可以看到,到了1995年地方收入与支出占比的差额就下降了2.5个百分点,以后数年从趋势上看是下降的,最低时是2000年的17.4%。而我们知道,1994年是改革开放以来以CPI反映的通货膨胀程度最高的一年,为124.1%(见表5.3),所以属于特殊的年份。从1995年后,中国经济增长的波动开始和缓,如果以价格总水平为指标,实际上是逐渐进入通货紧缩阶段,一直到2002年。而从前面的分析中我们已经指出,中央财政的收入对于宏观经济的变化更为敏感,而在这一期间,中央财政收入的占比变化和中央财政支出的占比变化在趋势上是一致的,即中央财政收入占比下降(从1995年的52.2%下降到1997年的48.9%)时支出占比也在下降(从1995年的29.2%下降到27.4%),反过来收入占比上升(从1998年的49.5%上升到2000年的52.2%)时支出占比也在上升(从1998年的28.9%上升到2000年的34.7%)。而与之相适应,地方财政收入占比与支出占比之间的差额在减少。在这一期间,我国实行积极的财政政策,中央财政要加大支出通过基础设施建设等刺激经济增长,还要拿出资金解决国有企业改制中出现的一系列问题。而1994年的分税制改革为中央有足够的财力推进体制改革和经济建设创造了条件。在这一期间地方财政为地方经济发展所负的责任实际上是逐渐增加的,这就体现了财权和事权相结合的原则,即随着地方经济的发展,地方财政应该为地方的经济发展承担更多的责任。这也正是1994年分税制改革所要坚持的精神。

从2000年以后,这种情况开始发生了变化。2000—2012年,中央在财政收入中的占比从长期趋势上是稳定的,平均值在53%左右,上下波动约2个百分点(但2011和2012年这两年下降幅度稍大),但在财政支出中的比重却在不断下降,从34.7%下降到14.9%,下降了近20个百分点。相应地,地方财政收入占比与支出占比之间的差额17.5%上升到33.0%,这也就是说,地方的财政支出中的三分之一必须通过中央政府的转移支付来实现。

表7.8列出了2010年各个地区之间地方财政收支差额的比较(未取最新数据的原因是为了使这一组数据更好地代表这一阶段的一般情况)。可以看到,中央财政对各个地方财政的支持力度是不同的。从具体地区来看,西藏、青海、甘肃、宁夏、新疆、贵州的倍数都在3倍以上,这些地区中绝大多数地区属于少数民族聚集区和落后地区,其中西藏排序最前,高达15倍。而倍数在1.5倍以下的地区为山东、天津、江苏、浙江、广东、上海和北京,而北京和上海的倍数为最低,仅为1.15倍。而从整体分布来看,一般地说,一个地区的经济发展水平越高,国家的转移支付的程度也就越小,国家转移支付的力度和一个地区的经济发展水平成反比,而且关系非常密切。这也在一定程度上解释了为什么中国的发达地区经济增长在放缓、而宏观经济政策尤其是货币政策又有所收缩的时候,我国经济增长为什么还会表现得那么强劲,这就是经济较不发达地区在中央财政政策以及相关的政策倾斜的支持下,经济增长正在加速。从整体上看,通过这种转移支付来支持欠发达地区发展的政策是正确的。但是如果转移支付的力度太大,地方上就会把经济发展的希望更多地放在中央的支持而不是依赖自身的努力上。

表7.8 从2010年收支差额看中央对地方政府的转移支付

地区	一般预算收入（亿元）	一般预算支出（亿元）	支出/收入比倍数
地方合计	40 613.04	73 884.43	1.82
西藏	36.65	551.04	15.04
青海	110.22	743.40	6.75
甘肃	353.58	1 468.58	4.15
宁夏	153.55	557.53	3.63
新疆	500.58	1 698.91	3.39
贵州	533.73	1 631.48	3.06
黑龙江	755.58	2 253.27	2.98
吉林	602.41	1 787.25	2.97
四川	1 561.67	4 257.98	2.73
云南	871.19	2 285.72	2.62
广西	771.99	2 007.59	2.60
湖南	1 081.69	2 702.48	2.50
湖北	1 011.23	2 501.40	2.47
河南	1 381.32	3 416.14	2.47
江西	778.09	1 923.26	2.47
陕西	958.21	2 218.83	2.32
安徽	1 149.40	2 587.61	2.25
海南	270.99	581.34	2.15
内蒙古	1 069.98	2 273.50	2.12
河北	1 331.85	2 820.24	2.12
山西	969.67	1 931.36	1.99
重庆	952.07	1 709.04	1.80
辽宁	2 004.84	3 195.82	1.59
山东	2 749.38	4 145.03	1.51
福建	1 151.49	1 695.09	1.47
天津	1 068.81	1 376.84	1.29
浙江	2 608.47	3 207.88	1.23
江苏	4 079.86	4 914.06	1.20
广东	4 517.04	5 421.54	1.20
北京	2 353.93	2 717.32	1.15
上海	2 873.58	3 302.89	1.15

资料来源:《中国统计年鉴(2011)》。

四、国家财政支出结构的改善

从总体上看,我国国家财政支出的整体格局是以地方财政为主导的。从表7.9可以看到,2010年,在国家财政支出中地方支出的占比达到了82.2%,而到了2012年提高到了85.1%。中央财政支出的大项主要是国防、科学技术、国债还本付息,其他项目的直接支出(包括教育支出)的比重2012年都在1%以下。在这些支出中,教育(0.9)、公共安全(0.9)和一般公共服务(0.8)和交通运输(0.7)属于比例稍大的项目,余下的支出占比全部在0.5以下。从支出的排序上看,占支出前5位的为教育、一般公共服务、社会保障和就业、农林水事务、城乡社区事务,近两年没有变化,但它们在财政支出的比重提高了,合计数由2010年的50.2%提高

表7.9 2010—2012年中央和地方财政支出项目及其占比 单位:%

排序	项目	2012年			2010年			2010年排序
		财政支出	中央	地方	财政支出	中央	地方	
	合计	100.0	14.9	85.1	100.0	17.8	82.2	
1	教育	16.9	0.9	16.0	14.0	0.8	13.2	1
2	一般公共服务	10.1	0.8	9.3	10.4	0.9	9.5	2
3	社会保障和就业	10.0	0.5	9.5	10.2	0.5	9.7	3
4	农林水事务	9.5	0.4	9.1	9.0	0.4	8.6	4
5	城乡社区事务	7.2	0.0	7.2	6.7	0.0	6.7	5
6	交通运输	6.5	0.7	5.8	6.1	1.7	4.4	7
7	医疗卫生	5.8	0.1	5.7	5.3	0.1	5.3	9
8	公共安全	5.6	0.9	4.7	6.1	1.0	5.2	6
9	国防	5.3	5.1	0.2	5.9	5.8	0.2	8
10	住房保障支出	3.6	0.3	3.2	2.6	0.4	2.2	13
11	科学技术	3.5	1.8	1.8	3.6	1.8	1.8	11
12	资源勘探电力信息等事务	3.5	0.4	3.1	3.9	0.5	3.3	10
13	节能环保	2.4	0.1	2.3	2.7	0.1	2.6	12
14	国债还本付息支出	2.1	1.6	0.5	2.1	1.7	0.5	14
15	文化体育与传媒	1.8	0.2	1.6	1.7	0.2	1.5	15
16	国土资源气象等事务	1.3	0.2	1.1	1.5	0.2	1.3	17
17	粮油物资储备事务	1.1	0.5	0.6	1.3	0.6	0.8	18
18	商业服务业等事务	1.1	0.0	1.1	1.6	0.2	1.4	16
19	金融监管等事务支出	0.4	0.2	0.2	0.7	0.5	0.2	20
20	外交	0.3	0.3	0.0	0.3	0.3	0.0	21
21	地震灾后恢复重建支出	0.1	0.0	0.1	1.3	0.0	1.2	19
	其他支出	2.1	0.0	2.0	3.0	0.1	2.9	

资料来源:根据《中国统计年鉴(2011)》和《中国统计年鉴(2013)》整理。

到53.7%，主要原因是教育方面的支出比例提高，由14%提高到16.9%，提高了近3个百分点。在其他项目中，医疗卫生、社会保障房支出所占的比例在提高，排序都提前了两位，其余的项目占比或者是略有下降，或者基本上保持不变。地震灾后恢复重建支出所占的比重有比较大的下调，这说明灾区的重建工作已经基本实现了原定的目标。从整体上看，近两年的财政支出结构变化，体现了改善民生的精神，加强了财政的保障功能。

从目前国家财政支出中的中央和地方的关系来看，中央事实上也存在着财权和事权不对称的现象，这就是中央财政在取得较多的财政收入的时候，对这些收入的使用权却大量地通过转移支付的方式移交给了地方。这实际上是在逐渐地减少中央的事权。近些年来，中央政府和地方政府之间，在经济发展的取向上实际上是存在着差异的，所谓的宏观调控，在一定程度上说是中央和地方之间的博弈，除了全球金融危机前后那一段时间，中央政府的宏观调控的主要取向是要抑制经济过热，而大多数地方政府总是认为当地的经济热得不够，要通过招商引资、争取中央的财政支持来扩大投资、发展地方经济，不仅经济欠发达地区是这样，而且经济发达地区也是这样。地方政府有发展经济的积极性当然是好事，但是由于他们制定政策的出发点是当地的利益，所以如果不从整个国民经济的范围内对各个地方各个方面的发展进行有效的平衡甚至是制约，那么就有可能出现部分地区的经济在发展的同时，整个国民经济的效率可能降低，短期的经济发展可能会以牺牲长期发展为代价。从这个意义上看，适度地提高或者说恢复中央政府"财权"是合理的。其实，由于中央财政支出的透明度较高，每年的财政预算和决算都要经过全国人民代表大会审议，适当地回调中央财政在国家财政支出中的比例，既可以增强中央在发挥中长期财政政策中的地位，引导财政支出的合理使用，也有利于对财政支出运用的监督。尤其是在社会保障制度的建设、教育科学文化的发展、资源开发和节能环保等和国家的长远发展有密切关系的领域，中央政府应该更加积极、更加直接地发挥作用。

五、财税制度的改革与经济发展

1994年我国的分税制改革，到现在已经过去了20年。新的财税制度为改革开放和经济发展做出了重大贡献。在这些年中，我国也对这一制度进行过调整，尤其是在税收制度上推进了一系列和减税有关的改革，取得了一定的效果。但从整体而言，财税体制改革的力度不大，在深化经济改革中，我们应该进一步推进财税体制的改革，为其他领域的深化改革和发展提供更好的基础。从近些年的实践看，通过运用财政政策来改善短期的需求进行总量管理，除了在2008年全球金融危机时，作为积极的宏观经济政策的"发动机"有过一次应用，在日常的宏观调控中应用得已经比较少，而积极的财政政策主要是通过对税收的改革来体现。但和中国经济增长相比,我国的减税力度实际上是不够的,因此才会导致税收和国家财政收入的增长长期(10年)高于名义GDP的增长,导致在国民收入的分配结构中,政府的比重提高过快,但在国民收入的最终使用上,政府的最终消费支出却并没有及时跟上,这对我国经济结构的失衡是有影响的。概括地看,我国的财税体制的改革,应该注重财政政策和税收政策在以下四个方面的作用:

一是要通过税收制度的改革减轻企业负担,促进经济增长。从我国目前的税制结构看,比重最大的三大税种为增值税、营业税和企业所得税,其中增值税和营业税都属于生产税,是在生产过程中的纳税,在国民收入核算中被归为间接税,属于国民收入的初次分配;而企业所得税(以及居民所得税)则是在生产活动完成之后的纳税,在国民收入核算中归为直接税,属于国民收入的再分配。从我国企业目前的经营情况来看,在生产领域中的负担较重,这就有可能影响企业的生存和发展。从经济增长中效率和公平的关系看,应该是在初次分配领域鼓励效率,使更多的生产者能够跨过建立和发展企业的资本运营门槛,提高资本投入和使用的效率,在取得生产成果后,再对生产成果进行收税。也就是说,降低"事前征税"的比例而提高"事后征税"的比例,这样调整之后,对于那些发展得较好的企业而言,税收负担不会改变,只不过改变了纳税的先后,但是对于很多经营困难的企业而言,就有可能因为负担减轻而生存下去,情况好转之后就有可能向国家提供更多的税收。更为重要的,是新的资金加入生产领域的门槛降低,从而可能有更多的资本加入生产领域,从而达到促进经济增长而增加税收的目的。

二是要调整中央和地方在财政收支中的关系,中央和地方的财权和事权要相结合。从改革的方向看,应该在税收征收中,逐渐提高地方政府的份额,使地方政府在当地经济和社会发展方面有更大的自主权;同时,在财政支出中,应该适当提高或者恢复中央政府的支出比例,使中央政府在改善各个领域的发展不平衡方面担负起更多的职责。

三是要充分发挥财政政策和税收政策在改善国民收入的分配、再分配和最终使用方面的作用,为改善我国的需求结构尤其是在改善民生方面发挥更大的作用,使全体人民能够更好地分享改革开放与经济增长的成果。这种改善体现在两个方面,首先是改善中低收入居民的收入(如改善公职人员的收入、降低中低收入劳动者的税收等),通过提高他们的收入水平来增加居民最终消费;其次是调整财政支出结构,降低直接参与经济建设的投入而扩大对居民在医疗、失业、养老、住房等方面的投入,完善基本的社会保障方面。

四是要和其他领域的改革相结合,理顺各种经济关系,使国家财政更好地为经济社会发展和改善人民生活服务。我国仍然处于经济转轨的过程中,财政制度也体现了这种发展的特征,如地方政府的土地财政问题、医疗领域的以药养医问题,实际上已经不是财政部门或财政改革本身所能够解决的问题了,而牵涉到生产要素市场的建设和发展、社会福利制度的建设与发展等更加深入的制度建设问题,但是另外一方面,财政制度在这些改革中的地位无疑又是最重要的。应该由财政体制的改革来带动相关领域的改革,通过一个长期的过程,最终实现我们的改革目标。

第二节 对地方政府融资平台举债的理论讨论

一、引言

传统的借贷理论难以解释地方政府融资平台(以下简称融资平台)的举债行为。一方面,地方政府没有提高税收的无限权力,在融资方面受到较大的约束;另一方面其主导或绝对控制的融资组织却能够大规模举债融资。根据国发[2010]19号文件,融资平台公司指由地方政府及其部门和机构等通过财政拨款或注入土地、股权等资产设立,承担政府投资项目融资功能,并拥有独立法人资格的经济实体[1]。

地方政府性债务的不断增长是融资平台举债的重要背景。根据2011年6月27日审计署发布的《全国地方政府性债务审计结果》(以下简称审计署报告)统计,截至"十一五"末(2010年),我国地方政府性债务总额已达10.7万亿元,其资金来源主要是银行贷款(79.1%),上级财政、政府发债、其他借款等项加总占20%左右。"十一五"末期的地方政府性债务的70%将在"十二五"期间到期,约为7.5万亿元。再加利息支出和还旧借新的因素,2011—2015年会形成总量为12.5万亿元以上的资金需求[2]。"十二五"期间,我国地方政府公共投资需求预计在29.3万—33.9万亿元,而同期地方政府投资能力(地方政府收入与地方政府消费性支出之差)预计在22.1万—24.6万亿元,其间的缺口会构成地方政府性债务增长的重要动因(刘尚希与赵全厚等,2012)。受到地方政府自身财力与《预算法》的约束[3],融资平台举债成为弥补地方政府资金缺口的主要途径,其举债的主要方式是银

---

[1] 《地方融资平台发债超出去年1500亿 偿债压力加大》,《经济参考报》,2012年11月16日。

[2] 以下条件在得出式(7.3)结论的过程中发挥了不同的作用:(1) 融资平台债务发生在民间投资决策之后,债务转化为资本与其他资本一起享受递减的边际收益,私人企业不考虑融资平台举债投资的外部性收益;(2) $f'(\bar{k}+q^*)=1$,这是假定模型初始的全社会资本存量处于社会最优的水平,这一假设是为分析方便而设定的;(3) 两期税率相等,这使得税率对民间投资的影响正好抵消;(4) 贴现率和毛利率为1,使得式(7.3)右边被挤出的民间投资规模由 $d/(1+r)$ 简化为 $d/2$;(5) 生产函数是凹的。

[3] 这意味着融资平台发行新债的净收益(包括外部性收益在内的边际收益超过边际成本的部分)随着新债规模增加而增加。如果此条件不成立,融资平台收益最大化所对应的新债规模为零——即使存在正向的外部性收益,但生产函数的凹性仍然发挥主导作用。

行贷款、发行债券与票据。2012年6月末,融资平台贷款余额已经超过9万亿元①。

融资平台举债行为有三个特征:一是在信息披露与投资者保护不充分的背景下,融资平台的举债信用主要来自财政信用;若没有财政信用,融资平台凭借其财务状况(通常资产负债率较高、盈利能力不强)难以大规模举债。二是融资平台举债投资(如基础设施项目)增加了物质资本存量,有利于提高产出水平。三是地方政府官员追求GDP的政绩动机强化了融资平台举债的意愿。

我们从债务偿还能力、举债意愿以及资源配置效率等角度构建了有限承诺条件下的动态债务模型,引入了公共投资通过转化为生产性物质资本在弥补市场失灵方面的作用。为维护政府信用,优化资源配置,须防止融资平台举债出现扩张偏向。从长期看,地方政府须降低对融资平台债务的依赖程度,融资平台应该在弥补市场失灵的范围内适度举债。

本节在模型技术方面的创新之处包括:一是考虑公共投资对私人生产的影响,从巴罗—李嘉图等价定理出发考察最优债务规模的文献一般认为公共投资是非生产性的,未考虑公共投资在生产中的作用。二是引入官员的GDP政绩动机解释融资平台举债现象,官员追求政绩是融资平台存在和扩张的重要驱动因素。三是从对民间投资的"挤出效应"角度分析融资平台较大量发行债务对资源配置的负面影响。融资平台举债规模越大,资源配置方面的扭曲程度越明显——民间投资不足与全社会投资过剩的现象越突出。与刘溶沧与马拴友(2001)不同,本节假定公共投资的正外部性与对民间投资的"挤出效应"并存。四是为考察融资平台举债对税收的影响,区别于债务多期动态模型文献[比如,Barro(1990)]中往往采用的生产函数规模效应不变假设,我们假设边际产出递减,生产函数呈凹性。

关于融资平台债务适度规模的经济学分析尚不多见。在相关的研究当中,正面与负面的观点均有。如果融资平台举债规模适度,它对经济发展具有积极的促进作用:它有利于促使资金流向私人部门不愿投资的产业和区域,缓解产业结构、地区结构和经济总量上的失衡;融资平台的举债投资行为具有市场性,属于准企业行为,对推动市场化进程具有正效应(洪银兴,1997),从而可提高经济欠发达地区的自我发展能力和市场化程度。然而,如果融资平台过度举债投资,可能导致宏观经济不稳定(郭庆旺与贾俊雪,2006),形成对财政的倒逼(贾康与赵全厚,2000)。融资平台举债投资降低民间投资的边际收益,提高要素价格(Aiyagari and McGrattan, 1998)。

---

① 具体而言,民间经济生产率水平越高,民间资本规模越大,地方政府财政状况越好,融资平台偿债能力越强(越大);官员政绩动机越强,举债意愿越强。伴随着融资平台举债同时出现的现象还包括,融资平台债务规模越大,民间资本占社会总资本比重越低。

我们将两类文献联系起来,结合我国情况进行模型的重新构造。一类文献是关于有限承诺多期动态模型的文献,其代表是 Sanches 和 Williamson(2010)。与 Sanches 和 Williamson(2010)相比,本节的模型考虑的是两期动态模型,保留了动态模型中最相关的核心成分,增加了生产函数、税收与市场失灵等内容。第一类是关于主权债务危机的两期动态模型的文献,其代表是 Acharya 和 Rajan(2011)。与 Acharya 和 Rajan(2011)不同,本节的模型允许融资平台债务转换为生产性物质成本,并考察了融资平台对民间投资的"挤出效应"。

二、融资平台债务偿还与资源配置优化:有限期动态模型

在信息披露与投资者保护不充分的背景下,融资平台举债基于财政信用,财政信用的基础是政府的财政收入(税收),后者取决于私人部门对融资平台举债的反应方式。以下分析将说明:(1)融资平台债务所依靠的财政信用,最终依靠的是私人部门的生产率和资本规模。生产率越高,地方政府税收越多,偿债能力越强;同样,民间资本规模越大,偿债能力越强。(2)融资平台新债发行规模越大,民间资本不足和全社会资本过剩的程度越显著。(3)提高资源配置效率与减少对民间资本的"挤出效应"是一致的。

假定投入与产出是同一种商品。私人部门包括生产企业和家庭,拥有技术和禀赋,它们将禀赋的一部分作为资本投入,将未形成资本的那部分禀赋购买融资平台债务。融资平台举债形成生产性物质资本(郭庆旺与贾俊雪,2006;傅勇与张晏,2007;张军与高远等,2007)。模型有两期。模型设定融资平台运用其债务进行公共投资,将其债务一比一地转化为资本,第1期和第2期融资平台分别举债 q 和 d。社会总资本既包括民间资本,又包括公共投资形成的资本。生产企业运用资本和技术生产产品,一部分产品作为税收缴给政府,另一部分用于消费。

假定生产函数中劳动等其他投入固定,资本没有折旧。第1期和第2期的产量分别为 $f(k+q)$ 和 $f(k+q+d)$,其中生产函数满足 $f'>0$, $f''<0$。融资平台举债基于财政信用,税收是偿还债务根本的资金来源。为方便起见,我们假设税收归地方政府所有,不考虑税收在中央政府与地方政府之间的分享。假定债务期限为1期,随后讨论期限大于1期的情况。假定贴现率和毛利率均为1,两期的所得税率相同,即 $t_1 = t_2 = t$。

(一)融资平台不发行新债($d=0$)时的资本与生产

资本的社会成本为放弃消费的边际效用(模型中假定为1),最优的资源配置使得资本边际产出为1。图7.1中过原点的45°线(斜率为1)对应的是资本的边际成本。如果与生产函数曲线相切的切线斜率为1,则切点所对应的资本边际产出为1(与资本边际成本相等),该切点对应的是全社会资本(在资源配置效率意义上)处于最优的规模。

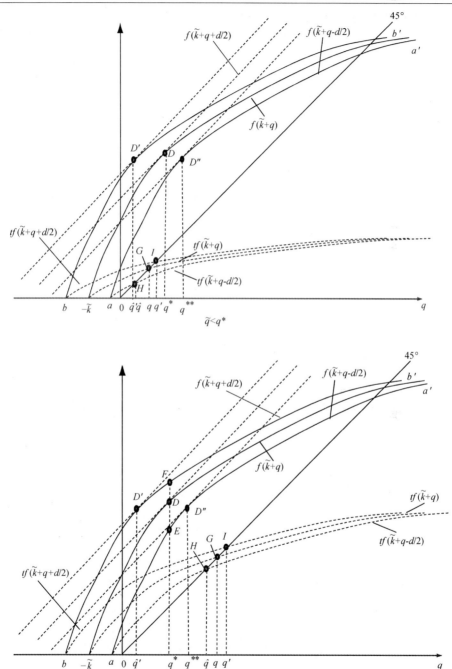

图 7.1 融资平台举债规模、偿债能力与全社会最优资本水平

图 7.1 横轴的原点代表融资平台初始举债的规模为零($q=0$)。生产函数在图 7.1 中对应的是 aa' 和 bb' 之间的凹曲线。凹生产函数与横轴的交点在原点的左边,该交点与原点的距离代表民间投资形成的资本。假定民间资本($\tilde{k}$)处于与资源配置效率一致的水平,即

$$f'(\tilde{k}+q^*) = 1$$

这也是图 7.1 中 q^*(对应 D 点)的定义。满足 $f'(\tilde{k}+q^*)=1$ 意味着,在不继续举债($d=0,q>0$)情况下,民间资本 $\tilde{k}$ 和融资平台初始举债 q^* 所形成的资本合起来达到社会最优的资本水平,即资本边际产出等于边际成本 1。

鉴于融资平台举债所基于的财政信用,若地方政府税收能偿还融资平台举债的本息,则融资平台具有偿债能力。将生产函数 $f(\cdot)$ 乘以处于 0 和 1 之间的税率 t,得到图 7.1 中生产函数下方的凹税收曲线。为方便分析,计算税收时不考虑生产成本的影响。当 $d=0$ 时,图 7.1 中的 G 点(横轴上 $\tilde{q}$ 点)对应融资平台能偿还初始债务 $\tilde{q}$,满足

$$tf(\tilde{k}+\tilde{q}) = \tilde{q}$$

$\tilde{q}$ 与 q^* 的相对大小取决于税率和生产函数。根据 $\tilde{q}$ 与 q^* 的相对大小分两种情况,图 7.1 上图和下图分别给出的是 $\tilde{q}<q^*$ 和 $\tilde{q}>q^*$ 的情况。

(二)融资平台发行新债对税收的影响

以下探讨方红生与张军(2009)的推断——地方政府在举债投资方面的成功是以民间投资的下降为代价的。私人部门决策问题是选择资本规模 k 最大化以下利润函数:

$$\max_k (1-t)[f(k+q)-k] + (1-t)[f(k+q+d)-k] \quad (7.1)$$

求解式(7.1)的一阶条件为①:

$$(1-t)[f'(k^*+q)-1] + (1-t)[f'(k^*+q+d)-1] = 0 \quad (7.2)$$

式(7.2)表明,融资平台举债投资对民间资本具有"挤出效应"。融资平台举债 d 增加,私人部门在式(7.1)意义上的最优资本规模 k^* 减少。

采用以下形式的生产函数

$$f(k+q^*) = f(\tilde{k}+q^*) + f'(\tilde{k}+q^*) \times (k-\tilde{k}) + \frac{f''(\tilde{k}+q^*)}{2} \times (k-\tilde{k})^2$$

$$f(k+q^*+d) = f(\tilde{k}+q^*) + f'(\tilde{k}+q^*) \times (k+d-\tilde{k}) + \frac{f''(\tilde{k}+q^*)}{2} \times (k+d-\tilde{k})^2$$

---

① 在上述经济欠发达地区分析中,隐含着这些地区合理的 $\hat{d}$ 应该很小的假设——强化政绩动机的目的不是实现合理的较小的 $\hat{d}$,而仅是使得融资平台有意愿在偿债能力范围内发行新债,从而合理发挥当地融资的潜力。

其中，$f'(\tilde{k}+q^*)=1$。我们发现，民间资本水平 k^* 小于 $\tilde{k}$，两者之间的差距与融资平台举债的规模成正比①：

$$k^* = \tilde{k} - \frac{d}{2} \qquad (7.3)$$

式(7.3)说明，融资平台发行新债对民间投资的"挤出效应"每期分别为 $d/2$，两期合计挤出的民间投资规模等于融资平台发行新债规模。

生产函数凹性不仅确保式(7.1)最优化时满足二次条件，而且确定了融资平台举债税收效应的大小和方向。融资平台举新债时两期的资本分别为 $\tilde{k}+q^*-d/2$ 和 $\tilde{k}+q^*+d/2$（对应图7.1中生产函数与横轴的交点第1期时为 a 点，第2期时为 b 点）；由于生产函数凹性（$f''(\tilde{k}+q^*)<0$），举新债时平均产出水平小于不举新债时的产出水平

$$\frac{f(\tilde{k}+q^*-d/2)+f(\tilde{k}+q^*+d/2)}{2} < f(\tilde{k}+q^*)$$

政府税收因此减少。税收减少的幅度与融资平台新债规模（d）和生产函数的凹性（$|f''(\tilde{k}+q^*)|$）成正比。

（三）融资平台发行新债（$d>0$）时的偿债能力

融资平台债务所依靠的财政信用，最终依靠的是私人部门的生产率和资本规模。生产率越高，地方政府税收越多，偿债能力越强；同样，民间资本规模越大，偿债能力越强。

给定新债规模 d，我们能够给出第1期地方政府的偿债能力 $\hat{q}$；反之，给定原先的债务规模 $\hat{q}$，我们能够找到与其对应的、确保第1期有足够偿债能力的最大的新债规模 $\tilde{d}(\hat{q})$（图7.1当中横轴上 a 点与 b 点之间的水平距离）——a 点使得凹税收曲线 $tf(\tilde{k}+q-d/2)$ 与45°线的交点恰好是 $\hat{q}$ 点，如果新债规模再大些，税收曲线从 a 点向右移向原点，导致凹税收曲线 $tf(\tilde{k}+q-d/2)$ 与45°线的交点向左移向原点，使得第1期的税收偿还能力小于原先的债务 $\hat{q}$，部分违约不偿还初始债务的情况不可避免。

定义与第1期偿债能力一致的初始债务水平 $\hat{q}$ 和第2期偿债能力一致的初始债务水平 q' 分别满足：

$$tf(\tilde{k}+\hat{q}-d/2) = \hat{q}, \quad tf(\tilde{k}+q'+d/2) = q'$$

我们可以找到一个税率水平 t^*，使得融资平台第1期偿债能力恰好等于与资源配置效率一致时的举债水平，即满足：

---

① 20世纪80年代，许多欠发达国家对其外债进行了重新安排。1983年，18个国家对610亿美元的外债进行了重新安排。1984年，19个国家对1360亿美元的外债进行了重新安排。到1985年，重新安排外债的国家为14个，涉及外债规模510亿美元（Bulow and Rogoff, 1989）。

$$t^* f(\bar{k} + q^* - \tilde{d}(q^*)/2) = q^* \tag{7.4}$$

在 $t = t^*$ 情况下,式(7.4)对应 $\hat{q} = q^*$。为了第1期能偿还债务,融资平台举新债的最大规模为 $\tilde{d}(q^*)$。

(四)优化资源配置与减少对民间资本"挤出效应"的一致性

私人部门考虑政府继续举债的行为($d > 0$),一方面会减少第1期和第2期的资本投入,导致第1期生产函数向右移动到 aa' 位置;另一方面第2期新债 d 转化为资本之后,第2期生产函数又会向左移动到 bb' 位置。图7.1横轴上 a 和 b 之间的水平距离对应新举债规模 d。随着生产函数的移动,与最优资源配置一致的初始债务规模从基准的 q^*(对应 $d = 0$ 的情况),变为第1期的 q^{**}(对应 aa' 曲线上面的 D'' 点)和第2期的 $\hat{q}'$(对应 bb' 曲线上面的 D' 点),后两者的定义分别为:

$$f'(\bar{k} + q^{**} - d/2) = 1, \quad f'(\bar{k} + \hat{q}' + d/2) = 1$$

D' 点与 D'' 点所对应的全社会资本总量(包括民间资本与融资平台举债形成资本)没有改变(均为 $\bar{k} + q^*$),生产函数的平移没有改变 D' 点与 D'' 点之间的距离(保持不变为 d)。$\hat{q}'$ 点与 q^{**} 点之间的变化幅度仍然等于 d 且满足 $\hat{q}' = q^* - d/2$,$q^{**} = q^* + d/2$。

假定 $t = t^*$,初始债务达到 q^* 的水平,第1期与第2期资源配置的扭曲程度分别为 $q^{**} - q^*$ 和 $\hat{q}' - q^*$,两者的绝对值均为 $d/2$,符号相反。融资平台举新债对民间资本的"挤出效应"与新债规模成正比,新债规模越大,第1期民间资本不足和第2期资本过剩的程度越大,资源配置扭曲程度的波动越大。

三、融资平台举债的激励约束与"扩张偏向"

改革开放以来,我国各级地方政府在推动经济发展中发挥了重要作用。与其他国家政府的低效(Easterly,2005)相比,我国地方政府官员在促进地方经济增长方面的积极性尤为突出(周黎安,2007)。为了在晋升锦标赛中获得有利地位(周黎安,2007),地方政府官员需要做出政绩,融资平台负债有利于官员实现政绩目标。为什么融资平台这一现象以往没有普遍出现,近年来迅速发展起来?这一现象可从举债意愿角度加以解释,以往在融资平台决策中没有充分引入外部性收益,地方政府官员的相互竞争当前已从竞相提供税收优惠和廉价土地、招商引资的层面上升到金融层面与融资平台的杠杆运作空间相对接。为了维护融资平台举债所借用的政府信用,有关部门须防止融资平台举债出现扩张偏向。

假定刻画地方政府官员基于 GDP 政绩动机的外部性收益函数 $e(\cdot)$(简称外部性收益)是社会总资本的函数,且满足 $e'(\cdot) > 0$,$e''(\cdot) > 0$。地方政府官员从私人部门的产出规模扩张中得到正向的、凸的外部性收益,抵消生产函数凹性对税收动机的影响,这为融资平台举债规模越来越大提供了一种解释。以下分析政绩动机与举债意愿之间的关系。

（一）融资平台举债的"扩张偏向"：无限承诺情况

在无限承诺的情况下，融资平台最大化收益未考虑参与约束（participating constraints）条件。给定融资平台初始债务规模 q^*，其选择新债规模 d 最大化收益的目标函数为：

$$\max_d tf(\tilde{k} + q^* - d/2) + e(\tilde{k} + q^* - d/2)$$
$$+ tf(\tilde{k} + q^* + d/2) + e(\tilde{k} + q^* + d/2) - d \quad (7.5)$$

融资平台将其对民间投资的"挤出效应"考虑在内，生产函数凹性与外部性收益凸性之间的相对大小成为关键条件。在 $e''(\tilde{k} + q^*) > -tf''(\tilde{k} + q^*)$ 条件①下，融资平台收益最大化所对应的新债规模为无穷大，融资平台发行新债有"扩张偏向"（方红生与张军，2009）。

（二）政绩动机与融资平台债务规模：有限承诺情况参与约束分析

在有限承诺情况下，为了决定是否偿还以往债务并确定新债规模，融资平台考虑税收以及产出带来的外部性（地方官员晋升的机会）是否满足如下参与约束条件：

$$tf(\tilde{k} + q^* - d/2) + tf(\tilde{k} + q^* + d/2)$$
$$- q^* + e(\tilde{k} + q^* - d/2) + e(\tilde{k} + q^* + d/2) - d$$
$$\geq tf(\tilde{k} + q^*) + tf(\tilde{k} + q^*) + e(\tilde{k} + q^*) + e(\tilde{k} + q^*) - q^* \quad (7.6)$$

上述参与约束条件进一步简化为：

$$d^2(tf''(\tilde{k} + q^*) + e''(\tilde{k} + q^*))/4 \geq d \quad (7.7)$$

根据式（7.7），政绩动机强弱[$e''(\tilde{k} + q^*)$大小]与新债规模之间存在互补性。政绩动机越强，满足式（7.7）的最小新债规模越小；反之，如果政绩动机较弱[但仍满足$e''(\tilde{k} + q^*) > -tf''(\tilde{k} + q^*)$]，则满足式（7.7）的最小新债规模越大。

如果 $d = 0$，融资平台不举新债，它至少可以达到第1期的收益水平[式（7.7）等号成立]。在 $d > 0$ 情况下，必须满足 $d > \hat{d} > 0$，融资平台第2期举新债的收益才能大于不举新债的水平[见式（7.6）]。使得式（7.7）成立的最小（非零）新债规模 $\hat{d}$ 满足：

$$\hat{d} = \frac{4}{tf''(\tilde{k} + q^*) + e''(\tilde{k} + q^*)} > 0 \quad (7.8)$$

---

① 1987年7月27日，所罗门兄弟对阿根廷、巴西、智利、哥伦比亚、墨西哥、秘鲁、菲律宾、波兰、土耳其和委内瑞拉政府债务的购买价格分别为其面值的47%、55%、67%、81%、53%、11%、67%、43%、97%和67%（Bulow and Rogoff，1989）。

四、市场配置、政绩动机与融资平台举债适度规模

以下将在包括市场失灵程度、政府官员考核方式、生产率与民间资本规模[①]的框架内确定与市场配置长期主导作用相一致的融资平台举债适度规模;为保障经济平稳运行,融资平台可在短期内有限地偏离该水平。融资平台应在其偿债能力范围之内举债,这毋庸置疑。将讨论的问题是,即使在偿债能力范围之内,融资平台债务是否越大越好? 与贾康与赵全厚(2000)提出的债务规模与债务效应之间的倒 U 形关系相接近,我们提出的适度债务规模使得资源配置效率损失(融资平台债务对民间投资的"挤出效应")尽可能小。以下区分经济发展的不同状况,综合偿债能力、资源配置状况和举债意愿等因素给出我们的答案。

与长期稳态的市场配置资源主导下的融资平台举债适度规模相比,在特定地区、特定情况下,融资平台举债规模短期内可依据合理的理由有限地偏离上述适度规模。短期偏离所依据的合理理由可能包括:生产率水平不高、民间资本规模不大、经济相对欠发达、经济处于下行期等,这些情况归纳起来大体反映同一问题:融资约束是地方经济发展的瓶颈。

(一) 融资约束是地方经济发展瓶颈的短期偏离情况

在生产率水平不高、民间资本规模不大或者经济下行的情况下,地方政府财政状况较差,融资平台偿债能力不强。当举债意愿不足 $\hat{d} > \tilde{d}$ 的情况下,融资平台在偿债能力范围之内选择不举新债。此时,为促使地方政府有所作为,适度强化政绩动机可发挥积极的作用。强化政绩动机的程度仅需要使得 $\hat{d} = \tilde{d}$。这种做法可充分利用当地生产率水平和民间资本规模所提供的融资空间,缓解融资瓶颈,平滑跨期投资,缩小地区间、产业间的不平衡,同时没有给财政带来偿债负担。与无所作为的不举债行为相比,融资平台可持续地(在偿债能力范围内)举债更有利于地方经济的发展,否则经济欠发达地区与经济较发达地区的差距将越来越大。经济欠发达地方发展越好,融资平台偿债能力提高越快(图 7.2 中的 EG 线向右移到 FH 位置),对政绩动机的依赖越弱(图 7.2 中 F 点对应的政绩动机小于 E 点对应的政绩动机)。在地方经济发展主要面临融资瓶颈的情况下,融资平台债务管理的重点是使得融资平台举债规模与最佳目标 $d^0 = \tilde{d}$ 接近;在确保债务可持续性的前提下,鼓励融资平台适度增加债务。

[①] 生产函数凹性与外部性收益凸性均通过 $tf''(\cdot) + e''(\cdot)$ 对 $\hat{d}$ 产生影响。

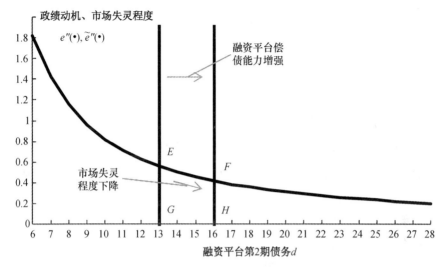

图 7.2 融资平台偿债能力、举债意愿与适度规模

债务期限大于 1 期指的是以下情况:初始债务 q 不需要在第 1 期结束时偿还,而是可以在第 2 期结束时与新债 d 一起偿还。放松期限约束条件,可以允许更大的新债规模($\tilde{d}$ 可以大些)。对于我们现在讨论的这一类经济情况,期限选择比较关键。融资平台一般会选择较长的期限,以增加其举债规模。

(二)市场失灵是地方经济发展瓶颈的长期稳态情况

在生产率水平较高、民间资本规模较大的情况下,地方政府财政状况较好,融资平台具有一定的偿债能力。对于这些地区,即使融资平台本身具有一定的盈利能力,地方政府的财力又较为雄厚,是否地方政府就可以将公共投资扩大到其偿债能力的极限?我们认为,应该降低地方政府对融资平台举债的依赖性,培育民间企业成为投资和拉动经济增长的主体。合理的举债意愿替代偿债能力此时是确定适度的举债规模的关键,融资平台债务管理的重点不是充分利用偿债能力,而是在其偿债能力范围之内确定适度的举债规模[①]。

以下将适度弥补市场失灵的政绩动机作为融资平台合理举债意愿的决定因素;市场失灵导致的投资动机缺失是市场本应提供却未能提供的对投资的回报,令政绩动机适度弥补这部分市场失灵所产生的举债意愿因此是合理的。具体地,私人企业投资决策时仅考虑资本对其自身带来的收益,不考虑融资平台举债投资对其他方面的外部性收益[比如,基础设施建设的溢出效应(傅勇与张晏,2007)]。地方政府官员基于 GDP 的政绩考核体系在一定程度上弥补了市场无法提供投资

---

① 赵红:《美国环境规制的影响分析与借鉴》,《经济纵横》,2006 年第 1 期,第 55—57 页。

动机的不足。

假定政绩动机 $e(\cdot)$ 适度弥补市场失灵所带来的投资动机缺失 $\tilde{e}(\cdot)$，$e(\cdot) = \tilde{e}(\cdot)$，使得融资平台发新债的净收益（比不发新债的净收益）更大的最小新债规模 $\hat{d}(\tilde{e}(\cdot))$ 满足：

$$d^2[tf''(\tilde{k}+q^*) + \tilde{e}''(\tilde{k}+q^*)]/4 - d = 0 \qquad (7.9)$$

融资平台债务管理的目标兼顾两方面，一方面满足融资平台合理的举债需求，另一方面避免对民间投资的"挤出效应"以及由此所带来的对资源配置效率的负面影响。在这样的考虑之下，适度举债规模为 $\hat{d}[\tilde{e}''(\tilde{k}+q^*)]$。审慎管理的目标是使融资平台举债规模与适度规模 $d^0 = \hat{d}[\tilde{e}(\cdot)]$ 接近。市场越完备（图 7.2 中从 E 点对应的市场失灵程度下降到 F 点对应的市场失灵程度），越能够充分运用融资平台偿债能力所提供的融资运作空间（图 7.2 中在偿债能力允许范围之内允许的举债规模从横轴的 G 点右移到 H 点）。

在这种经济情况下，放松期限约束不必然会带来适度规模 d^0 的增加。换言之，即使融资平台可以发行长期限的债务，甚至采用其他方法（比如，借新债还初始债务）延长债务期限，这并不意味着融资平台举债的适度规模可以增加。

（三）进一步讨论

以下就上述未涉及的问题作进一步讨论。

1. 最终债务的偿还

以上分析没有讨论第 2 期结束时融资平台债务的最终偿还问题。融资平台在最后一期不能举债。融资平台是否偿还债务，取决于违约的成本。假定如果融资平台偿还了 $\hat{d}(\hat{d} < d)$ 之后，即使违约未偿还其余债务 $(d - \hat{d})$ 的一部分，私人部门能够接受。如果最终债务当中没有被偿还的部分超过 $\hat{d}$，则给社会和政府带来的成本为 $z\hat{d}$，$z > 1$。融资平台偿还最终债务的意愿取决于激励条件，以下条件保证融资平台的违约成本大于其所欠的债务规模：

$$d \leq z\hat{d}, \quad z > 1 \qquad (7.10)$$

满足上述条件，融资平台为避免违约成本最后一期会偿还债务。现实当中，越是经济发达的地区，金融部门往往也较为发达。如果出现融资平台债务违约的现象，对该地区金融发展的负面影响也会较大，这些地区越是有愿意偿还债务。

2. 融资平台举债与产出增长之间的关系

融资平台举债会造成经济增长的假象，这部分增长是由融资平台举债"挤出"私人部门所带来的，并非是我们所应追求的增长。具体来说，如果融资平台不举新债,经济增长速度为零。零增长仅仅是由于不考虑生产率提高这一技术性假设所带来的,引入生产率因素不会影响以下主要结论。融资平台举新债,私人部门的投资被"挤出",导致第 1 期生产的资本偏少(资本边际产出大于 1),经济活动水平偏低;到第 2 期,新债务转化为资本,资本偏多(资本边际产出小于 1)。两期之间的经济活动水平从偏低到偏高,出现了经济增长,这是由融资平台举债所带来的。如果控制融资平台举债,对经济增速的影响是降低经济增速,所获得的是更为合理和真实的经济增长。

3. 放债方的理性

融资平台的债权人似乎缺乏有效机制来防止融资平台拒绝偿还债务(方红生与张军,2009),这与观察到的融资平台大量融资的行为相矛盾。债权人能够做的是,如果融资平台违约不偿还债务,债权人可以以后拒绝对其放债(Eaton and Gersovitz, 1981;Sachs, 1983)。

至于融资平台能否完全承诺偿还未来的债务,理论上有争议。从 20 世纪 80 年代末的情况来看,债务人可以与债权人对债务的偿还进行重新安排(rescheduled)①。涉及重新安排的债务按照较低的价格(较大的折扣)在市场上进行交易②。债权人需要承担部分损失。债务并没有失去所有的价值,政府实际上是部分地偿还了债务,部分地违约(Bulow and Rogoff, 1989)。政府债务人与债权人之间关于偿还债务的谈判有可能是双方可以讨价还价的持续过程。对政府违约不偿还债务的行为加以宽容,可能比严厉的惩罚更有好处。20 世纪 90 年代以来,发展中国家并没有大规模地违约,因此既没有引发严厉的惩罚(Eaton and Gersovitz, 1981;Sachs, 1983),也没有导致许多的债务重新安排(Bulow and Rogoff, 1989; Acharya and Rajan, 2011)。

结合我国情况,债权人知道融资平台债务人可能违约,可事实上融资平台仍然可以融到大量的资金。债权人认为政府债务人偿还债务的动机可以分为两类,"胡萝卜"和"大棒",一方面至少部分偿还债务可以继续融资,另一方面违约的政治成本过高。

简言之,融资平台大量举债说明,债权人一方面认为,融资平台债务人有足够的动机将其举债规模控制在其中长期税收支持的负债能力范围附近(有可能会突破中长期负债能力,但不会突破得特别过度);另一方面认为,融资平台及其地方政府将为完全违约支付很高的代价,以至于他们合理的做法是避免完全违约。

---

① 李胜文、李新春、杨学儒:《中国的环境效率与环境管制——基于 1986—2007 年省级水平的估算》,《财经研究》,2010 年 2 期。

② 王群伟、周德群、葛世龙、周鹏:《环境规制下的投入产出效率及规制成本研究》,《管理科学》,2009 年 6 期。

4. $t < t^*$ 的情况

如果税率小于式(7.4)中定义的临界税率($t<t^*$)。第1期受偿债能力限制，融资平台初始债务达不到 q^* 的水平，与偿债能力一致的初始债务水平为 $\hat{q}$ (图7.1上图)，偿债能力的约束条件带来了额外的资源配置扭曲(可以用 $q^* - \hat{q}$ 来衡量)。第2期，以往不利的偿债能力约束条件带来了好处，资源配置效率被提升了(效率改善的幅度同样可以用 $q^* - \hat{q}$ 来衡量)。偿债能力约束使得第1期的资本边际产出高于边际成本，而第2期的资本边际产出比较合理，接近资本的边际成本。

如果在没有偿债能力约束的情况下初始债务达到 q^* 的水平，第1期与第2期资源配置扭曲的程度分别为 $q^{**} - q^*$ 和 $q^* - \hat{q}'$。偿债能力约束使得 $\hat{q} < q^*$，导致第1期与第2期资源配置扭曲的程度分别为 $(q^{**} - q^*) + (q^* - \hat{q}) = q^{**} - \hat{q}$ 和 $(q^* - \hat{q}') - (q^* - \hat{q}) = \hat{q} - \hat{q}'$。简言之，偿债能力约束虽然没有在平均意义上改变资源配置扭曲程度，却带来额外的资源配置扭曲程度波动。

五、模拟结果

结合我国的情况，本节设定了模型的参数和生产函数特定形式，进一步给出了数值模拟结果。

(一) 参数设定

结合我国的数据特征，我们将生产函数设定为 $f(x) = \phi\sqrt{x}$。理由如下：根据马拴友(2000)测算，我国公共资本的产出弹性大约为0.55。本节模型中，我们将公共资本与民间资本一起放入生产函数；与公共资本0.55的产出弹性相接近，我们设定生产函数的资本产出弹性为0.5——$f(x) = \phi\sqrt{x}$。其中，$\phi > 0$ 代表生产率。假定外部性边际收益满足

$$e'(\bar{k} + q^*) = f'(\bar{k} + q^*) = 1$$

且
$$e''(\bar{k} + q^*) = 2h/\phi^2 \quad (h > 0)$$

除特别说明以外，税率为0.2。

(二) 特定生产函数形式下的模拟结果

假定生产率水平保证融资平台第2期有偿债能力，民间资本规模在上述生产率水平条件下保证融资平台第1期有偿债能力。图7.3和图7.5分别给出了当 $t = 0.2$ 和 $t = 0.1$ 时生产率、民间资本与融资平台偿债能力的模拟结果：

(1) 给定税率不变，融资平台举债规模越大，生产率应越高，否则融资平台第2期不具备偿债能力(图7.3沿实线与虚线)。

(2) 给定需要偿还的第2期债务规模不变，税率与生产率之间存在互补关系——税率较低时需要生产率水平高些(图7.3从 A 点到 A' 点)。

(3) 给定税率不变，生产率保持在融资平台能够偿还第2期债务的水平上。融资平台需要偿还的第1期债务规模越大，民间资本规模就需要越大(图7.5沿

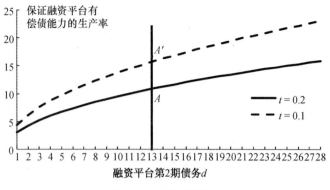

图 7.3 模拟结果(1)

实线与虚线)。

(4) 给定融资平台需要偿还的第 1 期债务规模,生产率保持在融资平台能够偿还第 2 期债务的水平上。税率与民间资本规模之间存在互补关系——税率较低时需要民间资本规模大些(图 7.5 从 B 点到 B' 点)。

特定地区的生产率和民间资本规模通常事先给定,在图 7.4 中分别对应 BB 与 CC 两条水平线($\phi = 10.84685$ 为 BB 线;$\bar{k} = 19.02832$ 为 CC 线)。BB 线与虚线交点在横轴上的对应点为该地区当前生产率条件下融资平台第 2 期能够偿还的债务规模(对应图 7.4 的 A 点,$d = 13$)。CC 线与实线交点在横轴上的对应点为该地区当前民间资本和生产率条件下融资平台第 1 期和第 2 期均能偿还债务时的新债规模(同样对应图 7.4 的 A 点,$d = 13$)。

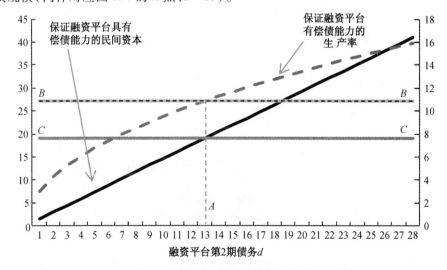

图 7.4 模拟结果(2)

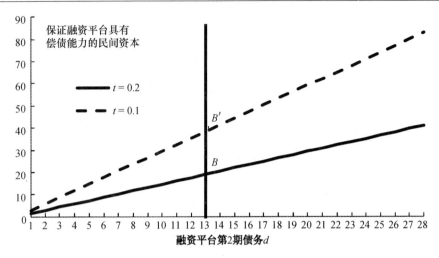

图 7.5 模拟结果(3)

在 $\phi=1$ 的情况下,图 7.6 给出了不同税率下 $e''(\cdot)$ 与 $\hat{d}[e(\cdot)]$ 的互补关系。外部性收益凸性 $e''(\cdot)$ 越大,融资平台选择发行新债需要达到的最小新债规模 $\hat{d}[e(\cdot)]$ 越小(图 7.6 沿实线与虚线)。当税率较低时,需要被抵消的生产函数凹性因素 $tf''(\cdot)<0$ 越不重要,这几乎等价于外部性收益凸性 $e''(\cdot)$ 增强[①],使得最小新债规模 $\hat{d}[e(\cdot)]$ 更小(图 7.6 实线在虚线的上方)。

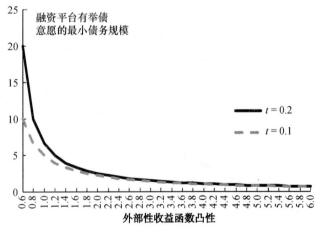

图 7.6 模拟结果(4)

---

① 汪克亮、杨宝臣、杨力:《中国省际能源利用的环境效率测度模型与实证研究》,《系统工程》,2011 第 1 期。

模拟结果印证了理论模型当中生产率、民间资本规模对融资平台偿债能力的影响。就偿债能力而言,税率与生产率、生产率与民间资本、税率与民间资本之间存在互补关系。就举债意愿而言,税率增加等价于外部性收益凸性 $e''(\cdot)$ 增强,外部性收益凸性 $e''(\cdot)$ 与 $\hat{d}[e(\cdot)]$ 之间存在互补关系。简言之,在考虑不同生产率水平、民间资本规模与外部性收益等因素的基础上,通过区分不同地区经济发展状况来确定融资平台举债的适度规模是必要的。

六、结论

政府财政力量长期内不应替代市场配置资源。本节所提出的融资平台举债适度规模与市场配置的长期主导作用相一致,是一种长期内合理的规模水平。为保障经济平稳运行,政府可在短期内对长期合理的融资平台举债水平有所偏离,这种偏离是有限的、暂时的和保障性的。基于上述短期的偏离,我们可能会发现地方政府在短期内越来越依赖外部融资,地方政府主导或绝对控制的组织在短期内越来越成为重要的投资主体,但这些均不应成为长期的变化趋势。

在融资平台信息披露与投资者保护不充分的背景下,融资平台举债所依赖的实质上是地方政府财政信用,实际上也就是中央政府的财政信用;为此,有关部门有必要加强对融资平台借用政府信用行为的管理,维护政府信用,尤其须防止融资平台举债出现扩张偏向。

融资平台的巨额举债体现了政府的融资优势,通畅的融资渠道进一步帮助政府成为经济发展重要的投资主体。资源配置的优化要求投融资机制必须最终以有效的市场机制为基础,而不是以政府投资为主体,否则,即使在本轮经济增速放缓结束之后,也不存在市场力量对政府扩张性投资的财政政策替代的可能。自 2010 年 10 月之后,面临国内外经济增长放缓的双重压力,实施的积极财政政策取得了较显著的短期增长效应;但正是由于市场机制条件的不充分,长期代价较高(刘伟,2012)。

以政府性债务支持的公共投资基本上属于财政支出政策的范畴。融资平台债务管理一方面需要配合财政政策的进退,另一方面也要清晰地界定融资平台债务自身的适度范围;两方面有时可能出现表面上的矛盾,但实际上并非完全不可协调。将政府性债务控制在适度范围之内,本身就是对财政政策的一种配合。

融资平台债务管理的重点之一是帮助财政支出政策在区域经济不平衡、产业结构不合理、公共投资不足等市场失灵的情况下发挥作用。从长期来看,地方政府须减少对融资平台举债的依赖程度。当市场经济自身出现正常的波动时,与其增加融资平台负债,不如深化市场化改革,完善市场机制,改善民间投资的环境,降低市场失灵程度。与其鼓励地方政府追求政绩,不如鼓励地方政府集中精力保护投资者、弥补市场失灵,提高市场化程度,为自主创新提供良好的环境,而不是追求短期的超常规增长。

第八章 环境规制与经济增长

改革开放 30 多年来,中国经济实现和保持了高速增长。随着经济规模的扩张和经济发展水平的提高,发展与环境的矛盾日益尖锐地显现出来。中国环境规划院发布的《中国环境经济核算报告》显示,中国生态退化成本高达 127.457 亿元,占当年 GDP 总值的 3.9%;美国耶鲁大学环境法律与政策中心指出,2010 年中国环境绩效指数只得 49.8 分,排第 121 名。党十八大报告中,提出要将生态文明建设和经济建设、政治建设、文化建设、社会建设"五位一体",统筹构建中国特色社会主义事业的总体布局,充分体现了党和政府对当前环境问题的清醒认识和治理决心。近几年来,中国政府实施了一系列改善环境污染,提高环境资源效率的措施,环境规制就是其中比较直接的方式之一。环境规制作为社会规制的一项重要内容,指由于环境污染具有外部不经济性,政府通过制定相应政策与措施对厂商等的经济活动进行调节,以达到保持环境和经济发展相协调的目标,具体包括工业污染防治和城市环境保护。[1] 为了评估环境规制的效果,相关学者定义了环境规制效率这个概念。环境规制效率也称环境管理效率或环境治理效率,是指国家在行使环境保护的公共管理职能、从事管理活动时所获得的环境效益同所投入的环境管理成本之间的比例关系[2](李胜文等,2010)。环境规制效率主要分为宏观和微观两个层次来理解,从宏观的角度讲,环境规制的效率体现在具体环境规制手段的实施是否带来社会利益层面的改善,主要表现为环境污染的降低,根据外部性理论,环境污染问题的解决,从根本上讲还是成本与收益的比较,只有当从实施环境规制政策中获得的社会收益大于社会成本时,才意味着政府的规制政策是有效率的;从微观的层面来讲,环境规制的绩效主要表现在有利于规制主体的生产率的提高、投资密度的加强、利润率的增加以及竞争力的整体改善上。

本章在论述环境规制的相关概念及我国的环境规制发展现状及问题的前提下,分宏观和微观两个层次探讨环境规制效率,在宏观层面上,环境规制效率主要

---

[1] 李静、饶梅先:《中国工业的环境效率与规制研究》,《生态经济》,2011 年第 2 期。
[2] 沈能:《环境效率 行业异质性与最优规制强度——中国工业行业面板数据的非线性检验》,《中国工业经济》,2012 年第 3 期。

表现为环境效率,为了主要全面且正确地评估中国目前环境规制下环境污染对经济效率的影响,全面观察、科学分析、准确判断当前环境形势,因此,本章分区域、行业、重点行业三个方面对中国目前的环境效率展开多方法、多角度、多层次的测量与分析;与此同时,由于环境规制提高了企业的治污成本,与此同时可以刺激企业寻求技术革新,帮助企业通过技术提高企业绩效。为此,为了分析企业在考虑了环境因素后,能否发挥技术跳跃带来的后发优势和低环境成本,有效提高企业绩效,还对环境规制对微观企业绩效的影响进行了分析与研究。

第一节　环境规制理论基础及中国发展现状

作为政府规制的一种,环境规制在环境治理中占据着重要的地位。环境规制可以有效地解决环境中的"外部性"问题,通过对规制政策的运用,将"外部性"内部化;通过帕累托效率的有效改进,实现社会福利的最大化;通过将命令控制型和市场激励型环境规制政策以及生态补偿机制的有机结合,保证社会各相关利益主体环境权的真正落实,并将环境污染水平控制在一定的总量下,以最小的成本实现环境保护的目标,促进对生态环境的持续利用。对环境规制激励机制的合理设计,可以提高环境资源的配置效率,解决规制中信息不对称的现象,激励企业主动进行污染削减,促进企业提高资源环境的利用效率。完善的环境规制政策可以促进社会公众的广泛参与,为建设资源节约型、环境友好型社会提供有力的支撑和保证。

一、环境规制相关概念及手段

起初,环境规制被简单地理解为政府出于对公共利益或某一经济体的利益以及产业战略的考虑以非市场手段对环境资源利用的直接调控,内容包括禁令、非市场转让性的许可证制等。随后,由于环境税、补贴、押金退款、经济刺激手段的运用,实际效果赋予了这些手段环境规制的功能,但依照原始定义,它们却不属于环境规制范畴。因此,学者对环境规制的含义进行进一步修正,概括为政府对环境资源利用直接和间接的干预,外延上除行政法规外,还包括经济手段和利用市场机制政策等。20世纪90年代以来,生态标签、环境认证、自愿协议的实施,使人们遭遇同样的困惑,学者们进行反思和探讨,环境规制的含义最终再次被修正,在外延上,除了命令—控制型环境规制、以市场为基础的激励性环境规制外,又增加了自愿性环境规制。

总的来说,目前环境规制是指政府为了尽可能地把环境污染带来的外部不经济性降低到最适水平,以达到环境保护和经济可持续发展的目标,并针对社会边际成本和厂商边际成本之间的差异,通过制定相应的法律、政策与规章,运用价格和数量工具等,对厂商及其他造成环境污染的经济活动进行调节。目前政府的环境规制手段众多,主要有行政手段和经济手段。前者主要是各类环境标准和强制执行的规章;政府环境治理的经济手段是指政府运用市场机制,以经济刺激的方式来影响当事人环境行为的政策。其主要表现形式包括排污税(费)、补贴、排污权交易等。另外,环境披露和环境教育也是环境规制的重要手段。

(1) 环境税。环境保护税是指在税收体系中与环境资源利用和保护有关的各种税种和税目的总称,这种观点所指的环境保护税是环境污染税、自然资源税以及有利于环境保护的其他税收手段的总称。其是将环境污染和生态破坏的社会成本,内化到生产成本和市场价格中去,再通过市场机制来分配环境资源的一种经济手段。部分发达国家征收的环境税主要有二氧化硫税、水污染税、噪声税、固体废物税和垃圾税5种。2011年12月,财政部同意适时开征环境税。但面对日趋严峻的生态环境问题,较之于社会经济可持续发展战略和我国经济社会全面协调发展的客观要求略显滞后,存在一定差距。从实际操作来看,我国目前的环境税收政策还存在以下几个方面的不足:环境税缺位,现有税种作用发挥有限,排污费使用效率低下,未实现资源的优化配置,征收标准不统一,税负失衡,现有环境税收措施比较零散、不系统。

(2) 排污收费。排污费又称为庇古税,排污收费是世界各国在环境保护中最为通用的一种经济手段,是针对排污者向空气、土壤和水排放废弃物或产生噪声而征收的费用,使其污染的外部不经济性内部化。排污收费是对生产过程的收费,收费数额同排放的污染物的数量、质量和对环境造成的损失有关。虽然在刺激企业采用新技术方面,与可交易污染许可证、排污收费及排放补贴具有相同的优势,但是如果考虑技术扩散及促使监督机构改革,排污收费被认为是最有可能使福利最大化的选择。但是目前我国的排污收费制度仍然存在一些问题,首先排污收费标准偏低,刺激减排力度不够;其次监管成本高,不能有效监控排污量;再次收费项目不全,不能全面发挥排污收费的经济杠杆作用;最后在排污费征收和使用管理上忽视诱导机制的运用。

(3) 排污权交易。排污权交易(pollution rights trading)是指在一定区域内,在污染物排放总量不超过允许排放量的前提下,内部各污染源之间通过货币交换的方式相互调剂排污量,从而达到减少排污量、保护环境的目的。它的主要思想就是建立合法的污染物排放权利即排污权(这种权利通常以排污许可证的形式表现),并允许这种权利像商品那样被买入和卖出,以此来进行污染物的排放控制。排污权交易制度起源于美国,20世纪90年代我国引入排污权交易制度,并于2007年11月10日在浙江嘉兴挂牌成立第一个排污权交易中心,标志着我国排污权交易逐步走向制度化、规范化、国际化。但是排污权交易也存在一些问题:首先排污权交易不是一种真正的市场交易机制,排污权交易存在带来地区环境污染隐形转嫁的可能;其次排污权交易不符合可持续发展原则,总量控制下的排污权交易有着更深层次的意识冲突;最后政府部门在政策执行与管理上的不到位。

(4) 环境补贴。在促进生态环境保护的经济手段中,补贴是作为税收的反面为解决环境问题提供激励的,也就是给对环境具有正外部效应的活动以补偿。环境补贴有狭义和广义之分,狭义的环境补贴可以理解为逆向的环境收费,为从一定的基准水平开始,污染者每削减一吨排污量,政府就支付一定数额的费用,作为对其削减排污量的奖励。广义的环境补贴还包括对有利于环境的科研项目、企业项目等进行的资助或奖励。很多国家在环保政策上对补贴的应用相当灵活。例如,提供资助、贷款、加速折旧、再投资退税、延期纳税、减免税收等。我国目前的环保补贴形式主要有直接补贴和减免税,但优惠涉及的品种较少,范围较窄,导向性不明显,所起的调控作用很有限。

(5) 环境信息披露。环境信息披露,或称环境信息公开,是指拥有相关环境信息的主体,以维护人类可持续的、健康的生存发展环境为目的,依法将其掌握的环境信息以相应形式向公众或有环境信息需求的客体公布的做法。当前以环境信息披露为特点的政策工具主要有信息公开计划或项目、自愿环境协议、环境标签、环境认证四类。环境信息披露分为政府环境信息披露和企业环境信息披露两个层面。环境信息公开的手段是多种多样的。根据其公开的主体可以分为政府环境信息公开、企业环境信息公开和其他形式环境信息公开。企业环境信息披露内容包括企业强制性披露信息与自愿披露信息、企业生产阶段的信息和其他阶段的信息。

二、环境规制理论研究现状

在环境规制研究领域,发达国家的环境规制研究明显早于我国,国内学者最初的研究大多是在借鉴国外研究的基础上完成的。国内在环境规制理论上的研究主要集中在两个领域:在环境规制的理论依据领域主要围绕外部性、信息不对称、公共物品的方面展开。在环境规制体制研究领域主要集中于三个方面:一是环境规制体制方面,二是环境规制者规制方面,三是环境规制者与被规制者之间关系方面;此外,在环境规制效率方面并不多的学者的研究主要停留在指标体系的构建上,而并未进行一些相关实证分析。

总的来说,国内对环境规制理论的研究尚处于起步和摸索阶段,研究的方向也主要集中于环境规制改革的宏观研究、规制主体的行为研究以及规制政策研究方面。在政府环境规制体制的研究方面国内的研究仍然是以介绍和评价国外理论为主,结合我国国情并推出新观点的研究相对较少。鉴于国内研究现状,我们认为当前我国的环境规制理论研究还可在三个方面加以深化:一是研究如何使环境规制体制如何更有效率地运行,研究的关键主要在于环境规制的决策和监督机制设计;二是研究环境规制主体的问题,研究的关键在于如何使规制主体更好地发挥自己的职能,提高规制运行的效率;三是研究环境规制制度的执行问题,研究的关键在于地方政府环境影响评价制度、企业进入和运行中的监督制度、危机处理和退出机制等。

环境规制作为一种政府行为,在研究其对环境效率的影响时需要通过一些实际的替代变量进行分析,例如构建行政垄断指数作为规制强度的替代变量。杨淑云(2010)通过研究行政垄断电价对能源效率的影响,得出由于能源流动的"省间壁垒"造成能源的配置效率低下的结论,并指出要纠正这种低的配置效率仅通过市场的作用是难以实现的。杨骞(2010)在借助前人构建的地区行政垄断指数基础上,从理论与实证两个方面证明了行政垄断阻碍了能源效率的提高,认为应该打破地方政府对市场的干预,尤其是能源效率偏低的地区,通过恢复能源要素的自由流动,来提高能源利用效率。

此外,还有一些学者从具体制度角度对环境规制的作用进行了分析。魏楚(2010)认为政府在进行节能减排目标制定时,存在"一刀切"的情况,这将不利于环境效率的改善。他认为应该根据实际情况,考虑地区的差异,分为区域层面和行业层面进行深入分析。仲伟周、王军(2010)指出由于我国的官员考核制度,赋予经济增长指标的权重加大,忽视了环境因素,而各地倾向于发展第二、三产业尤其是重工业这种能够快速带来回报的高耗能产业,使得能源利用效率整体较低。虽然地方政府也推出一些鼓励能源技术发展的研究、交流等活动,但实际效果和强度并不明显,需从收支两方面激励能源效率的提高。

具体到环境规制对于环境资源效率的研究,则分为区域层面和产业层面进行,且并没有得到统一的结论。王群伟等(2009)分析了能源效率之后,通过计算不同的环境规制条件下的生产成本,发现环境规制程度越高,经济潜在产出越低。白雪洁等(2009)使用三阶段 DEA 方法计算了在不同规制强度下火电行业的能源效率,发现环境规制可以提高能源效率并促进技术创新,对火电行业的能源效率存在正向激励作用。万伦来等(2010)分析了环境规制、经济发展水平、产业结构和 R&D 投资强度与能源利用之间的关系,得出了环境规制促进了能源效率提高的结论。

三、中国环境规制发展及现状

经过 30 多年的发展,现行的环境规制体制对于加强我国的环境保护工作起了非常重要的作用,环境规制工作取得了一定的效果,主要污染物排放强度也有所下降,污染处理能力得到了提高。我国的环境规制主要由进入规制、数量规制和环境规制监督体系几部分构成,全方位为我国的环境规制提供方法保障。

(一) 我国环境规制的历史分析

新中国成立以后,工业化大规模展开,污染问题初显,但政府没有建立专门的环保机构。随着经济发展,环境问题越来越引起人们的重视。尤其是改革开放之后,随着我国加速的经济增长,环境污染也呈加剧之势,而在乡镇企业兴起之后,环境污染又进入了农村。1979年3月,政府颁布的《中华人民共和国环保法(试行)》标志着我国环保事业的全面展开。1984年5月,国务院决定成立国务院环保委员会,同年12月批准将城乡建设环保部环保局改为国家环保局。1989年,《中华人民共和国环保法》的颁布实施,确立了我国现行的环境规制体制是统一监管与分级分部门规制相结合的体制。此后又根据各个具体污染物相继颁布了一系列法规制度。

20世纪90年代中期以后,随着我国工业化进程的加速和经济发展水平的进一步提高,环境治理压力增大,我国的环境规制进入了深化发展阶段。国务院自1996年开始出台了一系列环境法律法规,明确了可持续发展战略的重要性。1998年国务院机构改革中将国家环保局升格为部级的国家环保总局。进入21世纪后,胡锦涛提出了科学发展观、构建和谐社会的重要思想,把建设"资源节约型、环境友好型"社会作为长期的战略任务。环境规制对于我国经济长期稳定增长的关键作用被日益重视。如表8.1所示。

表8.1 我国环境规制发展历史演变

不同时期	体制形成时间	形成阶段	机构设置	机构职能
单一计划经济时期	1972—1978年	起步阶段	临时机构设置(国务院环境保护领导小组)	国务院环境保护领导小组负责环保、监督环保
	1979—1981年	初创阶段	专门机构设置(国务院环境保护机构)	国务院环境保护机构负责环保、监督环保
过渡转型经济时期	1982—1987年	调整阶段	环境保护局(撤销环境保护领导小组,成为城乡建设环境保护部下属)	制定政策、负责环境保护问题、监督环境、贯彻法规
	1988—1992年	确立阶段	国家环境保护局(副部级)(从城乡建设环境保护部独立)	国务院环境保护机构,负责环保和监督环境

(续表)

不同时期	体制形成时间	形成阶段	机构设置	机构职能
现代市场经济时期	1993—1997年	发展阶段	国家环境保护局(副部级)(各省、自治区、直辖市均设置了人民政府环境保护厅)	对本辖区的环境保护工作实施统一监督管理
	1998年—至今	完善阶段	国家环境保护总局(正部级)环境保护部	环境执法监督为基本职能,加强了环境污染防治和自然生态保护两大管理领域的职能

资料来源:鲜于玉莲:《中国环境规制体制改革研究》,辽宁大学博士学位论文,2010。

(二)中国环境规制制度演进

我国环境规制的制度演进主要有三个阶段,初期简单直观地以命令与控制政策为主的规制阶段,通过市场激励信号诱导企业在生产经营过程中主动实现环境控制目标的经济激励政策推广应用阶段,以及通过信息技术鼓励群众参与的政策创新阶段。这三个阶段完善了我国的环境规制制度建立,并有着各自不同的发展特点。

第一,以命令与控制政策进行规制阶段,是指政府通过立法或制定行政部门的规章制度来确定环境规制的目标和标准,并以行政命令的方式要求企业遵守,对于违反相应标准的企业进行处罚。我国现行的具有这种特色的环境规制制度主要有以下四项:1973年第一次全国环保会议上通过的《关于保护和改善环境的若干规定(试行草案)》最早规定了"三同时"制度,规定新扩改项目和技术改造项目的环保设施,必须与主体工程同时设计、同时施工、同时投产使用的制度。1979年,《中华人民共和国环保法(试行)》首次规定了环境影响评价制度,按照一定的理论和方法,对大型工程建设、规划等项目实施后可能给环境造成的影响进行事先预测,再依据预测结果对当地环境质量做出评价,并提出防止或减少环境损害方案的工作过程。这种做法被法律强制规定为指导人们进行开发活动的必须行为。1989年《环境保护法》提出了限期治理制度,各级政府对造成环境问题的相关单位,发布限期治理的决定命令,是一种具有强制性的行政处理制度。2004年颁布的《关于开展排污许可证试点工作的通知》,开始向全国推出了排污许可证制度,使其成为反映企业环境责、权、利的法律文书和凭证,并将排污许可证作为环保行政主管部门和排污者之间的重要纽带。

第二,经济激励政策推广应用阶段,通过市场信号为企业提供经济激励,引导企业在追求自身利益的过程中实现污染控制目标。在我国,经济激励政策主要包括环境税费、押金返还以及可交易许可证三类。

环境规制实践中的典型应用之一就是环境税费。根据征收对象不同,环境税费可以分为排污税费、使用者税费和产品税费三种。我国于1979年、1982年和2002年先后通过了关于排污费征收的一系列管理办法和管理条例,逐步加大了排污费征收力度。押金返还政策是在使用者购买可能会对环境造成污染的商品时,对其征收一定数额的押金,当商品被交送到指定地点回收时,再将押金返还给交送者。押金返还制度鼓励企业使用低污染的替代原材料以摆脱押金返还政策的限制,是一种企业实现自动减少污染的有效途径,并进一步节省了监督成本。可交易许可证是政府通过界定排污的权利,并允许进行权利的市场交易来实现治污资源的最优配置的政策。可交易许可证价格是由市场形成的,从而提高了资源配置效率,不但节省了与信息有关的成本,而且保证了定价的准确性。

第三,随着电子信息技术的发展,通过信息技术鼓励群众参与的政策创新阶段也成为我国环境规制的重要手段之一。我国主要通过信息公开计划、自愿环境协议、环境认证以及环境听证制度四种途径完成我国的以信息手段和公众参与为特色的政策创新阶段的建立。

信息公开计划或项目主要针对公司,由政府部门组织实施。政府部门在搜集和处理公司的相关信息后将其公开,或以信息为基础对公司评级并将评级结果公开,激励企业改善环境绩效。自愿协议指企业承诺自愿达到比法律或政策要求水平更高的环境绩效。山东省政府与济南钢铁集团总公司和莱芜钢铁集团有限公司于2003年4月签署了我国第一份自愿性环境协议,两企业承诺3年内节能100万吨标准煤。

环境认证是对公司的管理程序和管理结构进行认证,我国从1999年开展创建ISO 14000国家示范区活动。目前我国有ISO 14000国家示范区28个,其中大部分是工业开发区和高新技术开发区。同时,1995年我国环境标志工作从无到有逐步得到发展,有环境标志的产品的种类和数量不断扩大,我国高度重视"环境标志产品认证"工作。环境听证制度于2004年开始在我国实施。2002年通过的《环境影响评价法》,2004年7月1日施行的《环保行政许可听证暂行办法》,2006年2月颁布的《环境影响评价公众参与暂行办法》都对我国环境听证制度的建立起到了很大的作用。

(三) 我国环境规制体制体系构成

经过30多年的发展,现行的环境规制体制对于加强我国的环境保护工作起了非常重要的作用,环境规制工作取得了一定的效果,主要污染物排放强度也有所下降,污染处理能力得到了提高。我国环境规制始于20世纪70年代,从无到有发展至现在,主要由进入规制、数量规制和环境规制监督体系几部分构成,全方位为我国的环境规制提供机制保障。

我国目前对排污企业采用的进入规制主要是环境影响评价制度和"三同时"制度。环境影响评价制度就是环境规制部门在企业项目投资上马之前,对企业上报项目进行环境影响的初步评价,对于未作环评或环评不合格的项目禁止上马。在环境影响评价合格之后,企业在项目的初建期要保证建设项目环境保护设施的同时设计、同时施工、同时投产使用,即实行"三同时"制度。自1996年以来,全国共有146多万个建设项目执行了环境影响评价制度,63多万个新建项目执行了"三同时"制度,环评执行率和"三同时"执行率分别达到99.3%和96.4%,"三同时"合格率达到95.7%。

我国目前实行的数量规制方法结合了总量与浓度控制,即要求企业在一段时间内的排污总量不能超过一定的限额,同时在任何情况下也不能超过一定的浓度。在具体的实践中,以直接规制方法为主,即规定污染物的排放标准,以行政手段强制要求各企业"达标",同时,也采用部分间接规制方法,其中在全国范围内全面实施的有排污收费和补贴两种,其他多为试点。如表8.2所示。

表8.2 数量规制直接方法

规制方法	管理对象	实施区域
限期治理	老污染源	包括点源于流域污染排放
关停并转	老污染源	环境欠债多的企业
以新代老	老污染源	通过新技术使技术改造或扩建后排污量削减或保持总量不变
排污申报	所有排污单位	全国所有排放污染单位所有污染物

环境质量监督体系主要是对排污状况进行检查方面,主要通过内部监察和外部检查两种办法,同时鼓励公众进行监督。内部检查是企业自行对自己的排污状况进行监测调查,然后通过网络将自身排污状况层层上传给环境监测部门,最后在国家环境监测总站汇总,从而对各企业的排污状况进行初步的了解。外部检查则要包括监察部门检查和监测部门监测。监察部门检查以定期或不定期的方式进行,全国范围内开展地表水、空气、生态、水生生物、土壤、噪声、海洋、辐射等方面的监测。公众对环境的监督主要是通过信访的方式进行的。对可能造成不良影响的规划或建设项目,主要通过举行论证会、听证会或采取其他形式,征求有关单位、专家和公众对环境影响评价报告书的意见。近些年,我国公众逐步提高了对环境的监督力度。

(四)我国环境规制投入情况分析

1. 我国环境规制投入情况分析

第一,资金投入。新中国成立 60 多年,环境污染治理投资总额逐年增加,投资占 GDP 比重稳步提高,充分体现了我国环境保护事业发展壮大。20 世纪 80 年代初期,全国环保治理投资每年为 25 亿—30 亿元,约占同期国内生产总值(GDP)的 0.51%;到 80 年代末期,投资总额超过 100 亿元,占同期国民生产总值的 0.60% 左右;2000 年,投资总额达到 1 010.3 亿元,占同期国民生产总值的 1.02%,首次突破 1%;2010 年,全国环境污染治理投资总额达 6 654.2 亿元,是 1981 年 25 亿元的 266 倍,占同期国内生产总值的比重为 1.66%;2011 年的投资虽有所下降,但还是达到了 6 592.8 亿元,占到同期国内生产总值的 1.4%。图 8.1 反映了我国"十五"规划以来每年环境污染治理投资总额变动情况。

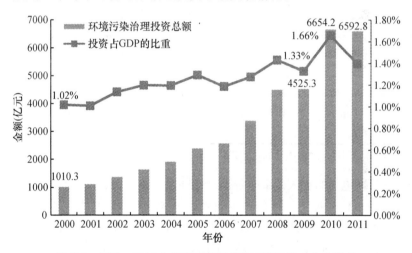

图 8.1　2000—2011 年我国环境污染治理投资资金变化情况

资料来源:中国国家统计年鉴及中国环境统计年鉴。

第二,人员投入。我国在加大资金投入的同时,也增加了环保机关、监察机构和监测站的人员投入。从表 8.3 中可以明显看出,从 2001 年开始,监察机构人员占环保人员的比重从 26.6% 上升到 2010 年的 32.2%,成为投入人员最多的环保部门。截至 2010 年,全国环保系统机构总数为 12 849 个,各级环保行政机构 3 175 个,各级环境监察机构 3 060 个,各级环境监测机构 2 587 个。全国环保系统共有 19.4 万人。其中,环保机关人员 4.6 万人,环境监察人员 6.2 万人,分别占环保系统总人数的 23.7% 和 32.0%。

表 8.3　环保机关、监察机构、监测站年末实有人员情况

年份	年末实有人数(人)	环保机关		监察机构		监测站	
		实有人数(人)	占本级环保人员总数的比例(%)	实有人数(人)	占本级环保人员总数的比例(%)	实有人数(人)	占本级环保人员总数的比例(%)
2001	142 766	39 175	27.4	37 934	26.6	43 629	30.6
2002	154 233	40 709	26.4	41 878	27.2	46 515	30.2
2003	156 542	40 598	25.9	44 250	28.3	45 813	29.3
2004	160 246	42 134	26.3	47 189	29.4	45 849	28.6
2005	166 774	44 024	26.4	50 040	30.0	46 984	28.2
2006	170 290	44 141	25.9	52 845	31.2	47 689	28.2
2007	176 988	43 626	24.6	57 427	32.4	49 335	27.9
2008	183 555	44 847	24.4	59 477	32.1	51 753	28.3
2009	188 991	45 626	24.1	60 896	32.2	52 944	28.0
2010	193 911	45 938	23.7	62 468	32.0	54 698	28.2
国家级	2 584	309	12.0	415	16.1	154	6.0
省　级	12 427	2 461	19.8	1 078	8.7	2 990	24.1
地市级	42 462	8 633	20.3	9 180	21.6	15 697	37.0
县　级	129 284	34 535	26.7	51 795	40.1	35 857	27.7

资料来源:《2010年中国环境统计年报》。

2. 我国环境规制投入效果分析

第一,主要污染物排放对GDP的贡献。中国的环境规制体系经历了从起步到完善的过程,经过30多年的发展,现行的环境规制体制对于加强我国的环境保护工作起了非常重要的作用,环境规制工作取得了一定的效果,主要污染物排放强度也有所下降,污染处理能力得到了提高。

从表8.4所示内容中可以看出,我国主要污染物排放在近几年得到了很大的控制。1992—2010年,中国经济总量扩大了5.9倍,但工业废水和二氧化硫排放量分别仅增长1.1%和43%,化学需氧量和工业固体废弃物排放量分别降低了38%和80%。2010年,全国化学需氧量和二氧化硫排放量比2009年分别下降3.1%和1.3%,废水中氨氮排放量120.3万吨,比上年减少1.9%。全国新增城市污水处理能力1854万吨/日,工业用水重复利用率85.7%,比上年提高0.7个百分点。

表 8.4 2000—2010 年主要污染物排放强度

年份	废水（亿吨）	化学需氧量（万吨）	氨氮（万吨）	二氧化硫（万吨）	烟尘（万吨）	工业粉尘（万吨）	工业固废（万吨）
2001	433.0	1 404.8	125.2	1 947.8	1 069.8	990.6	2 894
2002	439.5	1 366.9	128.8	1 926.6	1 012.7	941.0	2 635
2003	460.0	1 333.6	129.7	2 158.7	1 048.7	1 021.0	1 941
2004	482.4	1 339.2	133.0	2 254.9	1 094.9	904.8	1 762
2005	524.5	1 414.2	149.8	2 549.3	1 182.5	911.2	1 655
2006	536.8	1 428.2	141.3	2 588.8	1 088.8	808.4	1 302
2007	556.8	1 381.8	132.4	2 468.1	986.6	698.7	1 197
2008	571.7	1 320.7	127.0	2 321.2	901.6	584.9	782
2009	589.7	1 277.5	122.6	2 214.4	847.7	523.6	710
2010	617.3	1 238.1	120.3	2 185.1	829.1	448.7	498

资料来源：《2010 年中国环境统计年报》。

在考虑到中国的经济增长以后，每万元 GDP 的主要污染物排放强度可以从一定程度上反应中国的环境效率。从表 8.5 的分析中可以看出，2000—2010 年，我国各项主要污染物的排放强度都得到了较好的控制，每万元 GDP 的污染排放都有所降低。到 2010 年，每产生 10 000 元 GDP，共排放废水 15.39 吨和二氧化硫 0.0054 吨，分别相当于 2000 年的 37% 和 27%；产生工业固废 0.0012 吨，比上年同比下降 40.47%，仅相当于 2000 年的 4%。

表 8.5 2000—2010 年主要污染物排放强度　　单位：吨/10 000 元 GDP

年份	废水	化学需氧量	氨氮	二氧化硫	烟尘	工业粉尘	工业固废
2000	41.8500	0.0146	—	0.0201	0.0117	0.0110	0.0321
2001	39.0700	0.0128	0.0011	0.0178	0.0097	0.0090	0.0264
2002	36.5200	0.0114	0.0011	0.0160	0.0084	0.0078	0.0219
2003	33.8700	0.0098	0.0010	0.0159	0.0077	0.0075	0.0143
2004	30.1700	0.0084	0.0008	0.0141	0.0068	0.0057	0.0110
2005	28.6500	0.0077	0.0008	0.0139	0.0065	0.0050	0.0090
2006	24.8157	0.0066	0.0007	0.0120	0.0050	0.0037	0.0060
2007	20.9473	0.0052	0.0005	0.0093	0.0037	0.0026	0.0045
2008	18.2044	0.0042	0.0004	0.0074	0.0029	0.0019	0.0025
2009	17.3183	0.0038	0.0004	0.0065	0.0025	0.0015	0.0021
2010	15.3863	0.0031	0.0003	0.0054	0.0021	0.0011	0.0012

资料来源：2000—2005 年数据来自刘研华（《中国环境规制改革研究》，辽宁大学博士学位论文，2007）整理的 2000—2005 年主要污染物排放强度（见《2005 年环境统计年报》）；2006—2010 年数据根据每年的环境统计年报、国家统计年鉴搜集整理计算获得。

从主要污染物排放总量及每万元GDP污染物排放情况两个方面来看,都在一定程度上反映了我国环境效率的提升,而这与我国持续推进的环境规制改革是分不开的。正是由于环境规制的持续推进,以及人们对于可持续发展的不断重视,才使得我国的环境污染问题得到了一定程度的控制并取得阶段性成果。

第二,环境利用效率变化。可持续发展的另一个方面就是"变废为宝",在控制污染物排放的同时,提高废物利用率也体现了环境资源效率的提升。从表8.6反映的我国几个主要污染物的利用率和达标率变化发现,我国的废物回收利用率在这10年间得到了较快的提高。固废综合利用率由2001年的52.1%提升到2010年的66.7%,为我国固废污染物排放的降低起到了巨大作用,城市生活垃圾无害化处理率以及城市污水处理率2010年相对2001年分别提升了33.85%和126.10%,这也从侧面体现了我国环境治理投资中对于城市基础设施投入的效果。

表8.6 2001—2010年我国主要污染物利用达标率

年份	固废综合利用率(%)	城市生活垃圾无害化处理率(%)	工业废水排放达标率(%)	工业SO_2排放达标率(%)	城市污水处理率(%)
2001	52.1	58.2	85.2	61.3	36.4
2002	51.9	54.2	88.3	70.2	40.0
2003	54.8	50.8	89.2	69.1	42.1
2004	55.7	52.1	90.7	75.6	45.7
2005	56.1	51.7	91.2	79.4	52.0
2006	60.2	52.2	90.7	81.9	55.7
2007	62.1	62.0	91.7	86.3	62.9
2008	64.3	66.8	92.4	88.8	70.2
2009	67.0	71.4	94.2	91.0	75.3
2010	66.7	77.9	95.3	97.9	82.3

(五)我国环境规制体制存在的问题

在各个不同的历史阶段,不同的环境规制体制都曾产生过一定的积极影响,但是伴随着政治、经济体制改革的不断深化,原有的环境规制体制的弊端越发突出。改革现有的环境规制体制以使其不断地适应市场经济和社会的需要已经成为今后环境规制体制建设的首要任务。

针对目前我国的环境规制体制,理论界学者们从不同的角度归纳、分析了中国环境规制体制存在的问题。他们的观点可归纳为以下三点:首先是在单一的计划经济条件下,传统的"自上而下"集权式环境规制模式在一定程度上避免了由于市场失灵所导致的环境问题,在资源匮乏的条件下能够集中有限的资金和精力将其投放于政府环境规制上,节省环境规制费用。但是伴随着经济体制的不断完善与市场经济的发展,集权式环境规制体制的弊端开始日益凸显,表现出一系列不适应信息化时代环境治理要求的地方。其次是中国目前尚未真正形成"统一监督管理与分级、分部门管理相结合"的规制机构模式。再次是环境规制体制的关系可以分为横向关系和纵向关系两种,目前在横向关系上不同部门之间存在扯皮现象,在纵向关系上又普遍监督不力。综合以上观点,我们认为中国的环境规制体制仍旧是一种"自上而下"集权式的规制机构模式。就中央和地方环境规制的机构来看,地方环境规制机构仍然处在一切听从上级指令的状态,地方环境规制机构缺乏实质的决定权,而这种体制的主要问题可以归纳为两个方面:

第一,"自上而下"集权环境规制机构模式无法满足经济发展与市场经济建设的需要,在资源开发与经济发展的过程中,许多地区忽视了环境污染的预防和治理因而产生了一系列严重的环境污染,但是面对各种亟待解决的环境问题,上级政府缺乏对地方实际情况的了解,下达的一系列环境规制政策缺乏其应有的针对性。这种传统的集权式环境规制模式已经无法满足经济发展的要求,它不仅会产生高额的规制成本,耗费漫长的制定周期,更重要的是它无法有针对性地解决环境规制过程中的问题,缺乏政策应用的针对性。

第二,"统一监督管理与分级、分部门管理相结合"规制理想尚未实现。尽管"统一监督"将有利于对环境问题进行管理,但是就现状而言难以得到统一监督的目标。各级机构之间是下达命令与执行命令、监督与被监督的关系,而各部门是环境规制的不同责任部门,它们之间存在不同的利益,容易产生矛盾冲突,因此更加难以实现"统一监督管理与分级、分部门管理相结合"的目标。

第二节 环境规制效率的宏观影响机制:环境效率的测算

由于环境规制的手段不同,其不同手段对于环境的实际影响也存在着一定程度上的差异。在中国现行环境规制发展下,中国的环境资源效率受到了怎样的影响,是一个十分有意义的问题。本节将从环境效率的测算入手,并分别从区域、产业及具体行业的不同角度入手,分析得出环境规制下中国环境效率现状。

一、环境规制效率与环境效率的相关性分析

环境效率是在既定的技术水平、普通投入和产出保持不变的条件下,可以实现的最小化有害投入数量与目前的有害投入数量之比(Reinhard 等,1999,2000)。环境规制对环境效率的影响是把"双刃剑",环境规制对环境效率所产生的综合效果存在不确定性。目前进行这方面研究的学者并不多。

其中,大多数学者认为环境规制导致环境效率下降,但具体的分析方式和研

究对象不同。王群伟等(2009)①将环境因素纳入到具体的投入产出分析框架,对中国28个省、自治区、直辖市的投入产出水平和不同环境规制下的成本问题进行研究,发现中国各地区总体的环境效率和经济效率普遍偏低,差异也较大,环境污染和经济发展水平的综合效率与环境效率变化趋势基本一致,严格环境规制下的成本明显高于一般环境规制下的成本,且两者都具有明显的上升趋势。魏楚(2010)认为政府在进行节能减排目标制定时,存在"一刀切"的情况,这将不利于环境效率的改善。他认为应该根据实际情况,考虑地区的差异,分为区域层面和行业层面进行深入分析。李伟娜(2011)从行业层面分析了环境规制对环境资源效率的影响。她通过测算制造业在考虑环境污染下的能源效率,同时采用脱硫设施作为环境规制的度量,得出环境规制可能造成环境效率下降的结论。汪克亮等(2011)②将"环境规制"思想引入中国能源环境效率的研究框架,其研究发现2000—2007年中国各省份由于环境规制导致的平均效率损失为7.72%,年均环境规制成本达到11544.61亿元,无环境规制下的潜在GDP总量是环境规制下的1.0742③倍。李静等(2011)引入方向性环境距离函数模型来分析非期望产出问题,选取相应指标对我国各省份在四种环境管制政策,即弱可处置性(环境管制弱)、强可处置性(环境管制强)、GDP:污染=3:1以及GDP:污染=1:3时的环境效率状况进行了测算,运用Tobit模型分析了各种环境影响因素对效率值的作用机理,其研究发现环境管制变强会导致环境效率水平下降,但会随区域经济水平不同而下降的值不同,经济水平越高下降越大;同时东部地区和中部地区在GDP:污染=3:1情况下的环境效率的值要高于在GDP:污染=1:3的情况下的效率值,但西部地区在GDP:污染=1:3情况下的值要高于在GDP:污染=3:1情况下的效率值。沈能(2012)④研究了我国工业各行业的环境规制与环境效率关系,其研究表明若考虑非期望产出(污染排放)的影响,中国工业环境效率有明显的下降;工业环境规制与环境效率正相关,一定程度上验证了"波特假说"的正确性;其中,环境规制对清洁生产型行业当期环境效率促进作用显著,而对污染密集型行业的影响存在滞后效应;环境规制强度和环境效率之间符合倒"U"形关系,具有显著的三重非线性门槛特征,但是,不同行业环境绩效对于环境规制强度的弹性系

---

① 李胜文、李新春、杨学儒:《中国的环境效率与环境管制——基于1986—2007年省级水平的估算》,《财经研究》,2010年第2期。
② Li, Hong, et. al. "Regional environmental efficiency evaluation in China: Analysis based on the Super-SBM model with undesirable outputs", *Mathematical and Computer Modelling*, 2012.
③ Hong Li et. al. "Energy Efficiency Analysis of Chinese Industrial Sectors: an Improved Super-SBM Model with Undesirable Outputs", working paper.
④ Hong Li et. al. "Application of Super Efficiency Data Envelopment Analysis on Rating System of Environmental Protection Industry—Case on Papermaking Companies of SW secondary industry", working paper.

数和极值有所差异。

也有相关学者对环境规制手段进行分析。李胜文等[①]以排污费征收方式为主的环境管制方式和环境效率的关系进行研究发现,环境效率与单位污染物的排放成本(UC)、排污成本占总成本的份额(甲)、排污成本占利润的份额(PP)等环境力度指标存在如下关系:

$$EE_{it} = \lambda_0 + \sum_P \lambda_P \times EF_P + \varepsilon_{it}$$

其中:EE 为环境效率;λ_0、λ 是待估参数;EF 为环境管制的三个方式,即 UC、CP 和 PP;P 为变量数;ε_{it} 是随机误差。以排污费征收额与污染公因子之比表示。研究发现东部环境效率与 UC 具有显著的正相关关系,与 CP、PP 的关系不显著;中部环境效率与 CP 呈正相关关系,与 UC、PP 不存在显著关系;CP、PP 对西部环境效率具有显著的正效应,而 UC 对西部环境效率的影响不显著则说明由于不同地区企业的获利能力、技术与经营管理水平和污染物当量排放成本不一致,同一种环境管制方式在不同地区发挥的环保作用也有所不同,并不能在所有地区都有效地促使企业采取措施、提高环境效率和减少环境污染,对环境保护的作用也有所差别。

以上学者对环境规制与环境效率的研究表明,环境规制会在一定程度上影响环境效率,并且不同的环境规制手段的作用并不相同。我国现行的环境规制虽然在一定程度上起到了保护环境,提高资源利用率,降低污染物排放的作用。因此,分析环境效率可以在一定程度上反应中国环境规制的现状。

二、中国区域环境效率测算与分析

(一)研究方法——基于 Super-SBM 模型和分位数回归分析

1. Super-SBM 技术

Tone(2004)引入了输入导向的 Super-SBM(基于松弛的方法)模型,此法可以表述为一种利益最大化的方法。现考虑一个包含 n 个单元的生产系统,每个单元都有投入、期望产出与非期望产出(环境污染,如 CO_2 等)三个输入输出变量。生产工艺定义为:$x \in R^m, y^g \in R^{s_2}, y^b \in R^{s_2}$,SBM 模型按规划的形式构造:

$$\min \quad \rho^* = k - \frac{1}{m} \sum_{i=1}^{m} \frac{s_i^-}{x_{i0}}$$

$$\text{s. t.} \quad 1 = k + \frac{1}{s} \sum_{i=1}^{s} \frac{s_r^+}{y_{r0}}$$

---

① Hong Li, et. al. "Environmental regulation, business innovation and international competitiveness", *Economia, Internazionale/International Economics*, 2011, vol. 64, issue 1, pages 115—128.

$$kx_{i0} = \sum_{j=1, j\neq 0}^{n} A_j x_{ij} + s_i^-$$

$$ky_{r0} = \sum_{j=1, j\neq 0}^{n} A_j y_{rj} - s_r^+$$

$$A_j \geq 0, \quad s_i^- \geq 0, \quad s_r^+ \geq 0, \quad t \geq 0$$

其中，s 表示输入与输出的松弛，目标函数 ρ 为效率值，m 和 k 表示输入与输出之间因素的类型，x 和 y 为输入和输出向量。

2. 分位数回归模型

分位数回归最初由 Koenker（1978）建立。理论上，分位数回归是均值回归方程的延伸，它可以计算总模型在每个回归分位数（如回归中点等）的值。在满足 Gaussian Markov 假设时，均值回归方程可表示为：

$$E(y \mid x) = \alpha_0 + \alpha_1 x_1 + \alpha_2 x_2 + \cdots + \alpha_k x_k$$

其中，α_0 为截距，$\alpha_0, \alpha_1, \cdots, \alpha_k$ 为变量的系数。这样，分位数回归为：

$$Q_y(\tau \mid x) = \alpha_0 + \alpha_1 x_1 + \alpha_2 x_2 + \cdots + \alpha_k x_k + Q_u(\tau)$$

其中，$\tau \in [0,1]$。

对于分位数回归，我们可选用线性规划方法来估算最小加权绝对标准差，并获得回归系数：当分位数 t 不同时，分位数回归模型会得到不同系数。当 t 从 0 变化到 1 时，我们在 X 轴上可以得到 y 的条件分布轨迹，即一束曲线，而用 OLS 回归只能得到一条曲线。因此，为了分析数据集上不同位置的数据点，分位数回归是一个理想选择。我们利用 STATA 计算程序 qreg 处理数据。

（二）环境效率分析

1. 数据

我们所使用的是包括中国 30 个省、自治区、直辖市（不包括西藏自治区和台湾、香港、澳门）的年度平衡面板数据。因为中国已经修改了年度 GDP 数据（包括各地区数据），我们还要关注 2001—2010 年度的数据以减少由于数据修改所带来的潜在误差。样本期包括了 2001—2010 年度数据以反映加入 WTO 前后环境的有效变化。更值得一提的是，因为现有数据库最新发布了 2010 年的数据，所以 2010 年的数据被考察了。资本存量和劳动力的数据作为投入的因素，产出则包括合意产出和非合意产出。不同省份的 GDP 被定义为合意产出，"三废"则被认为是非合意产出。主要的数据资料来自中国国家统计局发布的《中国统计年鉴（2002—2010）》和《中国环境年鉴》。

2. 评估环境效率

关于环境效率的评估已经发展了方法。我们运用投入导向的 Super-SBM（松弛基础的测度，slacks-based measure）来测度环境效率，该方法由 Tone（2004）提出。

表 8.7 显示了中国 2001 年和 2010 年的环境状况。结果由 MyDEA 软件给出。图 8.2 用箱线图描绘了中国 2001 年和 2010 年度的区域环境效率分布。

表 8.7 2001 年、2010 年中国 30 个省份的环境效率状况

DMU	2001 年	2010 年	DMU	2001 年	2010 年
安徽	0.8814	0.7451	江西	0.4923	0.7285
北京	1.2171	3.6729	辽宁	1.114	0.6208
福建	0.584	0.7364	内蒙古	1.2351	0.5768
甘肃	0.988	0.7003	宁夏	1.0737	0.4188
广东	1.0946	1.0217	青海	0.8587	0.4703
广西	0.9745	0.4491	山东	0.8914	0.6923
贵州	0.7093	0.6817	山西	1.0703	0.5678
海南	1.3841	0.8756	陕西	0.6188	0.5476
河北	0.7561	0.6917	上海	1.5159	1.4179
河南	1.0026	0.5402	四川	0.6799	0.7061
黑龙江	1.0245	0.709	天津	1.1233	0.9776
湖北	0.8637	0.7115	新疆	0.9324	0.6209
湖南	0.8848	0.6839	云南	0.6559	0.5148
吉林	0.8813	0.5353	浙江	1.0187	0.8381
江苏	1.0221	0.7446	重庆	0.6172	0.663

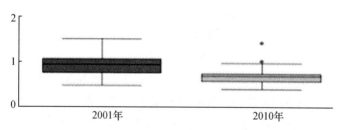

图 8.2 2001 年和 2010 年区域环境效率比较

从表 8.7 中可以看到,在 Super-SBM 下有三个有效率的省份,不管是在中国开始入世进程之前还是之后,这三个省份是北京、广东、上海。这跟三个省份最近几年在社会发展的各个方面取得的巨大进步(比如,经济发展,技术创新和环境保护等)事实相一致。在创建资源节约型、环境友好型城市中,它们都可以被看做评估的标准。特别是,北京 2010 年以 3.6729 的环境效率值领先于上海,而且这一表现是 30 个省级行政区里最好的。这要归因于为举办奥运会而进行的改进和为创办生态城市而做的努力。

从表 8.7 和图 8.2 中,我们可以发现,在入世之后,中国大部分地区环境效率

经历了一段下降的过程。2010年效率值的分位数和均值都低于2001年的。特别需要指出的是,内蒙古、山西、广西、河南、宁夏、辽宁以及黑龙江等这些中西部地区有明显的相关性下降。然而,东部地区在"入世"前后,效率值的变化很小。这种现象可能要归因于黑龙江、辽宁以及其他一些地区是老工业基地。这些地区资源消费上升飞快,同时,污染又很严重。另外,广西和宁夏的经济发展速度缓慢导致环境效率值下降。一般来说,欠发展地区可能对环境污染影响较小而且比发达地区表现好。但是我们的主要研究得出的是一种相反的结论:东部地区不仅在经济发展水平上远高于其他地区,而且在减轻污染和改善环境质量方面也优于其他地区。

还需要解释的是,我们所估计的效率值只是个相对量,而不是绝对量。一些省份的更高的效率只能说明它们更接近于临界值,而且它们的确也做了一些改善。因此,增加环境效率和减轻环境污染,对于所有省份来说,都是一个很重要的实用的建议。

(三) 基于分位数回归的实证分析

1. 计量模型

基于以上分析,大部分省份的环境效率经历了一个普遍的下降。中国"入世"以后最大的改善在于出口和进口。因此,我们致力于讨论在加入WTO后,我国每个省份的进出口对环境效率是否有相同的影响。已有的一些研究文献表明,高水平的经济发展、外商投资、工业化和财政分散化等对环境污染水平的影响是毫无疑问的。我们所使用的估计计量模型如下:

$$TE = \beta_0 + \beta_1 \log(RGDP) + \beta_2 \log(EX) + \beta_3 \log(IM) + \beta_4 \log(GY) + \beta_5 \log(CZ) + \varepsilon$$

其中,TE代表环境效率值(包括污染变量),TE由上面的Super-SBM模型给出,β_0为截距项,RGDP为实际人均GDP,所有相关数据都以1978年的不变价格为基期。EX和IM代表出口和进口量,表示在该省区域内发生的对外贸易。GY表示工业化水平,以该区域工业总产出在该地区总产值中的贡献来表示。CZ是财政分散化,由Yangjun等(2010)引入,等于地方财政在总财政中的比例。所有的数据均来自《中国统计年鉴》(2002—2010年)。

2. 经验结果

为了方便比较,OLS估算的环境效益的主要结果写在表8.8的最后一列,五种分位数回归也列于表8.8中。我们发现,不管环境效益是高还是低,随人均GDP增长,环境效益增大(排除$Q = 0.25$和0.5不显著情况)。这与EKC偏好理论相符。Kuznets(1955)提出在收入水平与分配不平等间存在倒U形关系。因为环境曲线与Kuznets描述的收入不平等曲线相似,因此被称为环境Kuznets曲线

(EKC)。

与人均 GDP 相似,我们也可得出财政分权程度越高,环境效益越高的结论。这就是说,提供公共产品与服务来吸引人员与资源流对地方政府来说至关重要。另外,增加进出口及工业化水平都会降低环境效益。进口与环境效益之间的关系令人怀疑。

根据分位数回归结果,随着环境效益分位数值增加,人均 GDP 的正作用越来越大,财政分权也是这样。弱的工业化水平限制了环境价值的发展,尤其是在效益高的区域。比方说,增加诸如北京、上海这样的发达省份的环境效益会加速效益的下降率,这种现象比安徽、河南这样的省份要明显很多。另外,分位数回归指出只有当 $Q = 0.25$ 的时候,出口与环境效益之间正相关(但是并不明显,约 5%)。在其他分位数值中,更多的出口会降低环境效益。与 OLS 回归不同的是,增加进口带来的环境效益的增加是可以看到的(当 $Q = 0.1$ 和 $Q = 0.9$ 时)。在其他分位数值中,这两个变量存在不明显正相关关系。基于这些结果,我们可以发现分位数回归相比 OLS 回归可以提供更丰富的信息。

表 8.8　2010 年分位数回归与最小二乘回归结果

	分位数回归					OLS 估计
	$Q=0.10$	$Q=0.25$	$Q=0.50$	$Q=0.75$	$Q=0.90$	
$\log(RGDP)$	0.0952***	0.0492	0.0767	0.1571**	0.3103***	0.2668***
	(0.0129)	(0.0321)	(0.0462)	(0.0724)	(0.0739)	(0.0551)
$\log(EX)$	-0.7349***	0.1856	-0.1675	-1.0417**	-2.7033***	-1.0375
	(0.1897)	(0.5768)	(0.4840)	(0.4878)	(0.5506)	(0.7455)
$\log(IM)$	0.9278***	0.6436	0.4653	0.8881	1.8869**	-0.3083
	(0.2433)	(0.6967)	(0.7076)	(0.6558)	(0.8393)	(0.9795)
$\log(GY)$	-1.4377***	-0.8952	-1.4839*	-3.2749**	-3.4749***	-4.7644***
	(0.2381)	(0.6746)	(0.8022)	(1.3348)	(1.1534)	(0.9439)
$\log(CZ)$	3.4067***	0.1611	4.5710	8.1265*	11.6983*	12.224***
	(1.0849)	(3.6292)	(3.3127)	(4.4467)	(5.9427)	(4.4378)
β_0	0.6926***	-0.7377**	0.9046**	1.4921***	1.2407***	1.7007
	(0.0870)	(0.3068)	(0.3403)	(0.3879)	(0.3718)	(0.3869)

注:*** 1% 水平下显著($p<0.01$),** 5% 水平下显著($p<0.05$),* 10% 水平下显著($p<0.10$),( )包括测量参数的标准差。

图 8.3 为效益各决定因素的分位数回归的估计值。人均 GDP 的估计值大于 0(包括值有波动的区域)。提高人均 GDP 及进口会促进环境效益。但是,出口的参数会有波动,就是说地区环境效益会随着出口及工业化水平的增加而减小。

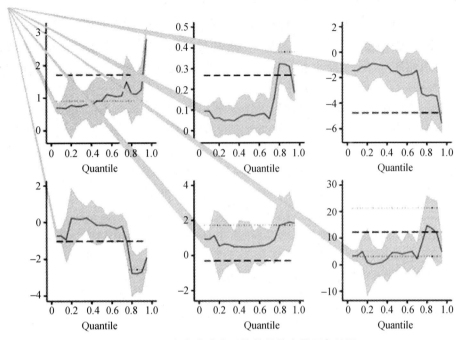

图 8.3　2010 年每个决定环境效益的变量回归结果

表 8.9 总结了 2001 年的主要回归结果。OLS 估计如人均 GDP、进口和工业化的不同变量为有正效果的环境效益决定因素。但财政分权在效益值上有相反效果。与 2010 年的 OLS 回归结果相比，只有进口及工业化对环境效益的影响与其相同，其他影响因素在中国加入 WTO 后都改变了。通过进一步研究我们可以做一些对比。出口的分位数回归系数与环境效益负相关（数据上很显著），而这一现象在中国加入 WTO 之前只发生在 $Q=0.1$ 和 $Q=0.9$ 的情况。这个结果也强有力地证明了中国加入 WTO 后出口增长对环境的损害越来越严重。对于低的环境效益分位数，工业化的系数为正，这可能是由于某些地区由工业化所带来的经济增长的正面效应要大于环境污染的负面效应。但是工业化的增加会导致环境效益改善的恶化。2001 年的财政分权系数为负，这是因为那时地方政府更关注经济的发展而忽略了人们对良好的环境的需求。再来看 2010 年的分位数回归数据，财政分权在促进环境效益中起到重要作用，这是因为近些年地方政府尤其是一些中心地区政府公共产品与服务的改善，吸引了大量的自由流动人口和资源。

表 8.9　2001 年分位数回归与最小二乘回归结果

	分位数回归					OLS 估计
	$Q=0.10$	$Q=0.25$	$Q=0.50$	$Q=0.75$	$Q=0.90$	
log(RGDP)	-0.2054***	0.1401**	0.2236**	0.1691**	0.0333	0.1125
	(0.0302)	(0.0673)	(0.0963)	(0.0816)	(0.0480)	(0.1246)
log(EX)	-1.6898***	-0.6731	0.3504	0.5231	-0.5196	-0.1720
	(0.1114)	(0.4833)	(0.6806)	(0.7000)	(0.4212)	(0.6748)
log(IM)	2.7004***	0.9151*	-0.3349	-0.2515	1.3459***	0.6224
	(0.1598)	(0.5057)	(0.7913)	(0.7352)	(0.4423)	(0.8635)
log(GY)	2.2322***	1.6214***	-0.3911	0.0335	-0.0999	0.0634
	(0.1836)	(0.4968)	(0.9163)	(1.1760)	(0.4283)	(0.7755)
log(CZ)	-1.1147	1.0302	0.8528	-3.3043	-6.5682***	-2.3681
	(0.7067)	(1.6258)	(3.3919)	(3.2446)	(2.2085)	(3.1718)
β_0	-0.0117	-0.0194	0.8338***	0.9549***	1.2604***	0.8262***
	(0.0648)	(0.1570)	(0.2813)	(0.3669)	(0.1580)	(0.2127)

注：*** 1% 水平下显著（$p<0.01$），** 5% 水平下显著（$p<0.05$），* 10% 水平下显著（$p<0.10$），( ) 包括测量参数的标准差。

图 8.4 为 2001 年环境效益各决定因素的分位数估计值。通常，人均 GDP、工业化和进口（当 $Q=0.5$ 时有后两个变量）有正效应且非常显著。但根据图 8.4，当 $Q=0.1$ 时，出口系数为负且数据上非常显著，另外两个变量当 p 值很大时也没有明显的系数。在 2010 年，出口与环境效益明显负相关。该现象可解释如下：随着出口增加，环境恶化更加明显。所以，我们需要改变出口结构，鼓励发展环境友好型企业而不是高污染排放企业。财政分权的影响在中国加入 WTO 后不一样。这说明当权者开始促进环境保护，且制定更多政策来吸引更多人才及资源。

（四）结论及讨论

通过利用 Super-SBM 技术为 2001—2010 年的 30 个省份建立了环境效益指数。这两个时期表示中国加入 WTO 的前后。计算环境效益后，我们又利用分位数回归模型分析了单位 GDP、工业化对环境效益的影响。最后，我们对比了分位数回归模型与 OLS 的结果。相关结论如下：

第一，利用 DEA 方法我们得到了环境效益。发现在 Super-SBM 的结果中，北京、上海、广东总是位于效率的前列。因此，这三个地区应该作为那些环境效益尚未最优化的省份典范，引领它们进行工业技术及生产水平的改进。另外，我们发现中国大部分省份环境效益下降。特别是，西部省份的环境效益下降率比东部省份更明显。我们也得出东部地区的评价效率比另外两个区域要高得多。该地区

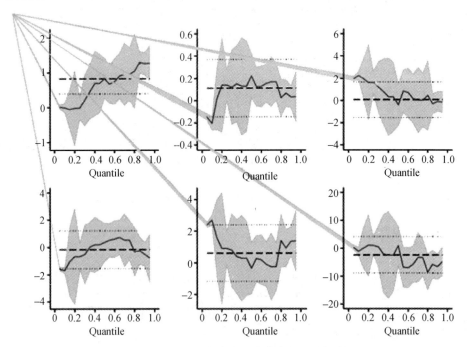

图 8.4 2001 年每个决定效率的变量回归结果

在过去 30 年中在环境发展方面做出很多改进,GDP 产出约占中国总 GDP 产出的一半。该地区吸引了更多国外投资和技术,且更加关注环境减排及改进环境质量。

第二,为了检测环境相应的影响因素,我们应用了分位数回归及 OLS 回归,这两种方法的结果都表明提高人均 GDP 有利于提高环境效益。分位数回归的结果更加丰富:大量出口增加将导致环境恶化。中国加入 WTO 前,工业化水平提高有利于环境效益。在某些省份,由工业化带来的经济增长的正面效应要大于环境污染的负面效应。关于财政分权,不同时期有不同的效果。在 2010 年,财政分权与环境效益呈显著正相关。

三、中国行业环境效率测算与分析

在考虑到我国不同区域的环境效率差异的同时,行业间的环境效率也是一个值得关注的问题。相对于单一工业行业的环境效率,讨论环境污染现状下中国工业行业整体能源效率分布特征及发展趋势则更能从全局角度对我国整体的环境资源效率有一个系统的认识。

(一)数据集样本部门

选取 2001—2010 年中国工业 36 个子行业作为研究对象,并且按照传统的分类方法将其分为采掘业、轻工业、重工业以及电力、燃气和水工业 4 大类,如表 8.10 所示。基于此,我们不仅可以分析不同子行业的能源效率特征及差异性,而且还可以探索不同类别行业的能源利用效率、变化趋势以及影响因素。此外,所选样本期包含了中国"十五"和"十一五"两个五年规划期,更便于深入理解中国经济发展过程中工业行业能源效率的变化与相应节能减排政策制定和实施的相互关系。

表 8.10 36 个工业行业名称及分类明细

行业分类（代码）	行业代码	行业名称	行业分类（代码）	行业代码	行业名称
采掘业（Ⅰ）	SER 01	煤炭开采和洗选业	重工业（Ⅲ）	SER 18	石油加工、炼焦及核燃料加工业
	SER 02	石油和天然气开采业		SER 19	化学原料及化学制品制造业
	SER 03	黑色金属矿采选业			
	SER 04	有色金属矿采选业		SER 20	医药制造业
	SER 05	非金属矿采选业			
轻工业（Ⅱ）	SER 06	农副食品加工业		SER 21	化学纤维制造业
	SER 07	食品制造业		SER 22	橡胶制品业
	SER 08	饮料制造业		SER 23	塑料制品业
	SER 09	烟草制品业		SER 24	非金属矿物制品业
	SER 10	纺织业		SER 25	黑色金属冶炼及压延加工业
	SER 11	纺织服装、鞋、帽制造业		SER 26	有色金属冶炼及压延加工业
				SER 27	金属制品业
	SER 12	皮革、毛皮、羽毛（绒）及其制品业		SER 28	通用设备制造业
				SER 29	专用设备制造业
	SER 13	木材加工及木、竹、藤、棕、草制品业		SER 30	交通运输设备制造业
				SER 31	电气机械及器材制造业
	SER 14	家具制造业		SER 32	通信设备、计算机及其他电子设备制造业
	SER 15	造纸及纸制品业			
	SER 16	印刷业和记录媒介的复制		SER 33	仪器仪表及文化、办公用机械制造业
	SER 17	文教体育用品制造业	电力、燃气和水工业（Ⅳ）	SER 34	电力、热力的生产和供应业
				SER 35	燃气生产和供应业
				SER 36	水的生产和供应业

在研究能源效率问题中,投入指标一般包括资本、劳动力和能源消耗。我们将规模以上工业企业的固定资产净值年均余额作为资本投入较好的代理指标;选取规模以上工业企业的全部从业人员年平均数代替劳动力指标;子行业的能量消费总量作为能源投入。一般而言,生产过程希望以尽可能少的投入获得尽可能多

的产出,产出越多,则认为 DMU 相对越有效。但是生产过程中除了人们期望的产出以外,同时也产生了诸如环境污染物等非期望产出。因此,我们将产出分为期望产出和非期望产出。对于期望产出,我们选择规模以上工业企业的总产值来表示;对于非期望产出,由于中国缺少诸如 CO_2、SO_2、NO_2 等污染物排放量的具体数据,所以我们将使用子行业"三废"排放总量作为代理变量,具体指工业废水排放量、工业废气排放量和工业固体废物排放量。数据来自中国统计年鉴和中国能源统计年报,对投入、产出各变量的描述性统计特征如表 8.11 所示。

表 8.11 投入、产出变量的描述性统计特征

变量	投入			产出	
	资产 x_1	劳动力 x_2	能源 x_3	工业产出 y^g	废物 y^b
均值	3.0825	1.8707	4.4717	9.0646	7.4405
中值	1.4892	1.2415	1.3226	4.8643	0.3190
最大值	47.9014	7.7275	56.4130	55.4526	1 291.2890
最小值	0.1110	0.1400	0.0955	0.1849	0.0033
标准差	5.1395	1.6177	8.3408	10.6865	72.8702
偏度	5.0705	1.1391	3.4669	1.9756	15.8621
峰度	35.9951	3.5349	17.2509	6.7711	272.3866

注:每一个样本有 360 个观测值,36 个工业部门 2001—2010 年的面板数据。

表 8.11 表明,我国不同产业部门的投入与产出指标存在明显差异:不同指标的中值远远小于平均值,并且标准差较大。这种差距的存在意味不同产业部门的生产情况是不平衡的,尤其是在合意输出和不合意输出之间更加突出。而且,不同产业部门的能源消耗以及产出的最大值和最小值可以相差 500 倍,这很大程度上与行业属性相关。因此,对中国产业部门能源效率的细致分析以及对其影响因素的探索,将有助于我国能源保护和"十二五"减排计划的实现。尽管不是所有的产业部门都是能源密集型的,我们发现在表 8.12 中,能源消耗和期望输出之间的皮尔逊相关系数仍然有 0.5604,即 DMU 的生产过程存在一些所谓的"保序性"。此外,投入与不合意输出之间的相关性和实际生产预期有关,二者相关性可能较弱,甚至不显著。因此,通过这些样本,用改进的 Super-SBM 模型测量效率是可行的,并且研究结果是可信的。

表 8.12　投入与产出变量间的皮尔逊相关系数

指标	x_1	x_2	x_3	指标	x_1	x_2	x_3
y^g	0.6295*** (12.4851)	0.7453*** (21.1482)	0.5604*** (12.8038)	y^b	0.1361*** (2.5991)	0.0438 (0.8301)	0.1020* (0.0532)

注：*、**、*** 分别代表在置信度为 10%、5% 和 1% 时的显著性水平。

（二）中国产业部门的能源效率

通过使用 Super-SBM 模型处理不合意产出,测量中国产业部门 2001—2010 年的能源效率,并借此分析不同产业部门的能源效率绩效和发展趋势。

1. 中国产业部门 2001—2010 年能源效率特征

图 8.5 表明烟草制品业(SER 09),皮革、毛皮、羽毛(绒)及其制品业(SER 12)以及电气机械及器材制造业(SER 32)的能源效率最高,而且电气机械及器材制造业(SER 32)的能源效率几乎每年都在 0.5 以上;农副食品加工业(SER 06),纺织服装、鞋、帽制造业(SER 11),家具制造业(SER 14),石油加工、炼焦及核燃料加工业(SER 18),通信设备、计算机及其他电子设备制造业(SER 32)以及仪器仪表及文化、办公用机械制造业(SER 18)的能源效率高于工业行业整体平均水平;煤炭开采和洗选业(SER 01),石油和天然气开采业(SER 02),电力、热力的生产和供应业(SER 34),燃气生产和供应业(SER 35)以及水的生产和供应业(SER 36)能源效率较低,而且多数属于高耗能行业。总的来说,包括高耗能行业在内的大多数工业行业的能源效率普遍偏低,并且效率值都在 10%—50% 之间,与欧美等经济发达国家的能源效率水平差距较大。

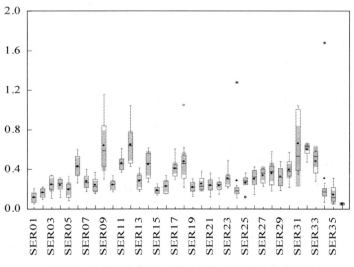

图 8.5　中国产业部门 2001—2010 年能源效率盒形图

图 8.6 表明采掘业（Ⅰ）和电力、燃气和水工业（Ⅳ）中各个工业行业（水的生产和供应业除外）的能源效率在 2001—2010 年期间均呈上升趋势，而且各个行业间的效率差异性并没有明显减弱迹象。此外，采掘业（Ⅰ）中有色金属矿采选业（SER 04）和黑色金属矿采选业（SER 03）的能源效率最高，而煤炭开采和洗选业（SER 01）的能源效率最低；电力、燃气和水工业（Ⅳ）中电力、热力的生产和供应业（SER 34）的能源效率和燃气生产和供应业（SER 35）的几乎一致，而水的生产和供应业（SER 36）的能源效率较低且近些年没有发生明显变化。

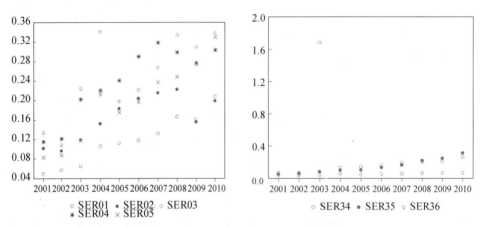

图 8.6　中国采掘业和电力、燃气和水工业 2001—2010 年能源效率趋势

图 8.7 表明轻工业（Ⅱ）中各个工业行业的能源效率在 2001—2010 年期间均呈现上升趋势，且效率增长幅度也基本一致。烟草制品业（SER 09）和皮革、毛皮、羽毛（绒）及其制品业（SER 12）的能源效率较高，而纺织业（SER 10），造纸及纸制品业（SER 15）和印刷业和记录媒介的复制（SER 16）的能源效率较低。从图 8.8 中可以发现，除了非金属矿物制品业（SER 24），重工业（Ⅲ）中的各个工业行业的能源效率变化趋势与其他各大工业行业相一致，其中石油加工、炼焦及核燃料加工业（SER 18）和电气机械及器材制造业（SER 31）的能源效率明显高于重工业中其他各个工业行业，而非金属矿物制品业（SER 24）的能源效率较低。

2. 四个主要产业类别能源效率及其趋势分析

根据各产业部门的能源效率和如表 8.10 所示的产业分类，中国四个主要产业类别 2001—2010 年的能源效率以及趋势可分别从表 8.13 和图 8.7 看出。

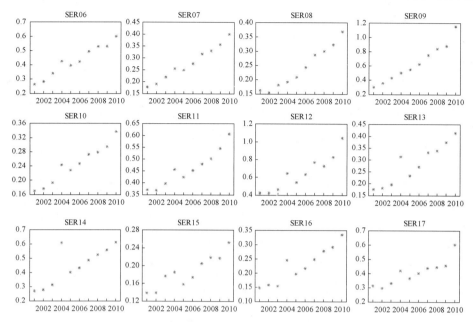

图 8.7 中国轻工业 2001—2010 年能源效率趋势

表 8.13 2001—2010 年中国四个主要产业类别能源效率

年份	2001	2002	2003	2004	2005	2006	2007	2008	2009	2010
I	0.0961	0.0936	0.1454	0.2060	0.1817	0.2060	0.2339	0.2540	0.2355	0.2756
II	0.2427	0.2500	0.2825	0.3743	0.3295	0.3659	0.4233	0.4428	0.4715	0.5613
III	0.2090	0.2186	0.3484	0.3301	0.3187	0.3584	0.4251	0.4395	0.4256	0.5110
IV	0.0487	0.0507	0.5993	0.0920	0.0943	0.1129	0.1340	0.1591	0.1708	0.2120
O	0.1912	0.1977	0.3192	0.3077	0.2846	0.3193	0.3737	0.3915	0.3933	0.4701

注：I—采掘业，II—轻工业，III—重工业，IV—电力、燃气和水工业，O—总平均值。

从表 8.13 中我们可知中国 2001—2010 年采掘业（I）、轻工业（II）、重工业（III）和电力、燃气和水工业（IV）年均能源效率值分别为 0.1928、0.3744、0.3584 和 0.1674，这意味着采掘业和电力、燃气和水工业的能源效率水平要想达到轻工业和重工业年均水平，那么在现有的投入—产出要素不变的情况下，采掘业和电力、燃气和水工业的能源效率至少还有 15% 的提升空间。图 8.7 更加直观地表明，2001—2010 年轻工业的能源效率在四类工业中最高，重工业能源效率次之；重工业的能源效率较轻工业提升速度更快，两大类行业能源效率的差距有所缩小，这是行业属性、能源结构和政策导向等因素共同作用的结果。在实际生产过程中，轻工业对资源的依赖程度较低、发展相对集约，并且生产技术和设备与世界领先水平较接近；重工业和采掘业属于能源密集型行业，其发展主要依靠煤炭等基

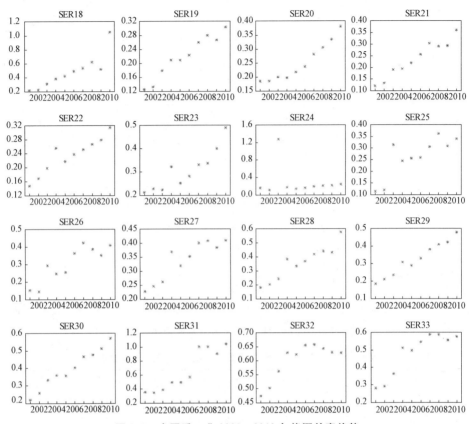

图8.8 中国重工业2001—2010年能源效率趋势

础性资源,且发展模式粗放、技术设备落后。在"十一五"期间,国家提出经济发展结构转型以及一系列节能减排政策措施和能耗目标,例如山西煤矿产业整合,淘汰落后钢铁产能,关闭高耗能、高污染企业。因此,我国各个工业行业的能源效率均有不同程度的提升,而其中重工业发展由粗放型向集约型转变,能源利用效率增长更加明显,并在2010年效率值达到0.5以上。此外,采掘业以及电力、燃气和水工业的能源效率较低,与轻工业和重工业的效率差异并没有得到明显改善,而且我国工业行业整体能源效率水平并不高,这也表明工业行业的节能潜力有待进一步发挥。

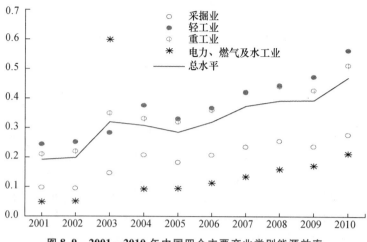

图 8.9　2001—2010 年中国四个主要产业类别能源效率

(三) 产业部门能源效率在两个五年计划中的比较

五年计划是一国经济长期发展的重要部分,主要用于计划国家的建设、生产力分布和国民经济比例。因此,我们将使用"十五"和"十一五"计划的发展纲要对中国的能源效率特征进行进一步分析。"十五"和"十一五"计划不同产业部门能源效率的区别如图 8.10 所示。

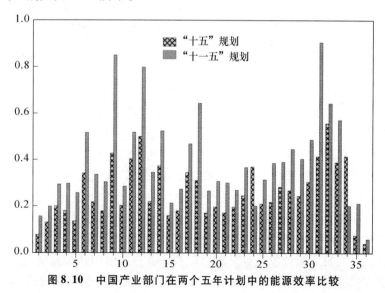

图 8.10　中国产业部门在两个五年计划中的能源效率比较

图 8.10 表明从"十五"规划到"十一五"规划期间,除非金属矿物制品业(SER 24)和电力、热力的生产和供应业(SER 31)外,几乎各个工业行业能源效率均有明显提高。这是由于,"十五"规划提出以发展为主题,初步建立市场经济体

制,但是经济增长方式转变缓慢,能源资源消耗过大,而"十一五"规划中明确提出单位 GDP 能耗 5 年要降低 20% 左右,并首次具体而明确地将节能降耗指标列入五年规划,并且规划要求"十一五"期间落实节约资源和保护环境基本国策,建立低投入、高产出,低能耗、少排放,能循环、可持续的国民经济体系和资源节约型、环境友好型社会。

整体而言,中国工业行业能源效率的变化呈现三个特征:(1) 工业部门中 36 个工业行业期末(2010 年)的能源效率要高于期初(2010 年),全部行业的整体能源效率值由 0.19 上升到 0.47,这表明总体上存在着能源使用效率上的改善,这与国家"十一五"发展规划中要求加大行业节能减排力度,降低单位 GDP 能耗,提高能源使用效率发展目标相一致;(2) 尽管各行业的能源效率值几乎都有增加的趋势,但行业间的能源效率差异性没有明显的趋同趋势,且各个行业能源效率的标准差还有所增大,这与国家工业结构调整以及战略转型密不可分;(3) 轻工业能源效率较高,而重工业能源效率提升速度较快,但是我国工业行业整体能源效率水平并不高,节能潜力有待进一步发挥。

(四) 基于 Tobit 回归的能源效率影响因素

我们根据改进的 Supper-SBM 模型和不合意产出测量了中国不同产业部门 2001—2010 年的能源效率。通过比较,发现不同行业之间能源效率差异较大且均存在一定的变化趋势。为进一步探索产生这种效率差异的原因,我们接下来将使用 Tobit 回归模型分析产业结构、能源消耗、技术创新和政府规制等方面相关变量对能源效率的影响。同时,我们对每个变量进行事先分析判断。

1. 影响因素选择

"十五"规划和"十一五"规划提出的工业经济转型是否有利于提升能源效率是人们近些年来所关心的话题,而中国的工业经济转型基本上是以扩大市场竞争以及推动国有企业改革以完善产权结构为发展路径。为此,从行业结构方面,我们用行业规模和行业集中度来代表市场结构特征,这在一定程度上反映了工业行业的规模经济特征;用国有及国有控股企业工业总产值比重来反映行业产权结构;资本劳动结构作为人力成本的代理变量。此外,为分析行业规模对能源效率的变化是否存在"U"形或者倒"U"形特征,将 ES2 引入回归模型中。能源消费方面,我们分别从煤炭、石油、电力三个方面来探讨工业行业能源结构调整对能源效率的影响。研发投入和研发人员是部门技术进步和技术创新的重要支撑,我们选择研发投入强度(RDI)来衡量工业部门为寻求部门技术进步所做的投入,R&D 科研人员(RDR)表示工业部门寻求技术进步所进行的人才培养投入。政府制度因素方面,我们选择外商直接投资和污染治理投入,其中外商直接投资用来衡量行业对外经济开放程度,而污染治理投入用以刻画政府在市场化进程中由于非理性和盲目性所导致的环境污染处理成本。考虑到我国行业在资源禀赋、污染排放、技术构成和产业周期等方面存在巨大差异,因此,我们在对全部行业样本进行分析的同时,还对行业进行分组检验,这样可以从工业行业整体以及行业差异两方面有针对性地研究分析能源效率的影响因素。上述因素的数据来自《中国统计年鉴》《中国能源统计年鉴》和《中国环境统计年鉴》。表8.14列示了这些相关变量指标及相关性符号。

表8.14 影响因素和相关性符号

	解释变量	变量符号	变量定义(单位)	预判
产业结构	企业规模	ES	工业总产值与该子行业企业单位数的比值(亿元/个)	Unknown
		ES^2	ES数值的平方	Unknown
	行业集中度	IC	大中型工业企业产值占该子行业总产值的比重(%)	Positive
	行业产权结构	PS	国有及国有控股企业工业总产值所占该子行业产值比重(%)	Negative
	资本劳动结构	CL	固定资产净值与从业人员规模之比(万元/人)	Unknown
能源消耗	煤炭消费	MC	煤炭消费量占该子行业能源消费总量的比重(%)	Negative
	石油消费	OC	石油消费量占该子行业能源消费总量的比重(%)	Negative
	电力消费	EC	电力消费量占该子行业能源消费总量的比重(%)	Positive
技术创新	研发投入强度	RDI	研发经费投入占该子行业固定资产投资比值(%)	Positive
	R&D科研人员	Ln(RDR)	R&D人员全时当量的对数值	positive
政府规制	污染治理投入	Ln(PC)	污染治理运行总成本(包括各行业废水和废气污染治理费用)的对数值	positive
	外商直接投资	FDI	外商资本和港澳台资本总和占该子行业工业产值比重(%)	Unknown

2. 能源效率的Tobit回归模型和实证结果

考虑到影响因素,中国产业部门能源效率的Tobit回归模型(EEI)设定为:

$$EEI_{it} = \beta_0 + \beta_1 ES_{it} + \beta_2 ES_{it}^2 + \beta_3 IC_{it} + \beta_4 PS_{it} + \beta_5 CL_{it} + \beta_6 MC_{it} + \beta_7 OC_{it} + \beta_8 EC_{it} + \beta_9 RDI_{it} + \beta_{10} \ln(RDR)_{it}$$

$$+ \beta_{11}\ln(PC)_{it} + \beta_{12}FDI_{it} + \varepsilon_{it}$$

其中，EEI_{it} 意味着第 i 个产业部门在 t 年的能源效率，右边的符号意味着相关影响因素在第 i 个产业部门在 t 年的价值。$\beta_0, \beta_1, \cdots, \beta_{12}$ 是未知系数，ε_{it} 代表随机误差。如表 8.15 所示，我们可以通过最大似然估计得到 Tobit 回归结果。

表 8.15 中国产业部门能源效率 Tobit 回归结果

	全样本					（Ⅰ）	（Ⅱ）	（Ⅲ）	（Ⅳ）
	Model 1	Model 2	Model 3	Model 4	Model 5	Model 5	Model 5	Model 5	Model 5
ES	0.0406*** (6.10)	0.0391*** (6.25)	0.0404*** (6.14)	0.0412*** (6.62)	0.0441*** (6.27)	-0.0176** (-2.28)	0.0782*** (8.16)	0.0102 (0.39)	-0.312* (-2.07)
ES²	-0.0009*** (-5.27)	-0.0008*** (-5.41)	-0.0008*** (-5.24)	-0.0009*** (-5.69)	-0.0009*** (-5.47)	0.0003 (2.67)	-0.001*** (-4.35)	0.0078*** (3.48)	0.0189 (0.76)
IC	0.2909*** (4.57)	0.2965*** (4.78)	0.275*** (4.16)	0.2405*** (3.23)	0.1846** (2.21)	0.1896 (1.28)	0.0152 (0.21)	0.3704*** (2.71)	4.0509** (2.69)
PS	-0.4717*** (-9.22)	-0.4539*** (-9.83)	-0.452*** (-9.46)	-0.3775*** (-6.17)	-0.3400*** (-4.48)	-0.2698** (-2.61)	-0.7203*** (-5.84)	-0.3446*** (-2.99)	-3.6393** (-2.28)
CL	-0.0006 (-0.96)				-0.0008 (-1.11)	0.0019*** (2.81)	-0.0044 (-1.47)	-0.01*** (-3.82)	0.0027 (0.68)
MC		-0.0588 (-0.88)			-0.0393 (-0.54)	0.0854 (0.81)	0.499** (2.59)	-0.1261 (-1.04)	-0.7817 (-1.06)
OC		-0.0007 (-0.07)			-0.0039 (-0.35)	0.5505 (1.42)	2.4216*** (6.14)	-0.0017 (-0.17)	0.8522 (0.82)
EC		0.4356*** (2.71)	0.5247*** (3.88)	0.4677*** (3.41)	0.4377** (2.49)	0.5052* (1.95)	1.563*** (2.79)	0.6577** (1.99)	-0.2241 (-0.51)
RDI			0.1109 (1.3)		0.0944 (1.11)	0.1513 (0.76)	0.63*** (2.73)	0.0553 (0.72)	1.7476 (1.38)
Ln(RDR)			-0.001 (-0.25)		-0.0009 (-0.22)	-0.0049 (-1.6)	-0.0093 (-1.57)	0.0054 (1.06)	-0.0394* (-1.75)
Ln(PC)				-0.0019 (-0.29)	0.0013 (0.17)	0.0385** (2.55)	0.0333*** (3.82)	0.0222* (1.79)	0.0752 (1.4)
FDI				0.1422* (1.94)	0.1623** (2.01)	1.0323*** (3.23)	-0.1826 (-1.46)	-0.0714 (-0.62)	-0.9822 (-0.63)
常数	0.257*** (8.50)	0.1685*** (2.91)	0.1454*** (3.11)	0.1345 (1.57)	0.1400 (1.27)	-0.3925* (-2.01)	-0.5295** (-2.21)	-0.0475 (-0.26)	0.1294 (0.17)
Log-似然	114.08	121.63	110.57	123.65	113.69	83.70	102.19	78.49	1.98
LR chi2	118.6***	133.71***	126.43***	137.73***	132.66***	76.73***	160.79***	93.50***	17.72

注：*、**、*** 分别代表在置信度为 10%、5% 和 1% 时的显著性水平。

（1）企业规模因素影响。企业规模是决定能源利用效率的一个重要因素，能源使用同其他要素一样存在着规模收益特征。表 8.15 中全部工业行业样本估计结果表明，企业规模（ES）整体而言对能源效率有正向促进作用，企业平均规模每增加 1 个点，行业的能源效率水平将提高 4% 左右。这意味着现阶段我国工业行业规模尚未达到最佳经济规模状态,提高规模以上工业行业产值有助于提高行业规模效率,进而提升能源效率水平。但是企业规模并非越大越好,随着企业规模的扩大,行业内部结构的复杂性会更多地消耗能量和资源,从而可能会部分抵消规模扩大带来的好处,使得规模效应大大降低,甚至产生规模不经济。因而我们考虑了企业规模变量的二次项(ES^2),衡量企业规模与能源效率之间是否存在非线性关系。结果表明,企业规模的二次项在全样本估计中都显著为负,说明工业行业能源效率随着企业规模的扩大呈现出先上升后下降的倒 U 形特征。此外,对行业进行分组检验后发现轻工业(Ⅱ)与全样本结论一致,而采掘业(Ⅰ)的企业规模与能源效率呈负相关关系,并且采掘业(Ⅰ)与重工业(Ⅲ)工业行业能源效率随着企业规模的扩大呈现出先下降后上升的 U 形特征。因此,为满足我国经济战略性发展和能源利用效率提升的需求,我们要审慎对待企业规模因素对行业能源效率的作用效果,对各类别行业要区别对待。

(2)行业集中度因素影响。从表 8.15 中全样本估计结果可以看出,行业集中度与能源效率显著正相关,表明行业集中度的提高有助于提高能源效率。企业规模因素分析已经表明能源效率提升具有递增的规模收益,行业集中度高意味着行业中企业数量较少,企业规模大,从而更有利于改善能源效率水平。但是,行业分组检验结果表明采掘业(Ⅰ)和轻工业(Ⅱ)的行业集中度与能源效率关系不显著,这可能是由于企业凭借高的行业集中度可以占有相对廉价的资源,从而缺乏改进能源利用效率的动力,导致能源效率低。

(3)行业产权结构因素影响。表 8.15 中全样本估计和行业分组结果均表明行业产权结构与行业能源效率显著负相关,行业中国有企业比重的增加会降低能源效率,这与现有的中国工业生产能源效率的研究结论相符。主要原因在于国有企业产权模糊和经营机制僵化阻碍了行业能源效率的提升,而且高污染行业大都属于资本密集型行业,而资本密集型行业一般都有较高的国有化率。因此,进一步降低工业行业国有化比重,深化国有企业改革,将有助于提高工业行业能源效率。

(4)能源消费结构因素影响。在全样本估计结果中,能源消费结构中的电力消费在 1% 的显著水平上与行业能源效率正相关。工业行业中电力消费量所占的比重每提高 1 个百分点,行业的效率提高 43.77%。行业分组估计结果表明能源消费结构中的电力消费在 10% 的显著水平上与行业能源效率正相关,而且煤炭、石油以及电力消费对轻工业行业能源效率的提升都有显著促进作用。此外,虽然在重工业行业估计结果中煤炭和石油消费对能源效率的影响不显著,但是估计结果是负值。这些说明在工业行业生产过程中,适当地降低煤炭和石油消费量所占的比重,提高电力等清洁能源所占的比重,可以在一定程度上降低 CO_2 等污染物的排放,从而提高工业行业整体的能源效率水平。

(5) 政府规制因素影响。从模型估计结果中可以发现,污染治理投入对能源效率的提升有显著的促进作用,这也与我们的预判相一致。此外,现有的 FDI 对能源效率的影响作用研究结论并不一致,有些研究认为西方国家企业逐步将高耗能、高污染行业向我国转移,抑制了我国行业能源效率的提升;有些研究认为中国工业行业在利用外商直接投资的时候,可以学习和吸收国外先进管理经验和生产技术,这将有助于能源效率的提升。为了更加清楚地了解 FDI 对我国工业行业能源效率的影响,我们从工业全行业和行业分组两个角度来研究,表 8.15 的全样本估计结果说明 FDI 有利于工业行业能源效率的提高,而行业分组估计结果表明 FDI 对不同的行业分类影响不一样。尽管有些估计系数并不显著,但是从估计值的正负我们也可以发现 FDI 促进采掘业能源效率提升,抑制轻工业和重工业能源效率的提升。一个可能的原因在于,采掘业引入的是国外先进的生产工艺、管理经验和工作流程,而轻工业和重工业分别属于劳动密集型和资源密集型行业,FDI 看重的是中国丰富而廉价的劳动资本和矿产资源。因此,对于 FDI 的引入我们要分行业区别对待,鼓励技术引入,进而提高我国工业行业能源效率。

(6) 其他因素影响。对劳动资本结构而言,除采掘业外,资本劳动比的增加会恶化能源效率,特别在污染密集型行业更为显著。改革开放以来,我国资本劳动比的攀升是与工业重型化过程同步的,工业重型化特征进一步抑制了我国工业行业能源效率的提升。对技术进步而言,我们利用研发投入强度和 R&D 科研人员分别代表技术经费投入和劳动力素质。一般而言,这两者应该都会对能源效率产生正的影响,但是我们的估计系数结果基本都不显著,可能的原因是技术经费支出方向的多样性,我们无法剥离出技术经费中与能源效率改进有关的那部分。此外,虽然近些年来国家对能源利用效率的重视程度不断提升,大力加强高科技人才的培养,但是这是一个循序渐进的过程,对能源效率的促进作用以后才会逐步显现。

(五) 结论

在考虑不合意产出的情况下,通过改进的 Super-SBM 模型,这一小节主要讨论了 2001—2010 年中国四个主要产业类别和不同产业部门能源效率及其发展趋势,并且分析了"十五"和"十一五"规划中不同的能源效率。在实证分析阶段,通过 Tobit 回归模型探讨了能源效率的影响因素。实证结果表明每个产业部门和类别 2001—2010 年的能源效率整体上存在明显的改善,并且在"十一五"规划期间,各个工业行业能源效率均得到不同程度的提高,但是在研究样本期间内不同行业间效率差异整体上并没有呈现出收敛趋势;轻工业的能源效率在四类工业中最高,重工业能源效率次之;重工业的能源效率较轻工业提升速度更快,两大类行业能源效率的差距有所缩小,工业行业能源效率变化具有明显的工业经济转型特征。能源效率影响因素分析表明企业规模、行业集中度、行业产权结构、能源消费结构以及政府规制等因素对能源效率均存在显著的影响,而且对不同类别行业的作用效果也存在差异。企业规模是决定能源效率的一个重要因素,不同工业行业类别能源效率随着企业规模的扩大呈现出不同U形特征;行业集中度与能源效率呈现正相关,说明较高的行业集中度更加有利于创新能源利用技术和减少资源浪费,进而促进能源效率的提高;工业行业国有企业进一步深化改革将有利于行业能源效率的提高;FDI的提高和能源消费结构的调整,尤其是电力消费占比的增加,将更有利于能源效率的提高。因此,通过行业内部企业产权结构的进一步调整,加强外商直接投资对工业行业能源效率提升的技术溢出和管理溢出效应以及努力开发清洁、高效的新能源和替代能源将会较大程度地提高工业行业的能源效率。此外,上述工业行业能源效率影响因素及相关的政策建议是对工业行业整体而言的,具体到不同的行业类别,我们要具体分析,区别对待。我们不能为了盲目地提升工业行业能源效率而搞统一的节能减排约束目标,应针对不同的行业属性和发展情况,差异化考虑不同行业影响因素的重要性和管制方式。同时,要密切注意能源效率提升与工业行业发展两者的关系,及时调整政策协调两者之间的关系。

四、中国重点行业环境效率测算与分析:以造纸业为例

作为世界纸品产能第一、消费和进口大国,中国的造纸业在得到巨大发展的同时也面临产业布局结构不合理、技术装备落后、高消耗、高污染、低产出等一系列问题。为此,中国政府相继出台了系列相关政策,如2011年7月1日执行新的《制浆造纸工业水污染物排放标准》,2012年1月9日国家发改委等部委颁布的《造纸工业发展"十二五"规划》等,对造纸业的环境规制和结构调整措施制定了明确的目标。

为了保证这些政策能够很好地实施,需要对造纸行业中相关企业的综合效率进行科学、合理的评价。在综合效率评价中,对造纸业等环保行业来说环境绩效十分重要。由于造纸业具有高消耗、高污染、低产出的特征,因此众多学者对其环境绩效、生产效率进行了系列测评。例如,Ghosal et. al (2009)研究了全球纸业公司在现代化和创新方面的投资对其生产率的影响,结果发现投资和产量显正比,因此需要增加相应的投资;Silvo et al. (2009)应用最佳可行技术(BAT)相应的指标研究对在综合环境许可下的芬兰纸浆和造纸工业环保性能的影响进行评估;Sai Liang等(2011)运用物理投入—产出生命周期评估(physical input—output life-cycle assessment，PIO-LCA))模型研究了中国的造纸业四类废物回收利用对环境的影响；吴国松(2007)以造纸业为例，采用Spearman等级相关系数检验、Granger因果检验和回归分析等方法验证了环境保护与产业竞争力的关系等。

(一)极效率数据包络分析方法

传统的DEA模型存在一些问题，如在较多的决策单元均是DEA有效的情况下，其效率值均为1，这使得决策单元之间不能相互排序，给相关问题的科学评价造成了极大的困难，这在环保行业效率评价中尤为常见。为了解决这一问题，本节用CCR-DEA模型、AP模型、MAJ-DEA模型对DEA有效的决策单元进行二次评价，有效地解决了部分决策单元无法排序的问题，从而全面地反映环保行业效率的情况。

1. CCR-DEA模型

CCR-DEA模型是DEA的基本模型，该模型突破性地实现了在具体生产函数未知的条件下的多因素效率评价，在关于行业、企业的包括环境效率评价等综合型评价的领域得到了广泛的应用。该模型可描述如下：

记x为输入；y为输出；m为输入的个数，p为输出的个数，n为决策单元的个数；k为第k个决策单元，这里一般是不变的，而第j个决策单元里的j，一般要从1取到n。u,v,w,μ等为权重(向量或变量)。

对第k个决策单元$DMU_k(k=1,2,\cdots,n)$来说，其效率评价问题为：

$$\max h_k = \frac{\sum_{r=1}^{p} u_r y_{rk}}{\sum_{i=1}^{m} v_i x_{ik}}$$

$$s.t. : \frac{\sum_{r=1}^{p} u_r y_{rj}}{\sum_{i=1}^{m} v_i x_{ij}} \leq 1, \quad j=1,2,\cdots,n$$

其中，变量为$u_1,u_2,\cdots,u_p,v_1,v_2,\cdots,v_m$。

2. AP模型

CCR-DEA模型的特点是能够识别出DEA无效的决策单元，这些单元的效率值小于1，但有效的决策单元的效率值均为1，从而在样本量较大时，出现大量无法排序的单元。这就意味着，无法有效地对环保行业企业进行效率排序。AP模型是极效率模型的一种，能够很好地解决这个问题。其基本思想是在评价某个决策单元时，将其排除在决策单元集合之外而使其效率值可能大于1(输入型)或小于

1(输出型)。其模型形式为：

$$\eta_p = \min w_p$$

s.t.
$$\sum_{j=1}^{n} \lambda_j X_j \leq w_p X_p$$

$$\sum_{j=1}^{n} \lambda_j Y_j \leq Y_p, \quad \lambda_p \geq 0$$

$$j = 1, \cdots, n$$

3. MAJ-DEA 模型

针对 AP 模型存在如果一些输入数据是 0 或接近于 0，AP 模型可能会导致无解或解不稳定的现象，在 MAJ-DEA 模型的结果中，无效率的决策单元的效率值与 CCR-DEA 是一致的，而对有效的决策单元，可能存在效率值大于 1 的情况，如效率值为 1.2，含义为即使再增加 20% 的投入，该决策单元仍能保持相对有效。其模型形式为：

$$\eta_p = \min w_p + 1$$

s.t.
$$\sum_{j=1}^{n} \lambda_j X_j \leq X_p + w_p * I$$

$$\sum_{j=1}^{n} \lambda_j Y_j \leq Y_p$$

$$\lambda_j \geq 0, \quad j = 1, \cdots, n$$

其中，I 是一个非零向量。实际使用该模型时，投入约束常采用：

$$\sum_{j=1, j \neq p}^{n} \lambda_j x_{ij} \leq x_{ip} + w_p x_{ik_i}, \quad i = 1, \cdots, n$$

其中，$x_{ik_i} = \max_{j=1,\cdots,n} x_{ij}$。

(二) 极效率数据包络分析方法在中国纸业公司效率评价中的运用

由于需要评价的企业数量较多并需要进行效率排序，同时，还可能存在规模效应的问题，因此本节主要使用考虑规模效应的 AP 模型、MAJ-DEA 模型，并将其与 CCR-DEA 模型效率评价结果进行比较，使得其能全面反映中国纸业公司的效率情况。

1. 评级方法所使用指标分析

DEA 的使用需要构建以成本型指标为投入指标、效益型指标为产出指标、环境污染成本为非期望产出或代价型投入的投入产出指标体系为基础。为此，对于纸业公司来说，本节将企业经营的环境污染代价处理为投入指标。同时，对环保行业而言，除人力资源和资本资源外，能源与环境的投入是需要考虑的重要因素。

因此,本研究将固定资产投入、劳动力投入、环境污染代价投入作为投入指标,同时将销售收入和纸品产量作为产出指标。

2. 极效率数据包络分析方法评价结果及归因分析

本研究中的决策单元为中国造纸业的 26 家大型企业,相关数据根据 wind 资讯综合整理。同时运用考虑规模效应的 AP 模型、MAJ-DEA 模型及对照的四种模型,其中各企业的效率值使用 SAS 软件计算,其相关结果如表 8.16 所示。

表 8.16 中国 26 家造纸企业的效率值结果

纸业公司	CCR-DEA	AP 模型（规模可变）	MAJ-DEA 模型（规模可变）	AP 模型（规模不变）	MAJ-DEA 模型（规模不变）
浙江帝龙新材料股份有限公司	1.00	0.956	1.000	1.231	1.882
岳阳林纸股份有限公司	1.00	8.200	10.000	19.300	19.300
新疆天宏纸业股份有限公司	1.00	1.719	4.463	13.000	25.000
浙江景兴纸业股份有限公司	1.00	1.571	5.836	2.592	12.143
浙江凯恩特种材料股份有限公司	1.00	1.231	1.231	3.000	3.000
广东冠豪高新技术股份有限公司	1.00	1.029	1.190	1.246	2.111
山东博汇纸业股份有限公司	1.00	1.004	1.074	1.016	1.323
延边石岘白麓纸业股份有限公司	1.00	0.988	1.000	1.000	1.000
厦门安妮股份有限公司	1.00	0.979	1.000	1.192	1.788
山东太阳纸业股份有限公司	1.00	0.965	1.000	1.190	5.000
山东晨鸣集团股份有限公司	1.00	0.962	1.000	0.992	1.000
宜宾纸业股份有限公司	1.00	1.056	1.406	1.261	1.821

注:本表列示出的是处于 CCR-DEA 模型有效前沿面上的纸业公司。规模报酬不变与规模报酬可变的区别是,规模报酬不变模型在约束条件中加入了投入之和为 1 的限制。

接下来对上述结果进行归因分析。由于极效率模型的一个重要的优点在于在测定决策单元沿生产前沿面的相对技术效率时,对每个决策单元进行优化得到的相对效率是最大值,并且其权重值最优。而对非有效的决策单元,可以利用"投影原理"指出调整方向与调整量。为此,我们对极效率 DEA 的效率评价直接进行归因分析。区别于普通 DEA 的特点在于极效率 DEA 的生产可能集不包含被检测单元的决策单元,因此对于某方面指标表现突出的样本单元,很可能出现其投入小于生产前沿面、产出大于生产前沿面的情况,此时 Δx_{j_0} 会出现负值。某项值负值越小,那么该决策单元在这个方面超越群体水平越多,表现越好。通过归因分析得到结果如表 8.17 所示。

表 8.17 CCR-DEA 与 MAJ-DEA 的成本缩减

公司	CCR-DEA 模型的成本缩减	MAJ-DEA 的成本缩减	可降低成本排名
岳阳纸业	0.653	3.380	1
漯河银鸽实业集团有限公司	0.602	2.700	2
江门甘蔗化工厂(集团)股份有限公司	0.390	0.338	3
金城造纸股份有限公司	0.547	1.425	4
广西贵糖(集团)股份有限公司	0.390	0.741	5
牡丹江恒丰纸业股份有限公司	0.414	0.981	6
福建省南纸股份有限公司	0.495	1.572	7
福建青山纸业股份有限公司	0.501	1.697	8
山东华泰纸业股份有限公司	0.755	4.162	9
山东齐峰特种纸业股份有限公司	0.333	0.106	10

注:只列出排名前 10 的企业。

（三）研究结论

造纸行业作为资源消耗和环境污染大户,对其环境及综合效率评价具有重要的意义。本节通过分析,可以得到以下结论：

（1）CCR-DEA 能够识别企业是否有效率,其结果显示浙江帝龙等 12 家企业评价结果均为有效,但效率值都为 1,从而无法排序。整体来看,在用 CCR-DEA 模型评价出来的公司中,大量未达到有效前沿面的公司其效率值较为接近,均在 0.95 以上。说明目前,中国造纸业的同质化程度较高,优秀企业的效率优势并不明显。

（2）与 CCR-DEA 相比,AP-DEA 和 MAJ-DEA 模型能得到每个公司的一个效率排名情况。根据表 8.17 的数据,AP-DEA 和 MAJ-DEA 模型虽然得分并不完全一致,但是在对有效率的公司和无效率公司的区分上是一致的。

（3）规模不变和规模可变的 DEA 评价有细微的差异,根据纸业公司的实际数据特征,本节发现纸业公司的规模可变的有效率公司的要求更为严格,用 AP-DEA 和 MAJ-DEA 计算出的有效率公司量比规模不变得到的公司量少 2 家。

（4）从各家公司的归因分析来看,缩减值越小,说明需要缩减的成本越小,从而公司越有效率,对于传统 DEA 模型来说,由于所有的评价单元均在考察样本范围内,从而不会有负值。正如前文所述,对于有效率的样本单元,MAJ-DEA 模型衡量出来的成本缩减情况可能会小于有效边界,而产出大于有效边界,呈现为成本缩减情况为负的情况。此处,我们看到广东冠豪、厦门安妮、浙江帝龙、浙江凯恩、宜宾纸业、延边石岘白麓纸业均属于此种类型,说明此类企业在成本控制方面优势明显。在对纸制品行业的各家公司效率进行分析的基础上,为了行业的健康发展,在满足目前纸制品需求的基础上,尽量降低纸制品行业对环境的污染压力,地方政府可以通过市场化的手段对整个行业进行引导和整合,促进行业的可持续发展。对于政府来说,废水、废气和固体废弃物是纸制品行业的非期望产出,政府面临的抉择是在满足社会对纸制品行业的产量(期望产出)的基础上,尽量降低非期望产出。为了达成这一目标,政府可以对微观企业采取差异化的减排补贴、差异化的资金支持等方式促进行业在市场化的机制下优胜劣汰,提高行业的集中度,促进行业微观企业间的优势互补,通过重组、兼并、收购等方式培育优质企业,通过规模化生产提高生产效率。

同时,如果从降低非期望产品的角度和微观企业综合效率评价的角度对相关企业进行对比,可以发现,对于微观企业效率较高的企业,其非期望产出也较高,即如果企业尽到了社会责任,则从投入产出的角度来看,企业的效率降低(如岳阳纸业、漯河银鸽实业集团有限公司等前10家排名靠前的企业),与表8.16中处于有效前沿面的企业在期望产出排名前10的企业大都不重合。这一现象说明,目前中国纸制品行业的效率提高大多是在加剧环境压力的代价下运行的。由此前的效率评价和环境治理来看,从企业的角度衡量的效率和从政府的角度衡量的效率具有较大的差异,意味着纸制品行业的同质化竞争现象较为明显。通过技术创新和集约化生产降低环境代价的企业并不多见,纸制品行业的未来减排任务艰巨。

(四)相关研究政策建议

因此政府可以从如下几个方面协助纸制品行业实现升级转型,以推动其可持续发展:

其一,在资本市场层面,对于环保型企业,在IPO的审核中除了传统的财务指标外,政府应加入对未来减排设施投入、减排目标和减排现状的考察,对于未能达到政府环保考核的企业,制定企业进行相应的整改后才能上市的制度安排,从而引导资本流入重视对环保方面投入的环保型企业中。

其二,对于综合评价效率较高,同时对环保的投入占比较大的企业,政府可从行政补贴、税收减免等层面对企业进行减负,提高此类企业在同行中的竞争优势,从而支持优秀企业和具有社会责任感的企业发展壮大以增强对其他企业的示范效应,促进企业的优胜劣汰,引导企业通过收购、重组等方式整合行业资源。

其三,对于在环境治理方面严重不达标的企业,政府需责令进行整改。若整改不成功,则可通过市场化的手段进行整治,提高行业中优秀企业的集中度,通过规模效应降低环境投入方面的占比,促进产业的可持续发展。

第三节 环境规制效率的微观影响机制:企业绩效的测算

在注意到环境规制对于环境保护方面起到重要作用的同时,关于环境规制对微观企业绩效的影响也成为各国学者关注的一个重点。环境规制的直接影响是提高了企业的处污成本,但是通过环境规制对于企业寻求技术革新的刺激作用,又能够帮助企业通过技术提高企业绩效,从而实现环境与经济利益的"双赢"局面。

一、环境规制效率与企业绩效相关性分析

对环境规制与企业绩效的研究是随着20世纪70年代以来全球环保运动而出现的,环境规制对企业绩效影响的实证效果及路径,是经济学的一个重要议题。各国在制定环境规制标准的时候,都着重考虑了环境规制对企业绩效的影响。20世纪80年代,环保标准开始成为影响国际贸易的重要因素之一,到90年代,"贸易和环境"已成为一个广泛讨论的话题,近年来,随着全球经济联系的加强,环境资源流动呈现一些新的趋势和特征,全球性的环境退化和自然资源的逐渐衰竭,使得环境规制问题更受瞩目。

与此同时,世界经济全球化不断深化,企业绩效和国际竞争力成为各国日益关注的重点问题。在国际竞争力体系中,微观层面的企业竞争力和宏观层面的国家竞争力密切关联而备受重视。如何提高企业的国际竞争力成为各国获得和巩固竞争优势的中心问题。在可持续发展的总目标下,各国产业的发展已经不可能重复传统的资源消耗和"先发展,后治理"的老路了,企业绩效的提升必然要受到环境保护的影响,尤其是与贸易产品相关的产业与企业。因此,在考虑了环境因素后,对企业绩效的重新认识和评价、探索企业绩效受环境规制强度影响的具体机制,是该领域颇有现实意义的问题。

进入21世纪以来,中国在政府主导下的工业高度发展,尤其是规模化、集约化地发展制造业和整个第二产业,伴随而来的严峻环境保护形势使环境规制问题成为政府和学界重点关注的领域。中国当前大力倡导建设"循环经济",也正是基于改变原有"先污染,后治理"的老路,实施可持续发展的产业政策,在这个阶段环境污染与环境规制问题对中国经济社会发展特别重要。因此,在考虑了环境因素后,如何继续保持技术跳跃带来的后发优势和低环境成本,并在这个基础上提高企业绩效,是该领域颇有现实意义的问题。

(一)各国学者对环境规制与企业绩效的相关关系的研究

20世纪90年代以来,国际上对环境政策与国际竞争力的关系的研究非常活跃,取得了显著发展。中国也逐步改变计划经济时代行政命令式的环境规制政策,开始逐步采用排污费与可交易的许可证制度进行环境规制。然而,关于环

规制对企业绩效的影响问题,在理论方面,至今还没能建立一个完善的理论模型来论证这个问题。在实证方面,国外多数学者研究得出的结论的可靠性和普遍性,也存在很多的争议。

1. 环境规制通过成本提升恶化企业绩效

在新古典经济学看来,在企业最优化决策的假设下,环境规制政策的实施必然导致企业生产成本的提高,导致生产率的下降,此外,污染治理投资还可能通过挤占生产投资降低产业利润率。

一些学者通过对美国的经验研究有力地证明了这一点。环境规制使企业承担相应的环境损失赔偿,投入额外的人力、物力和财力,需要全部或部分改变生产工艺流程,从而提高生产成本,降低企业绩效。Van Beers 和 Vanden Bergh(1997)使用一种全球贸易模型对21个OECD成员国1992年的双边总体贸易流、污染密集产业贸易流、区位敏感型产业贸易流进行分析。研究发现,从出口看,如果用总体贸易数据进行分析,环境保护强度与出口之间具有负向的关系。对于进口而言,三种贸易流的数据显示,较高的环境保护强度对于进口有着不利的影响。他们认为,这可能是那些实行了较高环境标准的国家为了保护本国产业而实行的一种非关税壁垒措施所导致的结果。

2. 环境规制通过激励创新提高企业绩效

Michael Porter(1991)首次提出环境保护能够提升产业和国家竞争力的主张,Porter 和 Vander(1995)则提出"波特假说",进一步详细地解释了环境保护经由创新而提升竞争力的过程。"波特假说"认为有效的环境规制将刺激企业的技术创新和管理创新。其中有效的环境规制是指以目标为导向,而不去限制创新产品和工艺的环境政策,具体包括环境税、排污收费和排污许可证等。

从短期来看,环境规制水平的提高会在一定程度上增加企业的生产成本,并影响到企业竞争力。但从长远来看,由于环境压力的刺激,企业进行环境投资改造、技术创新和管理创新,会产生创新补偿,提高企业竞争力。该观点认为,环境污染的本质是资源无效率。只要新环境标准符合相应的条件,就可以激励企业不断进行自主创新,更加有效地利用资源。而企业也能通过一系列的创新活动降低成本,提高自身的竞争力,并且在国际市场上占有"先行者优势"。此后,围绕波特假说的逻辑框架,开展了大量的理论与经验研究。

(1) 环境规制产生创新激励作用的难度大。Palmer,Oates 和 Portney(1995)以及 Simpson、Bradford(1996)等通过将环境因素作为约束条件引入最优化模型,证明加入环境因素后厂商的利润将会变小,而不可能变大。Simpson,Bradford(1996)通过揭示高水平的环境规制对利润的成本增加与创新刺激两种效应对 Porter 假说提出了质疑。他们发现环境规制的影响取决于受规制行业的具体特点,行业不同影响也不同,而且理论上不太可能精确估计这种影响。两位作者认为,尽管环境规制提高前后受规制产业竞争力的变化可以在现实中观察到,但估计这种变化的理论模型是很难建立的。他们得出的结论是环境规制不可能带来竞争优势。

(2)环境规制对产业国际竞争力的影响微弱。还有一部分学者认为,环境规制的实施确实会产生一定的环境成本,导致生产成本上升。但这种因环境而增加的生产成本占总成本的比例很小,不足以对竞争力产生很明显的影响。Tobey(1990)采用一个多因子、多商品的 HOV 模型,对 23 个国家 1975 年的相关数据进行了分析。发现环境保护强度的变化并不会改变国家之间原有的贸易格局,即环境保护强度与产业国际竞争力之间并未呈现明显的相关性。Walley 和 Whitehead(1994)认为 Porter 所说的"双赢效应"只是降低环境成本的一个潜在机会,而并不一定会发生。环境规制所引起的创新需要很多的前提条件,其中之一就是环境规制必须要具有激励性质,但现实中的规制并不一定具有这种特点。另外,先动优势实现的核心在于其他国家是否会跟随。假如其他国家不跟随的话,也就没有先动优势。所以,环境规制对产业国际竞争力的影响不明显。Dean(1997)通过对有关竞争力的文献进行研究,结论显示:过去和现有的环境法规对竞争力的影响很小。这是因为:受环境规制限制而减少的费用在总费用中所占的比例很小,产出的相关损失和贸易受到的影响也很少。Jenkins(1998)对欧洲的研究发现,环境规制与产业国际竞争力之间没有正向或者负向的关系。

(二)针对中国问题的研究

针对我国问题,很多学者也对中国不同行业环境规制的微观效率机制进行了一系列实证研究。但是由于学者们所使用方法以及研究对象的不同,最终并没有得到统一的结论,针对环境规制对企业绩效的显性作用是否存在仍旧是一个具有争议的问题。

1. 环境规制与企业绩效无显著关系

段琼(2002)通过分析我国 12 个工业部门,发现环境规制水平与显示性比较优势之间不存在显著关系。姜太平(2002)以环境控制成本占该行业整体工业总产值的比值作为衡量行业的环境强度指标,对我国 12 个主要工业部门 1992—2000 年环境强度与显示性比较优势做相关性分析得出两者并不明显相关的结论。赵细康(2003)通过建立一个环境保护强度综合指标体系对中国工业行业的环境保护强度与产业国际竞争力关系进行实证分析,也得出了与段琼和姜太平相似的结论,即环境保护强度与产业国际竞争力并未呈现规律性的变化。

2. 环境规制通过技术创新促进企业绩效提升

黄德春和刘志彪(2006)通过在 Robert 模型中引入技术系数,分析了环境规制对企业生产的影响。分析表明,环境规制给企业带来直接费用的同时,也会激发一定程度的技术创新,部分或全部地抵消这些成本,因此,环境规制可以同时减少污染和提高生产效率。这验证了波特的观点,即环境规制会产生短期的成本,但会被技术进步带来的长期收益所补偿,最终使得受规制的企业获益。作者还结合海尔的案例进行了实证分析,海尔通过自主创新,实现了从遵守标准到制定标准,其产品成功进入欧美市场。

3. 环境规制对企业绩效的作用存在长短期差异

张小瑜(1999)、傅京燕(2004)等提出环境规制导致企业绩效下降的观点,政府却普遍地接受了"波特假说"。他们坚信,短期内环境规制水平的提高确实会增加企业生产成本,影响产业国际竞争力。但在长期,由于环境压力的刺激,企业进行环境改造的同时,也在进行技术改造、技术创新和管理创新,引起生产成本的下降,从而提高国际竞争力。

总体而言,中国学者有关环境规制影响的实证研究,涉及范围很广,从对企业生产率等的影响,到对行业产出、产业国际竞争力、技术创新和国际直接投资的影响。但由于中国在此领域的研究存在数据获得难度大及政策单一等缺陷,有关环境规制对产业绩效影响的实证研究较少。针对环境规制对产业竞争力和技术创新等影响的研究,多数只是进行简单的相关性分析或统计描述,由于没有全面考察环境规制对产业影响的传导机制,所以对于实证结果并没有给出很好的解释。

4. 环境规制、技术进步与企业绩效的经济学分析

环境规制对企业绩效的影响,是各种直接和间接效应综合作用的结果,是通过对生产成本、企业进入和技术创新等影响的传导机制而产生的,只有全面考察环境规制对这些因素的影响,才能够对环境规制对企业绩效的最终影响结果有准确的解释。

环境规制对生产成本的影响是直接作用并且较为确定,规制在短期必然导致生产成本的增加。但是环境规制对技术创新可能会产生一定的促进作用。因此,我们分别建立计量模型考察环境规制对技术创新以及企业绩效的影响,最终,构建一个整合模型,考虑其中具体的影响关系。

(1) 环境规制与技术进步。环境规制能否带来企业技术的改进,在经济理论上存在争议,经验研究结论也未达成一致。尤其对中国而言,由于工业整体水平尤其是技术水平的落后,同时伴随巨大的沿海与内陆,中、东、西部之间的差异,以及明显的产业转移趋势、FDI流入带来的技术溢出效应等,环境规制对企业的技术改进的影响机制将非常复杂,且由于被其他因素带来的技术改进掩盖真相而变得更加模糊。许庆瑞(1995)在对江浙50余家企业的调查研究中发现,中国政府政策法令的强制是企业外部环境技术创新最重要的动力源,而现有的环境规制政

策,给企业带来的成本增加远低于企业进行技术创新的费用,企业宁愿付费而不愿进行技术创新。张其仔等(2006)通过对中国"十五"期间工业污染防治情况的分析,认为中国污染防治存在科技创新政策与环境保护政策整合不足,造成中国工业污染防治方式仍以外延式为主,单位工业产值污染排放强度的下降,主要是靠发展污染密集度较低的产业,提高其比重来实现,而污染密集型产业通过产业进步实现降低污染密集度的作用,在此表现并不十分明显。

我们沿用 Adam B. Jaffe(1996)的框架建立经验模型。该模型建立的目的是考察环境规制对产业技术创新的影响,因此产业技术创新是被解释变量,环境规制强度是解释变量。

此外,由于影响技术创新的因素很多,需要在模型中加以控制。我们的控制变量主要包括产业规模、政府技术支持(固定资产投资)。同时,考虑到中国过去20年 FDI 流入急剧增长,而大量的实证研究证据表明 FDI 流入是新知识和技术流入的途径之一,在进行对外经营业务时,跨国公司比本地公司更具有成本优势(Caves,1996;Markusen,2002)。跨国公司的先进技术是本国企业模仿和学习的对象,它还通过人力资本流动(Saggi,2002)和垂直联系(Markusen 和 Venables,1999)产生的技术溢出来提高东道国技术水平,所以我们将 FDI 作为解释变量之一。设置计量模型如下:

$$\text{patent}_{it} = \beta_0 + \beta_1 \text{ER}_{it} + \beta_2 \text{TUV}_{it} + \beta_3 \text{GOV}_{it} + \beta_4 \text{FDI}_{it} + \varepsilon_{it}$$

$$\text{epv}_{it} = \beta_0 + \beta_1 \text{ER}_{it} + \beta_2 \text{TUV}_{it} + \beta_3 \text{GOV}_{it} + \beta_4 \text{FDI}_{it} + \varepsilon_{it}$$

(2)技术进步与企业绩效。技术进步当然会带来企业绩效的提高,这在经济理论和检验研究方面都不存在争议。按照波特假说的观点,环境规制激励企业不断进行自主创新,以降低能耗和污染,也提高市场的技术门槛,在提升整体技术水平的同时,降低市场竞争。

鉴于中国宏观经济中强大的政府宏观调整,我们将政府支持作为解释变量之一。设置计量模型如下:

$$\text{perfmance}_{it} = \beta_0 + \beta_1 \text{epv}_{it} + \beta_2 \text{TUV}_{it} + \beta_3 \text{GOV}_{it} + \beta_4 \text{FDI}_{it} + \varepsilon_{it}$$

$$\text{perfmance}_{it} = \beta_0 + \beta_1 \text{patent}_{it} + \beta_2 \text{TUV}_{it} + \beta_3 \text{GOV}_{it} + \beta_4 \text{FDI}_{it} + \varepsilon_{it}$$

(3)环境规制、技术进步与企业绩效。将环境规制、技术改进放在一起,分析它们对企业绩效的综合影响。环境规制政策的实施,可能会成为企业进入的壁垒,阻碍新企业的进入,从而对产业绩效产生一定的间接影响。环境规制通常要求被规制企业安装污染治理设备,这必然导致企业投资的增加和必要资本量的提高,从而可能成为阻碍新企业进入的壁垒。Pashigan(1984)考察了污染控制对企业最优效率规模的影响,发现环境规制导致企业规模的扩大和资本强度的增加。并且,中国的环境规制中存在大量的"祖父规则"(Grandfather Rules),很多环境规制政策对新企业施加比老企业更为严格的规制标准,这些差率被解释为在保证现有企业生存能力的同时,消除环境损害,但是它们实际上成为新企业进入的一种壁垒,降低了产业的竞争程度,影响产业的利润率。

为了分离技术改进与环境规制各自的效应,我们还将 er 与技术进步的交互项作为解释变量放在方程右边。

设置计量模型如下:

$$\text{perfmance}_{it} = \beta_0 + \beta_1 \text{epv}_{it} + \beta_2 \text{er}_{it} + \beta_3 \text{TUV}_{it} + \beta_4 \text{GOV}_{it} + \beta_5 \text{FDI}_{it} + \varepsilon_{it}$$

$$\text{perfmance}_{it} = \beta_0 + \beta_1 \text{patent}_{it} + \beta_2 \text{er}_{it} + \beta_3 \text{TUV}_{it} + \beta_4 \text{GOV}_{it} + \beta_5 \text{FDI}_{it} + \varepsilon_{it}$$

二、环境规制、技术进步与企业绩效的实证研究

(一)数据与指标选取

由于我们的研究针对的是中国 2000 年以来实行的集约化工业发展中的问题,总共包括 30 个省份 2000—2010 年的数据(未包含西藏、港、澳、台统计数据)。三个关键指标环境规制强度、技术改进和企业绩效中,前两者的衡量较为困难并存在争议,企业绩效则按常规使用总资产贡献率来核算。

对环境规制强度的衡量的困难是中国关于环境规制问题进行研究的最大的问题。中国的环境规制不是全国统一制定标准,而是各省(直辖市、自治区)按照具体情况,各自拟定管理规定,并由各省环保局酌情执行。所以,不可能通过对制度本身进行量化来衡量中国的环境规制强度。也正因为如此,中国的环境规制强度在各省及不同年份出现明显的差异,本节的研究应当使用省际面板数据。已有文献中赵红(2007)等将中国环境规制问题的研究处理成时间序列数据的做法有待商榷。由于中国环境规制以"废水"和"废气"治理为主,但"排污费"收费中存在的"任务配额"现象使"排污费"数值难以反映实际的规制强度。

本节使用的环境规制强度指标定义如下:

环境规制强度 = [(工业企业废水治理设施的运行费用 + 工业企业废气治理设施运行费用)/工业企业产值] × 1 000 000

值得强调的是,以上公式的分母使用工业总产值而不是废气废水排放量或能源消耗量。是由于企业在一定产值中,愿意在废水和废气治理设施上投入的运行费用,更能衡量企业对真实环境规制强度的响应。所取得数据的来源包括《中国环境统计年鉴》和《中国环境年鉴》。

图 8.11 为将本节计算的环境规制强度按省(直辖市、自治区)画的线图,从图形可以看出,环境规制强度及其趋势在 30 个地区之间有明显的差异,部分地区在个别年份还有突然变化(甘肃、河南、河北等)的情况。但总体上还是呈现随着年份逐渐加强的趋势。

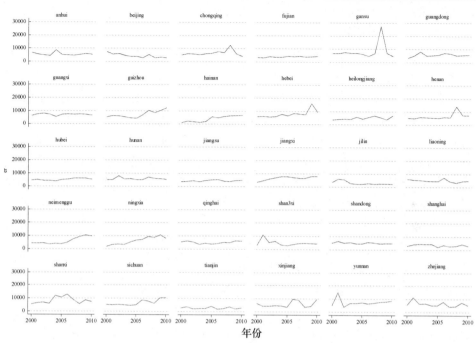

图 8.11 中国各省(直辖市、自治区)环境规制强度趋势

在技术改进的衡量方面,虽然不存在像环境规制强度那样原始数据的问题,但不同的衡量指标之间的性质差异,同样值得细致考虑。整体而言,中国企业的生产、污染物处理技术水平均比较低,对企业整体技术改进的衡量,中国国内学者们广泛采用了 R&D 支出(Expenditure)和专利申请数量(Patent)这两个存在诸多争议的指标。在企业技术创新水平测度方面,R&D 支出反映了企业在研究与开发上的投入,但中国沿袭苏联而来的科学研究制度体系的"项目经费配额"的模式,导致 R&D 支出与企业实际的技术提升关联有限,R&D 支出未必真实地投入到企业的技术改进中,而更多地作为一种资源在管理层进行分配。从这个角度看,专利申请数量要优于 R&D 支出;同时,在企业技术创新的实际效果方面,每单位产出价值能源消费(EPV)则是企业生产技术水平的相对真实的反应。专利申请数量的优点在于它不仅能反映产品的创新也能反映过程和工艺的创新,但是由于中国企业的专利意识比较薄弱,企业的技术创新成果不一定以专利的形式出现。EPV 则弥补了这个缺陷。因此,本节使用专利申请数量(Patent)和 EPV 两个指标衡量企业的技术水平,分别考察环境规制强度对这两个指标所体现的企业技术进步的两个层面的影响。

其中,专利申请数量(Patent)使用《中国科技统计年鉴》公布的年度数据;每单位产出价值能源消费(EPV)使用《中国能源统计年鉴》中的年度能源总消耗,除以中国工业统计年鉴中相应统计口径的工业总产值。

除此三个方面涉及的四个指标以外,本节的实证检验还涉及总能源消耗量(te)、FDI流入、资本形成(af)、企业个数(num)四个指标。其中,总能源消耗量的数据来自《中国能源统计年鉴》;FDI流入的数据来自中国社会科学院建立的数据库;资本形成来自各省(直辖市、自治区)统计年鉴。由于中国政府主导的投资活动和金融支持,构成了绝大部分的企业资本形成,因此它可以很好地用来衡量政府对企业的投资支持;为了保障统计口径一致,企业个数和计算环境规制强度需要的数据一样,来自中国学者组织公布的《中国环境年鉴》而非国家统计局公布的《中国环境统计年鉴》。

(二) 实证检验结果

1. 环境规制与技术进步

表8.18是模型(1)的检验结果,考察环境规制对企业技术改进的影响。以专利申请数为技术改进变量的检验中,包括固定效应回归在内,四种不同估计方法的结果均显示环境规制对中国企业技术改进不存在显著的影响。而在以单位产值能耗为技术改进变量的检验中,固定效应回归的结果认为环境规制降低了中国企业的技术改进水平。同时,FDI流入对专利申请数具有显著的促进作用,但对单位产值能耗的作用不显著。

表8.18 环境规制与技术进步模型回归结果

	(1) 固定效应模型	(2) GLS	(3) 固定效应模型	(4) MLE	(5) 固定效应模型	(6) GLS	(7) 固定效应模型	(8) MLE
	专利	专利	专利	专利	技术	技术	技术	技术
er	−0.102	−0.0839	−0.114	−0.104	−0.798***	0.0211	−0.897***	−0.839***
	(−0.46)	(−0.35)	(−0.51)	(−0.47)	(−4.84)	(0.10)	(−5.56)	(−5.24)
tuv	2.212***	1.987***	2.297***	2.227***	0.681***	0.676***	0.696***	0.686***
	(16.95)	(14.58)	(17.27)	(17.13)	(7.03)	(5.49)	(7.32)	(7.31)
gov	−0.0353***	−0.0307***	−0.0396***	−0.0359***	−0.0361***	−0.0318***	−0.0389***	−0.0371***
	(−7.54)	(−6.54)	(−8.04)	(−7.64)	(−10.25)	(−7.47)	(−11.02)	(−10.72)
fdi	0.0149***	0.0130***	0.0197***	0.0155***	−0.00502*	−0.0145***	−0.000650	−0.00343
	(5.26)	(5.50)	(5.85)	(5.25)	(−2.23)	(−6.75)	(−0.27)	(−1.46)
_cons	291.3	1 535.3	−590.1	156.3	29 474.4***	26 525.8***	29 372.6***	29 462.7***
	(0.16)	(0.97)	(−0.40)	(0.08)	(17.90)	(18.47)	(27.88)	(15.34)
N	330	330	330	330	330	330	330	330

注:* $p<0.05$,** $p<0.01$,*** $p<0.001$。括号中是 t 检验。

值得特别注意的是,gov的系数在第2—9列中均显著为负,意味着政府主导下的投资是一种低水平的规模扩张,实际上降低了中国企业的技术水平。

2. 技术进步与企业绩效

表 8.19 是模型(2)的检验结果,考察技术进步及本节几个重要的控制变量对企业绩效的影响。

表 8.19 技术进步与企业绩效模型回归结果

	(1) 固定效应模型	(2) GLS	(3) 固定效应模型	(4) MLE	(5) 固定效应模型	(6) GLS	(7) 固定效应模型	(8) MLE
epv	-0.156***	-0.115***	-0.163***	-0.157***				
	(-7.58)	(-5.18)	(-7.43)	(-7.65)				
tuv	-0.116**	-0.0958	-0.112**	-0.116**	-0.212***	-0.0493	-0.238***	-0.216***
	(-2.97)	(-1.86)	(-2.77)	(-2.99)	(-3.68)	(-0.71)	(-4.07)	(-3.79)
af	0.00559***	0.00895***	0.00435**	0.00543***	0.00936***	0.0125***	0.00780***	0.00913***
	(3.52)	(4.25)	(2.67)	(3.42)	(5.66)	(6.21)	(4.56)	(5.49)
fdi	0.000114	-0.00335***	0.000981	0.000221	0.000956	-0.00121	0.00155	0.00105
	(0.14)	(-3.72)	(1.13)	(0.26)	(1.03)	(-1.34)	(1.57)	(1.13)
te	0.271**	0.0767	0.319**	0.277**	0.466***	-0.0438	0.630***	0.491***
	(2.92)	(1.09)	(3.07)	(2.97)	(4.60)	(-0.56)	(5.65)	(4.61)
patent					-0.0172	-0.0564*	-0.0114	-0.0163
					(-0.98)	(-2.54)	(-0.65)	(-0.94)
_cons	11 414.1***	12 140.6***	11 220.6***	11 390.2***	6 610.3***	9 569.5***	5 726.6***	6 476.4***
	(11.29)	(17.48)	(12.45)	(11.00)	(8.29)	(21.65)	(10.10)	(7.55)
N	330	330	330	330	330	330	330	330

注: *$p<0.05$, **$p<0.01$, ***$p<0.001$,括号中是 t 检验。

技术的系数高度显著为负($-0.163, p<0.001$),单位产值能耗降低会导致企业绩效水平下降吗?实证检验的结果的确如此。这可能是由于中国目前工业化水平较低,在全球环保运动中,降低了单位产值能耗的同时,付出了更多的潜在代价。Patent 在这里的估计结果并不显著,patent 申请数与企业的科研活动关系密切,是否正是因为此处发现的企业科研活动对经营绩效没有显著的作用而导致诸多企业对科学研究活动的漠视呢?

同时,政府的支持(资本形成)和 FDI 流入对中国企业绩效同样没有显著的影响。我们在表 8.19 的技术(te)的估计结果中得到了关键的发现,te 的估计结果在 model 2 的第一个方程中的估计结果显著为正(0.319),在 model 2 的第二个方程中的估计结果高度显著为正(0.630),在作为对照的其他 6 个回归中,估计结果均显著为正。这个结果告诉我们,能源消耗支撑了中国企业绩效增长。

3. 环境规制、技术进步与企业绩效

模型3的回归中引入了技术改进与环境规制强度的交互项,其含义为环境规制通过促进技术改进而企业绩效产生的作用。表8.20中第(1)至(4)列使用专利申请数作为技术改进变量,第(5)至(8)列使用单位产值能耗 epv 作为技术改进变量,结果发现,剔除通过技术改进产生的作用后,环境规制强度对企业绩效不存在显著影响,单位产值能耗对企业绩效具有显著的负的效应($-0.171, p<0.001$),专利申请数对企业绩效不存在显著影响;除以专利申请数作为技术改进变量的 GLS 回归以外,其余的环境规制强度与技术改进的交互项,包括表8.19检验中认为正确的固定效应模型,系数均不显著,而这里的 GLS 是经检验不合格的模型。总体而言,环境规制对企业绩效的直接作用与通过技术改进的间接作用均不显著。

表8.20 技术进步与企业绩效模型回归结果

	(1) 固定效应模型	(2) GLS	(3) 固定效应模型	(4) MLE	(5) 固定效应模型	(6) GLS	(7) 固定效应模型	(8) MLE
er	0.0191	0.271	0.00046	0.0168	0.116	0.0272	0.106	0.114
	(0.15)	(1.44)	(0.00)	(0.13)	(1.57)	(0.26)	(1.45)	(1.59)
er*epv	-0.0254	-0.154	-0.0213	-0.0248				
	(-0.36)	(-1.52)	(-0.30)	(-0.36)				
epv	-0.165***	-0.0757	-0.171***	-0.166***				
	(-4.19)	(-1.36)	(-4.29)	(-4.28)				
te	0.375***	0.211***	0.403***	0.378***	0.688***	0.151	0.830***	0.722***
	(4.32)	(3.35)	(4.11)	(4.36)	(7.17)	(1.95)	(8.03)	(7.28)
tuv	0.0477	0.153***	0.0157	0.0445	0.0143	0.254***	-0.0568	-0.00244
	(1.17)	(3.37)	(0.36)	(1.09)	(0.25)	(4.02)	(-0.95)	(-0.04)
fdi	0.00132	-0.00257**	0.00193*	0.00139	0.00284**	-0.000221	0.00315**	0.00292**
	(1.55)	(-2.67)	(2.21)	(1.63)	(2.91)	(-0.21)	(3.12)	(3.03)
num	-0.157***	-0.176***	-0.125*	-0.154**	-0.166**	-0.142**	-0.136*	-0.160**
	(-3.34)	(-4.06)	(-2.48)	(-3.28)	(-3.15)	(-2.91)	(-2.41)	(-3.04)
patent					-0.0188	-0.0826*	-0.0103	-0.0166
					(-0.61)	(-1.97)	(-0.34)	(-0.55)
er*patent					-0.000857	0.00406	-0.00114	-0.000940
					(-0.18)	(0.60)	(-0.24)	(-0.20)
_cons	12210.0***	12337.7***	11945.9***	12184.4***	6070.2***	10134.1***	5120.8***	5845.1***
	(10.06)	(10.96)	(10.63)	(9.97)	(6.73)	(14.22)	(7.50)	(5.96)
N	330	330	330	330	330	330	330	330

注:*$p<0.05$,**$p<0.01$,***$p<0.001$,括号中是 t 检验。

技术(te)在这里同样有令人惊异的表现,与模型2的表现一样,它对企业绩效具有高度显著的正的效应(0.403, 0.830, $p<0.001$)。另外,FDI 流入的效应也显

著为正,但显著性水平不如 te 高,系数也较小(0.00193,0.00315)。

4. 中国现行环境规制对技术进步与企业绩效的影响的结论

环境规制对企业绩效具有提高企业成本从而降低绩效水平的直接效应,和促进技术改进从而提高企业绩效的间接效应,"波特假说"则强调了后者,但这对技术水平落后的发展中国家来说却并非如此。以中国为例,虽然中国技术水平较为落后,但环境规制政策并没有导致其技术创新的明显提升。如果环境规制没有促进技术改进,环境规制将不利于发展中国家的产业发展。

现有的实证研究文献大多未能将直接效应和间接效应分离,在模型中引入交互项详细考察其直接和间接效应后,对我国环境规制与企业绩效的相关关系得到了一些非常明确的结果。综合考虑三个模型的检验结果,我们得到如下结论:

首先,中国的环境规制强度偏低,表现为环境规制对企业绩效的直接影响不显著。而 Dension(1981)等对以美国为代表的发达国家的研究则发现了明显的直接效应,即环境规制提高了企业成本从而降低了绩效水平。以中国为代表的发展中国家,普遍采用了标准低、手段单一的环境规制政策,由于规制标准低,即环境规制的强度低,未能显著提高企业成本。

其次,环境规制对中国企业的技术改进、通过技术改进对经营绩效的间接影响也不显著,即不支持"波特假说",原因一方面是由于中国的环境规制强度较低,另一方面是由于中国规制手段的单一,缺乏激励效应,这个结果与中国国内通常以 R&D 经费衡量企业技术改进的实证研究结果完全相反。同时,在实证结果中,能源消耗的系数显著为正,表明能源消耗在很大程度上支撑了中国企业的绩效水平;我们还可以看到企业个数的系数显著为负,由于企业个数表明产业壁垒的高低,个数越少说明产业壁垒越高,垄断性越强,这表示中国的产业壁垒提高了企业绩效。同时我们发现,FDI 流入对专利申请数具有显著的促进作用,但对单位产值能耗的作用不显著,即 FDI 流入提高了表面上的科研成果数量,但没有实际上提高企业的技术水平。

总的来讲,目前中国的环境规制对企业技术与绩效并没有形成模型上的显著影响。从中国经济一个明显的特征为基础考虑,中国在 1978 年以前几乎没有国有企业以外所有制形式的企业,即使至今,政府规划及其他的政策性垄断形成了高度的产业保护,有官方背景和达到一定规模的企业,才可以进入行业之中,而实际上,中国达到一定规模的工业企业往往同时属于国有企业。这种产业保护和产业进入壁垒有效地提高了企业绩效,因此,目前的以罚款和费税为主的环境规制对企业生产难以产生影响,企业既没有承受环境规制导致成本提升所带来的压力,也没有因为环境规制政策的激励而改进技术的动力,由此我们可以推测,在政府为主导的发展中国家,低水平的环境规制对企业技术与绩效不会产生有效的影响。

随着中国工业化进程的加快,环境保护问题也越来越重要,中国的环境规制强度在逐渐强化。但是,根据本节的实证检验,过去11年间中国的环境规制政策并没有起到对企业技术创新的激励作用,创新补偿作用对企业绩效产生的积极影响还未体现出来,较低的环境规制强度也没有导致企业绩效产生显著的下降。因此,在继续推行市场化改革、降低产业壁垒的同时,中国应当提高环境规制强度,并在制度设计中强化其激励机制,充分发挥技术创新的补偿作用。选择能够最大程度激励产业技术创新的环境规制政策工具。中国应当积极稳妥地推进以市场为基础的环境规制政策工具的改革,在达到污染控制目标的同时,起到激励产业技术创新的作用。政府主导投资对中国经济生活影响巨大是一个短期内难以改变的事实。在这个客观条件的约束下,应当加强对新投资项目的技术监管,实行清洁生产,发展高技术的生态工业。

参考文献

北京大学中国国民经济核算与经济增长研究中心:《中国经济增长报告》,2004—2013。
陈彦斌:《中国新凯恩斯菲利普斯曲线研究》,《经济研究》,2008年第12期。
代合治:《中国城市群的界定及其分布研究》,《地域研究与开发》,1998年第2期。
《邓小平文选》第3卷,人民出版社,1994。
方红生、张军:《中国地方政府竞争、预算软约束与扩张偏向的财政行为》,《经济研究》,2009年第12期。
方红生、张军:《中国地方政府扩张偏向的财政行为:观察与解释》,《经济学(季刊)》,2009第3期。
傅勇、张晏:《中国式分权与财政支出结构偏向:为增长而竞争的代价》,《管理世界》,2007年第3期。
郭庆旺、贾俊雪:《地方政府行为、投资冲动与宏观经济稳定》,《管理世界》,2006年第5期。
郭庆旺、贾俊雪:《政府公共资本投资的长期经济增长效应》,《经济研究》,2006年第7期。
国家统计局:《国家统计调查制度2012》,2011年12月制定。
国家统计局:《国家统计调查制度2013》,2012年12月制定。
国家统计局:《中国国民经济核算体系2002》,中国统计出版社,2003。
国家统计局:《中国统计年鉴》,中国统计出版社,历年。
国家统计局:《中国主要统计指标解释》,中国统计出版社,2010。
国家统计局固定资产投资统计司:《投资中国30年》,中国统计出版社,2009。
国家统计局国民经济核算司:《中国第二次经济普查年度国内生产总值核算方法》,2011。
国家统计局国民经济平衡统计司:《国民收入统计资料汇编(1949—1985)》,中国统计出版社,1987。
国家统计局住户调查办公室:《中国住户调查年鉴》,中国统计出版社,2012。
贺菊煌、沈可挺、徐嵩龄:《碳税与二氧化碳减排的CGE模型》,《数量经济技术经济研究》,2002年第10期。
洪银兴:《地方政府行为和中国市场经济的发展》,《经济学家》,1997年第1期。
胡锦涛:《坚定不移沿着中国特色社会主义道路前进,为全面建成小康社会而奋斗》,在中国共产党第十八次全国代表大会上的报告,人民出版社,2012。
贾康、赵全厚:《国债适度规模与我国国债的现实规模》,《经济研究》,2000年第10期。
简新华、黄锟:《中国城镇化水平和速度的实证分析与前景预测》,《经济研究》,2010年第3期。
蒋贵凰:《中国城市化进程的经济动因》,《发展研究》,2009年第2期。

金人庆:《中国科学发展与财政政策》,中国财政经济出版社,2006。

李东军、张辉:《北京市产业结构优化调整路径研究》,北京大学出版社,2013。

李浩、王婷琳:《新中国城镇化发展的历史分期问题研究》,《城市规划研究》,2012 年第 6 期。

李厚刚:《建国以来国家对于农村劳动力流动政策的变迁》,《理论月刊》,2012 年第 12 期。

李连发、辛晓岱:《银行信贷、经济周期与货币政策:1984—2011》,《经济研究》,2012 年第 3 期。

李丕东:《中国能源环境政策的一般均衡分析》,厦门大学硕士论文,2008。

李颖、林景润等:《我国通货膨胀、通货膨胀预期与货币政策的非对称分析》,《金融研究》,2010 年第 12 期。

梁小民等:《经济学大辞典》,团结出版社,1992。

刘贵文、杨建伟、邓徇:《影响中国城市化进程的经济因素分析》,《城市发展研究》,第 13 卷 2006 年 5 期。

刘继生、陈彦光:《城镇体系等级结构的分形维数及其测算方法》,《地理研究》,1998 年第 17 卷第 1 期。

刘婧、赵民:《论城市化发展的影响因素》,《城市规划》,2008 年第 32 卷第 5 期。

刘尚希、赵全厚等:《"十二五"时期我国地方政府性债务压力测试研究》,《经济研究参考》,2012 年第 8 期。

刘伟、蔡志洲:《技术进步、结构变动与改善国民经济中间消耗》,《经济研究》,2008 年第 4 期。

刘伟、蔡志洲:《中国 GDP 成本结构对投资与消费的影响》,《求是学刊》,2008 年第 3 期。

刘伟、苏剑:《供给管理与我国现阶段的宏观调控》,《经济研究》,2007 年第 2 期。

刘伟:《我国现阶段反通胀的货币政策究竟遇到了怎样的困难》,《经济学动态》,2011 年第 9 期。

刘伟:《克服中等收入陷阱的关键在于转变发展方式》,《上海行政学院学报》,2011 年第 1 期。

刘伟:《我国现阶段财政与货币政策反方向组合的成因、特点及效应》,《经济学动态》,2012 年第 7 期。

刘伟:《转轨中的经济增长》,北京师范大学出版社,2011。

马拴友:《中国公共资本与私人部门经济增长的实证分析》,《经济科学》,2000 年第 6 期。

马勇、陈雨露:《货币与财政政策后续效应评估:40 次银行危机样本》,《改革》,2012 年第 5 期。

农业部农村经济体制与经营管理司:《解读中央一号文件》,2013。

盛娟:《中国经济的 CGE 模型及政策模拟》,中国人民大学硕士论文,2005。

师应来:《影响我国城市化进程的因素分析》,《统计与决策》,2006 年第 5 期。

宋吉涛、方创琳、宋敦江:《中国城市群空间结构的稳定性分析》,《地理学报》,2006 年第 61 卷第 12 期。

苏浩:《新中国成立以来我国城镇化发展历程研究》,《商情》,2011 年第 11 期。
苏剑等:《金融危机下中美经济形势的差异与货币政策选择》,《经济学动态》,2009 年第 9 期。
苏素、贺娅萍:《经济高速发展中的城镇化影响因素》,《财经科学》,2011 年第 11 期。
孙继琼、徐鹏:《成渝经济区城市化特征及影响因素分析》,《经济纵横》,2010 年第 1 期。
孙胤社:《大都市区的形成机制极其定界——以北京市为例》,《地理学报》,1992 年第 47 卷第 6 期。
王玉平:《银行信贷资金财政化趋势分析》,《中国统计》,2009 年第 8 期。
王元京:《1998 年以来财政资金与信贷资金配合使用的模式》,《金融理论与实践》,2010 年第 2 期。
魏巍贤:《基于 CGE 模型的中国能源环境政策分析》,《统计研究》,2009 年第 7 期。
谢旭人:《中国财政发展改革》,中国财政经济出版社,2011。
徐红梅、李钒:《国内城市化发展区域水平差异研究综述》,《城市问题》,2010 年第 6 期。
许宪春:《准确理解中国的收入、消费和投资》,《中国社会科学》,2013 年第 2 期。
杨吾杨:《高等经济地理学》,北京大学出版社,1997。
姚余栋、谭海鸣:《央票利率可以作为货币政策的综合性指标》,《经济研究》,2011 年第 2 期。
易承志:《改革前中国城市化的具体进程与影响因素分析》,《城市发展研究》,2011 年第 18 卷第 5 期。
曾江辉:《影响中国城市化发展的产业结构因素分析》,《统计与决策》,2011 年第 10 期。
张辉:《北京市产业空间结构研究》,北京大学出版社,2012。
张辉:《中国都市经济研究报告 2008——改革开放以来北京市产业结构高度演化的现状、问题和对策》,北京大学出版社,2010。
张军、高远等:《中国为什么拥有了良好的基础设施?》,《经济研究》,2007 年第 3 期。
中国证券监督管理委员会:《2012 年上市公司执行会计准则监管报告》,中国证券监督管理委员会网站,2013。
中华人民共和国质量监督检验检疫总局、中华人民共和国标准化管理委员会:《国民经济行业分类》(GB/T4754—2011),2011 年 4 月 29 日发布,2011 年 11 月 1 日实施。
周黎安:《中国地方官员的晋升锦标赛模式研究》,《经济研究》,2007 年第 7 期。
周一星、曹广忠:《改革开放 20 年来的中国城市化进程》,《城市规划》,1999 年第 23 卷第 12 期。
周一星:《城市地理学》,商务印书馆,1995。
Christaller W 著,常正文、王兴中等译:《德国南部中心地原理》,商务印书馆,1998。
A. Mansurand, J. Whalley (1984), "Numerical Specification of Applied General Equilibrium Models", *Applied General Equilibrium Analysis*, Chapter 3 in H. Scarf and J. Shoven (eds.), New York: Cambridge University Press.
Acharya, V. V. and R. G. Rajan (2011), "Sovereign Debt, Government Myopia, and the Fi-

nancial Sector", National Bureau of Economic Research Working Paper Series No. 17542.

Aiyagari, S. R. and E. R. McGrattan (1998), "The optimum quantity of debt", *Journal of Monetary Economics*, 42 (3): 447—469.

Anderson & McKibbin(2000), "Reducing coal subsidies and trade barriers: their contribution to greenhouse gas abatement", *Environment and Development Economics*, 5 (4):457—481.

Anderson, K. (2004), "Would China's WTO accession worsen farm household incomes?", *China Economic Review*, 15 :443—456.

Anderson, K. & McKibbin W. J. (1997), "Reducing coal subsidies and trade barriers: their contribution to greenhouse gas abatement", University of Adelaide, Center for International Economic Studies (CIES) 7.

Barro, R. J. (1990), "Government Spending in a Simple Model of Endogeneous Growth", *Journal of Political Economy*, 98 (5): S103—S125.

Bird, R. M. et al(1995), "Fiscal decentralization and intergovernmental relations in Albania", In Decentralization of the Socialist State, *A Regional and Sectoral Study*, Washington D. C. : World Bank.

Biroi, F. et al(1995), "The economic impact of subsidy phase out in oil exporting developing countries: a case study of Algeria", *Iran and Nigeria Energy Policy*, 23(3): 209—215.

Blanchard, O. et al. (2010), "Rethinking Macroeconomic Policy", IMF Staff Position Note, SPN/10/03.

Brannon, G. M. (1974), *Energy taxes and subsidies*, Cambridge, MA: Ballinger Publishing Co.

Bruckner, Markus(2012), "Economic Growth, Size of the Agricultural Sector, and Urbanization in Africa", *Journal of Urban Economics*, 1/2012 Vol. 71, No1.

Bulow, J. and K. Rogoff (1989), "A Constant Recontracting Model of Sovereign Debt", *Journal of Political Economy*, 97 (1): 155—178.

Burniaux, J. M. et al(1992), "The effects of existing distortions in energy markets on the costs of policies to reduce CO_2 emissions: evidence from Green", *OECD Economic Studies*, 19:141—165.

Caims, J. (1999), "Perverse Subsidies", *Bio-Science*, 49:334—336.

Cecchetti, S. G. and Lianfa Li(2008), "Do Capital Adequacy Requirements Matter for Monetary Policy?", *Economic Inquiry*, 46 (4): 643—59.

Clarke & Edwards (1997), "The welfare effects of removing the west German hard coal subsidy", University of Birmingham, Discussion paper, no. 97—23.

De Mo or, A. (2001), "Towards a grand deal on subsidies and climate change", *Natural Resources Forum*, 25(2) : 167—176.

De Paoli, B. (2009), "Monetary Policy and Welfare in a Small Open Economy", *Journal of International Economics*, v. 77 (iss. 1): 11—22.

Dube, I. (2003), "Impact of energy subsidies on energy consumption and supply in Zimbabwe. Do the urban poor really benefit?", *Energy Policy*, 31: 1635—1645.

Easterly, W. (2005), *The Elusive Quest for Growth: Economists' Adventures and Misadventures in the Tropics*, The MIT Press.

Eaton, J. and M. Gersovitz (1981), "Debt with Potential Repudiation: Theoretical and Empirical Analysis", *The Review of Economic Studies*, 48 (2): 289—309.

Engel C. (2012), "Currency Misalignments and Optimal Monetary Policy: A Re-examination", *American Economic Review*, (forthcoming).

Eric E. Lampard (1955), "The History of Cities in the Economically Advanced Areas", *Economic Development and Cultural Change*, Vol.3, No.2

ErkanErdila, I. HakanYetkinerb (2009), "The Granger-causality between health care expenditure and output: a panel data approach", *Applied Economics*, 41, 511—518.

Espey, M. (1998), "Gasoline demand revisited: an international meta-analysis of elasticities", *Energy Economics*, 20 (3), 273—295.

European Commission, International Monetary Fund, Organisation for Economic Co-operation and Development, United Nations, World Bank (2009): *System of National Accounts (SNA)*, New York.

Fankhauser&Tol (1996), "Recent advancements in the economic assessment of climate change costs", *Energy Policy*, 24(7):665—673.

Frankel, J. A. (1999), "No Single Currency Regime is Right for All Countries or At All Times", National Bureau of Economic Research Working Paper Series No. 7338.

Freund, C. & Wallich, C. (1997), "Public-sector price reforms in transition economics: who gains? who loses? the case of household energy prices in Poland", *Economic development and cultural change*, 46(1):35—59.

Friedman, M. (1974), "Using Escalators to Help Fight Inflation", *Fortune*, July, pp 94—7.

Gali, J. and M. Gertler (1999), "Inflation Dynamics: A Structural Econometrics Analysis", *Journal of Monetary Economics*, (44): 195—222.

Gangopadhyaya, S. et al. (2005), "Reducing subsidies on household fuels in India: how will it affect the poor?", *Energy Policy*, 33: 2326—2336.

Gelbspan, R. (2003), "Toward a global energy transition", Foreign Policy in Focus: FPIF-Petropolitics Special Report.

Gurvich, E. et al. (1995), "Impact of russian energy subsidies on greenhouse gas emissions report to OECD", Paris: OECD.

Hansen, H. and Rand, J. (2004), "On the causal links between FDI and growth in developing countries, mimeo", Development Economics Research Group (DERG), Institute of Economics, University of Copenhagen.

He, et al., (2002), "Carbon tax and carbon dioxide emission reduction", *The Journal of Quantitative and Technical Economics*, 10, 39—47.

Hojeong&Hyucksoo (2011), "Effects of consumer subsidy on household fuel switching from coal to cleaner fuels: A case study for anthracites in Korea", *Energy Policy*, 39(3):1687—1693.

Hurlin, C. (2004), A note on causality tests in panel data.

Hurlin, C. and Venet, B. (2001), *Granger causality tests in panel data models with fixed efficient*, *mimeo*, University Paris IX.

Hurlin, C. (2004), Testing Granger causality in heterogeneous panel data models with fixed coefficients.

IEA (1999), "World energy outlook insights, looking at energy subsidies: getting the prices right", Paris: OECD.

IEA (2009), "World energy outlook 2009", Paris: OECD.

Ikhsan, J. et al. (2005), "Surface complexationmodeling of the sorption of Zn(II) by montmorillonite", *Colloids and Surfaces A: Physicochemical and Engineering Aspects*, 252(1): 33—41.

Indermit Gill and HomiKharas (2006), "An East Asian Renaissance: Ideas for Economic Growth", World Bank.

Jensen, H. (2002), "Targeting Nominal Income Growth or Inflation?", *American Economic Review*, 92: 928—56.

Jianfa SHEN. (2006), "Estimating Urbanization Levels in Chinese Provinces in 1982—2000", *International Statistical Review*, Vol. 74, No. 1.

Jr. Lucas, R. E. and J. S. Thomas (1979), "After Keynesian macroeconomics", *Quarterly Review*(Spr).

K. J. D. Dervis, Melo. S. Robinson (1982), *General Equilibrium Models for Development Policy*, Cambridge: Cambridge University Press.

Kebede, B. (2006), "Energy subsidies and costs in urban Ethiopia: The cases of kerosene and electricity", *Renewable Energy*, 31: 2140—2151.

Kevin Honglin Zhang, Shunfeng Song. (2005), "Rural-urban migration and urbanization in China: Evidence from time-series and cross-section analyses", *China Economic Review*, 14 (2003) 386—400.

Koplow, D. (1996), "Energy subsidies and the environment", OECD Document: Subsidies and Environment Exploring the Linkages, Paris: OECD.

Larsen, B. & Shah, A. (1992), *World fossil fuel subsidies and global carbon emissions*, World Bank Publications.

Li, H., Dong, L., Xie, M. H., (2009), "Price Transmission Mechanism of Reducing Coal Subsidies and Its Effect on households Life", Peking University, Working paper.

Light, M. (1999), "Coal subsidies and global carbon emissions", *Energy Journal*, 20: 117—148.

Lofgren, H. R. H., Robinson, S. (2002), "A Standard Computable General Equilibrium (CGE) Model in GAMS", International Food Policy Research Institute, Washington D. C.

Mankiw, N. G. (2001), "The Inexorable and Mysterious TradeoffBetween Inflation and Unemployment", *The Economic Journal*, 111(471): 45—61.

Masson, P. R. and M. A. Savastano, et al. (1997), "The Scope for Inflation Targeting in Developing Countries", IMF Working Paper(97/130).

Mendoza, E. and M. Terrones(2008), "An Anatomy of Credit Booms: Evidence from Macro Aggregates and Micro Data", NBER Working Paper(No. 14049).

MotlaghS. P. & Farsiabi, M. (2007), "An environmental & economic analysis for reducing energy subsidies", *Int. J. Environ. Res.*, 1(2): 150—162.

Newbery, D. M. (1995), "Removing coal subsidies Implications for European electricity markets", *Energy Policy*, 23(6): 523—533.

Northam RM(1975), *Urban Geography*, John Wiley and Sons.

OECD (2001), "Energy subsidy reform and sustainable development: challenges for policy makers", New York: Commission on Sustainable Development Ninth Session.

OECD(2000), "Environmental effects of liberalizing fossil fuels trade: results from the OECD green model", Paris: OECD.

Ostry, J. D. and A. R. Ghosh, et al. (2012), "Two Targets, Two Instruments: Monetary and Exchange Rate Policies in Emerging Market Economies", IMF Discussion Notes.

Radetzki, M. (1995), "Elimination of West European coal subsidies", *Energy Policy*, 23(6): 509—518.

Reutlinger& Knapp (1980), *Food Security in Food Deficit Countries*, World Bank Publications.

Saboohi, Y. (2001), "An evaluation of the impact of reducing energy subsidies on living expenses of households", *Energy Policy*, 29: 245—252.

Sachs, J. (1983), "Theoretical Issues in International Borrowing", National Bureau of Economic Research Working Paper Series No. 1189.

Sanches, D. and S. Williamson (2010), "Money and credit with limited commitment and theft", *Journal of Economic Theory*, 145 (4): 1525—1549.

Saunders & Schneider(2000), "Removing energy subsidies in developing and transition economies", ABARE Conference Paper, 23rd Annual IAEE International Conference, Sydney: International Association of Energy Economics.

Scheibe, J. and D. Vines(2005, "A Phillips Curve for China", CEPR Discussion Papers.

Schmitt, D. (1995), "Concluding comment: what prospects for coal subsidies? ", *Energy Policy*, 23: 557.

Shah & Larsen(1992), "World development report : Carbon taxes, the greenhouse effect and developing countries", *Policy Research*, Working papers.

Sheng, J. (2005), "The CGE Model of Chinese Economy and Policy Analysis", Renmin University, China, Beijing.

Snowdon, B. and H. R. Vane (2003), *An Encyclopedia of Macroeconomics*, Edward Elgar Pub.

Statistik& Jung (2003), "Real and distributive effects of petroleum price liberalization: The case of Indonesia", IMF Working Papers 3/204, International Monetary Fund.

Steenblik&Coroyannakis (1995), "Reform of coal policies in Western and Central Europe: Implications for the environment", *Energy Policy*, 23(6): 537—553.

Steenblik, R. P. (2002), *Environmentally harmful subsidies: policy issues and challenges*, Paris: OECD.

Sugema, I. (2005), "Dampakkenaikanharga BBM danefektivitas program kompensasi", INDEF Working Paper.

Svensson, L. E. O. (1999), "Inflation Targeting: Some Extensions", *Scandinavian Journal of Economics*, (101): 337—61.

UNEP & IEA(2002), *Reforming energy subsidy, an explanatory summary of the issues and challenges in removing or modifying subsidies on energy that undermine the pursuit of sustainable development*, Paris: UNEP.

UNEP(2008), *Reforming Energy Subsidies*, Paris: UNEP.

UNEP(2003), "Energy subsidies: lessons learned in assessing their impact and designing policy reforms", UNEP: *Division of Technology, Industry and Economics*.

UNEP(2008), "Reforming energy subsidies: opportunities to contribute to the climate change agenda", UNEP: *Division of Technology, Industry and Economics*.

W. Jorgenson(1984), "Econometric Methods for Applied General Equilibrium Analysis", Chapter 4 in H. Scarf and J. Shoven (eds.), *Applied General Equilibrium Analysis*, New York: Cambridge University Press.

Wei W. X., (2009), "An Analysis of China's Energy and Environmental Policies Based on CGE Model", *Statistical Research*.

Williams & Wright (1991), *Storage and Commodity Markets*, Cambridge University Press.

Xie, J., Saltzman, S. (2000), "Environmental Policy Analysis: An Environmental Computable General Equilibrium Model for Developing Countries", *Journal of Policy Modeling*, 22(4), pp. 453—489.

Yaohui ZHAO. (1999), "Leaving the Countryside: Rural-to-Urban Migration Decisions in China", *The American Economic Review*, Vol. 89, No. 2.

Zerriffi, H. (2011), "Innovative business models for the scale-up of energy access efforts for the poorest", *CurrOpin Environ Sustain*, doi:10.1016/j.cosust.2011.05.002Available.